O PENSAMENTO SEMIÓTICO E AS TRÊS MATRIZES DA LINGUAGEM DO DIREITO

Princípios de Semiótica Jurídica x Tecnolog

CIP-BRASIL. CATALOGAÇÃO NA PUBLICAÇÃO
SINDICATO NACIONAL DOS EDITORES DE LIVROS, RJ

N175p
2. ed.

Napolitano, Maria Christina, 1941-
O pensamento semiótico e as três matrizes da linguagem jurídica : princípios de semiótica jurídica x tecnologia / Maria Christina Napolitano. - 2. ed., rev. e atual. - São Paulo : Letras Jurídicas, 2021.
416 p. ; 22 cm.

Inclui bibliografia
ISBN 9788582481776

1. Direito - Linguagem. 2. Semiótica (Direito). 3. Tecnologia e direito. I. Título.

19-60993 CDU: 34:81'22

Vanessa Mafra Xavier Salgado - Bibliotecária - CRB-7/6644

29/10/2019 05/11/2019

MARIA CHRISTINA NAPOLITANO

O PENSAMENTO SEMIÓTICO E AS TRÊS MATRIZES DA LINGUAGEM DO DIREITO

Princípios de Semiótica Jurídica x Tecnologia

Revista e Atualizada

2ª Edição | São Paulo | 2021

LETRAS Jurídicas

Editor
Cláudio P. Freire

Revisão
Raphael Zakhm e Paulo Maretti

Capa
Luana Zakhm

Design Thinking
Renata Mota Zakhm

Projeto Gráfico e Diagramação
Rita Motta – www.editoratribo.blogspot.com

2ª Edição – 2021 – São Paulo-SP

LETRAS JURÍDICAS
Rua Eduardo Prado, 28, Vila Bocaina.
CEP: 09310-500 – Mauá/SP.
Telefone: (11) 3107-6501 | (11) 9-9352-5354
Site: www.letrasjuridicas.com.br
E-mail: vendas@letrasjuridicas.com.br

Impressão no Brasil

A meus amados filhos
Luís Fernando, Renata e Maria Francisca,
"fontes" de minha inspiração triádica.
A meus queridos netos
Matheus, Sophia e Samuel, norte-americanos;
Raphael e Luana, brasileiros;
Zachary e Isabella, australianos,
"modelos" de uma caminhada possível.

NOTAS PRELIMINARES E AGRADECIMENTOS

A proposta deste trabalho é a de focalizar o Direito *enquanto* linguagem e *como* linguagem, válida para a era digital e para um cenário futuro e próximo de convergência de uma *metalinguagem*.

Este exercício, feito com a ajuda da Semiótica (estudo dos sistemas de significação e de sua aplicação em textos), uma disciplina ainda não tão divulgada, permite uma visão do Direito, mais ampla e mais livre, mas nem por isso menos científica ou menos coerente.

Para tanto, fui colhendo os ensinamentos já plantados por filósofos, juristas, semioticistas e pesquisadores de outras áreas do conhecimento.

Um dos campos privilegiados foi o de aproximar o *Direito-linguagem*, como ciência e como experiência, da teoria e da prática de um eminente pesquisador norte-americano, *Charles Sanders Peirce* (1839-1914), autor da Teoria Triádica dos Signos, cujos preceitos permanecem atuais, não obstante o avanço do conhecimento e da tecnologia.

Essa tarefa tornou-se viável graças a pesquisadores e semioticistas de renome, salientando-se, entre nós, a ilustre Profa. Dra. Lúcia Santaella, que dedicaram anos de suas vidas cultivando a obra de Peirce, que, por sua vez, dedicou grande parte de sua existência a estudos interdisciplinares e à Semiótica.

Tornou-se viável, também, porque estudiosos da "ciência do caos e da complexidade" – minha linha de pesquisa – seguindo, por sua vez, as pegadas de pesquisadores anteriores, vieram abrindo os caminhos da interdisciplinaridade e da comunicação entre as linguagens científicas.

Cumpre dizer que a tal aludida complexidade está agora agravada pelo fator *tempo*, pela velocidade crescente com que os efeitos dessa rede de relações são sentidos em toda a parte. A globalização da economia e da sociedade está a exigir a globalização do pensamento jurídico, de modo a encontrar mecanismos de aplicação de normas que possam extrapolar os princípios de territorialidade. Sobretudo, no tocante ao Direito Penal e ao Direito Comercial, essa tendência de globalização do próprio Direito não é nova. O Direito Internacional Privado já veio, através de Convenções e Tratados internacionais, tentando estabelecer critérios mais uniformes e confiáveis de análise jurídica entre os vários Estados nacionais.

Impossível não fazer uma homenagem especial, pelos conhecimentos adquiridos nos longínquos bancos acadêmicos, aos brilhantes e saudosos Mestres, Prof. Dr. Miguel Reale, imbuída que fiquei de sua consagrada *Teoria tridimensional do Direito*; e Prof. Dr. Goffredo da Silva Telles Júnior, com sua *Filosofia do Direito* e seus ensinamentos sobre o fundamento da ordem jurídica, consubstanciados em *O Direito quântico*, ambos eminentes juristas, dos quais tive o privilégio de ser aluna, nos anos 1960, na Faculdade de Direito da USP.

De outro lado, tive oportunidade de contar com a motivação e a orientação teórica do ilustre Prof. Dr. Paulo de Barros Carvalho, então Coordenador de Programa de Direito da PUC/SP, quando fiz a pós-graduação em Direito, com quem pude trocar ideias e informações e a quem sou devedora pelo apoio cordial e pelo bom encaminhamento desta pesquisa, ele que é reconhecidamente um estudioso de temas semióticos jurídicos.

Entre tantos e tantos autores importantes, privilegiei para esta tarefa aqueles juristas, semioticistas e pesquisadores da área de comunicação, com cujo pensamento tenho afinidade, deixando na espreita aqueles cientistas de outros ramos do conhecimento, cujos nomes também constam da Bibliografia, e sem cuja contribuição, certamente, não teria tido coragem de escrever este trabalho de síntese.

Mesmo discordando, às vezes, de um ou outro de seus pontos de vista, o próprio exercício da (re)leitura de suas obras trouxe-me melhor compreensão, amadurecimento e lucidez.

O intrigante é que, apesar de não ter encontrado na obra do Prof. Reale nenhuma menção especial à obra de Peirce, à medida que fui me aprofundando nos estudos da Semiótica, foi possível vislumbrar em sua consagrada Teoria tridimensional do Direito o espectro da Teoria Triádica de Peirce, bem como identificar suas maneiras semelhantes de raciocinar, munidos de suportes lógicos.

Tal maneira de pensar confere segurança ao estudioso e lhe permite ir atingindo, em seu campo de pesquisa, os diversos níveis de linguagem, simultaneamente, complementando-os, por contiguidade e por similaridade, sem perder de vista os perfis iniciais.

Importante enfatizar que certos ensinamentos de pesquisadores eminentes vêm, magistralmente, resistindo ao tempo – o que já é um estímulo para seguirmos os caminhos que eles, anteriormente, já trilharam por nós, facilitando-nos a tarefa.

O simples conhecimento de suas teorias de *per si*, ainda que isoladamente, já se constitui numa esplêndida aventura de aprimoramento do conhecimento e de ampliação da visão das ciências, em geral, e do Direito, em particular.

Ao aproximar, minimamente que seja, a teoria desses autores – razão vai-me ser dada, mais adiante –, elementos, princípios, categorias, estruturas e modelos comunicacionais, antes obscuros e pouco transparentes, saem de sua opacidade e vêm à tona iluminando o trajeto de operadores do Direito: seja o doutrinador, o juiz, o advogado, o estudante, aqueles cidadãos, funcionários da Administração e do Poder Judiciário, agentes que intervêm no processo, que, em seu dia a dia, de uma forma ou de outra, e em seu discurso burocrático, acabam aplicando a "lei", seja os que acabam se interessando pelo conhecimento do "Direito" e de seu(s) direito(s) e, principalmente, aqueles, agora, responsáveis pela linguagem digital e pela maneira adequada de expressá-la.

Ao iluminar o Direito, como *linguagem*, em sua textualidade e em sua plenitude comunicacional, estarei impregnando o mesmo com os princípios e as categorias semióticas e, ao aproximá-lo da parte mais elementar e mais nobre da Semiótica estrutural, estarei mostrando a semelhança existente entre os princípios jurídicos e os princípios semióticos, como se existisse(m) perspectiva(s) em que, finalmente, houvesse possibilidade de coexistirem placidez e plasticidade.

Se essa tensão for mantida em aberto, a noção simultânea de perspectiva e estrutura deixará de constituir um obstáculo entre cientistas e cientistas sociais, para se tornar, em vez disso, um lugar de encontro, um fórum onde se pode conversar, discutir, discordar.

É assim que, à continuação, outros estudiosos poderão se interessar pela Semiótica Jurídica, quando estarão se concentrando na tarefa de tornar o Direito (ou cada um de seus vários ramos) como seu objeto de pesquisa e estarão aplicando a ele os princípios da Semiótica.

Essas tarefas e outras tantas que talvez se seguirão (Semiótica do Direito Constitucional, Semiótica do Direito Administrativo, Semiótica do Direito Tributário, Semiótica do Direito Ambiental) não são, em meu entender, mais restritivas, tampouco definitivas, já que o que se busca – em continuidade – é mais do que a linguagem jurídica – a metalinguagem jurídica, a linguagem sobre a linguagem do Direito; e mais do que o domínio do texto jurídico, o iluminamento do hipertexto jurídico.

Cada observador acabará descobrindo novas nuances e misturas de linguagens que irão se interligando, indefinidamente, como se fossem fractais, sem com isso abalar, muito pelo contrário, os verdadeiros alicerces da Teoria Geral do Direito.

Se formos capazes de observar, simultaneamente, as três matrizes da linguagem e do pensamento, notar-se-ão certas regularidades, simetrias e similaridades, às quais poderão ser superpostas *as três matrizes da linguagem jurídica e do pensamento semiótico jurídico*, numa reorganização lógica contínua.

Lembre-se, também, de que cada investigador, por mais sistemático e rigoroso que possa ser seu pensamento, é essencialmente falível.

Isso nos dá uma ideia da concepção da ciência e da filosofia como *processos* que se transformam e amadurecem gradualmente, produtos da mente coletiva que obedecem a leis de desenvolvimento interno, ao mesmo tempo que respondem a eventos externos (novas ideias, novas experiências, novas observações, novos signos, novos símbolos, novas tecnologias) e que dependem, inclusive, do estilo de vida, do lugar (espaço) e da época (tempo), nos quais o pesquisador vive e, sobretudo, do diálogo e da comunicação.

Esta é uma das vantagens básicas de uma aproximação e de uma complementação continuada e gradual entre, de um lado, a Teoria Geral dos Signos, de Peirce (que a Profa. Santaella fez, de maneira segura, chegar a nosso alcance) e os *estudos atuais dos sistemas de significação* e de sua aplicação em textos e, de outro lado, teorias e propostas, igualmente consistentes sobre o Direito e a formalização lógica de sua linguagem, apresentadas por renomados autores, nacionais e internacionais, citados no decorrer do livro e na Bibliografia.

Citam-se entre nós: o ilustre Prof. Tércio Sampaio Ferraz Júnior, autor de *Direito, retórica e comunicação, Teoria da norma jurídica*: *ensaio de pragmática da comunicação normativa, Função social da dogmática jurídica, A ciência do direito, Introdução ao estudo do direito*: *técnica, decisão, dominação*; o renomado tributarista Paulo de Barros Carvalho, autor de *Teoria da norma tributária* e dos estudos sobre a linguagem do *Direito tributário*, além dos artigos *A visão semiótica na interpretação do direito* e *Semiótica e textos jurídico-positivos*; o Prof. Lourival Vilanova, autor de *As estruturas lógicas e o sistema do direito positivo*; Eros Roberto Grau e Joaquim Carlos Salgado, com sua obra sobre a visão do Direito sob uma perspectiva de significação e de comunicação; o Prof. Marcelo Neves e seus estudos sobre a hipertrofia da função político-simbólica do texto constitucional em detrimento de sua eficácia normativo-jurídica, autor de *A constitucionalização simbólica*; o ilustre Procurador de Justiça do Rio Grande do Sul, Prof. Lenio Luiz Streck, autor de *Hermenêutica jurídica e(m) crise: uma exploração hermenêutica da construção do direito* e *Jurisdição constitucional e hermenêutica: uma nova crítica do direito*; o Prof. Eduardo C. B. Bittar e seu extraordinário trabalho sobre a *Linguagem jurídica*, em constantes reedições; meu Prof. Luiz Antonio Rizzatto Nunes e seus ensinamentos sobre linguagem, percepção e intuição, autor de *A intuição e o direito* e *Manual de introdução ao estudo do direito*; o ilustre jurista Alaôr Caffé Alves, estimado colega da turma de 1963, com "Lógica - Pensamento Formal e Argumentação", trazendo elementos para a linguagem do discurso jurídico, a realidade e a dialética da norma jurídica; Luiz Alberto Warat e sua teoria da argumentação jurídica, autor de *O direito e sua linguagem*. E mais recentemente, entre nós, os escritos iluminados e desafiadores da ilustre Profa. Dra. Patricia Peck Pinheiro – com formação e habilidade suficientes para escrever o livro *Direito digital,* de 2001, que já teve várias edições, cada vez mais completas, com subsídios atualizados, como coordenadora, em *Direito digital aplicado 2.0* e *#Direito digital,* em 2016. Entre os autores estrangeiros, faço aqui uma menção especial, por sua atualidade e por sua colocação do Direito como texto, às obras do eminente jurista espanhol, Gregorio Robles Morchón, autor de *El derecho como texto: cuatro estudios de teoria comunicacional del derecho*; e do Prof. de Direito Público, Paul Dubouchet, autor de *Sémiotique juridique: introduction à une science du droit.*

Reconheço a audácia desta proposta: recorri a fontes disciplinares heterogêneas, cujo concurso suscita questões metodológicas, que seguramente não resolvi de modo definitivo. Paralelamente aos riscos inerentes a toda empreitada transdisciplinar, assumi o de haver incluído alguns problemas, apenas esboçados em importantes reflexões semióticas: em mais de uma vez, limitei-me a apontar orientações da investigação, em lugar de apresentar resultados firmes.

É por isso que este trabalho tem um caráter "introdutório", não em um sentido exatamente pedagógico, de iniciar alunos em uma matéria, mas num sentido sistemático.

Trata-se de uma iniciação programática, para flagrar princípios e parâmetros (*Semiótica estrutural*) e não para impor teorias e modelos. E, ao mesmo tempo, justificadora de um aguçar de percepção do conhecimento jurídico para, sobre as matrizes de linguagens e signos identificados, adquirir um compromisso epistemológico, a partir do qual o pesquisador passa a ter livre trânsito, através do texto, pelo próprio conhecimento adquirido, ao mesmo tempo que permanece aberto às revisões que exames posteriores lhe imponham (*Semiótica hipertextual ou metadiscursiva*).

O que falta a quem pretenda conhecer o Direito não é tanto a informação sobre os institutos e as normas, ou sobre as soluções que os problemas vêm recebendo, na jurisprudência ou na prática do Direito aplicado. O que falta de modo alarmante, e se torna mais grave na era digital, é o reconhecimento e o domínio dos princípios, a facilidade e desenvoltura na compreensão e manuseio das categorias, para se obter uma visão sistemática, global, lógica, operacional e funcional do Direito como conjunto, como um todo.

Este texto presta-se àquele já conhecido desafio: "equipar-nos com uma capacidade de pensamento e de penetração analítica que nos permitam fazer a leitura dos textos jurídicos, dos códigos e dos repertórios legais e jurisprudenciais, se não com a mesma naturalidade com que respiramos, com a mesma prontidão com que reagimos ao perigo e com a mesma profundidade com que meditamos, com a mesma segurança e eficiência com que enxergamos caminhos supostamente conhecidos, em busca de novos rumos".

Com certeza, pelo menos não serei queimada na fogueira da Inquisição, como meu antepassado napolitano Giordano Bruno, autor de *Tratado da magia*; mesmo porque sempre tive e continuo tendo a proteção, o incentivo e a valorização, por parte de meus ilustres colegas e amigos da Turma Braz Arruda, de 1963, da Faculdade de Direito São Francisco.

O tempo é um tecido invisível em que se pode bordar tudo,
uma flor, um pássaro, uma dama, um castelo, um túmulo.
Também se pode bordar nada. Nada em cima de invisível
é a mais sutil obra deste mundo, e acaso do outro.

(Machado de Assis, *in Esaú e Jacó*)

O desenvolvimento de minhas ideias tem sido o resultado de um labor de trinta anos. Não sabia se um dia chegaria a publicá-las. Seu amadurecimento parecia tão vagaroso. Mas o tempo da colheita chegou, afinal, e, para mim, esta colheita parece turbulenta, embora não seja eu quem possa julgá-la. Nem tampouco você, leitor individual, mas sim a experiência e a história.

(Charles Sanders Peirce, *in Collected papers*)

A Autora

APRESENTAÇÃO

Sim, Maria Christina nos estava a dever este livro que resolve publicar agora depois de ter deixado a faculdade, há 55 anos. Quanta reflexão existiu nesse espírito vivo de ideias e de ideais durante todo este tempo em que gestou este trabalho.

Fiquei comovido quando Maria Christina me pediu que escrevesse algumas palavras à guisa de apresentação.

Desejo lembrar o óbvio. Maria Christina foi a menina orgulho da turma de 63 da Faculdade do Largo de São Francisco. Entrou em primeiro lugar no vestibular e sempre foi quem mais brilhou durante os cinco anos. E sempre a transmitir simplicidade, modéstia e um encantamento, tão bem revelados em sua beleza.

Num momento tão difícil que o Brasil atravessa, em que a nossa democracia periclita, é extraordinário que possamos fazer uma pausa e nos afastar das tensões que nos atormentam para meditarmos no mundo do Direito Quântico e da Semiótica Jurídica, pelas mãos e inteligência de nossa querida parceira de esperança, Maria Christina.

José Carlos Dias

BREVE PREFÁCIO

O livro de Maria Christina Napolitano retoma as discussões que, no século passado, apaixonaram os mestres das Universidades, sobre a importância da linguagem na exteriorização do direito.

Entendo que os professores Paulo de Barros Carvalho e Lourival Vilanova – que, através da lógica e dos recursos do idioma, formataram escola de renome nacional e internacional – mantêm a atualidade daquele rico e vigoroso debate, lastreando seu pensamento, em grande parte, nas vertentes abertas por Charles Sanders Peirce, no dimensionar a linguagem.

É bem verdade que houve época em que alguns filósofos valorizavam, na filosofia, a sua forma expressional para distingui-la de outras ciências, com destaque para Viktor Cathrein, sempre lembrado por Miguel Reale, nada obstante ser o jesuíta suíço-alemão um jusnaturalista tomista.

A própria dificuldade da autora em encontrar, em Miguel Reale, menção especial a Peirce decorre exatamente da linha de pensamento do mestre tridimensionalista, mais voltado para a realidade fática geradora do direito, do que a sua formulação linguística. De lembrar-se que a dinâmica da teoria tridimensional, de Miguel Reale, residia no movimento perpétuo da relação fato-valor-norma, sendo que a norma resultante se transforma num novo fato gerador, após valorizado em nova norma, transfigurada em novo fato e assim indefinidamente.

Talvez, Reale, ao contrário do admirável Lourival Vilanova, preocupado mais com a fenomenologia husserliana em seus reflexos sobre a filosofia e sobre o direito, ficasse mais distante da formulação perfeita da dicção jurídica na conformação de princípios, normas, regras e institutos do Direito, embora sempre seus textos fossem precisos, objetivos e claros.

Quando convidado por ele – meu confrade em três Academias: Paulista de Letras, Internacional de Direito e Economia e Brasileira de Letras Jurídicas – a escrever as orelhas de seu livro *Conflito das ideologias*, realcei esta notável característica da obra de Miguel Reale.

Trata-se de um debate novo e inesgotável que Maria Christina Napolitano, com um rigor linguístico e uma fantástica capacidade de desventrar os meandros da discussão jurídica no desenhar o Direito, apresenta, com posições nítidas e muito bem sustentadas no livro para o qual tenho o prazer de escrever este brevíssimo prefácio.

A admiração que nutri por seu pai, Renato Napolitano, meu colega e vizinho no prédio da Praça João Mendes, com quem, no início da advocacia, muito aprendi, estende-se a sua filha, pois encantou-me a obra que traz agora à luz, embora escrita no passado, mas de densa atualidade.

Por esta razão, ao encerrar estas palavras introdutórias, quero desejar sólida carreira editorial a seu livro, que será de inequívoco valor para tantos quantos militaram na densa seara de um direito em permanente mutação.

Bem haja!

Ives Gandra da Silva Martins

Professor Emérito das Universidades Mackenzie, UNIP, UNIFIEO, UNIFMU, do CIEE/O ESTADO DE SÃO PAULO, das Escolas de Comando e Estado-Maior do Exército (ECEME), Superior de Guerra (ESG) e da Magistratura do Tribunal Regional Federal – 1ª Região; Professor Honorário das Universidades Austral (Argentina), San Martin de Porres (Peru) e Vasili Goldis (Romênia); Doutor Honoris Causa das Universidades de Craiova (Romênia) e das PUCs-Paraná e RS, e Catedrático da Universidade do Minho (Portugal); Presidente do Conselho Superior de Direito da FECOMERCIO – SP; Fundador e Presidente Honorário do Centro de Extensão Universitária (CEU)/Instituto Internacional de Ciências Sociais (IICS).

SUMÁRIO

SEGUNDA PARTE – DIREITO E LINGUAGEM

INTRODUÇÃO

A busca e o prazer do conhecimento e a organização do pensamento jurídico

Onde está o prazer do conhecimento? No reconhecimento da tradição? No domínio de uma classificação? Na descoberta do sujeito que conhece? Na revelação do objeto que envolve o homem? Na união entre o ser que conhece e o objeto conhecido? Na proximidade entre uma linguagem específica e uma linguagem geral? No contato com um mundo real, um mundo simbólico ou um mundo virtual? No (re)conhecimento de nossa própria ignorância – plagiando Karl Popper? O que nos ensina a ciência? Como se dá a apreensão e compreensão do mundo pelo homem? Como a multiplicidade e diversidade infinitas do universo sensível são convertidas em realidade inteligível? Como resolver questões jurídicas frente à tecnologia que nos tem propiciado tantos avanços e nos apresenta tantos desafios? Quais seriam as perguntas corretas? E o que veio primeiro, a pergunta ou a resposta?

A resposta. Estamos dentro de uma grande resposta silenciosa, em que nossa percepção e sensibilidade tentam penetrar para descobrir qual a pergunta que devemos nos fazer para transformar este passatempo violento em que se transformou a nossa vida em sociedade em uma experiência relevante coletiva, que esteja em harmonia com o cosmo e nos aponte para uma plena alegria de viver.

A pergunta que devemos nos fazer é uma resposta: *"Pelo pensamento, no domínio do pensamento, através da organização do pensamento"*, de alguma forma e de forma gradual e progressiva, aprendendo a pensar e ensinando a pensar. Porque, se a racionalidade humana, que nos distingue daquela dos animais, nem sempre é atuante, a irracionalidade está também inscrita em nossa forma de pensar, é bastante previsível e até quantificável. E se a razão foi selecionada para nos fazer justificar nossas atitudes e para vencer debates, então faz sentido que não busquemos *apenas* provas em favor de nossas teses. É o que afirmam ilustres cientistas cognitivistas e o que ouso propor aqui, para a área do Direito.

Em Psicologia, a operação mental humana de dar atenção às evidências que sustentam uma determinada teoria preferida (sem descartar as que a contradizem) tem nome: viés de confirmação. Ubíquo nas atividades humanas, ele não é um cochilo da razão, um simples erro aleatório que de vez em quando cometemos. Trata-se, ao contrário, de um elemento constitutivo de nosso pensamento, moldado por milhares de anos de evolução biológica. Assim, onde quer que exista um viés, existe uma *vantagem* adaptativa que o esculpiu em nossa mente. Nem sempre ela é óbvia, mas está lá. Portanto, essa noção mais realista da razão, que aqui estou sugerindo para os operadores do Direito, precisa incluir os tais vieses, ainda que eles pareçam trabalhar contra a razão ou que pareçam estar ultrapassados.

Nossa falta de conhecimento sobre os processos de construção dos pensamentos, sobre o processo de interpretação e sobre os limites e o alcance de uma teoria poderá nos conduzir a fechar as "janelas" do pensamento.

Já sabemos que nosso desenvolvimento cognitivo começa na superfície, com a experiência sensorial; depois, **com o desenvolvimento da linguagem**, adquire os matizes que explicam os filões mais profundos e sofisticados do pensamento humano: o amor, a religião, a ética, a moral, a amizade, a democracia. As Ciências Cognitivas já nos informam que nascemos com as bases neurais da Ética. Meio caminho andado e muito campo a ser explorado pelos operadores do Direito! Ao mesmo tempo, nos encontramos em meio a uma onda antirracionalista que ameaça o conhecimento especializado e, com ele, a própria democracia, como afirmou Thomas Nichols, *in The death of expertise*.

Outro ponto importante, em meu entender, é a transdisciplinaridade, assim que minha linha de pesquisa vinha sendo o "caos e a complexidade". Desde logo, rejeitaria aquela afirmação: "Cada macaco no seu galho". Tanta velocidade e fluidez, na era digital, exige mais formação em Ética e Segurança no mundo cibernético, não só para os profissionais do Direito, mas para todos os cidadãos que atualmente passam a maior parte do tempo conectados. Mas como também trazer essa preocupação ou esta abordagem científica para a Cultura Jurídica sem ofender ou ultrapassar os tais ditames da "Academia"?

Entre tantos pensadores renomados em suas respectivas áreas, chamou-me atenção justamente por sua formação interdisciplinar (embora ele não estivesse ligado ao Direito), o pesquisador semioticista norte-americano Charles Sanders Peirce (mencionado nas **N**otas **P**reliminares), químico, matemático, físico, astrônomo, pesquisador da Lógica, Metafísica, Linguística, Filologia, História, estudioso de Biologia, Geologia, Zoologia e Arquitetura, Psicologia, Geodesia, Metrologia e Espectroscopia. Em minha opinião, ele não era um simples visionário ou herói de sua época, mesmo porque a ciência, e quase qualquer conjectura humana, é sempre aproximativa e está em revisão permanente. Tentar adaptar-se ao pensamento de Peirce é, de meu ponto de vista, uma espécie de homenagem, um reconhecimento de que suas ideias, embora nem sempre exatas, foram marcos na história da *organização* do *conhecimento*. Como dizia Isaac Newton: "Se vimos mais à frente, é porque estamos sobre os ombros de gigantes".

Como se não bastasse, Peirce conhecia mais de uma dezena de idiomas. Sua Teoria Geral dos Signos, que a Semiótica estuda, vem resistindo ao tempo. Hoje, temos a Teoria da Informação.

Ele escreveu:

"A ciência consiste em realmente distender o arco na direção da verdade, com atenção no olhar, com energia no braço."[1]

Fazer ciência não consiste em saber o que é o científico, sacramentado pelo rigor de um patrimônio cultural rigorosamente definido e defendido, mas **fazer ciência consiste em desenvolver uma atitude perante o objeto**. Não é uma questão de saber, é, antes, uma questão de comportamento: planejar a ciência que queremos, "ciência como coisa viva e não como uma mera definição abstrata". Esta é a base que norteia suas noções sobre A *Classificação das Ciências,* uma resposta simples para questões complexas, mas que

---

[1] *In Collected Papers – CP*, 1.235, cf. Lucrecia D'Alessio Ferrara, *Olhar Periférico*, p. 157.

coloca – para a prática desse fazer – a necessidade de descobrir e de incorporar um outro valor.

A ***lógica da linguagem*** (e ***Direito é linguagem,*** como sustentarei aqui) de Peirce vem impregnada por esse valor e a pesquisa da linguagem supõe descobrir e/ou criar o que significa essa "coisa viva" que não pode estar, senão, na **experiência da própria linguagem, a trazer o equilíbrio perspicaz entre segurança, direitos e deveres, doutrina e prática jurídica nesse universo virtual em que estamos vivendo**.

A estas alturas, já deve ter surgido na mente do leitor o método que estarei sugerindo, numa tal abordagem sobre "**Semiótica Jurídica**", na medida em que, no caso do Direito, ciência e experiência são mutuamente reflexo uma da outra.

É exatamente aqui que reside o cerne da questão: como podemos atuar, a partir de nosso conhecimento.

Caberia ao raciocínio apreender, com um outro olhar, o modo e a lógica dessa correlação que produz "a ciência como coisa viva", uma possível "pergunta feita à natureza"[2] e ao mundo virtual, ou seja, uma apreensão não simplesmente descritiva, mas, necessariamente *interpretativa* e, daí, inserida na própria realidade. Além do mais, esmiuçar os elementos constitutivos do pensamento permite uma relação muito mais fluente entre as pessoas. Ciência – como pergunta feita à natureza – supõe a recuperação do universo como um conjunto de possibilidades reais, ainda que parciais. Supõe uma postura antitradicional, incerta, *mais* para flagrar uma **possibilidade inusitada** *do que* para acertar.

Estarei, junto com o leitor, flagrando o ***Direito possível***.

Posso imaginar o leitor debruçado sobre meu ombro, esconjurando comigo a "maldição do conhecimento" – aquela expressão popularizada por volta de 1989.

Tal postura – embora possa parecer – não é idealista ou ingenuamente anarquista, pois, embora ultrapasse o rigor indiscutível das posturas dedutivas, supõe a **necessidade de que um corpo de conceitos gerais** seja,

---

[2] Peirce, *CP*, 5.168, *ibidem*, p. 159.

dinamicamente, reconceituado dentro de um amplo corpo de experiências, que estabelece, entre as ideias, **um novo sistema de relações, uma nova comunicação, uma "globalização de significados"**, como expressou o filósofo Pierre Lévy.

Acrescente-se: as faculdades cognitivas não se desenvolvem homogeneamente. Algumas, como a capacidade de formar conceitos, são inatas e já nascemos afinados especificamente para processar linguagens. **Mas essa predisposição não se materializa sem experiência social, sem ser exercitada com outras pessoas.** Cria-se uma abertura, uma "clareira", entre o conhecimento acumulado e teoricamente fixado e a intrigante postura que estabelece, para o cientista, uma relação interrogativa com a experiência – num mundo real ou virtual, dentro de uma dinâmica veloz, inerente a este.

A combinação entre os dois aspectos, dedução e abdução, leva-nos a informação nova, ou seja, "associar o que nunca antes pensáramos associar"[3]; aí, a descoberta de hipóteses explicativas é proporcional à capacidade de ver a realidade como um estímulo que aguça a curiosidade. Esse é o caminho da descoberta, sem receitas, sem fórmulas, ***estrategicamente*** transformador: cada pesquisa constrói sua determinada ciência, prescindindo de rótulos. No edificio argumentativo da pragmática peirceana (como demonstrarei mais adiante), dedução e abdução espreitam-se, porque se a "lei" é corrigida pela experiência, a descoberta vai da surpresa do fato à esperança da lei, reflexão e refração mútuas que nos levam da experiência para a construção de teorias, leis, modulações que orientam nossos hábitos de conduta e nossas crenças, num ir e vir incessante e reorganizador.

Assim, tentarei estimular no leitor um olhar de duplo foco: o do pesquisador que, curioso e atento, registra signos, sinais, imagens, símbolos, representações na linguagem do Direito; e o do intérprete que se apropria destes sinais, imagens e representações para deles extrair a informação capaz de sedimentar uma outra forma de atuação que lhe permita reconhecer sua própria capacidade de apoderar-se daquilo que, embora diferenciado, é mais justo, mais coerente, mais proporcional, mais razoável, mais inteligível e mais pertinente.

---

[3] *Idem*, *CP*, 5.181, *ibidem*, p. 160.

Aos signos, extraídos dos "Códigos", enquanto representação do Direito, soma-se uma outra dimensão da linguagem – a percepção – como forma de extrair daquelas imagens sinais e representações, os alicerces da conduta humana, da intervenção capaz de dar ao homem poder de decisão sobre sua história, que não é senão o próprio exercício do poder de cidadania. E ainda, enfrentando o risco de questionar a Constituição e os Códigos, como se os mesmos estivessem desprovidos de reconhecimento e plausível interesse científico, a *investigação semiótica* valoriza uma outra dimensão da realidade jurídica que, lado a lado com complexos dispositivos jurídicos, impõe uma outra maneira de pensar, de argumentar e de interpretar.

Esta realidade, agitada por cidadãos comuns que vagam entre a riqueza e a pobreza, o desperdício e a fome, os desejos e as frustrações, os usos e os abusos, as justiças e as injustiças – esta realidade que o Direito pode abraçar – desperta interesse científico, exatamente, por sua eventual banalidade. Nesta trilha, abre-se para a pesquisa o desafio de responder a um paradoxo: reunir à inefável e mutável experiência do cotidiano a certeza lógica da interpretação científica e suas inferências associativas.

Este trabalho também assume o compromisso de, pelo menos, apontar tais outros objetivos – "*como* ensinar os mais jovens" e "*como* esses mais jovens ensinarão os mais velhos" a pensar e a falar o Direito. Sendo o relato de uma pesquisa, destina-se a pesquisadores e, sobretudo, àqueles que, na pesquisa, dedicam-se à leitura e inteligibilidade do Direito, "sujeito" às transformações comunicacionais decorrentes do vertiginoso processo de globalização na era da Informática que estamos vivenciando. É preciso ter muito cuidado com o "olhar informatizado", trazido pela nova era digital! Tal mudança inexorável e constante poderá ser melhor compreendida, por meio do **aprendizado da leitura dos signos – que a Semiótica nos proporciona**. O ponto principal quanto a isso é que a Semiótica pertence a uma renovação total das fundações de nossa compreensão do conhecimento e da experiência, e por isso a uma transformação das superestruturas disciplinares que distribuem culturalmente aquela compreensão (as disciplinas tradicionais como são atualmente fundadas)[4].

---

[4] Deely, *Semiótica básica*, 1990, p. 95, *apud* Eduardo C. B. Bitar, *Linguagem jurídica,* p. XV.

Trata-se de uma área de investigação ainda pouco desenvolvida entre nós, mas que tende a atrair grande atenção nas próximas décadas, tendo em vista a forte carga simbólica que atinge a realidade com a qual estamos convivendo, em nosso dia a dia, e tendo em vista a globalização da economia e da sociedade a exigir a globalização do pensamento jurídico.

Quando, diante da complexidade de um real contraditório, todas as referências teóricas e históricas "parecem" ingênuas, ultrapassadas ou superficiais, impõe-se uma volta àquela mesma realidade para aí buscar as raízes de sua complexidade e, talvez, uma autoexplicação que regenere e agilize a ciência e o conhecimento. Aqui se descreve um rápido roteiro dessa volta à procura de uma realidade dispersa em signos ilegíveis que se sobrepõem e se relativizam à maneira de fugitivos em retirada, antes de se pretender dominar um mais ágil chamado "Direito Digital".

Nesta volta, a explicação do real confronta-se e rende-se a sua própria contraditoriedade, o que equivale a dizer que é substituída pela interpretação do Direito que se expande e se esconde entre os signos que o representam: os valores, as crenças, os usos, os costumes, os códigos, as leis, as opiniões doutrinárias, as expectativas públicas e privadas, as reflexividades, as relações humanas e inumanas que fazem do homem, ao mesmo tempo, sujeito e objeto de seu próprio mundo e de seu próprio destino.

Na medida em que a Semiótica é a ciência que estuda os signos e as linguagens, impossível não perceber a importância que os estudos semióticos desempenhariam numa visão mais ampliada do Direito. Reforço a ideia de que o sistema jurídico compartilha com o espaço dos signos, de outros diversos componentes da culturalidade valorativa, um *tópos* comum, qual seja, o da ***linguagem***. Ou, em outras palavras, o Direito enquanto repositório sociocultural e produto da comunhão de diversos valores sociais (organização, política, convívio, obediência, sobrevivência, trabalho, expectativas...) tem, como uma de suas perspectivas, a linguagem.

Estudar o Direito em seu movimento de sentido, como linguagem, não significa reduzi-lo à mera realidade de signos. Não é o objeto da pesquisa que deve ajustar-se ao método, mas sim o método que deve adequar-se ao objeto.

O projeto de reconhecimento de uma significância semiótica no seio da *juridicidade* só vem a acentuar a falência de um modelo científico de tendências estáticas, primando, ao contrário, pela acentuação dos diversos aspectos com os quais se pode visualizar uma realidade ou uma facticidade.

Se a complexidade e a heterogeneidade fenomênicas reclamam o alargamento dos horizontes epistemológico-científicos, com isso também se alargam as perspectivas e os espectros de abordagem sob os quais se pode analisar essa mesma realidade.

Assim, reescrever semioticamente o Direito é mais do que propor uma discursividade acerca da literalidade de palavras e signos em que se expressa a *textualidade* jurídica, mais especificamente, a discursividade jurídica (seja ela normativa, decisória ou científica, ou até burocrática, como apontarei adiante).

Textos entre textos, os códigos, as compilações, as recolhas normativas, os trabalhos de exegese legislativa, as decisões jurisprudenciais representam unidades dotadas de vida própria – *a vida dos textos.* E assim permanecerão.

Esses textos formam um repertório de elementos jurídicos sujeitos a uma reapreciação crítica contínua, tudo nos exatos termos de uma proposta semiótica. A linha entre o legal e o ilegal, o ético e o inoportuno, o certo e o errado torna-se cada vez mais tênue.

Daí a necessidade de contarmos com operadores do Direito que saibam usar a tecnologia com segurança e agilidade e que tenham conhecimento sobre os processos de construção do pensamento, sobre o processo de interpretação e sobre os limites e o alcance de uma teoria.

Nas últimas décadas, por toda parte, tem-se podido observar uma forte tendência para modos de reflexão semióticos.

Sua motivação externa pode detetar-se no desenvolvimento formal de muitas ciências que pressupõem o conceito de signo, sem havê-lo investigado ou que empregam uma classe especial de signos e sistemas de signos, sem relacioná-los com uma Teoria Geral dos Signos (ou com uma Teoria da Informação).

Poucos vêm se preocupando com a elaboração da Semiótica como disciplina independente, geral e abstrata. Mas Peirce já o fizera, suficientemente, por nós, a partir de 1867, dando numerosas contribuições para uma

Semiótica teoricamente fundamentada. Como seus trabalhos ficaram esparsos e não foram reunidos em nenhuma obra específica sobre Semiótica, seu valor fundamental para a ciência e a investigação científica ficou desconhecido até o limiar dos anos 1930, quando teve início a publicação dos *CP – Collected Papers of Ch.S.Peirce*.

A Semiótica vem sendo aprofundada na Escola da Semiótica, da Universidade de Stuttgart, no Centro Universitario de Perpignan, na Universidade de Toronto, em Universidades da Alemanha, Japão, Itália, Estados Unidos e, também, entre nós – para nomear algumas. No entanto, ela é ainda uma disciplina pouco explorada, e não é em toda parte que tem sido aceita como disciplina autônoma de ensino, em cursos, seminários e colóquios. Não obstante, em muitos lugares ela é estudada e aplicada intensivamente, pelo menos em grupos de trabalho de caráter interdisciplinar e transdisciplinar, sendo que, em escolas superiores alemãs, tem sido incorporada em diversos programas de ensino. Ao lado da Sociedade Internacional de Semiótica, fundaram-se numerosas sociedades nacionais: a alemã, a austríaca, a norte-americana, a canadense e assim por diante.

Seria de bom alvitre, contudo, indicar que a Semiótica já é aplicada à teoria do conhecimento e da ciência, à pedagogia e à didática, à estética, ao *design*, à linguística, à literatura, ao cinema, ao teatro, às artes visuais (pintura, fotografia), à teoria do comércio, à Medicina, à Biologia, à imprensa e assim por diante.

E por que não ao Direito, seja para princípios e questões fundamentais, seja para melhor interpretação de questões, como: privacidade e proteção de dados pessoais, direito ao esquecimento, liberdade de expressão, comércio eletrônico, responsabilidade civil na *internet*, segurança da informação, e para assuntos como os novos enfoques do Direito Internacional aplicados ao Direito Digital, as *bitcoins* e a moeda digital, arranjos de pagamentos, *deep web*, as implicações na era dos aplicativos, diluição de marca e importação paralela na *internet* e tantos outros, como *compliance* e ética nas empresas, instituições e políticas públicas e assim por diante.

É chegado o momento de tentar desvendar a linguagem do Direito e a linguagem sobre a linguagem do Direito, para analisá-la, interpretá-la e compreendê-la, com mais lucidez e rapidez.

Como o termo *Direito* possui uma dimensão de signo, sua operacionalidade encontra-se comprometida com sua faceta sígnica. Como fazer isso dentro de um momento de intensa "Economia Criativa", onde novas tecnologias ditam as tendências dos costumes e comportamentos dos indivíduos que não mais convivem apenas em territórios físicos, aprisionados em seus próprios ordenamentos jurídicos, e sim em um ambiente plano, global e digital, em que contratos privados, como os termos de uso e as políticas de privacidade dos serviços e aplicativos da *internet*, regem a vida das pessoas e determinam as regras do jogo para populações cada vez mais densas, multiculturais e multinacionais?

Se for importante entendermos o que são os algoritmos **(Algorithms)**, aplicados na Informática e telemática, inteligência artificial (**Artificial Intelligence**), aprendizado de máquinas (**Machine Learning**), aprendizado profundo (**Deep Learning**), redes neurais (**Neural Network**), Internet das Coisas (**Internet of Things**) e outros – que nos impressionam, em razão dos recentes e surpreendentes avanços e da importância cada vez maior que passarão a ter em nossas vidas –, por que não começar pelo esboço de um *design thinking*?

O conceito atual da "Sociedade Aberta" (*Open society*), como se expressou Don Tapscott, um dos maiores especialistas em Geração Digital, traz consigo quatro grandes princípios: **Colaboração** (*Collaboration*), através de redes de inteligência (*networked intelligence*); **Transparência** (*Transparency*); **Compartilhamento de Conteúdo e sua Propriedade Intelectual** (*Sharing*); e **Mobilização** (*Empowerment*).

Na área jurídica, sistemas de raciocínio jurídico automatizado (com aplicação de algoritmos e inteligência artificial) já foram considerados no passado. Mas verificou-se que é impossível a sua aplicação autônoma no Direito. A formação da convicção de um magistrado, por exemplo, não está restrita somente a dados objetivos. A aplicação das leis é muito mais do que a aplicação de um conjunto de regras e jurisprudência. A independência de um magistrado na formação de sua convicção, em cada caso concreto, jamais pode ser ameaçada ou influenciada equivocadamente por máquinas. Os juízes não aplicam a lei como robôs. A Hermenêutica a a interpretação exercem grande influência no Direito. Os algoritmos ainda não conseguem imitar o raciocínio jurídico. É claro que poderão auxiliar muito os juízes, promotores, advogados e demais profissionais da Justiça. Mas, dificilmente substituirão o elemento humano na equação da coerência. Os algoritmos são ferramentas e não devem ser tratados como substitutos completos para o julgamento humano. Será necessária cada vez mais uma supervisão constante dos processos algorítmicos mais sensíveis, como os que impactam a formação de opinião e as condutas sociais.

Como essas possibilidades apresentam riscos e acarretam amplos desafios técnicos e sociais, os operadores do Direito precisam estar mais aptos para raciocinar e relacionar, na linguagem digital, o antigo ao novo e vice-versa.

Há um grande potencial para que algoritmos e inteligência artificial possam ser usados para o bem de toda a sociedade. Na verdade, há uma oportunidade para tornar o mundo mais justo e menos tendencioso com a utilização das tecnologias da informação e da comunicação (TIC's). As leis não devem travar e dificultar a inovação, mas, insiste-se, não podemos ser ingênuos e ficar deslumbrados com as novas tecnologias, deixando de VER o que está atrás de tudo isso.

Vamos juntos focar nosso olhar?

PRIMEIRA PARTE

• • •

SEMIÓTICA E LINGUAGEM

CAPÍTULO 1

SIGNOS E LINGUAGEM

1.1 Breve apresentação do pensamento de Peirce

Por que Peirce? Porque seu pensamento é vasto e multifacetado, os assuntos que ele aborda são diversos e interconectados. Ainda que uma apresentação breve de seu pensamento, mantendo alguma fidelidade às suas propostas, seja uma tarefa difícil, é possível, se estivermos engajados.

Para expor tanto a filosofia, como a semiótica de Peirce (que nasce dentro de uma arquitetura filosófica, sendo a disciplina central desta arquitetura), é preciso muito cuidado. Corre-se o risco de desfigurá-las com reducionismos facilitadores, ou, então, sobrecarregá-las com uma teia de conceitos.

Por isso, baseando-me na conceituada semioticista Santaella[5], faço aqui apenas uma apresentação esquemática da obra peirceana, como um todo, a saber, a fenomenologia (que interessa muito ao Direito) e a teoria dos signos, que foram mais diretamente utilizadas na elaboração das três matrizes da linguagem e do pensamento, sobre as quais pretendo sobrepor as matrizes da linguagem jurídica.

Apesar de Peirce ter estudado os campos mais diversificados do conhecimento científico (Matemática, História, Filosofia, Química, Literatura, Astronomia, Lógica, Biologia etc.), há, entretanto, uma espinha dorsal que sustenta e ilumina suas investigações: a semiótica concebida como lógica, num sentido muito mais genérico e amplo do que o termo "lógica" tinha em sua época e que continua tendo até hoje. O empreendimento intelectual que ele

[5] ***In Matrizes da linguagem e pensamento***, p. 30 e segs.

perseguia era delinear os princípios fundamentais que subjazem aos métodos que são utilizados nas ciências, em *todas* as ciências. Será que por trás de todos os diferentes métodos científicos não existem elementos constantes?

Ora, os métodos científicos tanto são diferentes, quando se compara uma ciência com outra, quanto se modificam historicamente no interior de uma mesma ciência.

Santaella[6] resume o seguinte: Para entender esses métodos, o melhor caminho é praticá-los.

Daí o porquê de Peirce ter-se dedicado a tantos campos científicos diferentes. Creio que nenhum de nós teria condições de fazê-lo!

A característica fundamental do pensamento científico está no fato de que todas as suas conclusões devem estar fundamentadas em evidências. A *teoria* científica interpreta os fatos verificados e, na base dessa interpretação, reconhece-se que as provas devem referir-se a algum objeto real. Os fundamentos, assim como as conclusões que são deles inferidas, não podem ser privados. Devem ser públicos e submetidos à crítica da comunidade científica. Nenhuma conclusão, nenhuma teoria científica é infalível, pois são sempre interpretações dos dados. Assim, evidências, conclusões e teorias devem ser submetidas a correções e revisões, seja porque uma nova evidência coloca em dúvida a anterior, seja porque novos métodos e novos instrumentos produzem evidências melhores e mais precisas, seja ainda porque a teoria baseada em evidência entra em conflito com alguma teoria melhor fundamentada, ou mais compreensiva ou mesmo mais refinada. Ponto a nosso favor: nos dias de hoje, temos rapidamente acesso a todas essas informações inovadoras.

Muito cedo, em 1865, o pesquisador já reconhecera que uma tal análise da ciência é, no fundo, semiótica. Para que sua semioticidade seja visível, basta substituir a noção de *evidência* por uma concepção muito mais ampla que é a concepção de ***representação*** ou ***signo***.

Essa convicção advinha-lhe do fato de que "todo conhecimento, desde a adivinhação mais espontânea até a certeza mais demonstrativa, está fundamentado em evidências; ele é suportado por dados, credenciais, garantias e

[6] ***In Matrizes da linguagem e pensamento***, p. 31 e segs.

premissas. Os dados não são, em si mesmos, evidências para aquilo que eles atestam; eles devem ser interpretados para ser evidências; para dar alguma credibilidade àquilo que eles suportam"[7].

Uma vez que não há interpretação sem signos, pois toda interpretação é signo, a concepção de signo passou a ocupar um lugar proeminente no pensamento de Peirce. Qualquer coisa que substitui uma outra coisa para algum intérprete é uma representação ou signo.

São infinitos os exemplos possíveis, a serem citados: uma palavra representa algo para o conceito na mente do ouvinte; um retrato representa uma dada pessoa para a concepção de seu reconhecimento por alguém; um cata-vento representa a direção do vento para a concepção daquele que assim o entende; um advogado representa seu cliente para o juiz ou júri que ele pretende influenciar; um palhaço representa algo aterrizador para uma criança.

O cientista percebeu imediatamente que essa concepção de representação ou signo é fundamental não apenas para a ciência, mas também para a ***linguagem***, a arte, a mecânica, a lei, o governo, a política, a religião e assim por diante.

De fato, ela é fundamental ao pensamento, ação, percepção e emoção humanas.

Neste ponto, torna-se compreensível porque ele identificou a semiótica com a lógica, encontrando-a em todos os setores do pensamento e atividades humanas, afirmando ser impossível vir a estudar qualquer coisa, ética, matemática, metafísica, gravitação, termodinâmica, ótica, química, anatomia comparativa, astronomia, psicologia, fonética, economia, história da ciência, jogo de cartas, homens e mulheres, vinho, metrologia, a não ser como um estudo de Semiótica.

Com tal base, não é de se estranhar que ele pôde anunciar sua grande tese anticartesiana de que todo pensamento se dá em ***signos*** e na ***continuidade dos signos***.

---

[7] Savan, *in* C. S. Peirce and american semiotics. *The Peirce seminar papers: an annual of semiotic analysis*, v. 2. Providence and Oxford: Berghahn Books, 179-208.1994:183, cf. Santaella, *ibidem*, p. 31.

Ou seja, *não há pensamento sem signos*.

Por isso, todo pensamento, mesmo aquele que brota nas supostas luzes da intuição, é irremediavelmente falível, devendo ser submetido ao teste da experiência ou à crítica de uma comunidade de investigadores.

De certo modo, aliás, todo o sistema lógico-semiótico criado por Peirce que culminou no seu pragmaticismo[8] não foi senão uma versão pós-cartesiana do método da ciência, método que ele desenvolveu no decorrer de sua vida para dar fundamento às teses anticartesianas defendidas em sua juventude[9]. Juntamente com a tese de que não há pensamentos sem signos, o pesquisador defendeu também a tese de que não há pensamento, linguagem ou raciocínio que possa se desenvolver apenas (ou, melhor, diretamente) por meio de símbolos[10], nem mesmo o raciocínio puramente matemático, dedutivo.

Há sempre uma mistura de signos (e consequentemente uma mistura de linguagens) que é constitutiva de todo pensamento. Portanto, para compreender os raciocínios que são empregados nos métodos científicos, é necessário vislumbrar todos os tipos possíveis de signos, suas misturas e o modo como os signos crescem e evoluem.

A Semiótica peirceana, concebida como lógica num sentido amplo, nasceu dessa necessidade.

De acordo com o cientista, antes de se empreender o estudo de qualquer ciência, o pensamento filosófico deve começar por um sistema de lógica e a tarefa primordial que a lógica tem que enfrentar é a de estabelecer uma **tabela formal e universal de categorias**, a partir da mais radical análise de todas as experiências possíveis[11].

---

[8] Pragmaticismo: relativo à Pragmática, mais precisamente ao conjunto de investigações que têm por objeto a relação dos signos com os intérpretes, ou seja, a situação em que o signo é usado. Esse aspecto da Semiótica, ressaltado por Peirce, foi, ao depois, considerado principalmente por C. Morris como integrante da mesma. Tal ponto de vista é amplamente aceito na lógica contemporânea (C. Morris, *Foundations of the theory of signs,* 1938, cap. V; Carnap, *Foundations of logic and mathematics*, 1939, § 2º). As outras partes da Semiótica são a sintaxe e a semântica, cf. Nicola Abbagnano, *Dicionário de filosofia*, p. 783.

[9] Santaella, ***Metodologia semiótica**:* fundamentos. Tese de Livre Docência, ECA/USP, cf. Santaella, *Matrizes da linguagem e pensamento,* p. 32.

[10] O símbolo corresponde à terceira categoria semiótica (terceiridade), ao lado do índice e do ícone, como será mostrado adiante.

[11] Cf. Santaella, *Matrizes da linguagem e pensamento*, p. 32: Em função disto, a primeira publicação de peso de Peirce, em 1867, chamou-se Sobre uma nova lista de categorias (***Collected***

Insatisfeito com as categorias aristotélicas, consideradas mais gramaticais do que lógicas, também insatisfeito com as categorias kantianas e hegelianas, ele se dedicou, por dois anos, intensiva e ininterruptamente, à elaboração de sua doutrina das categorias, chegando ao resultado de que só há ***três*** elementos formais e universais, quer dizer, onipresentes em todo e qualquer fenômeno, elementos que foram, primeiramente chamados, como já se disse acima, de ***qualidade, relação* e *representação***.

A partir disso, tais categorias foram usadas para distinguir: (1) três espécies de representações (ou signos) – semelhança (depois, chamada de *ícone*); *índice* e *símbolo*; (2) uma tríade de ciências concebíveis – *gramática formal*, *lógica* e *retórica formal*; (3) uma divisão geral dos símbolos, comum a todas essas três ciências – *termos, proposições* e *argumentos*; (4) três tipos de argumentos, distinguíveis por suas três relações entre as premissas e a conclusão – *dedução* (símbolo), *indução* (índice) e *hipótese* (semelhança/ícone) (Fisch 1978: 34-35)[12]. Nestas tríades inter-relacionadas está formulado o corpo fundamental do sistema lógico de Peirce – que ele defenderia pela vida afora. Provar a coerência científica de um tal sistema foi tarefa que também lhe tomaria boa parte da vida. Apesar de seu grande esforço para chegar às categorias, o resultado não lhe agradou. Com efeito, reduzir toda a multiplicidade dos fenômenos a uma gradação de ***três*** elementos parecia-lhe fantasia absurda. Por muitos anos, ele abandonou tais categorias ao esquecimento. Só dezoito anos mais tarde, elas retornaram mais fortes do que nunca, num artigo sob o título: **Um, dois, três: categorias do pensamento e da natureza.**

Se antes, estavam restritas ao fenômeno mental, agora ele afirmava que elas se estendiam para toda a natureza. Nada absurdo, na medida em que a natureza é um grande texto, como já dizia Galileu... E o mundo virtual, idem!

Assim, só aparentemente suas categorias haviam sido abandonadas, pois de 1867 a 1885, repetidamente, Peirce encontrou nas ciências da natureza e do pensamento confirmações independentes que corroboravam estas **três** ideias. A **tríade** estava continuamente aparecendo na lógica e nas

---

Papers – CP 1545-59), também publicada em *Writings, W* 2 49-55 e em Peirce, 1992: 2-10, *The essential Peirce*.

12 Cf. Santaella, *ibidem*, p. 32-33.

ciências especiais, primeiro na psicologia, então na fisiologia e na teoria das células, finalmente, na evolução biológica e, ainda, também, no cosmo físico. Aliás, descobertas científicas recentes, como a **autopoiese**, trazidas através das ciências da natureza, comprovam essa afirmação. Na verdade, o grande impulso para a proposta das categorias como elementos mentais e naturais veio de sua descoberta – através da integração de quantificadores na Lógica dos relativos, exatamente em 1885 – de que sua primeira categoria podia ser indicada quantitativamente por uma variável. Isso o auxiliou na adoção da visão de que há **possibilidades** reais e contínuas, ou seja, possibilidades que podem não se atualizar nunca. A partir daí, abandonou sua teoria das possibilidades inspirada em Mills e adotou as categorias como esqueleto de toda sua doutrina lógica, o que veio a trazer grande unidade para o conjunto.

Houve ainda uma outra descoberta importante e concomitante que lhe acrescentou confiança, precipitando os ajustamentos internos de sua obra: a descoberta das duas ações do universo, ***ação diádica*** **– bruta, e** ***ação triádica*** **– inteligente ou sígnica.**

Essas duas ações estão na base da divisão das ciências especiais, no gigantesco sistema peirceano de classificação das ciências, dentro do qual se insere a arquitetura das suas disciplinas filosóficas.

Peirce passou longos anos tentando chegar a uma classificação das ciências que o satisfizesse. Essa satisfação foi difícil de ser atingida porque a classificação não existia como uma parte solta de sua obra, **mas dependia, para ter coerência, do cruzamento de soluções para problemas cruciais que ele passou anos tentando resolver**.

A classificação das ciências e, dentro dela, sua arquitetura filosófica, estavam inteiramente baseadas na lógica das **três** categorias.

Embora estivesse trabalhando nas categorias desde 1867, foi só na passagem do século que ele chegou a dar-lhes crédito, o que serviu como guia para a formulação de sua cartografia das ciências.

Dada a precipitação de todos esses ajustamentos, não por acaso, em 1902, ele confessou esse seu retorno à sua posição original, quando adotou as categorias como um esqueleto de toda a sua doutrina lógica, o que trouxe grande unidade para o conjunto.

Em 1904, reconheceu que a diferença entre a matemática, a filosofia e as ciências especiais dependia do ***modo*** de observação empregado por cada uma delas, e que suas categorias não estavam subordinadas à psicologia, uma vez que para se chegar a elas não se requer outra coisa além da atenção cuidadosa ao *phaneron* (qualquer coisa que aparece de qualquer modo à mente, seja ela real ou fictícia) que todas as pessoas, em condições físicas e psíquicas normais, podem observar (*Collected papers* 8.297[13]).

Ou seja: *primeiridade* é qualidade (entendida agora como talidade indiferenciada, não analisável); *secundidade* é oposição, ação e reação; e *terceiridade* é representação, mediação, enfim, continuidade.

Aliás, o pressuposto da *continuidade* é o que os filósofos chamam de ontológico, uma decisão sobre a natureza do ser que vai além de (ou que subjaz a) qualquer coisa particular.

E a continuidade ontológica era tão surpreendentemente característica do pensamento do século XIX, no Ocidente, que até hoje é difícil encontrar uma exceção.

Conforme o próprio Peirce – um dos verdadeiros fundadores do pensamento modernista – constatou em 1894[14]:

> **Se examinarmos a obra do século XIX, é impressionante descobrir até que ponto o seu sucesso se deve ao reconhecimento da ideia de continuidade e o seu fracasso, ao desejo de tal reconhecimento.**

Transpondo para os tempos de hoje: "A tecnologia seria tão perigosa quanto o nosso amor por ela", como disse o historiador Andrew Keen (autor de *How to fix the future*).

---

[13] Cf. Santaella, *in Matrizes da linguagem e pensamento*, p. 33.

[14] *In The nineteenth century notes*, provavelmente um manuscrito de *A review of leading ideas of the nineteenth century*, volume I dos 12 anunciados no *Publisher's Weekly* de 20 de janeiro de 1894, *in* Charles Sanders Peirce, *Selected writings*, org. Philip P Wiener (Nova York: Dover, 1966), 261 (*apud* William R. Everdelll, *Os primeiros modernos: as origens do pensamento do século XX.*

1.2 A rede dos signos

A Semiótica de Peirce, concebida como Lógica, não se confunde com uma ciência aplicada.

Seu esforço era o de configurar conceitos sígnicos tão gerais que servissem de alicerce a qualquer ciência aplicada. Foi ele mesmo que afirmou:

> A tarefa que inauguro é fazer uma filosofia como aquela de Aristóteles, quer dizer, esboçar uma teoria tão compreensiva que, por longo tempo, todo o trabalho da razão humana – na filosofia de todas as escolas e espécies, na matemática, na psicologia, na ciência física, na história, na sociologia e em qualquer outro departamento que possa haver – deve aparecer como ***preenchimento de seus detalhes.*** O primeiro passo para isso é encontrar conceitos simples aplicáveis a qualquer assunto[15]. (grifei)

Isso não significa que sua teoria tenha nascido para tirar o lugar de outras ciências. Ao contrário, para fornecer a elas fundações lógicas para suas construções como *linguagens* que são.

Hoje, várias décadas transcorridas, a insistência de Peirce em generalizar a noção de signo, a ponto de não ter de referi-la apenas à mente humana, não mais soa como formalismo excêntrico, mas sim como antecipação, visto que, **com o advento da Cibernética, tal necessidade patenteou-se e revelou-se histórica e concretamente**.

Com efeito, para falarmos dos processos da comunicação entre "máquinas", não temos necessariamente de nos referirmos às peculiaridades da consciência humana. Isso sem falar das descobertas da Biologia Molecular que estenderam a noção de signo (linguagem e informação) para o campo das configurações celulares. E, ainda, recentemente, entre nós brasileiros, os avanços tecnológicos na área de computação gráfica, em que experimentos reverteram a seta termodinâmica do tempo!

Em 1909, Peirce[16] escreveu:

---

15 *Apud* Santaella, *O que é semiótica*, p. 55.

16 *Apud ibidem*, p. 57.

> A grande necessidade é a de uma teoria geral de todas as possíveis espécies de signos, seus modos de significação, de denotação e de informação; e o todo de seu comportamento e propriedades, desde que estas não sejam acidentais. A tarefa de suprir essas necessidades deve ser tomada por algum **grupo de investigadores**. Quase tudo que até agora foi realizado nessa direção foi trabalho dos lógicos. Nenhum grupo esteve tão bem preparado para tocar esta tarefa à frente ou que poderia fazê-la com menos desvios de suas preocupações originais. (grifei)

Infelizmente, no entanto, poucos o seguiram, em sua insistência sobre os signos.

Assim, as definições e classificações de signo por ele formuladas são logicamente gerais, quase matemáticas. O nível de abstração exigido para compreendê-las é, sem dúvida, elevado. Entretanto, uma vez assimilado este *campo de relações formais*, tal assimilação passa a funcionar para nós como uma espécie de "**lente de aumento**", que nos permite não só perceber uma multiplicidade de pontos e distinguir diferenciações sutis nas linguagens concretas e virtuais pelas quais estamos perpassados e com as quais convivemos, bem como nos permite evoluir em nossas colocações e postulações.

É frequente definir a Semiótica – e ela assim costumava e ainda costuma aparecer nos dicionários – como *doutrina, teoria geral* ou *ciência dos signos*, seguindo uma tradição filosófica que remonta aos estoicos (Eco, 1981[17]; Jakobson, 1974a[18]; Rey-Debove, 1973[19]; Sebeok, 1976[20]).

Foi a partir do conceito de signo que a Semiótica foi adquirindo, graças exatamente às contribuições valiosas de Peirce (e do semioticista francês Saussure, também), um estatuto próprio, o que possibilitou observar e analisar **a dimensão significacional tanto da cultura e da sociedade em geral, como da linguagem em particular.**

De certa forma indevida e injustamente, estudos recentes dentro da Semiótica contemporânea, ao ocupar-se de sistemas de significação complexos, foram colocando em questionamento o conceito de signo, tachando-o de

---

17 "Segno", Enciclopédia. Turim. Eunadi: cf. Lozano, *in Análise do discurso,* p. 1.

18 *Coup d'oeuil sur le développement de la Sémiotique,* Bloomington, Research Center for Language and Semiotic Studies cf. *Ibidem*.

19 *Théories du signe et du sens*. Paris, Klincksieck, cf. *Ibidem*.

20 *Contributions to the Doctrine of Signs*. Bloomington, Indiana University Press, cf. *ibidem.*

ingênuo e atomístico, e provocando o que foi chamado com ênfase, certamente, excessiva, uma "crise do signo" (Barthes, 1980[21]; Eco, 1981[22]).

Crise do signo – a noção foi posta em crise desde seu aparecimento, nos relembra Eco (1981[23]: 628) – que estava presente, sem ir muito longe, em Hjelmslev (1943[24]), que já advertia que a rigor não deveria falar-se de signo, mas sim de *funções sígnicas* que se realizam "quando dois functores (***expressão e conteúdo***) entram em mútua correlação"[25] (Eco, 1975:74[26]).

A partir dessa consideração de Hjelmslev, linguista dinamarquês, o signo ver-se-á dissolvido em uma rede de relações múltiplas e cambiantes (Eco, 1975:74[27]), que formam *sistemas de significação*.

E uma vez que, como adverte o linguista francês Benveniste (1977:57[28]), não há signo transistemático, será precisamente no *sistema de significação* que poderemos analisá-lo.

Desse modo, **a concepção de Semiótica como "doutrina dos signos" foi sendo substituída pelo "estudo dos sistemas de significação[29] e de sua aplicação em textos".**

Uma consequência da substituição do "signo" – conceito histórico, artefato analítico (e inclusive ideológico), como gostava de afirmar Barthes (1980:1074[30]) – pelos "sistemas de significação" foi a de centrar a mirada

---

[21] Texte (Théorie du)", Enciclopedia Universalis.

[22] *Ibidem,* cf. *ibidem*.

[23] *Ibidem,*cf. *ibidem*.

[24] *Prolegomena to a theory of language*, University of Wisconsin, 1961.

[25] Mas o mesmo functivo – continua Eco (1975:74) – pode também entrar em correlação com outros elementos, convertendo-se assim em um functivo diferente, que dá origem a outra função sígnica.

[26] *Trattato di semiotica generale*. Milão: Bompiani cf Lozano, p. 2.

[27] *Ibidem.*

[28] *Problemas de linguística general II*. México, Siglo XXI.

[29] Cf: Jorge Lozano e outros, *in Análise do discurso*, em nota de rodapé, p. 2: Com isso, não se quer negar a importância e legitimidade de estudos sobre o signo, nem das tipologias que, a partir destas análises, possam ser propostas: parece-me interessante, por exemplo, a proposta de Lotman (1979) de definir a cultura como "atitude com respeito ao signo"; penso, todavia, que o signo, considerado por Lotman como ***unidade cultural***, apresenta mais semelhanças com a ideia de ***formação discursiva*** de Foucault que com a relação significante/significado, tal como postulada por Saussure.

[30] *Ibidem*, cf. *ibidem.*

semiótica (Fabbri, 1973[31]) **no texto (ou discurso) que produz sentido, considerado num primeiro momento como sequências de signos.**

No entanto, não é uma soma de signos que produz sentido, mas sim o funcionamento textual (Benveniste, 1977: 67-8[32]), **ideia esta que levou o último Barthes, o último Derrida e Kristeva, entre outros renomados pesquisadores, a sustentarem que os textos são o lugar em que o sentido se produz e produz (prática significante)** (Eco, 1981:641[33]).

Assiste-se, hoje, pois, no desenvolvimento da teoria da significação, a uma preocupação com o texto, concebido como aparato semiótico, o que contribuiu para a elaboração da chamada ***semiótica textual*** ou ***semiótica discursiva*****, na qual a atenção volta-se mais para o que os signos *fazem,* do que para o que os signos *representam* na atividade textual (em que os signos se reconhecem e se constroem).**

É assim que o texto passa a ser o eixo central dos estudos semióticos atuais. Importante para o Direito!

1.3 Definição de signo

Dito isso, nem assim, deve-se ultrapassar etapas, como as de definir os signos, nem ignorar certos conceitos básicos que irão gerar o(s) texto(s) e seu(s) sentido(s).

Signo é uma coisa que representa uma outra coisa: seu objeto. Ele só pode funcionar como signo se carregar este poder de representar, substituir uma outra coisa diferente dele. **O signo não é o objeto**. Ele apenas está no lugar do objeto. Portanto, ele só pode representar esse objeto de um certo modo e numa certa capacidade. Por exemplo: a *palavra* **casa**, a *pintura* de uma casa, o *desenho* de uma casa, a *foto* de uma casa, a *planta baixa* de uma casa, a *maquete* de uma casa, ou mesmo o seu *olhar* para uma casa são todos signos do objeto casa. Substituem-na, cada um deles, de um certo modo, a

[31] Le Comunicazioni di Massa in Italia: Sguardo Semiotico e Malocchio della Sociologia, *Versus*, 5, cf: *ibidem*.

[32] *Ibidem*, cf. *ibidem*.

[33] *Ibidem*, cf. *ibidem*.

depender da natureza do próprio signo. A natureza de uma foto não é a mesma de uma planta baixa.

Ora, o signo só pode representar seu objeto para um intérprete. E porque representa seu objeto, produz na mente desse intérprete alguma outra coisa (um signo ou quase-signo), que também está relacionada ao objeto – não diretamente – mas pela mediação do signo. O intérprete está compreendido no interpretante, mas não se confunde com ele. O interpretante tem a ver com o processo relacional que se cria na mente do intérprete. A partir da relação de representação que o signo mantém com seu objeto, produz-se na mente interpretadora um outro signo que traduz o significado do primeiro (é o interpretante do primeiro). Portanto, o significado de um signo é outro signo – seja este uma imagem mental ou palpável, uma ação ou mera reação gestual, uma palavra ou um mero sentimento de alegria, raiva, uma ideia, ou seja lá o que for – porque este "seja lá o que for", que é criado na mente pelo signo é um outro signo (tradução do primeiro).

O signo, além de funcionar como substituto, é o traço de um código (convenção explícita e/ou implícita estabelecida entre os homens). Essa constatação amplia a noção de signo: é uma coisa que vale por uma coisa diferente, aos olhos de quem está situado num determinado lugar, numa tal circunstância.

E, ainda, o signo aparece como instrumento de estruturação do universo. Os signos não servem apenas como substitutos cômodos a realidades que podemos manipular. Eles servem, também, para estabelecer a existência mesma dessas realidades. Estabelece-se, por exemplo, que esse universo é feito de alto e baixo, de frio e quente, de bem e mal, de cabeça e ventre. Tais distinções (no sentido "cultural") são artificiais, ou, melhor, convencionais: o universo, em si mesmo, não é estruturado do modo exato como o concebemos. O quente não existe em si, mas em relação a uma escala que o homem graduou para sua comodidade; quanto ao mal, sabemos o *quanto* e *como* essa noção é relativa.

Estas subdivisões (que dependem dos grupos sociais, das pessoas, das posições das mesmas etc.) oferecem-nos um espectro contínuo. Somos nós que as colocamos em unidades nitidamente separadas umas das outras, ou, melhor, em unidades discretas. Associando uma porção do universo material (o universo dos sons, das cores, das formas, dos odores) a uma porção do universo conceitual (o universo das ideias, das representações mentais, dos afetos, dos valores, da organização dos objetos), o signo organiza – ele estrutura – ao mesmo tempo, o universo material e o universo conceitual. Ele corta, no primeiro, unidades que se chamam *significantes* (universo material) e no segundo unidades que se nomeiam *significados* (universo conceitual). Mesmo isolado, um signo remete a um corte prévio, a uma organização do mundo em unidades e em categorias.

Temos, portanto, dois traços de uma definição um pouco rigorosa do signo: o signo institui certa correlação entre uma porção material do universo e uma porção conceitual do universo conceitual, e, fazendo isso, ele estrutura, de algum modo, o universo. Esses dois traços devem ser mobilizados simultaneamente (certas definições de signos insistem sobre um ou outro aspecto): mas o que há são signos que estruturam o universo e há correlações, que podemos chamar de semióticas.

Note-se por que a Semiótica preocupa-se com a estrutura do universo – pelo menos a Semiótica Geral propõe-se a responder à pergunta: **"Como conhecemos o mundo?"**

Percebemos que o signo tem dois objetos (o imediato e o dinâmico) e tem três interpretantes (o imediato, o dinâmico – que é o intérprete, e o interpretante em si).

Não cabe, aqui, o aprofundamento sobre essas questões, embora da maior importância. Deixa-se por conta do interesse particular de cada pesquisador a leitura de relevantes obras já escritas sobre esse tema. O que é importante perceber é que o signo não é uma coisa monolítica, mas um complexo de relações e que retenhamos em nossa rotina mental essas sutis diferenciações entre tais partes do signo.

E afirmo: **O DIREITO É SIGNO, ou, melhor, O DIREITO É UM SISTEMA DE SIGNIFICAÇÃO (SIGNIFICANTES e SIGNIFICADOS).**

1.4 Classificações dos signos

A partir de uma divisão lógica e microscópica das partes que interagem na constituição de todo e qualquer signo, Peirce estabeleceu uma classificação.

Um exame mais minucioso dessa classificação poderá habilitar o pesquisador à leitura de todo e qualquer processo sígnico, desde a linguagem indeterminada das nuvens que passeiam no céu, às marcas multiformes e cambiantes que as ondas do mar vão deixando na areia, até uma fórmula, a mais abstrata de uma ciência exata.

Dentre as *tricotomias* que Peirce chegou a explorar, existem *três* básicas, mais gerais.

Trata-se das *três* referências do signo:

signo 1º em si mesmo	signo 2º com seu objeto dinâmico	signo 3º com seu interpretante
1º **quali-signo**	**ícone**	**rema**
2º **sin-signo**	**índice**	**dicente**
3º **legi-signo**	**símbolo**	**argumento**

A indicação dos numerais, na horizontal e na vertical, não funciona como simples esclarecimento didático, mas remete às ***três categorias fundamentais do pensamento e da linguagem.***

Desse modo, se formos à leitura dos elementos do gráfico, mantendo na memória aqueles caracteres lógicos de 1º, 2º e 3º, já teremos percorrido boa parte do caminho para entendimento dos signos que ocupam cada uma dessas casas, bem como teremos percorrido boa parte do caminho para entendimento do ***conjunto coerente de signos* que vem a ser o *texto*** – tal como a Semiótica vem se ocupando.

Por oportuna, transcrevo aqui uma colocação feita pelo renomado semioticista russo Mikhail Bakhtin[34], ao falar sobre signos, linguagem, texto, expressando-se de uma maneira que resume o que estou tentando enfatizar:

---

[34] *In Estética de la creacción verbal*, México: Siglo Veintiuno, 1982, p. 294: cf. citação de Beth Brait, O discurso sob o olhar de Bakhtin, *apud* Maria do Rosario Gregolin e Roberto Baronas (org.), *Análise do discurso*, p. 25.1

> O texto (escrito e oral) como dado primário de todas as disciplinas mencionadas e de todo pensamento humanístico e filosófico em geral (incluído o pensamento teológico e filosófico em suas origens). O texto é a única realidade imediata (realidade do pensamento e da vivência) que vem ser ponto de partida para todas as disciplinas e para este tipo de pensamento. Onde não há texto, não há objeto de investigação e de pensamento.
> O texto "implícito". Se interpretarmos a noção de texto no sentido amplo de *conjunto coerente de signos*, então também a crítica de arte (a musicologia, a teoria e a história das artes plásticas) se relacionam com textos (produtos da arte).Trata-se do pensamento sobre pensamentos, do discurso sobre o discurso, do texto sobre os textos. Nisso consiste a diferença radical dentre nossas disciplinas (ciências humanas) e as ciências naturais, embora também aqui não existam fronteiras absolutas e impenetráveis". (grifei)

1.5 Ciência e as categorias de pessoa, espaço e tempo

Em sequência, é preciso falar rápidas palavras sobre as categorias de *pessoa, espaço* e *tempo*, temas importantes em toda abordagem científica.

O tempo e o espaço são questões que atravessam todas as ciências, assumindo em cada uma delas características e dimensões diferentes, conforme o objeto de estudo que privilegiam, as teorias que as fundamentam, os métodos de análise pelos quais elas flagram a manifestação de ambos, do tempo e do espaço, nos fenômenos da natureza ou da realidade física, social e cultural.

Esse estatuto de tempo e espaço, visto que difere conforme as ciências físicas e biológicas, de um lado, e as ciências humanas, de outro, tem nos levado a *falar* e a *pensar* em realidades estanques e irreversíveis, que trabalham com tempos e espaços diversos.

Criou-se para as ciências um universo de investigação e de linguagem que as vem tornando ainda mais incomunicáveis e vem determinando, entre elas, uma separação arbitrária e indesejável. Além disso, no âmbito de cada um dos ramos científicos, é curioso verificar como os conceitos e o tratamento do tempo e do espaço envolvem e determinam estilos, etapas ou modos específicos de tratar o objeto que os define.

Sem esquecer, por outro lado, que a categoria de pessoa é essencial para que a linguagem torne-se discurso, desde logo já posso apresentar duas teses centrais, inspirando-me no professor e semioticista brasileiro, Fiorin[35]:

a) o discurso (leia-se texto), embora obedeça às coerções da estrutura (leia-se matrizes da linguagem) é da ordem do acontecimento, isto é, da História;
b) não há acontecimento fora dos quadros do tempo, do espaço e da pessoa.

Isso conduz às seguintes consequências:

a) o discurso é o lugar da instabilidade das estruturas (leia-se do sistema das matrizes); é onde se criam efeitos de sentido com a infringência ordenada às leis do sistema;
b) compreender os mecanismos de temporalização, de espacialização e de actorialização é fundamental para entender o processo de discursivização (leia-se textualização).

Pelo menos para o âmbito deste trabalho, que pretende ater-se às matrizes da linguagem e pensamento, importa mostrar que as categorias – pessoa, espaço e tempo – são regidas pelos mesmos princípios, princípios estes lembrados por Fiorin[36], alguns dos quais transcrevo abaixo:

a) os actantes[37], os tempos e os espaços linguísticos *strictu sensu* não refletem as pessoas reais, nem o espaço físico, nem o espaço geométrico, mas são criados na enunciação[38] e pela enunciação;

---

[35] *In As astúcias da enunciação*, p. 15.

[36] *Ibidem*, p. 301-303.

[37] Para a teoria semiótica, o termo técnico "actantes" designa as pessoas, consideradas como "entidades" do percurso narrativo, seja numa relação de junção, seja de transformação. O actante funcional caracteriza-se pelo conjunto variável de papéis que assume em um percurso narrativo/discursivo, cf. Diana Luz Pessoa de Barros, *in Teoria semiótica do texto*, p. 84.

[38] Enunciação: instância da mediação entre as estruturas narrativas e discursivas (leia-se: entre as sequências da matriz sonora e da matriz verbal) que, pressuposta no discurso, pode ser reconstruída a partir das pistas que nele espalha; é também mediadora entre o discurso e o contexto sócio-histórico e, nesse caso, deixa-se apreender graças às relações intertextuais, cf. Diana Luz Pessoa de Barros, *ibidem*, p. 86.

b) cada uma dessas categorias apresenta um sistema enunciativo e um enuncivo[39]: o primeiro contém os actantes, os tempos e os espaços relacionados diretamente aos actantes, ao momento e ao lugar da *enunciação*; o segundo, os actantes e os espaços inscritos no *enunciado* e os tempos ligados a um marco temporal instalado no enunciado;

c) as pessoas, os tempos e os espaços do sistema enuncivo são determinados indiretamente pela instância da enunciação, já que o *ele*, o *então* e o *algures* ganham sentido pela relação com o *eu-aqui-agora* da enunciação;

d) como o discurso compõe-se de uma *enunciação enunciada* e de um *enunciado* (leia-se objeto-textual resultante de uma enunciação) *enunciado*, as pessoas, os espaços e os tempos são nele desdobrados, pois há, por assim dizer, uma actorialização, uma temporalização e uma espacialização, tanto numa quanto no outro;

e) as categorias da enunciação podem projetar-se no enunciado ou estar ausentes dele;

f) no texto, por um processo de delegação de vozes (leia-se predominância de um ou outro actante, referente a uma determinada matriz de linguagem), podem criar-se diferentes instâncias de enunciação (cf. discurso direto); cada uma delas é um *eu-aqui-agora*;

g) as três categorias (pessoa/espaço/tempo) estão sujeitas a instabilidades no discurso.

Fica no ar a seguinte indagação a ser respondida pelos estudiosos: o discurso, sendo da ordem da História, não pode mudar o sistema que o autoriza e em razão do qual ele existe?

Apenas a título de observação, lembre-se, ainda, de que foi graças a Einstein que a unidade física suprema espaço-tempo foi resgatada.

---

39 Enunciativo: em que se instalam no enunciado os actantes da **enunciação** (*eu/tu*), o espaço da enunciação (*aqui*) e o tempo da enunciação (*agora*), ou seja, quando o ***não-eu***, o ***não-aqui*** e o ***não-agora*** são enunciados como ***eu***, ***aqui*** e ***agora***. Enuncivo: em que se instauram no enunciado os actantes do **enunciado** (*ele*), o espaço do enunciado (*algures*) e o tempo do enunciado (***então***), cf. Fiorin, ***ibidem***, p. 43-44.

Ao sintetizarmos as transformações que atingiram o conceito de tempo e de espaço no âmbito da física tradicional e da moderna, podemos identificar três momentos bem determinados que trouxeram consequências para a teoria do conhecimento.

Para a física newtoniana, o espaço e o tempo são absolutos em si, independentes da matéria e, como consequência, imutáveis. Kant dá a essa concepção seu substrato ontológico, separando as coisas em si (*noumenos*) das coisas percebidas (fenômenos), cabendo ao espaço e ao tempo, determinados *a priori,* as características de categorias de mediação entre as coisas em si e aquelas percebidas pelo homem.

A partir de Einstein, é possível, em sua teoria da relatividade, identificar dois momentos distintos, de um lado, um tempo/espaço enquanto medida de mudança e, de outro, a própria mudança como elemento detonador de outra concepção para o tempo e o espaço.

Para Einstein, a unidade espaço/tempo não é fictícia, mas mensurável em mudanças uniformes e previsíveis em sistemas de referências epistemológicos que operam com constantes universais, produtos da inteligência humana, utilizados para tratar objetivamente a realidade.

Para o físico teórico alemão Heisemberg, criador do *Princípio da Indeterminação*, a realidade submete-se a uma instabilidade fundamental impossível de ser prevista ou determinada, de tal sorte que a própria mudança é o único parâmetro. Incorporando a essa determinação uma concepção termodinâmica de tempo, decorre que todos os sistemas passam de um estado de equilíbrio homogêneo para outro, que o altera, até assumir um estado de equilíbrio mais complexo que o anterior, mas igualmente flutuante. As variáveis exteriores e contextuais são responsáveis por essas mudanças, apenas observáveis, impossíveis de serem previstas.

Nesta concepção termodinâmica do tempo, a mudança corresponde à própria noção de espaço.

De um espaço e tempo como entidades absolutas, invariáveis e determinadas *a priori*, passamos para um tempo que gera um espaço de transições flutuantes e mutáveis; entre essas duas posições extremas, o rigor de Einstein coloca, no âmbito epistemológico, um **"espaço/tempo racional e operacional"**. Aqui, existe um vasto campo para pensar. Procure-se a experiência recente de pesquisadores (do Centro Brasileiro de Pesquisas Físicas e de Universidades de Singapura, Alemanha e Reino Unido) que verificaram o calor fluindo do mais frio para o mais quente (!) e como isso poderá ser utilizado pela computação quântica! O resultado da experiência mostra que "a seta do tempo" é algo relativo e que depende das condições iniciais.

Partindo de um conceito mecânico, atravessamos uma postura racionalista rigorosamente dedutiva, para atingir a concepção empírica de um real observável que cria seu próprio espaço na dinâmica inexorável de um tempo de mudança. Passamos de um tempo mecânico para outro, termodinâmico, que corresponde, de um lado, a um espaço predesenhado e, de outro, imprevisível.

Superadas as separações absolutas entre espaço e tempo, foi-se ultrapassando uma aparência atrás da qual se escondia um real, até então inacessível à percepção e ao entendimento. No caso da arte, por exemplo, abriu-se a dimensão dos estudos da linguagem, que a colocavam em diálogo com todas as manifestações culturais e com a ciência em particular. Estávamos no fim da primeira metade do século XX[40], época em que já ocorrera o chamado "**giro linguístico**", sobre o qual comentarei a seguir.

Quanto aos tempos verbais (que muito interessam à linguagem jurídica), a partir do pensador e linguista francês Benveniste, percebeu-se como estes se organizam na própria língua em duas séries: tempos comentativos (ou dêuticos) e tempos narrativos (não-dêuticos).

Nos textos (sobre o que tratarei mais adiante, quando falar do Direito como texto), ambas as séries articulam-se não apenas para informar temporalmente os acontecimentos em relação ao processo do enunciado[41] ou da enunciação[42], como também para constituir esses espaços da enunciação e do enunciado e suas articulações.

---

[40] Born e outros, *Problemas da física moderna*, São Paulo: Perspectiva, 1969, *apud* Lucrécia D'Alessio Ferrara, *in Olhar periférico*, p. 169.

[41] Enunciado: é o objeto-textual resultante de uma enunciação, cf. Diana Luz Pessoa de Queiroz, *in Teoria semiótica do texto*, p. 86.

[42] Enunciação, conforme já foi dito, anteriormente: é a instância de mediação entre as estruturas narrativas e discursivas que, pressuposta no discurso, pode ser reconstruída a partir das pistas que nele espalha; é também mediadora entre o discurso e o contexto sócio-histórico e, nesse caso, deixa-se apreender graças às relações intertextuais, cf. *ibidem*.

A temporalidade é definida a partir do sujeito da enunciação, ora simulando um tempo objetivo que se desenvolve como alheio ao sujeito que o descreve, ora inscrevendo a própria subjetividade no tempo textual.

Os acontecimentos narrados possuem uma organização temporal que provém da instância enunciativa e que pode adotar as formas mais diversas: sucessão linear, encadeamentos, elipses, inversão dos processos e assim por diante – que não comentarei aqui; assinalo, apenas, que podem ser analisadas, relacionando os processos do enunciado a outros processos do enunciado ou ao da enunciação – inscritos no texto –, sem necessidade de introduzir noções como "tempo da escritura" ou "tempo da leitura", não definíveis homogeneamente para todos os textos. Ponto importante para muitas questões técnico-jurídicas a serem resolvidas na era digital!

Qualquer técnica que se pudesse indicar não daria conta de um **tempo** interior e do **tempo** das coisas. **Ele está em nós e fora de nós, na história do mundo e, portanto, jamais pode ser objeto de manipulação absoluta.**

Vivemos a perda do sentimento do tempo, ao considerarmos que as coisas rápidas são muito lentas e que até as mensagens eletrônicas nos fazem morrer de tédio. No plano político, por exemplo, no lugar da importante ideia de Constituição e de respeito aos cidadãos, o termo civilização passou a ser associado a *performance*, espetáculo, *marketing*, simulação e, principalmente, "eficácia" (?!). O mais assustador de tudo isso é que essas ideias e práticas – isto é, as práticas grosseiras e ingênuas dessa forma de vida – estão perdendo sua evidência. Os homens não percebem que perdem o vigor e a destreza.

Que dizer, hoje, por exemplo, da definição dada por um humanista de nossos dias, para quem a civilização é um conjunto de leis, usos, opiniões, julgamentos que tornam impossíveis práticas antes admitidas sem exame e espanto. Exemplo: a escravidão, a castração das crianças, a tortura, o suplício dos feiticeiros. A civilização não implica que a moralidade média seja melhor, mas que apenas o costume tenha sido mudado pela ação enérgica de alguns moralistas. Eis por que espanta que nossa civilização ocidental não tenha aplacado a guerra, nem as paixões!

No que diz respeito ao espaço, lembre-se de que as referências temporais muitas vezes são espaciais. A representação dele no texto está muito ligada à das pessoas pela relação que têm com a questão do ponto de vista. A descrição de um lugar pode ser realizada, apresentando-se um "plano" da mesma, e anotando relações espaciais não dêiticas (à esquerda de, em cima de), referidas a elementos do lugar, ou, ainda, pode ser realizada como um percurso, temporalizada e tomando como ponto de referência o ator que constrói a descrição. Inclusive, no primeiro caso, é difícil omitir a perspectiva (linear), ou seja, a descrição a partir do ponto de referência de alguém que a constrói.

Tudo isso foi dito apenas para mostrar que essas três categorias: pessoa(s)/espaço/tempo fornecem cada um dos critérios de descrição das variedades semióticas, com que nos defrontamos.

1.6 Linguagem, espaço e tempo

As ciências humanas e a arte, ao se questionarem sobre a possibilidade de compreensão da realidade através de suas representações culturais, abriram-se, implícita ou explicitamente, para a dimensão de seu universo de linguagem e de organização sistêmica.

A Cibernética e a Teoria da Informação[43]**, por sua vez, ao assimilarem a noção de entropia no âmago de seu desenvolvimento, trouxeram para as questões da linguagem e das ciências humanas a relatividade dos sistemas de organização da informação, destinados a uma deteriorização e perda de nitidez, na medida em que tendem a substituir estados de organização e diferenciação por outros, de caos e indiscriminação.**

Esta é a segunda lei da termodinâmica, pela qual o universo tende a aumentar sua confusão à medida que a ordem diminui, desestrutura, no âmbito das ciências humanas (em particular, do Direito) e da arte, a partir do enfoque da linguagem e da informação, os estudos de tipo positivista e determinista, para dar origem a **uma ótica atenta ao diálogo de fatos e tendências que revelam um tempo reduzido pela degradação num espaço desorganizado.**

---

[43] Norbert Wiener, *The human use of human being's*, EUA, Houghton Mifflin Company, 1954 (trad. Cibernética e Sociedade, São Paulo: Cultrix, 1970: cf. Lucrécia D'Alessio Ferrara, *ibidem*, p. 170.

Enfrentar essa realidade permite perceber o surgimento de um tempo criativo numa organização do espaço.

A desorganização do tempo sugere e estimula a descoberta de um outro espaço com outros padrões criativos e organizacionais; todo sistema de ideias, todo código, tende a um desgaste, e a entropia é sua constante ameaça[44].

Aqui, para a devida compreensão da arquitetônica do discurso, torna-se necessário recorrer à referida noção de entropia, advinda da Teoria da Informação, o que será útil no sentido da compreensão do uso de um sistema semiótico.

O conceito de entropia é suficiente para o estabelecimento da conexão entre o repertório de elementos e as necessidades situacionais do usuário do repertório semiótico, e isso porque o conceito de entropia está diretamente ligado ao problema das *infinitas possibilidades* de combinações de um repertório sígnico.

Dado um repertório de signos, linguísticos ou não (verbais, não verbais, sincréticos), maior a possibilidade de combinação entre estes, maior a entropia do sistema[45].

É propriamente essa desordem inicial a que está sujeito o usuário de um sistema semiótico, que tem diante de si sentimentos, impressões, valores, coisas, conceitos, ideias que poderia exprimir, que lhe impõe uma *escolha*, escolha esta que instaura a ordem nas bases de um código, que, além de redutor da entropia de um sistema sígnico, é o elemento que consente a comunicação, assim como a possibilidade de se partilharem experiências e trocas discursivas, estabelecendo-se laços de probabilidade e organização para as combinatórias semióticas[46].

---

[44] Arnheim, ***Entropia e arte***, Turin, Einaudi, 1974, cf. Lucrécia D'Alessio Ferrara, ***ibidem***, p. 170.

[45] Para um conceito de entropia: "L'informazione misura dunque di equiprobabilità, di distribuzione statistica uniforme che esiste alla fonte; e questo valore statistico è quello che i teorici dell'informazione, desumendolo dalla termodinamica, chiamamo ***entropia***". E ainda: "L'entropia è altrimenti identificata con uno stato di ***disordine***, nel senso in cui l'ordine è un ***sistema di probabilità*** che si introduce nel sistema per potere prevedere l'andamento" (Eco, ***La struttura assente***, 1989, pp.25-26): cf. Eduardo C. B. Bitttar, ***Linguagem jurídica***, p. 78, em nota de rodapé.

[46] "Um sistema semiótico é um instrumento que permite aos membros de uma comunidade sociocultural e linguística analisar os dados da experiência e organizá-los, de forma a integrá-los

Um conjunto de signos esparsos é religável "*usque ad infinitum*", se para a redução de sua entropia não houver um *código* que instaure relações entre estes, combinando-se os mesmos lógica, formal e funcionalmente.

Se *a priori* as combinações são infinitas, essa infinitude, com a presença do código, reduz-se às possibilidades ofertadas pela convenção semiótica[47].

1.7 A produção de ideias

Este tempo criado pela descoberta de um outro espaço é dominado pela capacidade do homem de produzir ideias: um exercício e um esforço direcionados para a produção do novo[48].

Partindo-se de um espaço degradado e desorganizado, é possível surgir um outro tempo criativo, porque o homem é capaz de fazer brotar uma ideia de outra por uma espécie de sugestão, a que se dá o nome de inferência[49].

Essa capacidade está no âmago da produção de informação através da linguagem, e é ela que faz emigrar a segunda lei da termodinâmica, que governa o conceito de entropia, das ciências exatas para a Teoria da Informação e impõe a *concepção de* ***um tempo da linguagem num espaço comunicativo entre homens e homens, entre homens e máquinas, entre homens e ambiente.*** Seria alcançada uma linguagem jurídica digital? Poder-se-ia fazer tal inferência sem passar pelas plataformas anteriores?

A capacidade de fazer inferências, de fazer brotar e extrair uma ideia de outras é a característica da linguagem humana e que a faz similar àquela

---

num universo semiótico coerente" (Cidmar Teodoro Pais, O percurso gerativo da enunciação: produtividade léxica e discursiva, *Confluências* (*Revista do Departamento de Linguística da Unesp-Assis*), v. 3, Assis, Unesp, p. 165) Cf: *apud* Eduardo C. B. Bittar, *ibidem.*

[47] Cf Eco, *La struttura assente*, 1989, p.25-26. Do caos à ordem, a entropia informacional reduz-se aos limites do sentido, impedindo a *alea* combinatória dos elementos do sistema, formando-se o sentido a partir da obediência aos ditames relacionais entre estes que excluam hipóteses quais as de coligação arbitrária como *abxinhk* ou *gerjutnziwhagert*, assim como de estruturas arbitrárias mais complexas como as do tipo "João a fio enquanto sem de aqui" (*apud* Eduardo C. B. Bittar, *ibidem*).

[48] Peirce, *CP – Collected Papers*, Cambridge, Harvard Press, 1966, 7.274, em que o primeiro número refere-se ao volume e o segundo ao parágrafo: cf. Lucrécia D'Alessio Ferrara *ibidem*, p. 170.

[49] *Idem*, 1966, 7.443, *ibidem.*

outra capacidade que permite extrair, do caos, um outro tempo mais organizado que leva a uma outra dimensão do espaço.

A inferência, capacidade de extrair ideias umas das outras, encontra na linguagem seu acesso natural, na medida em que é nela, e através dela, que se encontra o registro, mas sobretudo, a figura que transforma a ideia inferida em realidade; a inferência de ideias dá-se no próprio âmago de linguagem que faz nascer a ideia e a concretiza.

Assim sendo, a linguagem não é simples transporte/embalagem da ideia, mas sua própria representação. Está no lugar dela: é de signos que se trata. Estabelece-se uma clara distinção entre linguagem – como *representação;* e linguagem – como *expressão de um significado externo* que o verbal insiste em frisar, confundindo linguagem com língua.

Na acepção exposta acima, não se está tratando – como se poderia pensar – da linguagem verbal, ainda que dela não nos afastemos, quando é entendida como representação que dá vida, existência a uma ideia, através do signo verbal.

O que se quer dizer é que não se entende a linguagem na exclusiva acepção de sua matriz verbal, mas em *todas* as modalidades de matrizes não verbais de vários signos.

1.8 Inferências e associações

A produção de ideias é avassaladora, porque comandada pela associação que determina, na linguagem, diversas operações: primeiro, a produção de ideias; segundo, a determinação irresistível de uma ideia em cadeia com anteriores; terceiro, a sequência de ideias supõe obediência a uma regra pela qual as ideias nascem umas das outras, organizadas pela natureza daquela regra associativa que as comanda[50].

Essas regras podem ser de duas naturezas: *associações por contiguidade* e *associações por semelhança* (ou *similaridade*), termos criados no século XVIII pelo filósofo e historiador inglês David Hume.

---

[50] *Idem*, 7.348, 349, cf. Lucrécia D'Alessio Ferrara, *ibidem*, p. 172.

Por uma simplicidade de raciocínio, admitiu-se, durante muito tempo, uma só regra de associações, a associação por contiguidade, da qual a associação por semelhança seria uma subclasse, ou, melhor, uma decorrência. Coube a Peirce a identificação da semelhança (**ícone**) como uma forma especial e particular de produção de ideias, a partir da identificação da natureza singular do processo que a origina. Seus estudos sobre essa matéria, embora dispersos, encontram-se em expressiva maioria no volume 7º de sua obra parcial reunida em *Collected Papers*.

A associação por contiguidade corresponde a um raciocínio de tipo elementar e se refere a ideias que se associam por serem sugeridas pela experiência cotidiana, numa relação metonímica[51], em que a apreensão de uma parte do sistema traz à memória todo o conjunto do mesmo sistema.

A associação por similaridade, ao contrário, supõe um raciocínio mais elaborado e consistente, a partir da natureza de duas ideias que se aproximam por força de alguma semelhança ou analogia.

A associação por contiguidade é marcada pela recorrência ou pelo hábito de associar ideias correlacionadas no nível de experiência, o que empalidece ou, pelo menos, empobrece a originalidade ou o caráter criativo da produção de ideias.

A associação por similaridade coloca em realce aquele aspecto criativo, visto que não é a semelhança entre ideias ou fatos que permite a associação, mas é ela, a associação, como controle do raciocínio que produz a semelhança[52].

---

[51] Cf. verbete do Dicionário de Aurélio Buarque de Holanda, relativo a metonímia: tropo que consiste em designar um objeto por uma palavra designativa doutro objeto que tem com o primeiro uma relação de causa e efeito *(trabalho* por *obra*), de continente e conteúdo (*copo* por *bebida*), lugar e produto (*bordéus* por vinho *Bordéus*), matéria e objeto (*porcelana* por *louça de porcelana*), abstrato e concreto (*bandeira* por *pátria*), autor e obra (*Camões* – por um *livro de Camões*)

[52] *Idem*, 7.391,437,463,498, cf. Lucrecia D'Alessio Ferrara*, ibidem,* p. 172.
Nesse ponto, corroborando a afirmação de que Peirce permanece atual, o leitor mais interessado poderá aprofundar suas investigações: existem estudos recentes, publicados na Revista *Science* (maio de 1999), de como o cérebro se comporta quando uma pessoa lida com questões matemáticas, mostrando que problemas numéricos, como a soma, estariam ligados a uma área cerebral relacionada à linguagem. Quando se trata de obter resultados aproximados, a parte ativada é ligada à percepção visual e espacial. Elizabeth Spelke e seus colegas do Instituto de Tecnologia de Massachusetts (MIT), nos EUA, juntamente, com o francês Stanislas Dehaene, do Instituto Nacional de Saúde e Pesquisa Médica, de Paris, apontaram que crianças que aprendem duas línguas, ao mesmo tempo, podem ter problemas com a matemática (se iniciada

1.9 Percepção e experiência

Para a Semiótica ou Lógica da Linguagem, o controle do raciocínio, exercido pela associação de ideias, é completado pela percepção, em relação ao controle da experiência.

Raciocínio e *experiência*, de um lado, e *associação* e *percepção*, de outro, são faces da mesma folha e constituem elementos fundamentais da linguagem, enquanto representação.

Desde há muito, os pesquisadores preocupam-se com a questão do tempo (sincronia/diacronia[53]). Linguistas como o genebrino Ferdinand de Saussure – um dos mais famosos – ficaram influenciados, e não poderia deixar de ser, pela noção de "duração", ao estudarem o fenômeno da linguagem.

Essa noção de "duração" foi proposta por um filósofo, que foi um gigante de seu tempo, Henri Bergson, filósofo e diplomata francês.

Bergson[54] escreveu copiosamente e todos os seus livros foram elogiados, mas a questão da "duração" parece ter sido seu conceito mais original.

Todas as outras definições de "duração" são confusas: a dele é a melhor.

> A pura duração é a forma assumida pela sucessão de nossos estados de consciência quando nosso *eu* interior deixa-se viver, **quando se abstém de estabelecer uma separação** entre seus estados atuais e estados anteriores. (grifei)

Parece que Bergson apela para que o espírito tome consciência da possibilidade, em aberto, da *continuidade* eterna. O próprio Saussure via o **texto como uma duração verbal**, na qual os termos, como os momentos, estão

---

primeiro em uma das línguas), porque o aprendizado de cálculos exatos não é transferido de uma língua para a outra com a mesma facilidade, como ocorre no caso de valores e estimativas aproximados – o que faz supor, de maneira surpreendente, que essa tarefa (a de aproximação) não está ligada à linguagem.

[53] Sincronia é o estudo de situações históricas; diacronia é o estudo de evoluções históricas.

[54] *In Donnés immédiates de la conscience* (1889), em *Oeuvres* (Paris, 1959), p. 67, *apud* F. – Armesto, *in Verdade*, p. 227.

inseparáveis. Muitos escritores criativos obtiveram o mesmo tipo de ideia diretamente de Bergson. Entre os resultados, estão romances escritos "no fluxo da consciência", termo inventado por William James[55], um dos fundadores da psicologia moderna, importante filósofo, com formação em medicina.

Existe uma nomenclatura, de que Santaella nos dá conta, – o chamado "**tempo intersticial**"[56] – que qualifica o tempo que nasce do cruzamento entre um sujeito perceptor e um objeto percebido, quer dizer, o tempo que é construído *na* e *pela* percepção. Arrisco-me a dizer que essa expressão *tempo intersticial* seria irmã gêmea do que Bergson denominou de "duração", visto que tanto o tempo intersticial como a duração subentendem o *tempo fisiológico*, o *tempo biológico* e o *tempo lógico* do(s) sujeito(s) pensante(s)[57].

O ***tempo fisiológico*** é aquele envolvido na recepção e processamento de estímulos pelos órgãos sensoriais e pelo cérebro, sendo até possível quantificar as durações exigidas por diversos processos neurológicos, tais como reação dos receptores, excitação do córtex e assim por diante.

O ***tempo biológico*** refere-se à capacidade do ser humano, diferentemente dos outros animais, de não só perceber objetos no tempo e no espaço, mas os perceber dentro de esquemas lógicos, além de criar símbolos para os objetos, para o tempo e para o espaço. A capacidade simbólica que nos é dada pela linguagem transcende o espaço e o tempo biológicos, criando novos padrões de significados.

Quanto ao ***tempo lógico***: uma das mais complexas teorias da percepção foi aquela que se desenvolveu dentro dos esquemas lógicos da Semiótica, esta, por sua vez, inserida na filosofia científica de Peirce. Por ser uma teoria lógica da percepção, ela nos permite compreender em detalhes o funcionamento da temporalidade lógica da percepção.

---

[55] *Apud* Armesto, *ibidem, ibidem.*

[56] Cf. Santaella, *in Imagem,* p. 84.

[57] O adjetivo intersticial qualifica aqui o tempo que nasce no cruzamento entre um sujeito perceptor e um objeto percebido, quer dizer, o tempo que é construído *na* e *pela* percepção. Em todos os seus níveis, a percepção é feita de tempo. Dentre os tempos da percepção, os mais importantes são o tempo fisiológico, o biológico e o tempo lógico. Cf. Santaella, ***Imagem, cognição, semiótica, mídia***, p. 84-86, cuja leitura se recomenda.

A grande novidade da teoria da percepção de Peirce, afirma Santaella[58], está em seu caráter **triádico.** Existiriam **três** elementos envolvidos no processo perceptivo:

O que percebemos? Para essa clássica pergunta, é Santaella[59] quem nos informa, Peirce nos traz a novidade do *caráter triádico* da percepção.

Existiriam três elementos envolvidos no processo perceptivo:

1) *A insistência do percepto*: O percepto refere-se àquilo que é comumente chamado de estímulo. Peirce o define como o elemento de compulsão e insistência na percepção. Esse elemento corresponde à teimosia com que o percepto, ou aquilo que está fora de nós, apresentando-se à porta dos sentidos, insiste em sua singularidade, compelindo-nos a atentar para ele.

2) *O papel dos sentidos*: Tão logo o percepto ou um feixe de perceptos atinge nossos sentidos, ele é imediatamente convertido em *percipuum*, ou seja, o modo como o percepto apresenta-se àquele que percebe, ao ser filtrado pelos sentidos. É o percepto tal como aparece, traduzido na forma e de acordo com os limites e determinações que nossos sensores lhe impõem.

Há, contudo, algumas subdivisões no *percipuum* que valeria a pena mencionar. Ao atingir nossos sentidos, o percepto pode fazê-lo de três modos:

a) Como qualidade de sentir: quando a consciência de quem percebe está em estado de disponibilidade, pouco reativa, porosa e desarmada, o *percipuum* traduz o percepto como mera qualidade de sentimento, vaga e indefinível.

b) Na forma de um choque, quando o percepto atinge os sentidos de modo surpreendente, compelindo nossa atenção com menor ou maior brutalidade. Nesse caso, o *percipuum* tem um caráter fortemente reativo.

---

[58] *In Imagem, cognição e semiótica*, p. 86-87.

[59] *Ibidem.*

c) Através do automatismo dos hábitos. Em estados perceptivos usuais, o *percipuum* conforma-se aos esquemas gerais reguladores da ação perceptiva, desembocando numa interpretação que corresponde ao julgamento de percepção, ou seja, o terceiro ingrediente do processo perceptivo.

Esses três níveis do *percipuum* são interligados, mas há uma lógica de diferenciação que é, em menor ou maior medida, infinitesimalmente temporal e cuja duração dependerá da intensidade dos níveis de sentimento e de surpresa do *percipuum*, pois ambos produzem necessariamente uma certa hesitação perceptiva.

Além desses três níveis, a lógica de todo *percipuum* inclui outros elementos de temporalidade que Peirce chama de *antecipuum* e *ponecipuum*. Isso quer dizer que não há extensão de tempo presente tão curto, a ponto de não conter algo lembrado, ou de não conter algo esperado com cuja confirmação contamos. Esse ingrediente, quase infinitesimal de memória que está incluso em todo ato perceptivo, é chamado de *ponecipuum*, enquanto o ingrediente antecipativo é chamado de *antecipuum*.

A importância desses ingredientes pode ser avaliada, quando compreendemos que, sem memória e antecipação, nenhum reconhecimento e identificação – estes que se constituem no coração mesmo da percepção – seriam possíveis.

3) O julgamento de percepção: O terceiro nível do *percipuum* é aquele dominado pelo automatismo dos esquemas mentais com que somos dotados, correspondendo exatamente ao terceiro ingrediente do processo perceptivo, responsável pela formação do juízo perceptivo.

Estamos continuamente recebendo uma chuva de perceptos que flui dentro de nós como *percipua*, os quais tão logo afluem são imediatamente colhidos e absorvidos nas malhas dos esquemas interpretativos com que estamos aparelhados, convertendo-se assim em julgamentos de percepção. É só através desse julgamento que identificamos e reconhecemos o estímulo percebido. Observe-se o alcance de tal percepção para uma futura comunicação em linguagem jurídica. E a importância do ensino do Bem, já na primeira infância.

Em resumo, o percepto bate à nossa porta, insiste, mas é mudo. O *percipuum* seria o percepto já traduzido pelos sentidos. Essa tradução pelos sentidos tem três níveis, o do sentimento, o do choque e o do automatismo interpretativo, este correspondendo exatamente ao juízo perceptivo, o qual, por sua natureza interpretativa, é aquele que nos diz o que é que está sendo percebido.

Entretanto, de importância fundamental para a compreensão da lógica temporal da percepção, uma temporalidade, aliás infinitesimal, é a consideração dos dois elementos de todo *percipuum*: o *antecipuum* e o *ponecipuum*. Sem eles, o juízo perceptivo não seria possível.

Diante disso, pode extrair-se uma conclusão cujas implicações são fundamentais para a percepção da imagem: onde quer que o ser humano ponha seu olhar, esse ato estará, irremediavelmente, impregnado de temporalidade. Os estudos de Peirce, com relação à percepção, e cujo resumo esclarecedor fui buscar em Santaella[60], se confrontados com as descobertas das ciências cognitivas e das ciências neurológicas[61], mostram-se bastante convincentes e oportunos para a Ciência do Direito.

1.9.1 *Signos do tempo e signos no espaço*

A história das linguagens está marcada pelas associações perceptivas que promovem, tal como expus acima.

E ambas, linguagem e percepção, são elementos identificadores da história, do tempo, pelo modo como se relacionam com o espaço: consequentemente, são ***signos de tempos diversos, porém, no espaço.***

Nesta breve incursão à Semiótica Jurídica, em virtude da definição sígnica[62] difusa sobre a linguagem e sua evolução no tempo, surge, como

---

[60] *Op. cit.*

[61] Como as do neurologista português, radicado nos EUA, Antonio Damasio, autor de *O erro de Descartes* e *O misterio da consciência,* cuja leitura se recomenda.

[62] Marshall Mcluhan, *in Os meios de comunicação como extensão do homem*, São Paulo: Cultrix, 1968, p. 38 (*apud* Lucrécia D'Aléssio Ferrara, p. 175) divide os sistemas de comunicação e informação em alta definição (meios quentes) e baixa definição (meios frios). Alta definição refere-se à alta saturação de dados e, o oposto, baixa definição, refere-se a sistemas com dados difusos ou pouco explícitos.

consequência, um desafio perceptivo, que não pode ser esgotado em um trabalho individual e de cunho reveladamente jurídico como este.

Não cabe no âmbito e objetivo deste trabalho esgotar qualquer análise de trabalhos, movimentos ou autores, mesmo os que foram por mim selecionados, para estudar ângulos perceptivos, mas cuja leitura é indispensável para aqueles que pretendem dar prosseguimento a esta pesquisa.

Nesse ponto, não resisto a não comentar o que ocorre na área do Direito.

O tempo penetra a vida toda do Direito, por não poder este ser concebido como uma estrutura estática: a sua vida é a projeção de suas significações no tempo.

Por outras palavras: há uma ligação tão íntima entre a existência do Direito – como estrutura significante – e a circunstancialidade histórica daquilo que é significado, que não seria exagero concluir que, no âmbito da Ciência Jurídica, o tempo leva à questão da significação, preocupação máxima da Semiótica.

Reale[63] assim se expressa – quando comenta o tempo no Direito (fazendo inclusive menção a Jean Ray – um jusfilósofo, pioneiro solitário da Semiótica Jurídica no começo do século XX, sobre quem falarei mais adiante):

> Segundo Jean Ray – um dos primeiros a focalizar a natureza e o papel do tempo no Direito, sob o ângulo filosófico **– o que interessa ao jurista não é o que possa haver nele de homogêneo e de indiferençado, mas sim as diferenciações que ele comporta**, a começar por aquela que, a seu ver, constitui a natureza mesma do tempo no pensamento jurídico; a diferença irredutível de qualidade, e até mesmo a posição, entre o passado e o futuro, entre a regra que já esteve e a que está agora em vigor, significando, não uma separação absoluta, mas a ***descontinuidade do tempo jurídico***. Toda promulgação de lei implica certa ruptura com o passado, o começo de um tempo novo. Daí as dificuldades inerentes ao problema da retroatividade das leis. (grifei)

Reale prossegue, afirmando que o Direito é essencialmente uma determinação do futuro pelo passado; há aí quase uma tautologia (como se fosse um discurso vicioso ou inútil), como pondera Jean Ray (afirma ele), mas

---

63 *In O direito como experiência*, p. 246.

desse fato resulta encontrar-nos no intervalo que **separa *o completamente acabado do ainda inexistente.*** Fascinante!

Como o verbo *ser* não é apto para expressar o movimento e a atividade, e como nenhuma norma jurídica pode ser plenamente compreendida sem ser em função do tempo, é mister reconhecer, ao lado da *Lógica do ser*, a *Lógica do devir*, a única que nos permitirá perceber o papel essencial do tempo em toda a estrutura lógica do Direito e admiti-lo como "**um elemento formal do pensamento**".

Fazendo alusão à importância lógica da teoria dos conjuntos e das classes, o acima citado Jean Ray procurou atingir um conceito concreto de tempo, no mundo do Direito, em função do conjunto de suas condições e consequências: **o tempo, a seu ver, não é apenas o quadro dos eventos, dos momentos, mas a base de uma articulação do pensamento "*dans le successif*", redundando na determinação de certos períodos segundo tais ou quais caracteres jurídicos, períodos estes que são juridicamente qualificados ou servem de base a qualificações**[64].

Há duas ideias fundamentais nesta exposição: a da descontinuidade do tempo jurídico e a da relação com a questão da qualificação dos períodos.

O que escapou a J. Ray, continuava afirmando Reale, foi observar mais claramente que tais aspectos só são possíveis por ser o tempo, no Direito, uma trajetória de valorações ou de "concretas situações de significados", em função do conjunto variável de fatores que determinam o constituir-se das diversas estruturas normativas (*fundamento*), bem como a sua *vigência* e *eficácia*.

Se não se pode a rigor falar em sucessão de significados, pois o tempo jurídico acusa avanços e recuos, contrastes e contradições entre fases contíguas

[64] Jean Ray – *Essai sur la structure logique du Code Civil Français*, Paris, 1926, cap. IV, seção I, "Du rôle de la notion du temps", p. 146 e segs. Trata-se, segundo Reale (*in O direito como experiência*, p. 222, em nota de rodapé) de obra quase esquecida, mas que talvez merecesse maior atenção por parte dos cultores de Filosofia do Direito e de Lógica Jurídica, inclusive por ter o seu autor estudado as proposições jurídicas como "proposições modais", com base nos ensinamentos de Randelet (*Theorie logique des propositions modales*, Paris, 1861) e de L. Brunschvigg (*La modalité du jugement,* Paris, 1897), correlacionado-as com os problemas da ação e do tempo (op. cit., p. 52 e *passim*). Cf, sobre o assunto, à luz da nova Lógica, Arthur N. Prior – *Time and modality,* Oxford, 1957.

e remotas, revivescências e eclipses de qualificações jurídicas, interações e interpenetrações de formas temporais, não se pode, por outro lado, deixar de pesquisar *por que* e *como* ocorrem tais fenômenos.

Como diz Julian Marias (filósofo espanhol, falecido em 2005, discípulo de Ortega y Gasset, também filósofo, ensaísta e ativista político espanhol), o tempo histórico não é um contínuo homogêneo, possui qualidades, mais ainda, consiste em sua qualificação e esta, e não outra coisa, é a condição histórica. Tampouco, porém, tal qualificação é contínua, isto é, simplesmente gradual, mas apresenta descontinuidades ou articulações[65].

Para Reale, a CIBERNÉTICA seria apta a abrir novas perspectivas à compreensão do tempo social e histórico; a sincronização instantânea de numerosas operações, própria da automação, tornou sem sentido o modelo mecânico das operações em sequência linear, conforme ele nos orienta, de conformidade com o exposto pelo filósofo, educador e teórico da comunicação, o conceituado canadense Marshall McLuhan[66].

Como se vê, prossegue afirmando Reale, o tempo vai perdendo a sua "continuidade espacial", atentando-se mais para o sincrônico, o simultâneo ou o inter-relacionado.

Assim como McLuhan – Reale enfatiza – escreve que os objetos não se situam no espaço, mas geram seu próprio espaço, poder-se-ia dizer que cada experiência jurídica gera seu próprio tempo, como "duração significativa".

A vida dos modelos jurídicos (sobre os quais irei falar no *Capítulo 5*) obedece a essa temporalidade concreta, através do contínuo renovar-se ou refazer-se das soluções normativas, isto é, das estruturas periódicas de significados vigentes na comunidade, bem como as variações semânticas, que ocorrem no âmbito e duração particular de cada vigência significativa.

Conclui Reale:

> Daí as descontinuidades e rupturas do tempo jurídico; as suas flutuações cíclicas, as suas interpretações e recessos; a desigualdade de seu ritmo, não apenas de época para época, mas num mesmo ciclo de vi-

[65] *In A estrutura social*, p. 48, citado por Reale. *Op. cit.*, p. 222-223.
[66] *In Understanding media*, p. 301 e segs., cf. Reale. *Op. cit.*, p. 225.

> gência, de região para região dentro de um mesmo país, *com trágicos desequilíbrios na compreensão e aplicação das mesmas regras de direito, em virtude das defasagens culturais*; o seu desdobrar-se em múltiplos níveis e frentes móveis, segundo diferenciações nos extratos e estruturas sociais; daí, em suma, as harmonias e os conflitos que marcam o "tempo do direito", como expressão concreta da existência e da coexistência humanas. (grifei)

O Professor enfatizava tratar-se de um dos assuntos fundamentais que atingem o campo da Culturologia Jurídica[67]. Teria, aqui, o Mestre conjecturado um *"Direito Digital"* ou apenas não esteve, entre nós, a tempo de nos ajudar a interpretar a linguagem jurídica na "era digital"?

É evidente que vivemos um momento prodigioso da técnica, como transformações profundas das noções de espaço e tempo; mas *a política do espírito* não está acompanhando esse alargamento do mundo: ao contrário, temos visto dominar no homem o encolhimento das fronteiras éticas e o esquecimento de algumas ideias essenciais que fundam o humanismo. Nada vemos de semelhante ao que aconteceu, no plano das ideias, em outro momento de grandes transformações de técnicas e também de grandes descobertas – o século XVI – com o Renascimento de um mundo esquecido e das doutrinas dos velhos filósofos da Grécia e do Oriente, e, com elas, principalmente a crítica e a dissolução de antigas crenças que davam ao homem a certeza do saber e a segurança da ação.

1.10 Linguagem e comunicação entre as ciências

Lembre-se de que o funcionamento das linguagens, dos processos e dos sistemas de signos, tais como escrita, desenho, música, cinema, televisão, rádio, jornal, pintura, teatro, computação gráfica, códigos e assim por diante, assemelha-se ao metabolismo dos seres vivos[68]. Tanto quanto quaisquer organismos viventes, as linguagens empregadas estão em permanente cres-

[67] *In O direito como experiência*, p. 225, em nota de rodapé.

[68] Cf. Santaella, *in Matrizes da linguagem e pensamento*, p. 27 e segs.

cimento e mutação. Os parentescos, trocas, migrações e intercursos entre as linguagens não são menos densos e complexos do que os processos que regem a demografia humana. Enfim, o mundo das linguagens é tão movente e volátil quanto o próprio mundo dos vivos.

Essa volatilidade não costuma ser levada em conta e nem mesmo percebida, sequer em áreas afins. É assim que, nos currículos escolares e universitários, as linguagens permanecem colocadas em campos estanques, muitas vezes separadas de maneira rígida: a literatura e as formas narrativas em um setor, a arte em outro; o cinema de um lado, a fotografia de outro; a televisão e o vídeo em uma area, a música em outra e assim por diante. **No entanto, observe-se que é *só* nos currículos escolares que as tais linguagens estão separadas, com nitidez, como se fosse uma imposição, pois, na vida, a mistura, a promiscuidade entre as linguagens e os signos é a regra.** As linguagens são muitas. Elas se misturam e se multiplicam. Além de crescerem na medida exata em que cada novo veículo ou meio é inventado (costuma-se confundir a linguagem com o canal que a veicula), elas também crescem através da mistura entre esses próprios meios. Aliás, estes processos de hibridismos atuam como propulsores para o próprio crescimento das linguagens.

É mais do que tempo, portanto, de superarmos as visões fragmentadas das linguagens, códigos e canais, baseados apenas nos modos de aparição das mensagens, para buscarmos um tratam**ento mais integrador (e, consequentemente, mais econômico e mais ágil) que nos permita compreender como os signos se formam e como as linguagens e os meios se combinam e se misturam.** É esse alvo que o presente estudo pretende atingir através da proposta de que a multiplicação crescente de todas as formas de linguagem tem suas bases em ***três* e não mais do que *três matrizes do pensamento e linguagem*: a *matriz verbal*, a *matriz visual* e a *matriz sonora*, que no caso do Direito, é, manifestamente, *textual verbal*, *textual visual* e *textual sonora*.**

Nessa postulação, fica a convicção de que existem raízes lógicas e cognitivas específicas que determinam a constituição das matrizes da linguagem e de toda a variedade de processos sígnicos que elas geram. Essas raízes são bem mais profundas e latentes do que a superfície dos canais e das mensagens pode nos levar a perceber. Resta, no entanto, encontrar respostas para uma questão bem mais complexa decorrente da afirmação acima: como se dá a passagem desse nível lógico e cognitivo latente para o nível de manifestação de mensagens? Essa passagem, conforme Santaella[69] nos esclarece, dá-se através das combinações e misturas que se processam entre as várias modalidades da linguagem, em que cada uma das três matrizes (a sonora, a visual e a verbal) subdivide-se: a saber, nove modalidades do sonoro, nove do visual e nove do verbal, num total de 27 modalidades (além de outras submodalidades adicionais).

As combinações e misturas não se dão apenas entre as modalidades no interior de uma mesma matriz, mas também podem se dar entre as modalidades das três matrizes entre si. Aqui, incentivo os jovens pesquisadores a buscar e exercitar o intercâmbio entre as várias modalidades, fornecendo, para tanto, um *mapa conceitual básico*, um diagrama, um fluxograma, uma tabela formal e universal de categorias ou como se preferir chamar; mesmo que isso pareça óbvio, por exemplo, no caso do cinema e da televisão – que são linguagens híbridas –, que processam a mistura do *verbal* escrito (o roteiro) com o verbal oral (a fala viva dos personagens); do *visual*, através da imagem que permite inclusive a tomada da imagem, dentro da própria imagem; além do *sonoro*, com todos os tipos de som, na música e ruídos. **No caso do Direito, vou adiantando, não é tão simples assim, na medida em que imagens (usos e costumes, tradições, expectativas de comportamento, reflexividades, difícil e/ou inadequadamente veiculados pelos meios de comunicação disponíveis, como a *Internet*) misturam-se com a doutrina, com a jurisprudência dos tribunais, que por sua vez, entrelaçam-se com os textos e dispositivos legais!**

Embora o Direito dificulte-nos uma representação mais clara de suas matrizes de linguagem, pelo fato de as mesmas serem consideradas de maneira esparsa, podemos dizer que o Direito, como linguagem que é, resultado da evolução da humanidade e, no decorrer de sua longa história, tem três matrizes (superpostas às três matrizes básicas da linguagem natural): *uma matriz sonora* (sintaxe\semântica\pragmática); *uma matriz visual* (fato\valor\norma); *uma matriz verbal* (discurso jurídico: discurso normativo\discurso decisório\discurso científico\discurso burocrático).

---

[69] *Ibidem*, p. 29.

Por não se darem fé desta base triádica, os juristas não perceberam que "*somente pela linguagem – vista como condição de possibilidade e não como mero instrumento ou terceira coisa que se interpõe entre sujeito e objeto – é possível ter acesso ao mundo (do Direito e da vida)",* na feliz expressão do insigne Prof. Dr. Lenio Luiz Streck[70].

A importância deste tema liga-se ao fato de, ao exercitarmos o entrelaçamento entre as três matrizes básicas, teremos melhores condições de observar o fenômeno jurídico – a *juridicidade*, em toda sua complexidade e em sua *hipertextualidade* e *plenitude comunicacional.*

Estaremos mais aptos para julgar as nossas condutas e as dos demais, para interpretar as normas, para escrever textos doutrinários, para compreender as decisões dos Tribunais (Direito *real*) e para ajudarmos a criar o Direito *possível*.

E à medida que formos capazes de captar as nove modalidades de cada matriz e das imbricações e misturas entre elas (linguagem textual sonora; linguagem textual sonoro-verbal; linguagem textual sonoro-visual; linguagem textual visual; linguagem textual visual-sonora; linguagem textual visual-verbal; linguagem textual verbal; linguagem textual verbo-sonora; linguagem textual verbo-visual; linguagem textual verbo-visual-sonora), a começar de suas bases lógicas e das leis que estão regendo estas misturas aproximando-as, também, das linguagens da hipermídia, poderemos estabelecer similaridades e interpretar o Direito, cada vez com mais sabedoria[71].

Se é verdade que fora a inquietude que desenvolvi em longos anos, sobre a proliferação dos signos e linguagens, que me fez chegar à proposta deste trabalho, não é menos verdade que não teria conseguido concretizá-lo se as sementes teóricas em que ele se apoia já não tivessem germinado há algum tempo, plantadas que foram por pesquisadores dedicados. A complexidade

---

70 *In Hermenêutica jurídica e(m) crise*, p. 167.

71 O cientista Richard Dawkins, *in Desvendando o arco-íris*, p.117 e segs., sugere que os advogados seriam melhores advogados, os juízes melhores juízes, os parlamentares melhores parlamentares e os cidadãos melhores cidadãos se todos conhecessem mais ciência e, o que é ainda mais pertinente, se raciocinassem mais como cientistas. E não apenas porque como cientistas dariam mais valor a conhecer a verdade, do que a ganhar um caso, mas porque saberiam tomar melhores decisões, se fossem mais adeptos das abordagens trazidas pela ciência.

do real exige mais do que teorias; exige percepção à altura. No caso da complexidade das linguagens (e, mormente, das linguagens do Direito), não há por que, penso eu, distanciar-se da filosofia lógica ou semiótica de Peirce, se o objetivo é obter respostas a um bom número de desafios que esta realidade apresenta.

Recomenda-se ao atual operador do Direito a pesquisa de livros sobre Semiótica, sobretudo os da Profa. Dra. Lucia Santaella, que prestou a nós, pesquisadores, o imenso favor de fazer a leitura cuidadosa e interpretativa da obra daquele grande semioticista norte-americano. Não posso nem devo repetir aquilo que já foi feito magistralmente por ela e por outros semioticistas nacionais e estrangeiros. A pretensão aqui é ajudar o leitor a colocar-se na trilha que tem tudo para levar às respostas que, nós, juristas, temos procurado, como que, repito, abrindo "clareiras", para aqueles que compartilham dessas ideias.

Observe-se que a tal postulação das três matrizes do pensamento e linguagem não é senão uma extrapolação das três categorias fenomenológicas universais de Peirce, categorias estas expandidas em sua teoria e classificação dos signos.

Uma vez que a base teórica, tanto das três matrizes, quanto de suas modalidades, está em Peirce, não vejo como seria possível apreender, com alguma profundidade, o sentido das três matrizes da linguagem, sem que se tenha um "mínimo" de intimidade com a classificação peirceana das ciências. Aliás, a base teórica mais convincente e coerente que encontrei, até hoje, está em Peirce e serve para o Direito!

Com a base da divisão que Peirce fez das ciências, prossegue-se com algum êxito o estudo da questão de *escalas*, seja da "síntese superadora", do insigne jurista M. Reale; seja do "patamar intermediário", da ilustre semioticista Profa. Lucia Santaella; seja da plataforma textual; seja das "descontinuidades da comunicação" (pesquisa particular minha), existentes entre as tais linguagens em geral e as linguagens jurídicas, em particular.

Sobre as divisões, quanto mais abstrata é a ciência, mais ela é capaz de fornecer princípios para as menos abstratas. Do mesmo modo que a Filosofia extrai da Matemática muitos de seus princípios, é da Filosofia que as ciências especiais recebem seus princípios. A Matemática é a única ciência que não depende de nenhuma outra, todas as outras dependendo dela, explícita ou implicitamente. É a única ciência puramente hipotética, indiferente quanto a suas premissas expressarem fatos imaginados ou observados. É a ciência das conclusões exatas a respeito de estado de coisas meramente hipotético. Fundada em premissas não assertivas, não requer nenhum suporte experimental, além das criações da imaginação. Isso não significa que independa da observação[72].

Dentro do diagrama completo das ciências, é fundamental o papel desempenhado pela Filosofia, pois só a Matemática é mais abstrata e, portanto, mais genérica do que a Filosofia, de modo que é na Filosofia que todas as grandes questões a respeito da experiência humana são discutidas.

O diagrama das disciplinas (vide nota de rodapé[73]) que compõem o edifício filosófico aparece, em Peirce, do seguinte modo:

1.2 Filosofia
1.2.1 **Fenomenologia**
1.2.2 **Ciências normativas**
1.2.2.1 Estética
1.2.2.2 Ética
1.2.2.3 Lógica ou semiótica
1.2.2.3.1 Gramática pura ou especulativa
1.2.2.3.2 Lógica crítica
1.2.2.3.3 Metodêutica ou retórica especulativa
1.2.3 Metafísica
(grifei)

É justamente a sequência dessa subdivisão que Peirce sugeriu como itinerário privilegiado para o estudo de sua obra. Ela está aqui transposta

[72] Cf. Santaella, *in A assinatura das coisas: Peirce e a literatura*. Rio de Janeiro: Imago 1992, p. 118-119 e *Matrizes da linguagem e pensamento*, p. 34.

[73] Cf. Santalella, *in Matrizes da linguagem e pensamento*, p. 34: Peirce divide as ciências, em ordem decrescente de abstração em: 1. ciências da descoberta (1.1. matemática; 1.2. filosofia e 1.3. ciências especiais, estas últimas divididas em dois grandes ramos: 1.3.1. físicas e 1.3.2. psíquicas); 2. da revisão; 3. práticas.

apenas como referência ou um estímulo para esta breve introdução ao pensamento semiótico jurídico, e não como algo definitivo, absoluto ou conclusivo.

Observe-se: sendo uma ciência normativa, a lógica (e a semiótica) também apresenta o dualismo que é próprio de outras ciências normativas: o de relacionar os fenômenos ao ser humano, de acordo com um fim. Mas, por ser a 3ª ciência normativa, o fim que lhe é específico é o pensamento, de modo que sua finalidade última é o estudo da formação de hábitos e pensamentos que sejam consistentes com o ideal lógico que, por sua vez, é definido pela ética que, por sua vez, serve ao ideal estético, ou seja, serve ao crescimento da razoabilidade concreta ou à contínua e infinda corporificação de potencialidades do pensamento. A tarefa da lógica, portanto, é cultivar a razão, conduzindo-a o mais proximamente possível da razoabilidade, da razão crítica, do "summum bonum", da estética, a ser atingida pelo empenho ético. Delineando-se desse modo o fim último da lógica, não é difícil concluir que o estudo dos signos constitui-se tão só e apenas numa semiótica propedêutica, um meio para atingir um fim que a transcenda. É por isso que o estudo dos signos faz parte do primeiro, dentre os três ramos da semiótica.

E, repetindo o que os mestres já enfatizaram, não há como aceitar uma interpretação econômica do direito ou uma interpretação histórica do direito, mecanismos espúrios que ainda contaminam nossa cultura jurídica. Já se vê que a tal identidade autorreferencial do sistema jurídico impede qualquer esforço externo no sentido de seu conhecimento operacional, que somente será possível à medida que se considere o conjunto na complexidade de sua organização interior.

1.10.1 *A fenomenologia*

A Filosofia tem por tarefa descobrir o que é verdadeiro, limitando-se, porém, à verdade que pode ser inferida da experiência comum que está aberta a todo ser humano, a qualquer tempo e hora. A primeira e mais difícil tarefa que a Filosofia tem de enfrentar é a de encontrar as categorias mais universais da experiência. Tal tarefa cabe à fenomenologia, uma quase ciência que tem por função fornecer o fundamento observacional para o restante das disciplinas filosóficas.

No contexto da classificação das ciências, cuja última versão Peirce alcançou no começo do século passado, sua doutrina das categorias, desenvolvida desde 1867, passou a pertencer à ciência da fenomenologia, a primeira e mais elementar disciplina de seu edifício filosófico. Conforme preleciona Santaella[74], toda obra do autor está alicerçada nas três categorias (*primeiridade, secundidade* e *terceiridade*), anteriormente mencionadas e que estão universalmente presentes em todo e qualquer fenômeno, seja ele físico ou psíquico.

São conceitos simples, aplicáveis a qualquer coisa; enfim, são ideias tão amplas que devem ser consideradas mais como tons ou finos esqueletos do pensamento do que como noções estáticas ou terminais. A doutrina dos signos ou semiótica de Peirce está inteiramente baseada nessas três categorias e não há como compreender as sutilezas de suas inúmeras definições e classificações, sem um conhecimento cuidadoso da fenomenologia, tal como ele a considerou.

Para ele, a fenomenologia tem por função responder algumas questões: Como se dá a apreensão e compreensão do mundo pelo homem? Como a multiplicidade e diversidade infinitas do universo sensível são convertidas em realidades inteligíveis e interligadas.

O mais importante, porém, é: *como* a Semiótica é extraída diretamente do interior da fenomenologia; como se dá a apreensão do mundo pelo homem; como a multiplicidade e dinamicidade do universo sensível são convertidas em infinitas realidades interligadas.

Se o universo do signo é território legítimo da Semiótica, esta já tem início dentro da própria fenomenologia, ou, mais precisamente, a terceira categoria fenomenológica já é uma categoria semiótica.

Além disso, quando se chega ao território da Semiótica, ela traz novamente a fenomenologia para dentro de si.

Em 1902, diz Santaella, a formulação das categorias propunha três pontos de vista, a partir dos quais elas têm de ser estudadas, antes de serem claramente apreendidas[75].

---

[74] *In Matrizes da linguagem e pensamento*, p. 35 e segs.

[75] Para esclarecimento do leitor: lembre-se de que as categorias semióticas da *primeiridade, secundidade* e *terceiridade* ocorrem simultaneamente ao pensamento, em estruturas horizontais e verticais que se entrecruzam.

São os pontos de vista:

(1) Das qualidades ou primeiridade, sob a óptica ontológica, as categorias aparecem como (1.1) qualidade ou primeiridade, isto é, o ser da possibilidade qualitativa positiva (a mera possibilidade da qualidade em si mesma: por exemplo, da vermelhidão, sem relação com nenhuma outra coisa, antes que qualquer coisa no mundo seja vermelha); (1.2) reação ou secundidade, isto é, a ação do fato atual (qualquer ocorrência no seu aqui e agora, no seu puro acontecer, o fato em si, desconsiderando-se qualquer causalidade ou lei que o possa determinar, como por exemplo uma pedra que rola da montanha); (1.3) mediação ou terceiridade, o ser de uma lei que irá governar fatos no futuro (qualquer princípio geral ordenador e regulador que rege a ocorrência de um evento real, como por exemplo a lei da gravidade governando a queda da pedra que rola da montanha).

(2) Dos objetos ou secundidade, quer dizer do ponto de vista do existente, as categorias aparecem como (2.1) quales, isto é, fatos de primeiridade, por exemplo, a qualidade *sui generis* do vermelho no céu em um entardecer de outubro; 2.2) relações, isto é, fatos de secundidade, por exemplo, o atrito com o chão da pedra que rolou da montanha; a relação aí diz respeito à polaridade bruta, esforço da pedra contra a resistência do chão; (2.3) representações, isto é, signos ou fatos de terceiridade, por exemplo a palavra *céu* como signo do *céu*, uma fotografia do céu como signo do céu, uma pintura do céu como signo do céu.

(3) Do ponto de vista da mente ou terceiridade, as categorias aparecem como (3.1) sentimento ou consciência imediata, quer dizer, signos de primeiridade, por exemplo, a mera qualidade de sentimento, vaga e indefinida, que o crepúsculo avermelhado em um certo céu de outubro produz em um contemplador desarmado; (3.2.) como sensação de um fato, quer dizer, sensação de ação e reação ou signos de secundidade, por exemplo a surpresa diante de um fato inesperado; (3.3) concepção ou mente nela mesma, quer dizer, sentido de aprendizado, mediação ou signos de terceiridade. Por exemplo, nestes parágrafos que o leitor está lendo, o aprendizado que tive ao estudá-los e provavelmente para o leitor ao lê-los, onde meu pensamento, expresso em palavras (estas, no nível 2.3), como fatos de terceiridade (ou signos que são), funciona

como mediação (nível 3.3) entre o pensamento de Peirce (também expresso em palavras, fatos de terceiridade ou signos, nível 2.3) e o pensamento do leitor (Peirce *L* 75[76]: B8 *apud* Santaella 1992a:75[77]; Houser *et al.*[78] 1992 XXVii).

Para se ter ideia da amplitude e abertura máxima destas categorias, prossegue Santaella, em seu nível mais geral, a primeiridade ou mônada é o começo, correspondendo às noções de acaso, indeterminação, vagueza, indefinição, possibilidade, originalidade irresponsável e livre, espontaneidade, frescor, potencialidade, presentidade, imediaticidade, qualidade, sentimento. O segundo ou díada é o determinado, terminado, final, objeto, correlativo, necessitado, reativo, estando ligado às noções de relação, polaridade, negação, matéria, realidade, força bruta e cega, compulsão, ação-reação, esforço-resistência, aqui e agora, oposição, efeito, ocorrência, fato, vividez, conflito, surpresa, dúvida, resultado. O terceiro ou tríade é o meio, o devir, o que está em desenvolvimento, dizendo respeito à generalidade, continuidade, crescimento, mediação, infinito, inteligência, lei, regularidade, aprendizagem, hábito, signo (Peirce: 1992: 280[79]).

Assim, por exemplo, o fio da vida seria um terceiro, devir sem começo nem fim; o destino que corta a vida e a determina, força bruta e cega, seria o segundo; seu começo indefinido, indeterminado, frescor da potencialidade livre e espontânea de tudo o que apenas começa, seria o primeiro.

1.10.2 *As ciências normativas*

Como se pode verificar, dentro do quadro das disciplinas filosóficas de Peirce, as ciências normativas seguem-se à fenomenologia.

---

76 *L* corresponde aos manuscritos inéditos em forma de Carta (*Letter*), tal como foi paginado pelo *Institute for Studies in Pragmaticism*, Lubbock, Texas. O primeiro número indica o manuscrito, seguido do número da página.

77 *In A assinatura das coisas: Peirce e a literatura*.

78 (eds.) Introdução. *The essential Peirce*. Bloomington: Indiana University Press, XX-Xli. cf. Santaella, *Matrizes da linguagem e pensamento*, p. 35.

79 *The essential Peirce*, v. I. Houser *et al*. (eds.). Bloomington: Indiana University Press, cf. Santaella, *ibidem*, p. 36.

Essas ciências são assim chamadas porque estão voltadas para a compreensão dos fins, das normas e ideais que guiam o sentimento, a conduta e o pensamento humanos.

Embora no esquema de Peirce não exista menção ao Direito, ele se encaixaria aqui.

As ciências normativas não estudam os fenômenos tal como aparecem – pois essa função é da fenomenologia – mas os estudam na medida em que e à medida que podemos agir sobre eles e eles sobre nós.

Elas estão voltadas assim para o modo geral pelo qual o ser humano, se for agir deliberadamente e sob autocontrole, deve responder aos apelos da experiência (Santaella, 1994 a: 113-114[80]).

Neste ponto da divisão das disciplinas filosóficas, é importante levar em consideração o papel fundamental desempenhado pelas três categorias fenomenológicas na ordenação e no conteúdo da arquitetura peirceana; quer dizer, os números, no diagrama dessa arquitetura, não são meramente ordenadores, mas, como procuro enfatizar, são indicadores do conteúdo lógico-relacional que está em operação em cada um dos itens do diagrama.

Insistindo: é assim que todo número 1, nos diagramas peirceanos, indica que a primeira categoria está em ação; todo número 2 indica a ação da segunda categoria; enquanto o número 3 indica o governo da lei, próprio da terceiridade. Nas subdivisões, os números indicam misturas entre as categorias, tanto quanto o peso relativo de cada categoria nessas misturas.

Assim, enquanto a fenomenologia apresenta apenas os elementos da primeira categoria, a estética é o primeiro da segunda, estando como ciência normativa, marcada pela secundidade; mas diferentemente da ética, que é secundidade mais pura, a estética está no nível de primeiridade, enquanto a lógica ou semiótica está no nível da terceiridade desta mesma secundidade. Essas relações, com misturas adicionais, também operam dentro das subdivisões da lógica ou semiótica.

---

[80] *In Estética, de Platão a Peirce*. São Paulo: Experimento, cf. citação de Santaella, *Matrizes da linguagem e pensamento*, p. 36.

Vincent Potter[81], estudioso de Peirce, soube sintetizar e foi seguido, de maneira esclarecedora, com sua base de raciocínio para as ciências normativas, ou ciências que lidam com os fins ou ideais:

A ação humana é ação raciocinada que, por sua vez, é deliberada e controlada: mas toda ação deliberada e controlada é guiada por fins objetivos, os quais, por seu lado, devem ser escolhidos. A escolha também, se for fruto da razão, deve ser deliberada e controlada, o que requer o reconhecimento de algo que é admirável em si mesmo para ser almejado (valor).

Dentro desse contexto, a lógica como estudo do raciocínio correto é a ciência dos meios para se agir razoavelmente. Já a ética ajuda e guia a lógica através da tal análise dos fins aos quais esses meios devem ser dirigidos. Finalmente, a estética guia a ética, ao definir qual é a natureza de um fim em si mesmo que seja admirável e desejável em quaisquer circunstâncias, independentemente de qualquer outra consideração de qualquer espécie que seja. Nessa linha de raciocínio, a ética e a lógica seriam especificações da estética. A ética propõe quais propósitos devemos razoavelmente escolher em várias circunstâncias, enquanto a lógica propõe quais meios estão disponíveis para perseguir esses fins.

Embora Peirce estivesse usando termos tradicionais – estética, ética e lógica –, ele estava dando a eles novos significados sob a dominância do tema do **controle em si.** Não há controle sem autocrítica. Não há autocrítica sem uma comunidade de investigadores que funcione como "alteridade" capaz de corrigir os inevitáveis equívocos humanos, através de mudanças de hábito e de raciocínio. Ele buscava não apenas uma comunidade existente, pois tudo o que existe está muito preso às circunstâncias, mas uma comunidade sem limites definidos e capaz de crescimento indefinido de conhecimento, isto é, uma comunidade a funcionar como ideal regulador para qualquer comunidade de investigadores efetivamente existente.

Vem daí, segundo a classificação de Peirce, a dependência da lógica e da semiótica à ética, do mesmo modo que esta depende da estética.

---

[81] 1966 *apud* Santaella, *Metodologia semiótica: fundamentos.* Tese de Livre Docência, ECA/USP, 1993: 219; e *Estética, de Platão a Peirce*. São Paulo: Experimento, 1994: 126, cf. citação de Santaella, *in Matrizes da linguagem e pensamento*, p. 37.

Muito trabalho pela frente para os operadores do direito!

1.11 O projeto semiótico de Peirce e sua importância para o "giro linguístico"

O chamado "Círculo de Viena", formado por um grupo heterogêneo de intelectuais, a partir de 1920, dedicou especial atenção à linguagem, em nome de um rigor científico. Esse período "giro linguístico" (*linguistic turn*) permitiu a transição da gnosiologia para a epistemologia e desta para a Semiótica. Enquanto Peirce, nos Estados Unidos, já chamava seus estudos sobre os signos em geral de Semiótica, na Europa, Saussure tratou-os como Semiologia. Há diferenças e similitudes nas teses peirceanas e saussureanas e ambos tiveram o mérito de romper com os dualismos dos conceitos que vinham embasando a filosofia da consciência e que eram dominantes até o início do século XX, inaugurando a linguística moderna. Com todo respeito à obra de Saussure, prefiro filiar-me às teses de Peirce, ao concentrar-me neste estudo sobre as três matrizes da linguagem jurídica.

As notas de Semiótica que Peirce colocou no papel ao longo de meio século possuem significação de importância histórica e se não tivessem permanecido inéditas, em sua maior parte até 1930 e nos anos seguintes, ou se pelo menos suas obras publicadas tivessem sido conhecidas dos linguistas, *suas pesquisas já estariam, sem dúvida, exercendo influência única no desenvolvimento internacional da teoria da informação e na linguística digital* !

Para elaboração de sua Semiótica, Peirce[82] fez uma forte crítica ao cartesianismo. Dizia que a maior parte dos filósofos modernos era cartesiana. Por isso, a lógica e a ciência moderna necessitavam de uma plataforma diferente, elaborando quatro negativas ao cartesianismo: a) não temos capacidade de introspecção e todo conhecimento do mundo interior deriva de nosso conhecimento de fatos externos através do raciocínio hipotético; b) não temos

---

[82] Cf. Peirce, ***Escritos colegidos.*** São Paulo: Abril, 1983, p. 71 e 72. Ver, também, Deledalle, Gerard. *Leer a Peirce hoy*. Barcelona: Gedisa, 1996: cf. citação de Lenio Luiz Streck, *Hermenêutica jurídica e(m) crise*, p. 137, em nota de rodapé.

poder de intuição; cada cognição é logicamente determinada por cognições prévias; c) não podemos pensar sem signos; d) não concebemos o absolutamente incognoscível[83].

O cientista, criticando as doze categorias fundamentais do pensamento propostas por Kant (cuja *Crítica da Razão Pura* sabia de cor), diz que há apenas ***três*** formas elementares de predicação ou significação, que inicialmente chamou de *qualidades, relações* e *representações*.

Reconheceu, mais tarde, que a primeira instância de um trabalho filosófico é a instância fenomenológica.

A fenomenologia proposta por ele consiste em descrever e classificar as ideias que pertencem à experiência ordinária e que naturalmente aparecem em relação com a vida cotidiana, sem levar em consideração o fato de essas ideias serem válidas ou não, bem como o seu aspecto psicológico.

A nomenclatura das categorias foi substituída em 1867, por *primeiridade, secundidade* e *terceiridade*.

Posteriormente, em 1885, ele escreveu um artigo denominado *1,2,3, Categorias do pensamento e da natureza*, pelo qual tornava-as universais. Entretanto, foi só em 1904 que ele batizou sua concepção de categorias como "ideoscopia", aproximando-a de vez da fenomenologia.

Desse modo, tem-se:

a) *Primeiridade*: a ideia de algo absolutamente primeiro deve ser inteiramente separada de toda concepção ou referência, seja ao que for, pois aquilo que envolve um segundo é, ele próprio, um segundo para aquele segundo. O primeiro deve, portanto, ser presente e imediato. Deve ser fresco, novo, pois se for velho será "segundo" para um estado anterior. Deve ser original, iniciador, espontâneo e livre; de outra forma, será segundo para uma causa determinante. É também algo vivido. Ele precede toda síntese e toda diferenciação. Não pode ser pensado de forma articulada. Afirmá-lo é já perder sua inocência característica, uma vez que a afirmação sempre implica a negação de algo. A primeiridade é o presente imediato.

[83] Cf. Lenio Luiz Streck, *ibidem,* p. 138.

b) *Secundidade*: existe uma categoria que a aspereza e o impacto da vida tornam proeminente de forma muito comum. Estamos continuamente nos chocando contra o fato bruto. Esperamos uma coisa ou passivamente a consideramos de uma forma, e assim temos a sua imagem em nossas mentes; a experiência, porém, arrasta a ideia e nos compele a pensar algo completamente diferente. Tem-se essa espécie de consciência, de forma aproximadamente pura, quando se coloca o ombro de encontro a uma porta e tenta-se abri-la. Tem-se uma sensação de resistência e ao mesmo tempo de esforço. Não pode haver resistência sem esforço; não pode haver esforço sem resistência. Estes são apenas dois modos diferentes de descrever a mesma experiência. É uma dupla consciência. Tornamo-nos conscientes de nós mesmos ao nos tornarmos conscientes de um não-eu. O estado que aparece é uma consciência de reação; e como a própria consciência é também dupla, assim ela tem igualmente duas variedades, isto é, ação – onde nossa modificação de outras coisas é mais proeminente que sua reação sobre nós – e percepção – onde seu efeito sobre nós é esmagadoramente mais intenso que nosso efeito sobre elas. E essa noção de ser, de tal forma como outras coisas fazem com que sejamos, é uma parte tão proeminente de nossas vidas que nos concebemos o fato de outras coisas também existirem por virtude de suas reações recíprocas. A ideia de outro, de "não", torna-se um pivô próprio do pensamento.

c) *Terceiridade*: por terceiro, diz Peirce, entendo o *medius*, ou o vínculo ligando o primeiro absoluto e o último. O começo é o primeiro; o fim, segundo; o meio, terceiro. O fio da vida é um terceiro, o destino que o corta, um segundo. A confluência de dois caminhos numa estrada é um terceiro, pois supõe três caminhos; uma estrada reta, considerada meramente como conexão entre dois lugares, é segundo, mas à medida que implica passagem por lugares intermediários é terceiro. Posição é primeiro; velocidade ou relação de duas posições sucessivas, segundo; aceleração ou relação de três posições, terceiro. A continuidade representa a terceiridade na perfeição. Qualquer processo cai nessa categoria[84].

---

[84] Ver, para tanto: Peirce, Charles S. ***Semiótica e filosofia.*** São Paulo: Cultrix, 1972; Peirce, Charles S. ***Semiótica.*** São Paulo: Perspectiva, 1990; também Saporiti, Elizabeth. A ***interpretação***. São

De acordo com Peirce[85], a ideia mais simples de terceiridade dotada de interesse filosófico é a ideia de um signo ou representação. Um signo "representa" algo para a ideia que provoca ou modifica. Ou assim: é um veículo que comunica à mente algo do exterior. O "representado" é o seu objeto; o comunicado, a significação; a ideia que provoca, o seu interpretante. O objeto da representação é uma representação que a primeira representação interpreta. A significação de uma representação é outra representação, afirma o pesquisador.

É na terceira categoria fenomenológica que encontramos a noção de signo genuíno ou triádico, tal como é na segunda e na primeira categoria que emergem as formas de signos não genuínos, ou seja, as formas quase-sígnicas da consciência ou linguagem. Signo é conceituado por Peirce como o que intenta representar, em parte pelo menos, um objeto que é, portanto, num certo sentido, a causa ou determinante do signo, mesmo se o signo representar seu objeto falsamente. Mas dizer que ele representa seu objeto implica que ele afete uma mente, de tal modo que, de certa maneira, determine naquela mente algo que é mediatamente devido ao objeto. Essa determinação da qual a causa mediata é o objeto pode ser chamada de interpretante[86].

Ele estabeleceu uma rede de classificações sempre triádicas dos tipos possíveis de signos. A categoria de terceiridade já é a própria noção de signo como mediação, tomando como base as relações que se apresentam no signo em si mesmo, ou de acordo com o modo de apresentação do objeto imediato, ou conforme o modo de ser do objeto dinâmico e assim por diante. Foram estabelecidas dez tricotomias, ou seja, dez divisões triádicas do signo, de cuja combinatória resultam sessenta e quatro classes de signos e a possibilidade lógica de cinquenta e nove mil e quarenta e nove tipos de signos. Entretanto, somente foram elaboradas por Peirce dez divisões triádicas. As mais conhecidas são três: a relação do signo consigo mesmo (1º); a relação do signo com seu objeto dinâmico (2º); e a relação do signo com seu

Paulo: Escuta, 1995, p. 17-46; Santaella, Lúcia. *O que é Semiótica*. São Paulo: Brasiliense, 1983: cf. Streck, *ibidem*, p. 139, em nota de rodapé.

[85] Cf. Peirce, *Escritos,* p. 93, citado por Streck, *ibidem*, p. 140.

[86] Cf. Santaellla, *O que é Semiótica*, p. 59.

interpretante (3º). Assim, em toda situação comunicativa existe uma propriedade característica, que consiste em que a estrutura de tais situações está integrada pela relação já especificada, isto é, o signo está em função do objeto em relação com o intérprete. É por essa concepção que ele põe às claras o aspecto *pragmático* (relação dos signos com o intérprete) de toda a situação ou acontecimento significativo.

Nessa relação triádica (relativamente ao signo em si mesmo considerado), um signo pode ser 1) um quali-signo, por exemplo, a percepção de uma cor; 2) um sin-signo, que pode ser qualquer objeto; 3) um legi-signo, por exemplo, uma lei ou uma convenção. O signo considerado em relação com o próprio objeto, pode ser 1) ícone, por exemplo, uma imagem especular, um diagrama; 2) índice, por exemplo, um sinal; 3) um símbolo, no sentido em que um relato, ou substantivo ou um livro são um signo.

Por outro lado, se analisarmos o signo em relação com o intérprete, ter-se-á: 1) um *rema*, quer dizer, uma proposição com objeto indeterminado e cujo predicado indica caracteres possíveis: por exemplo, "x" é amarelo; 2) um *dicente*, por exemplo, uma proposição cujo sujeito indica um objeto ou um acontecimento, e seu predicado indica uma de suas qualidades: a rosa é amarela; 3) um *argumento*, que é uma cadeia de três signos dicentes pelo menos, submetidos às leis da inferência; todo silogismo é um exemplo de argumento[87].

Observa-se assim a importância da Semiótica de Peirce para o referido *giro linguístico* ocorrido no século XX. Para ele, todo pensamento é signo; a palavra ou o signo que o homem utiliza é o homem mesmo; o pensamento é de natureza linguística; não se pensa sem signos; o vir a ser de um interpretante é dependente do ser do signo. Como bem ressalta Santaella[88], ao deslocar a noção de signo para aquém do signo genuíno, ele reabsorve, dentro da Semiótica, parâmetros fenomenológicos que dilatam e ampliam a concepção de signo, invadindo territórios que subvertem as tradicionais camisas-de-força, logocêntricas e racionalistas.

---

[87] Cf. Giovane Reale e Dario Antesori, *História del pensamiento filosófico y científico – Del romantismo hasta hoy.* Barcelona: Editorial Herder, 1995, vol. III, p.436-437, citado por Streck, *ibidem*, p.141, em nota de rodapé.

[88] *In A teoria geral dos signos. Semiose e autogeração*, p. 120.

A integração da fenomenologia à Semiótica, por outro lado, rompe também com as costumeiras separações dicotômicas entre *pensar* e *sentir*, *inteligir* e *agir*, *espírito* e *matéria*, *alma* e *corpo* e assim por diante. **As demarcações rígidas entre dois mundos, o mundo dito mágico da imediaticidade qualitativa *versus* mundo dito amortecido dos conceitos intelectuais, são dialeticamente interpenetrados, revelando o universo fenomênico e sígnico como um tecido entrecruzado de acasos, ocorrências e necessidades. Entre eles, existem possibilidades, fatos e existências, como as qualidades, leis e tendencialidades, permeadas de sentimentos, ações e pensamentos.**

Observe-se que as categorias *primeiridade*, *secundidade* e *terceiridade* de Peirce são tão universais quanto as noções de imaginário, real e simbólico de Lacan, o qual, aliás, faz menção a ele, dizendo que é dentro da mesma visão da lógica relacional e triádica peirceana que seus registros se definem. E Santaella faz muito bem essa analogia, exatamente ressaltando o caráter de sua universalidade.

Desse modo, a *primeiridade* (o presente, o imediato, o que é) corresponde ao imaginário (o registro psíquico correspondente ao *ego* do sujeito); o registro da percepção, das representações ideativas e imaginativas, que dão ao sujeito a ilusão de possuir uma consciência autônoma; a *secundidade* (o fato bruto, com o qual nos chocamos) corresponde ao real (o que não é codificado pelo simbólico; o que sobra, o déficit do simbólico); e a terceiridade (a mediação; camada de inteligibilidade, enfim, o pensamento em signos pelos quais representamos o mundo) corresponde ao simbólico (o registro das palavras e suas consequências, do significante independente do significado, articulado ao desejo do sujeito, e não a sua racionalidade)[89].

A identificação imaginária, explica Santaella, é sempre, de fato, imaginária, visto que identificação não é senão o apagamento das distinções e das diferenças, isto é, aquilo que, sem poder de distinção, inunda uma singularidade, escapando a qualquer movimento dialético ou mediação. Toda identificação, porque borra as diferenças, é estado monádico, aspiração ao uno, completo, fechado em si mesmo. Identificar é dissolver fronteiras que

---

[89] Cf. Santaella, *in Imagem*, p. 188 e segs.

demarcam limites entre o *eu* e o *outro*. Daí "a relação imaginária do *eu* e do outro ser uma relação mortífera" (Lacan), visto que, para ser seu sendo *outro*, um dos dois polos dessa relação se dissipa, desaparecendo e desvanescendo. Mônada se alimenta na miragem do uno, estado em iminência de dissipação e de perda, ficção do *eu* como *outro* e do *outro* que é *eu*. No entanto, nenhuma simbolização seria possível sem o suporte do imaginário, pois, no seu logro, *já está aberta a fenda que cede ao simbólico*[90].

Quanto à relação da secundidade com a categoria do real de Lacan, Santaella considera estar até mais evidente do que a relação primeiridade-imaginário: só um levantamento inicial dos termos lacanianos para designar esse registro é, por si, demonstrativo, como, por exemplo, recusa do conceito; causa como algo de anticonceitual, de indefinido; só existe causa para o que manca; real que bem pode, ele sim, não ser determinado; o modo de tropeço pelo qual as formações do inconsciente aparecem; a surpresa ou aquilo pelo que o sujeito se sente ultrapassado; a descontinuidade na qual alguma coisa manifesta-se como vacilação; o que pontua, macula, põe nódoas; o real por trás da falta de representação. Isso porque o real é o que sobra, o impossível, o não simbolizado. A relação do real com o simbólico e, nessa medida, acrescenta a autora, tipicamente diátrica; a ação abrupta de irrupção e interrupção. O real determina efeitos no simbólico, mas ele mesmo não é determinado. É causação sem o governo da lei e do conceito. O real resiste ao simbólico porque lá, no não nomeável, insiste, esperando, na espreita, para fazer desfalecer o simbólico[91].

Por último, a relação da terceiridade com o simbólico, diz a autora, é tão nítida que dispensa alongados comentários. O grande Outro, em todas as suas acepções, é sempre um terceiro, da ordem da lei, mediação, estrutura regrada que prescreve o sujeito. E conclui: "O postulado lacaniano *do inconsciente está estruturado com uma linguagem*", inclui, à maneira da interdependência e onipresença das categorias peirceanas, os três registros

---

[90] Cf. Santaella. As três categorias peirceanas e os três registros lacanianos: correspondências. *In*: *Cruzeiro semiótico*. Porto, 1986, p. 28-29, citação de Streck, p. 142, em nota de rodapé.

[91] *Idem, ibidem.*

simultaneamente, isto é, a expressão *estruturado como uma linguagem* não se apresenta como sinônimo exclusivo do simbólico, mas inclui o imaginário como seu suporte e o real como interferências – grânulos do indizível e do vazio – na continuidade e devir incessante do simbólico. Enfim, o imaginário encapsula-se no simbólico, assim como o real seria aquilo que cutuca e fende a simbolização, agindo por conta própria e tomando de assalto o simbólico[92].

Em tudo isso, importa referir que ***a linguagem como abertura para o mundo*** sempre esteve presente em Peirce. A noção de terceiridade como mediação, como simbolização, mostra isso claramente. Imbricando o pensamento peirceano com os objetivos deste estudo, é possível dizer que, sem a terceiridade, não há possibilidade do intérprete ser-no-mundo. Isso porque somos seres simbólicos.

Como age o homem no mundo? Por meio de novos signos, responde Peirce. **O homem é a própria linguagem**, porque "a palavra ou o signo que o homem usa é o próprio homem". Porque o fato de cada pensamento ser um signo, junto com o fato de a vida ser uma sucessão de pensamentos, prova que **o homem é um signo**. Quer dizer, homem e signo externo são a mesma coisa, tal como as palavras *homo* e *man* são idênticas. **Assim, a minha linguagem é a soma total de mim próprio, porque o homem é o pensamento**[93].

Não é demais afirmar que o rompimento de Peirce com o cartesianismo e sua crítica a Kant, ultrapassando os dualismos típicos da metafísica e a própria relação sujeito-objeto vigorante na filosofia da consciência, colocam-no ao lado daqueles pesquisadores alemães, que, como Humboldt, Herder e Hamann, iniciaram o **processo de invasão da filosofia pela linguagem, linguisticizando o mundo, recolocando a linguagem no lugar cimeiro, abalada e escondida que estava desde o esquecimento do ser pela metafísica platônico-aristotélica e da filosofia que se seguiu àqueles grandes filósofos. Apesar de tudo isso, a mudança de paradigma (da filosofia da consciência para a filosofia da linguagem) não tem tido, segundo o abalizado opinamento de Lenio Luiz Streck**[94]**, a devida recepção no campo da filosofia jurídica e da**

---

[92] *Idem, ibidem.*

[93] Cf. Eco, op. cit., p. 146, citado por Streck, *ibidem*, p. 144.

[94] *In Hermenêutica jurídica e(m) crise*, p. 53-54.

hermenêutica no cotidiano das práticas judiciárias e doutrinárias brasileiras (e, certamente, de outros países).

A reviravolta linguística (sobre a qual voltarei a falar na **Segunda Parte**) iria concretizar-se como uma nova concepção da constituição do sentido. Atualmente, estamos revivendo um "giro linguístico digital", mas que não nos permite esquecer o caminho já percorrido para chegar até aqui e para seguir mais adiante. O sentido não pode mais ser pensado como algo que uma consciência produz para si, independentemente de um processo de comunicação, mas deve ser compreendido como algo que nós, enquanto participantes de uma práxis real e de comunidades linguísticas, sempre comunicamos reciprocamente. Essa virada, rumo à explicitação de um caráter prático, intersubjetivo e histórico da linguagem humana, já tinha forte sustentação em Wittgenstein, cuja posição é próxima da hermenêutica de matriz heideggeriana.

Em ambos os filósofos, o austríaco Wittgenstein e o alemão Heidegger, a linguagem passa a ser entendida, em primeiro lugar, como ação humana, ou seja, a linguagem é o dado último enquanto é uma ação fática, prática.

Devidamente, enquanto práxis interativa, ela não pode ser explicada como produto de um sujeito solitário, mas como ação social, mediação necessária no processo intersubjetivo de compreensão.

É justamente aí que ocorreria a mudança de paradigma: o horizonte a partir de onde se pode e se deve pensar a linguagem não é o do sujeito isolado, ou da consciência do indivíduo, que é o ponto de referência de toda a filosofia moderna da subjetividade, mas **a comunidade de sujeitos em interação**. A linguagem, enquanto práxis, é sempre uma práxis comum realizada de acordo com regras determinadas. **Essas regras não são, contudo, convenções arbitrárias, mas são originadas historicamente a partir do uso das comunidades linguísticas**; são, portanto, costumes que chegam a tornar-se fatos sociais reguladores, ou seja, instituições.

Tantas são as formas de vida existentes, tantos são os contextos praxeológicos, tantos são, por consequência, os modos de uso de linguagem, numa palavra, os jogos de linguagem. As palavras estão, pois, sempre inseridas numa situação global, que norma seu uso e é precisamente por essa razão que o problema semântico, o problema da significação das palavras, não se resolve sem a pragmática, ou seja, sem a consideração dos diversos contextos de uso. "Poder falar" significa ser capaz de inserir-se num processo de interação social simbólica, de acordo com os diferentes modos de sua realização[95].

Conforme o entendimento do mesmo ilustre Prof. Lenio Luiz Streck, os juristas ainda não se deram conta do fato de que ***"o Direito é linguagem e terá de ser considerado em tudo e por tudo como uma linguagem. O que quer que seja e como quer que seja, o que quer que ele proponha e como quer que nos toque, o Direito o é numa linguagem e como linguagem – propõe-se sê-lo numa linguagem*** **(nas significações linguísticas em que se constitui e exprime)** ***e atinge-nos através desta linguagem que é"***[96].

Continuemos, no Capítulo seguinte, a perseguir a análise da construção dos pensamentos para a importante formação de pensadores do Direito.

---

[95] Vide Lenio Luiz Streck, *ibidem*, p. 53, em nota de rodapé, que, por sua vez, nesta nota, baseia-se em Manfredo Araújo Oliveira, *Fundamentação*. Porto Alegre: Edupucrs, 1993, p. 53-54.

[96] Cf. Castanheira Neves, p. 90, citado por Lenio Luiz Streck, *ibidem*, p. 54.

CAPÍTULO 2

AS TRÊS MATRIZES DA LINGUAGEM NATURAL

2.1 Pensamento, linguagem e texto

A relação inseparável das linguagens e do pensamento está pressuposta na hipótese das três matrizes básicas.

Essa pressuposição tem suas bases na fenomenologia e na semiótica peirceanas, apresentadas, aqui, resumidamente.

Ao binômio *linguagem-pensamento* deve ser acrescida a *percepção*, visto que, em Peirce, "*pensamento, linguagem, signos, percepção*" são inseparáveis, estando nessa junção uma das chaves para compreensão de seu pragmaticismo.

Isso fica patente na afirmação peirceana de que "os elementos de todo conceito entram no pensamento lógico pelos portões da percepção e dele saem pelos portões da ação deliberada; e tudo aquilo que não puder exibir seu passaporte em ambos esses portões deve ser apreendido pela razão como elemento não autorizado"[97].

À luz dessas ponderações, abordarei, a seguir, as matrizes da linguagem, sob um ponto de vista cognitivo, em suas relações com o pensamento, a percepção e, consequentemente, os sentidos.

Como visto no Capítulo anterior, desde suas teses anticartesianas, Peirce postulou que todo pensamento dá-se em signos.

[97] *In CP* 5.212, cf. Santaella, *Matrizes da linguagem e pensamento*, p. 55 e segs.

Não há pensamento sem signos.

Para que isso não fique entendido de uma maneira que restrinja o pensamento à sua forma exclusivamente verbal ou até mesmo proposicional, é preciso relembrar que Peirce levou a noção de signo muitíssimo longe, até ao ponto de uma mera reação física, uma comoção psíquica, uma qualidade incerta de sentimento poderem funcionar como signo.

As bases para compreender como funciona cada uma das espécies de pensamento estão na classificação de signos.

Para que a ponte de ligação entre pensamento e linguagem fique mais visível, é preciso considerar que os signos podem ser internos ou externos, ou seja, podem se manifestar sob forma de pensamentos interiores ou se alojar em suportes ou meios externos, materiais – o texto.

É assim que, por exemplo, o aparelho fonador – que nos permite articular a fala e o aparelho auditivo – que nos permite captar a fala, ainda poderiam ser considerados suportes internos por se localizarem no próprio corpo.

Outros suportes são externos a nosso corpo e se configuram como produtos de nosso pensamento e linguagem.

Os desenhos, as pinturas, os diferentes tipos de escrita, as notações musicais, a fotografia, os nossos Códigos, Leis, a nossa Constituição são signos externos (textos) que, não obstante, necessitam suportes.

Esses signos de variados tipos estão ligados, de maneira inextricável, a formas de pensamentos, também estas diferenciadas.

Conforme preleciona Santaella[98], para Peirce, nenhum tipo de signo é autossuficiente ou completo. Ícones, índices e símbolos têm cada qual suas suficiências e insuficiências (*CP* 4.531, 4.544). Por isso, tanto mais será perfeita a ação do signo (semiose), quanto mais ela proceder a uma mistura de ingredientes icônicos, indiciais e simbólicos, em igualdade de condições. Ora, cada um desses tipos de signos, que corresponde a distintas formas de representação (desde a mera presentificação, que se dá no quali-signo icônico, até a representação abstrata de um legi-signo simbólico), é uma forma de

---

98 *In Matrizes da linguagem e pensamento*, p. 56-57.

pensamento que tanto pode se manifestar internamente, naquilo que costumamos chamar de mundo interior, quando o signo se manifesta mais propriamente sob a forma de pensamento, quanto se manifestar externamente, em suportes ou meios externos, quando o signo se manifesta sob a forma de pensamento projetado.

Posto isso, continua Santaella, o leitor poderá perguntar por que ela fala em "matrizes de linguagem e pensamento" e não em "matrizes de signos e pensamento". Considerando que o termo *matriz* é tomado no sentido de lugar onde algo se gera ou cria, podemos passar para a discussão do termo *linguagem*. Os tipos de signos estudados por Peirce são extremamente gerais e abstratos. São tipos lógicos fundamentais que estão subjacentes a quaisquer linguagens manifestas. Há, portanto, uma diferença em grau de abstração que Santaella – conforme ela mesma afirma – estabelece entre o termo *signos* e o termo *linguagens*. No entender da ilustre semioticista, logicamente alicerçada nas classes de signos e estes, por sua vez, alicerçados nas categorias fenomenológicas, as matrizes da linguagem, menos abstratas do que as classes de signos, já apontam para os campos de manifestação dessas classes de signos em linguagens manifestas, tais como a música, as diversas formas de visualidade e o discurso verbal. Podendo ser os signos mais abstratos do que as próprias matrizes da linguagem, têm-se aí as bases para as variadas modalidades em que cada uma das matrizes – sonora, visual e verbal – desmembram-se. As variações resultam de distribuições diferenciadas que cada matriz exibe das classes de signos que lhes são subjacentes.

Além disso, prossegue Santaella, as modalidades podem misturar-se, o que necessariamente acontece quando elas tomam corpo, isto é, concretizam-se em suportes ou mídias específicas. Vem daí a enorme profusão de linguagens. Quando se manifestam em canais específicos, as linguagens adquirem traços que são característicos daquele canal, o que cria a ilusão de um mero somatório de linguagens e de mídias. **O que Santaella postula – com o que concordo – é que, por trás dessa proliferação, existem classes finitas, embora muito vastas de signos-pensamentos.**

As matrizes da linguagem e pensamento estão sustentadas nas três classes principais de signos, que nunca é demais repetir: o quali-signo icônico, remático – para a sonoridade; o sin-signo indicial, dicente – para a visualidade; e o legi-signo simbólico, argumental – para o discurso verbal.

Entretanto, uma vez que as classes de signos são mais abstratas do que as matrizes, as classes reaparecem em distribuições diferenciadas e específicas no interior de cada matriz, o que dá origem às modalidades e submodalidades exibidas por cada matriz.

As premissas da teoria das matrizes da linguagem e pensamento não param aí.

As matrizes também estão relacionadas à percepção e esta aos sentidos humanos – como expus, em linhas anteriores.

Assim, enquanto a matriz verbal é mais abstrata, no sentido de menos dominada por um sentido determinado, a visual está mais ligada ao olho e ao sentido da visão, enquanto a sonora está mais ligada ao ouvido e ao sentido auditivo.

De um lado, os sistemas e os processos sígnicos manifestam-se em processos de funcionamento em permanente mutação, além de o próprio universo midiático produzir a mistura e a hibridização dos meios de comunicação e dos códigos.

Por outro lado, o estudo semiótico dessa diversidade revela que não há mais do que **três** matrizes semióticas, tais como Peirce elaborou, a partir das quais, por processos de combinações e misturas, origina-se toda a multiplicidade das formas diferenciadas de linguagens e pensamentos.

Isso porque o fundamento fenomenológico e semiótico encontra-se nas três categorias peirceanas de *primeiridade, secundidade* e *terceiridade.*

A hipótese inovadora é, exatamente, a de que há uma correspondência básica entre, de um lado, essas categorias e, de outro lado, a percepção e linguagens humanas: a *sonora* pertenceria à matriz da primeiridade; a *visual,* à secundidade; e a *verbal,* à terceiridade.

Daí se segue a surpreendente reinterpretação do mundo sonoro como o domínio predominante do signo icônico; do mundo visual, como o domínio predominante do signo indicial; e do mundo verbal, como o domínio predominante do signo simbólico.

O apoio para a tese das três matrizes está na própria teoria da *modularidade da mente humana* desenvolvida no quadro das ciências cognitivas, que considera o verbal, o visual e o sonoro como os três módulos fundamentais da mente humana.

A divisão triádica das linguagens é apenas o primeiro passo.

Através de combinações e misturas entre as categorias, cada uma dessas matrizes subdivide-se, por sua vez, triadicamente, resultando em nove modalidades do verbal, nove do visual e nove do sonoro.

Desdobramentos dessas combinações e misturas resultam num total de 81 modalidades.

Mas, nunca se pode perder de vista a ***base triádica inicial***, porque é ela que permite visualizar, de maneira mais transparente, a estrutura complexa desse tecido analítico.

O campo de aplicação dessa teoria é amplo, abrangendo a música, a pintura, a arquitetura, mas também a televisão, o vídeo, o cinema, a informática e as linguagens da hipermídia, o que nos leva a afirmar que não só a cultura contemporânea é híbrida, mas *todas as linguagens são híbridas, incluída aqui a linguagem jurídica*.

Toda a produção diferenciada de signos, com que convivemos a cada minuto, hora e dia de nossas vidas, é fruto dessas misturas contínuas e de suas combinações imprevisíveis, que Peirce ajudou-nos a descobrir e que Santaella fez chegar até nós. É ela que nos fala sobre o modelo da mente como um paradigma dominante nas ciências cognitivas. Desse modo, estaremos a um passo da **CiberSemiótica**.

É assim que:

1) Sistemas informacionais, ainda que diferentes (como o sistema nervoso central, seres humanos, máquinas, animais e organizações), processam informações do mesmo modo.
2) Pensamentos lógicos conscientes são geralmente tomados como um modelo para os processos cognitivos.
3) O entendimento é visto como categorial.
4) Considera-se que os processos cognitivos podem ser quebrados como partes de um processo e que, finalmente, podem ser vistos como uma série de escolha linear.

5) A percepção é vista primariamente como categorial e denotativa.

6) A aprendizagem é vista como acontecendo de acordo com regras e princípios e é vista primariamente como a construção de estruturas do conhecimento.

7) Um sistema de linguagem é visto primariamente como um mecanismo formal para a transferência de uma formação pela manipulação de símbolos entre humanos, máquinas e o homem-máquina.

8) Há uma clara tendência em se ver o sujeito cognitivo como análogo a um computador.

9) A ênfase no aspecto sintático e estrutural da cognição, pensamento e comunicação conduz a uma falta de ênfase na função das dimensões históricas, culturais e sociais implícitas no crescimento do significado comunicativo humano.

10) O mecanismo por trás da memória do crescimento do significado e do entendimento de símbolos é visto como uma rede semântica. O significado é mantido numa rede de concepções mutuamente definidas: a chamada estrutura do conhecimento. Isso representa uma entrada muito formal, para a semântica.

O âmbito desse trabalho não abrangerá a ampla e interessante discussão sobre o tema, tampouco considerações sobre os sentidos humanos e a inserção das matrizes da linguagem e pensamento no contexto dos estudos sobre cognitivismo, cabendo-me apenas colocar que é exatamente no **território mais amplo de uma Semiótica ou comunicação cognitivista que a teoria das três matrizes se funda**.

Na base destas estruturas híbridas, há uma tríade de matrizes, cuja exterioridade é o texto!

2.2 O texto como objeto semiótico de sentido

É conhecido o *slogan* de um dos mais renomados semioticistas, A. J. Greimas, linguista lituano de origem russa: "Fora do texto, nenhuma salvação". Essa fórmula vigorosa foi repetida por ele inúmeras vezes, podendo ser considerada a divisa dos semioticistas. Se um dos objetivos da Semiótica é o de descrever (mediante linguagem e metalinguagem) os discursos que atravessam a sociedade e explicar o que *fazem* com sua atividade discursiva[99], corresponde a ela também delimitar em primeiro lugar seu objeto de análise. *E este objeto é o texto.*

"Onde não há texto, tampouco há objeto de investigação e de pensamento", sentenciava Bakhtin (1977:179[100]). E quando esse semiólogo russo tratou de definir a área de seu trabalho, situou precisamente no texto os limites e os pontos de contato e de intersecção de todas as disciplinas que intervêm em sua análise: Filosofia, Linguística, a chamada crítica literária e assim por diante.

O texto escrito e oral é considerado por Bakhtin como dado primário de todas essas disciplinas e, em geral, de todo o pensamento teológico e filosófico em suas origens. Nesse sentido, apontava que o texto é "aquela realidade imediata (realidade de pensamento e de emoções) sobre a qual só podem fundar-se essas disciplinas e esse pensamento" (Bakhtin, 1977:197). Faço esta menção a Bakhtin para ressaltar um aspecto sobre o qual ele insistia, ao propor a criação de uma textologia: a saber, aquele da consideração do texto – todavia sem defini-lo e, portanto, conceito pré-teórico – como objeto. E como tal, diria o sociólogo, crítico literário, semiólogo e filósofo francês Barthes[101], "submetido à inspeção diante de um sujeito sábio".

O texto, visto dessa forma como objeto, permite, em função de um interesse comum, a convergência de disciplinas distintas. Tanto a Sociologia, como a Sociolinguística, a Psicologia Social, a Teoria da Informação, a Teoria

---

99 Diante de tão amplos objetivos, a Semiótica requer uma rigorosa conceitualização (necessária a toda metalinguagem). E, de meu ponto de vista, evita uma apressada formalização. Creio, por outro lado, que o desenvolvimento da Semiótica contribuirá para, entre outras coisas, o desenvolvimento de uma tipologia dos discursos, igualmente dependente do funcionamento textual e de categorias apriorísticas ou *ad hoc*.

100 ***Il Problema del texto*, in** A. Ponzio (org.), ***Michail Bakhtin: Semiotica, teoria della letteratura e marxismo***, Bari: Dedalo. Edição original: "Problema Teksta", ***Voprosy literatury***, 10, 1976, cf. Lozano, ***Análise do discurso***, p. 3.

101 ***In*** Texte (Théorie du), ***Enciclopédia Universalis*** cf. Lozano, 1980, ***ibidem***, p. 4.

da Comunicação e muitas outras têm em comum o fato de trabalharem com textos, *aqui incluído o Direito*.

Além disso, podem-se encontrar, tanto na estilística como na retórica, as origens de uma preocupação textual.

Com efeito, e dito muito ligeiramente, a estilística ocupava-se das relações alem do nível da frase (desse modo, substituía a linguística que se ocupava apenas do frástico) e, nessa perspectiva transfrástica, poderia observar-se uma orientação do texto como "objeto". E, embora não se ocupe do discurso em si, mas sim do autor expressando-se na obra ("o estilo é o homem", dizia Buffon, o naturalista, matemático e escritor francês do século XVIII), podem encontrar-se nessa visão paralelismos com aspectos de uma teoria do texto: por exemplo, aqueles considerados nos estudos sobre a enunciação e o sujeito textual. Quanto à retórica, e independentemente das distintas concepções que sua história permite, ela pode ser vista, em termos muito gerais, como "mecanismo de geração de textos"[102]. Talvez se devesse chamar atenção para a coincidência do desenvolvimento da análise textual com a recuperação atual da retórica[103]. Apesar dessas conexões e de sua possível integração – no sentido de que a estilística da fala é uma linguística do texto[104], ou naquele de contemplar a retórica como objeto de uma semiótica da interação conversacional[105] –, penso que é à *semiótica textual ou semiótica discursiva* que cabe lidar com todos os aspectos do texto (por que não, as matrizes da linguagem do texto).

---

[102] Cf. Lozano, *ibidem*, p. 4, em nota de rodapé: Lotman (1981) apontou três significados principais que hoje adquire, na poética e na semiótica, o termo *retórica*.
a) Linguístico, como conjunto de regras de construção do discurso no nível transfrástico, como estrutura da narração nos níveis além da frase.
b) Como disciplina que estuda a "semântica poética", os tipos de significados trasladados, "retóricos" (a assim chamada "retórica das figuras").
c) Como "poética do texto", área da poética que estuda as relações intratextuais e o funcionamento social dos textos como formações semióticas unitárias.

[103] Perelman, 1958 (*Traité de l'argumentation: la nouvelle rhétorique,* Paris, P.U.F.); Barthes, 1970 (*Recherches rhétoriques, communications, 16*); Eco (*Trattato di semiotica generale*. Milão: Bompiani, 1975).

[104] Cf. Coseriu (*Teoría del lenguaje y linguística general*. Madri, Gredos, 1978: 289), citado por Lozano, *ibidem*, p. 4.

[105] Cf. Eco Op. cit. p.345, *apud* Lozano, *ibidem*, p. 5.

Mas, **o que é um texto**?

Uma primeira aproximação do conceito de texto nos é proporcionada em um sentido muito amplo por Lotman e a chamada Escola de Tartu (e a Semiótica russa em geral, herdeiros de Bakhtin), que o consideram um "**conjunto sígnico coerente**". De um modo todavia mais aberto, é costume referir-se ao texto como "**qualquer comunicação registrada em um determinado sistema sígnico**". A partir desse ponto de vista elástico, pode falar-se de um balé, de um espetáculo teatral, de um desfile militar e de todos os demais sistemas sígnicos de comportamento como textos, na mesma medida, afirma-se, em que se aplica tal termo a um texto escrito em uma língua natural, a um poema ou a um quadro[106], ou a um e-mail ou um WhatsApp ou ao que se vier a "criar"!

Nessa perspectiva da chamada "semiótica da cultura", o conceito de texto, embora vago, é utilizado em sentido especificamente semiótico, que é, devidamente, como emprego aqui. Pelo conceito de "sistema de modelização secundário" (onde se indica a relação com a linguagem natural e suas matrizes – que, por sua vez, constituiria o sistema de modelização primário), "texto" aplica-se não só às mensagens em língua natural, mas também a qualquer fenômeno portador de significado integral ("textual"): a uma cerimônia, a uma obra figurativa, a uma conversa ou a uma peça musical.

Dessa forma, ainda que o literário, o "linguístico" tenha se tornado o campo privilegiado de experimentação semiótica e de desenvolvimento de sua teoria – destacando-se das semióticas de signos não-linguísticos – a Semiótica da cultura inclui sob sua denominação qualquer sistema de *signos* (verbais, não-verbais, gráficos, gestuais e assim por diante) – ***aqui podendo incluir-se o Direito, como linguagem e enquanto linguagem***. Por isso, cobrindo distintas semióticas e abarcando fenômenos muito diversos, Lotman & Piatigorski[107] (1968), da Escola Semiótica de Tartu, na Rússia, definem o texto como "formação semiótica singular, fechada em si, dotada de um significado e de uma função integral e decomponível".

---

[106] *In* Lozano (org.), *Introducción a Lotman y Escuela de Tartu*, 1979, p. 41, cf. Lozano, *Análise do discurso*, p. 5.

[107] Cf Lozano, *ibidem*, p. 6.

Desta definição, chamo atenção para a delimitação do objeto-texto, sua *clausura*, como elemento de definição.

Com efeito, se, como apontava Hjelmslev, linguista dinamarquês, a dimensão do signo não é pertinente, de tal forma que tanto uma palavra (por exemplo/Fogo!/), como toda uma obra (por exemplo, *A comédia humana,* de Honoré de Balzac) – para citar exemplos estereotipados – coincidem em ser textos, é precisamente, por sua *clausura e autonomia*, independentemente de sua dimensão, que se pode considerá-las textos.

Poder-se-ia pensar que a extensão depende da análise e não altera a definição do objeto. Nesse sentido, Weinrich[108] afirma: "O conceito de texto determina que a análise começa com a unidade máxima, delimitada por interrupções manifestas na comunicação", sacrificando a extensão em altares da clausura, e destacando outro critério: aquele da intencionalidade do falante (como intenção comunicativa) em sua emissão linguística.

De modo semelhante, e como Weinrich a partir de uma posição estritamente linguística, o austríaco Dressler[109] definiu o texto, enfatizando o aspecto da clausura, como "enunciado linguístico concluso".

Outros estudiosos opinaram o seguinte:

Para Julia Kristeva (filósofa, escritora, crítica literária, psicanalista búlgaro-francesa), à luz dos mecanismos de linguagem do sonho, com suas camadas de conteúdo latente e manifesto, o texto é concebido como produtividade.

Para Nöth (professor de Semiótica e Linguística, diretor do Departamento de Línguas Modernas da Universidade de Kassel, Alemanha, professor convidado permanente do Programa de Pós-graduação em Comunicação e Linguística da PUC/SP), o texto é algo que é tecido, aquilo que se circunscreve em um todo coerente.

Para Hjelmslev, o texto é um processo linguístico, a cadeia de signos combinada com um sintagma; enquanto a linguagem é concebida como um sistema. A distinção entre ambos é funcional e relativamente nítida.

---

[108] *In Lenguaje en texto*. Madri: Gredos, 1981: 8, cf. Lozano, ***ibidem***, p. 6.

[109] *In Introduzione alla linguistica del testo*, 1974: 9. Roma: Officina, cf. Lozano, ***ibidem***, p. 6.

O mesmo não acontece na semiótica peirceana, dada a enorme expansão a que foi submetida a noção de signo em Peirce. Nessa ampliação de fronteiras, o signo linguístico não é um ponto de partida, nem ponto de chegada. Um signo pode ser uma ponte constituinte de um signo mais complexo, e todas as partes constituintes de um signo complexo são signos. Embora reconhecendo essa complexidade infinita, Pierce criou **mecanismos lógicos para a discriminação de seus *níveis de complexidade* e de seus *graus de funcionamento*.**

Mesmo que a partir dessas considerações possamos, vagamente, acercar-nos do objeto-texto, sua generalidade e falta de precisão na delimitação – ao utilizar definições analíticas *ad hoc* – nos impedem de distinguir um texto de um não-texto.

2.3 Sintaxe, forma e discurso

Como afirma Santaella[110], **"só há três e não mais do que três matrizes básicas da linguagem e do pensamento".** Concordo com ela, bem como sobre a necessidade de certas colocações, como as que se seguem, sem as quais nosso entendimento fica confuso.

Com efeito, para se entender os padrões cognitivos que subjazem à nossa competência nas linguagens, foi proposto[111] o fato de elas possuírem em comum os seguintes atributos: (1) **organização hierárquica de seus constituintes**; (2) **recursividade**; (3) **a metáfora**; (4) **a possibilidade de autorreferência**; (5) a ***ambiguidade***; (6) **a sistematicidade.** Aí estão justamente os atributos que, com exceção da ambiguidade, o paladar, o olfato e nem mesmo o tato podem exibir.

---

[110] *In Matrizes da linguagem e pensamento*, p. 78.

[111] Durante o Congresso "Língua, visão e música", realizado na Universidade Nacional da Irlanda, em Galway, em julho de 1999, que apresentou as seguintes reflexões sobre: (1) combinações possíveis entre a língua e a música, a língua e a visão, a música e a visão; (2) que papéis a metáfora, a sinestesia, a acústica, as emoções desempenham nessas linguagens? (3) o que têm a nos dizer as plataformas de engenharia de ***software*** para integrar processadores de inteligência multimídia de língua, visão e som? (4) quais são as arquiteturas para a integração entre elas? (5) quais aspectos são nelas automáticos e quais são conscientes? (6) quais aspectos são comuns e quais são específicos de cada uma?: cf. Santaella, ***ibidem***, p. 78.

Ou seja, qualquer sistema perceptivo (como, por exemplo, o sistema da linguagem jurídica, que é o que aqui nos interessa, sobreposto ao sistema natural da linguagem), para funcionar como linguagem, deve conter legi-signos (organização hierárquica, sistematicidade), deve ser passível de registro, nem que seja o registro da memória (recursividade) e, sobretudo, deve ser capaz da metalinguagem (autorreferencialidade, metáfora).

Tendo encontrado evidências paralelas entre essas afirmações de Santaella (por sua vez, sempre baseadas na teoria peirceana do trinômio das matrizes), a aplicação da lógica das três categorias semióticas à constituição destas matrizes ao campo do Direito trouxe-me, também, revelações adicionais.

Estando sob o domínio da categoria da *primeiridade*, prossegue Santaella, a *linguagem sonora* é a mais primordial e, por isso mesmo, a que mais controvérsias apresenta sobre seu próprio estatuto de linguagem. A sonoridade é tão dominantemente qualitativa e, consequentemente, quase-sígnica, em nível de primeiridade, que torna a sua natureza e o seu funcionamento como linguagem algo a ser discutido, como mostrarei mais adiante.

Por sua vez, a vocação referencial (indicial) da visualidade, sobretudo em sua face figurativa (forma) introduz um elemento dominantemente diádico (o signo é aquilo a que ele se refere), que torna o funcionamento da matriz visual como linguagem menos discutível. Já o estatuto de linguagem da matriz verbal, dada sua natureza simbólica, convencional, em nível de terceiridade, é tão indiscutível que todos aqueles que colocam em questão se a visualidade e a sonoridade podem ser consideradas como linguagens assim o fazem porque tomam a linguagem verbal – esta sim – como modelo exclusivo de linguagem.

A lógica implícita nas categorias também prescreve que, sendo a mais primordial, a categoria da primeiridade está na base, servindo de alicerce à secundidade, assim como esta alicerça a terceiridade. Então, a matriz sonora, em nível de primeiro, alicerça a matriz visual, do mesmo modo que esta alicerça a matriz verbal. Isso também significa dizer que a matriz sonora entrelaça-se com a matriz visual-secundidade, do mesmo modo que esta se entrelaça com a matriz verbal-terceiridade. Disto decorre ainda que a secundidade, matriz visual, pode superpor-se à primeiridade matriz sonora, enquanto a terceiridade, matriz verbal, pode superpor-se tanto à secundidade, a matriz visual, quanto pode sobrepor-se, naturalmente, à primeiridade, a matriz sonora.

Os eixos que foram encontrados para as matrizes e sobre os quais as classificações aplicam-se, o eixo da *sintaxe* na sonora, o eixo da *forma* na visual e o eixo do *discurso* na verbal, tornam patentes todas estas características pressupostas na lógica das categorias. De fato, a sintaxe, o princípio estruturador mais primordial para o funcionamento de qualquer linguagem, alicerça a forma, assim como ambas, sintaxe e forma, alicerçam o discurso, o que significa que a forma engloba a sintaxe e o discurso engloba a forma e a sintaxe. A lógica da matriz sonora, sob o domínio da sintaxe, é a mais primordial, estando na base das outras matrizes. A lógica da matriz visual, englobando a sintaxe e sob a dominância da forma, está na base da matriz verbal cuja lógica discursiva constitui-se pela incorporação da sintaxe e da forma.

Não se quer dizer com isso que a sonoridade em si, em seu caráter material, esteja contida na visualidade, nem se quer dizer que a sonoridade e a visualidade, em suas materialidades, estejam contidas no discurso verbal. Até podem estar, como é o caso da linguagem verbal oral, que evidentemente tem elementos de sonoridade, assim como é o caso de uma linguagem escrita diagramada ou de poesias visuais que trazem fortes elementos de visualidade para o discurso verbal. Entretanto, estes são casos de manifestações específicas de linguagens. Embora elas sirvam para demonstrar as interseções que são possíveis entre as matrizes, as correspondências lógicas que estão sendo estabelecidas entre as três matrizes é algo abstrato, genérico, profundo e não de superfície. Já no nível superficial, alguns indicadores dos pressupostos lógicos das categorias podem ser identificados.

A sonoridade, com seu eixo na sintaxe, tem existência autônoma, independente da matriz visual e verbal. A sonoridade não pressupõe a forma, eixo da matriz visual, nem pressupõe o discurso, eixo da matriz verbal. Aliás, quando forma e discurso entram nas cogitações da sonoridade, isto se dá porque a sonoridade pode adquirir os traços de forma e os de discursividade que são dominantes nas outras matrizes. A questão ficará bem evidenciada quando se falar de cada matriz em particular.

A forma visual não é independente, na medida em que pressupõe a sintaxe que está no eixo da matriz sonora. Não há forma sem sintaxe. Não obstante, a forma visual independe do discurso que está no eixo da matriz verbal. O discurso verbal, por sua vez, pressupõe a sintaxe e a forma. Nem mesmo uma frase verbal seria possível sem sintaxe; e sem forma não haveria discurso concebido como um todo coerente.

Enfim, o substrato dessas correspondências lógicas está na postulação de que aquilo que a matriz sonora tem de mais específico e dominante, aquilo que faz dela uma linguagem é a sintaxe. A sintaxe é eminentemente uma questão de sonoridade. Não há material mais livre e propício à mais pura experimentação e invenção sintáticas do que o som. Aquilo que a matriz visual tem de mais específico e dominante, aquilo que faz dela uma linguagem é a forma, a qual implica, evidentemente, uma sintaxe. A materialidade da sintaxe visual não vem do som, é claro, mas a lógica da sintaxe pertence à sonoridade, visto que é a sonoridade que está mais habilitada para perseguir as potencialidades da forma até seus limites últimos.

Embora o discurso verbal deva sua natureza de linguagem a seu caráter simbólico e convencional, não haveria discurso sem sintaxe e sem forma, evidentemente uma sintaxe e uma forma que se enquadram na especificidade do discurso verbal e de seus padrões convencionais, mas cujos princípios e desenvolvimentos lógicos têm suas moradas precípuas na sonoridade e na visualidade respectivamente.

Todas essas considerações, aqui formuladas de modo muito breve e panorâmico, precisam ser mais bem discutidas e justificadas, de modo que os sentidos da *matriz sonora e sintaxe, matriz visual e forma, matriz verbal e discurso* venham a ficar mais bem definidos e explicitados. Para que as relações entre as matrizes possam ficar mais claras, é necessário considerar cada matriz em particular até se chegar à matriz verbal – a matriz do discurso verbal.

2.4 Do sistema ao processo e vice-versa

A teoria de inspiração saussureana concebia uma só linguística, a da *langue* (definida por Saussure como *sistema de signos*). Contudo, estudos posteriores admitiram o surgimento de uma linguística da *parole*, de uma linguística discursiva encarregada da *langue* na comunicação viva. Nesse sentido, Benveniste (1966)[112] (linguista francês, estudioso das línguas indo-europeias, nascido em Alepo, Síria, seguidor de Saussure), definia o discurso como "a *langue* enquanto assumida pelo homem que fala e na condição de intersubjetividade, que torna possível a comunicação linguística". Sem me estender nessas considerações, vou me limitar a assinalar a mudança de pertinência experimentada no próprio seio da Linguística: a passagem (e inter-relação) da *langue* à *parole* e ao discurso. Cabe reafirmar a esse respeito a insistência de E. Coseriu[113] (linguista romeno), que propôs um acréscimo à dicotomia de Saussure: sua tricotomia vai do mais concreto (fala, uso indicial da norma) ao mais abstrato (língua, sistema funcional), passando por um grau intermediário: a norma (uso coletivo), sendo que, para ele, a norma seria um primeiro grau de abstração da fala.

Em meu entender, e o leitor poderá, ou não, me dar razão, o deslocamento do "**sistema**" ao "**processo**", do eixo vertical ao eixo horizontal e vice-versa, nos permite: uma primeira definição do discurso (texto) como processo semiótico; a necessidade de se levar em consideração as matrizes de linguagem, para se compreender esse processo semiótico; a evocação de um "processo" sintagmático, pelo devido sentido dinâmico de *transcorrer*. É, exatamente, a evolução desse processo e a compreensão do mesmo que levam à mudança de paradigmas, nas ciências! O discurso (o texto), contudo, não deve ser considerado apenas como pertencente à *parole* (em oposição à língua)[114] ou como formando parte do uso da língua, mas também como possível unidade formal do *sistema* linguístico (Hendricks, 1976, autor de *Semiologia do discurso literário*, em edição espanhola)[115]. Nesse sentido, o

---

112 *In Problèmes de linguistique générale*. Paris: Gallimard, cf. Lozano, *ibidem*, p. 25.

113 Cf. Lozano, *ibidem*, p. 26: Deve-se a Coseriu, precisamente, a introdução, já em 1956, do conceito de *linguística do texto* – Coseriu (1978) – antes do aparecimento da assim chamada *Text linguistik*.

114 Segundo outras terminologias, *langue* versus *parole* é comparável a *competence* versus *performance* ou *sistema* versus *processo*: cf. Lozano, *ibidem*, p. 26, em nota de rodapé.

115 *In Semiología del discurso literário*, Madri: Cátedra, cf. Lozano, *ibidem*, p. 26.

linguista belga Buyssens[116] falava sobre como o discurso permite individualizar o sistema linguístico (e eu acrescentaria – e vice-versa), e sentenciava de forma drástica: "Há uma só linguística; todo o resto não é outra coisa senão psicologia ou fisiologia".

Podemos encontrar até no próprio Saussure reflexões desse tipo. Assim, nos manuscritos inéditos recolhidos pelo crítico e linguista suiço Starobinski[117], diz Saussure (o semiólogo genebrino): "A *langue* não é criada senão em relação ao discurso, mas o que separa o discurso da língua, ou melhor, o que permite em um certo momento decidir que *a langue entra em ação como discurso*?"[118]. Uma vez que, de uma maneira concreta, a linguagem existe apenas e exclusivamente como *falar*, como atividade linguística, e *língua* e *fala* não podem ser realidades autônomas e claramente separáveis, dado também que, por um lado, a *fala é realização da língua* e, por outro lado, a *língua é condição da fala*, constitui-se sobre a base da fala e se manifesta concretamente apenas na fala, teremos de concentrar nossa atenção principalmente nos *processos*.

É assim que, como sugeriu Greimas (prestigiado fundador da Escola Semiótica de Paris, fiel aos princípios da análise estrutural), **a passagem das observações sobre o *sistema* ao exame dos *processos* possibilita que o conhecimento dos processos realizados projete alguma luz sobre a economia geral e as formas de organização do sistema**. Nada mais atual e necessário! Do mesmo modo, estudos linguísticos posteriores observam o caráter textual do sistema da língua. Nesse sentido, o britânico-australiano Halliday (1975:68), criador de uma gramática sistêmico-funcional, observou que a unidade da língua em uso não é a palavra ou a oração, mas sim o texto, e acrescenta: "O componente 'textual' da língua é o conjunto de operações graças às quais um falante ou um escritor podem criar textos". **Em meu entender, nessa observação mais uma vez fica clara a necessidade da colocação das três matrizes da linguagem e pensamento**.

---

116 *In La Communication et l'articulation linguistique*, Bruxelas, 1976:41, cf. Lozano, ***ibidem***, p. 26.

117 *In Les mots sous les mots: les anagrammes de Ferdinand de Saussure*. Paris: Gallimard, 1971, cf. Lozano, ***ibidem***, p. 26.

118 Para uma crítica da dicotomia *langue/parole*, de Saussure, ver o artigo de Coseriu, de 1952, "Sistema, norma e fala" (Coseriu, 1978:11-113), cf. Lozano, ***ibidem***, p. 26.

A existência de uma linguística discursiva vai permitir ocupar-se, como dizia o linguista francês Benveniste (1966), da *langue* enquanto assumida pelo homem. E, dessa transformação, dessa mediação entre *langue* e discurso, entre o eixo paradigmático e o eixo sintagmático é, exatamente, de que se ocupa a teoria da enunciação[119]. É no ato de linguagem chamado enunciação que se gera o discurso; a enunciação criará também o contexto do próprio discurso. Pode-se assim conceber como sendo a componente "pragmática" do discurso. Visto assim, o discurso pode se identificar com o enunciado ou, mais concretamente, com o que é enunciado. Em relação à enunciação, o enunciado deve ser concebido como um resultado, independentemente de sua dimensão sintagmática (frase ou discurso).

Para Hjelmslev, a dimensão do signo não é pertinente. O texto é considerado por este semiólogo dinamarquês como uma cadeia sintagmática que se pode expandir indefinidamente, enquanto para a linguística frástica a unidade de base do enunciado é a frase. O discurso seria então o resultado da operação de concatenação das frases que o constituem[120]. Por outro lado, a partir da linguística discursiva, transfrástica, as frases não são senão segmentos do discurso-enunciado. Por meio de um processo de condensação[121], o discurso pode até coincidir com uma só frase.

Vale a pena brevemente comentar que, na teoria semiótica, na passagem da frase ao texto (dimensão transfrástica), existe uma mudança de pertinência que não se deve em absoluto a critérios de amplitude, de dimensão, mas sim, ao contrário, a uma *mudança qualitativa* que permite tender em direção a uma gramática do texto. É assim que o significado global de um texto (ou seja, a informação que ele contém) resulta superior à soma das significações das frases que o compõem; dito em outras palavras, encontra-se um

---

119 Vide Lozano, *ibidem*, p. 27.

120 Por exemplo, para Harris (1952), *in* "Discourse analysis", *Language*, 28, para quem só a frase como "forma livre mínima" é pertinente em linguística, o discurso é considerado como uma estrutura linear: as relações hierárquicas são definíveis apenas no interior da frase e no nível da estrutura superficial (*apud* Garavelli-Mortara, Aspetti e problemi della linguistica testuale. Turim: Giappichelli, 1974:20 e segs.) cf. Lozano, p. 28, *ibidem*, em nota de rodapé.

121 Cf. Lozano, *ibidem*, p. 28, em nota de rodapé: Condensação e expansão são os dois aspectos da elasticidade do discurso

suplemento de significação peculiar do **texto como estrutura (e não como soma de frases).**

2.5 A matriz sonora[122] da linguagem natural – o texto e seu meio

Neste ponto, desafio o leitor, se considerar conveniente, por sua conta e risco, a ir ultrapassando trechos que considerar repetitivos ou cansativos. Ao mesmo tempo, sugiro que, pelo menos, "tenha sob controle a planilha de leitura, aparato conceitual ou *design thinking* que esbocei para estimular as pesquisas jurídicas e que sugiro ser considerado superposto ou posterior a um "mapa imaginário das matrizes da linguagem natural", que, abordo a seguir.

A linguagem natural (a fala) pode ser comparada à linguagem sonora (a música). Essas comparações já foram levantadas não só devido à realidade gramatical da língua que convida a uma aproximação com o conjunto de regras que permitem o funcionamento dos sistemas musicais, como pela típica natureza temporal do desenvolvimento do som, seja na música, seja na fala. A explosão do estruturalismo linguístico nos anos 60 e 70, sobre o que já falei (e irei retomar mais adiante), só veio a trazer mais subsidios para o estudo dessas analogias.

As descobertas empreendidas pela Linguística sobre o caráter sistêmico da língua, sua natureza codificada, sobre seus pares antitéticos (tais como diacronia/sincronia[123]; língua e fala; significante/significado; sintagma/

[122] "O quanto é preciso primeiro encontrar, o quanto é preciso então suprimir para se chegar à carne nua da emoção" (Charles Debussy), citado por Santaella, *in Matrizes da linguagem e pensamento,* p. 97.

[123] Cf. J.-M.Klinkenberg, *in Précis de sémiotique générale*, p. 129: A descrição sincrônica de um objeto qualquer é a descrição de um estado desse objeto em um momento determinado. A descrição diacrônica de um objeto qualquer é a descrição da dinâmica desse objeto no tempo.

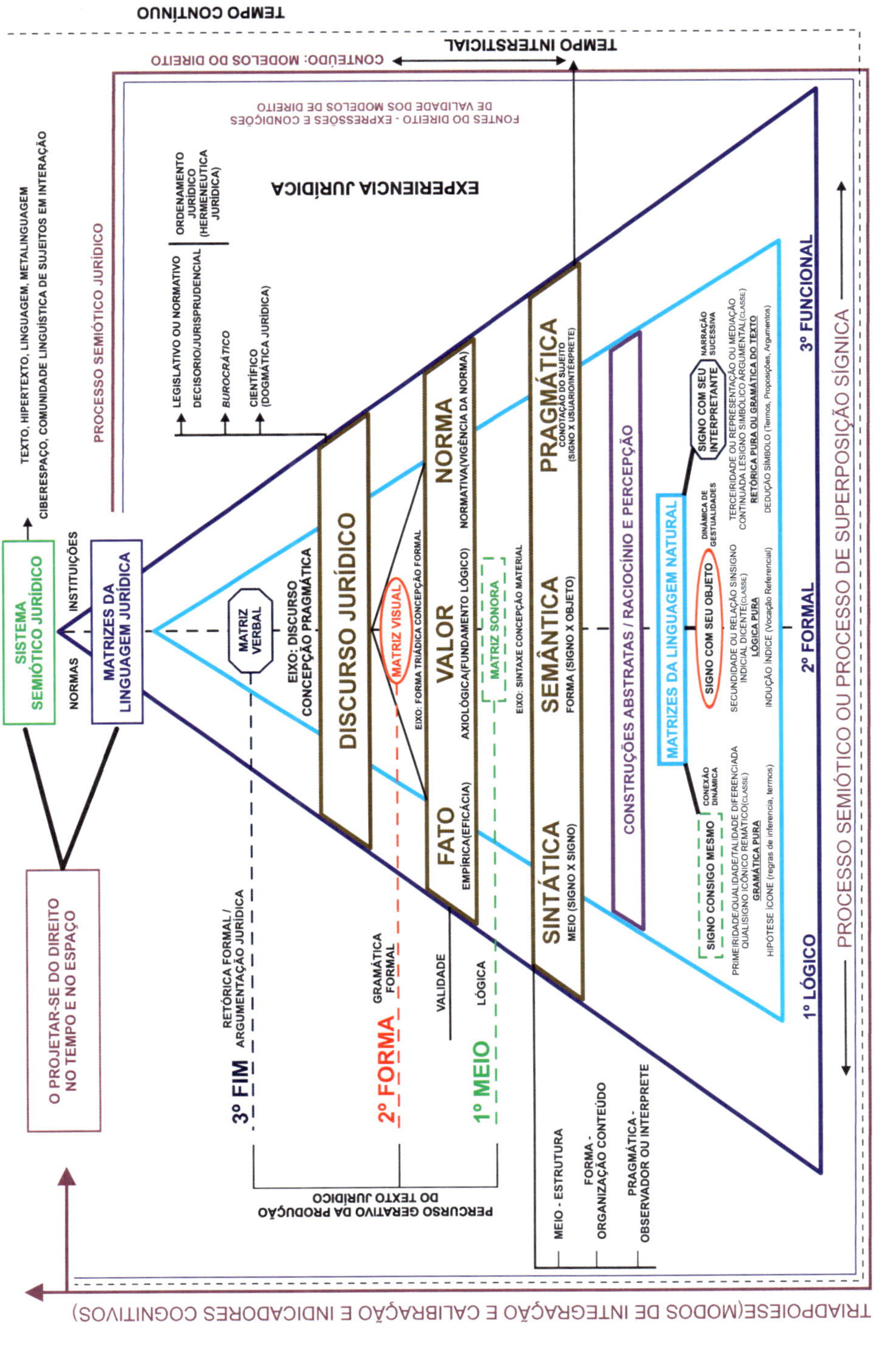
TEMPO CONTÍNUO
TEMPO INTERSTICIAL
CONTEÚDO: MODELOS DO DIREITO
FONTES DO DIREITO - EXPRESSÕES E CONDIÇÕES DE VALIDADE DOS MODELOS DE DIREITO
EXPERIÊNCIA JURÍDICA
TEXTO, HIPERTEXTO, LINGUAGEM, METALINGUAGEM
CIBERESPAÇO, COMUNIDADE LINGUÍSTICA DE SUJEITOS EM INTERAÇÃO
PROCESSO SEMIÓTICO JURÍDICO
LEGISLATIVO OU NORMATIVO
DECISORIO/JURISPRUDENCIAL
BUROCRÁTICO
CIENTÍFICO (DOGMÁTICA JURÍDICA)
ORDENAMENTO JURÍDICO (HERMENEUTICA JURÍDICA)
SISTEMA SEMIÓTICO JURÍDICO
INSTITUIÇÕES
NORMAS
MATRIZES DA LINGUAGEM JURÍDICA
O PROJETAR-SE DO DIREITO NO TEMPO E NO ESPAÇO
MATRIZ VERBAL
EIXO: DISCURSO CONCEPÇÃO PRAGMÁTICA
DISCURSO JURÍDICO
MATRIZ VISUAL
EIXO: FORMA TRIÁDICA CONCEPÇÃO FORMAL
NORMA
NORMATIVA(VIGÊNCIA DA NORMA)
VALOR
AXIOLÓGICA(FUNDAMENTO LÓGICO)
FATO
EMPÍRICA(EFICÁCIA)
MATRIZ SONORA
EIXO: SINTAXE CONCEPÇÃO MATERIAL
PRAGMÁTICA
CONOTAÇÃO DO SUJEITO (SIGNO X USUÁRIO/INTÉRPRETE)
SEMÂNTICA
FORMA (SIGNO X OBJETO)
SINTÁTICA
MEIO (SIGNO X SIGNO)
CONSTRUÇÕES ABSTRATAS / RACIOCÍNIO E PERCEPÇÃO
MATRIZES DA LINGUAGEM NATURAL
SIGNO CONSIGO MESMO
CONEXÃO DINÂMICA
SIGNO COM SEU OBJETO
DINÂMICA DE GESTUALIDADES
SIGNO COM SEU INTERPRETANTE
NARRAÇÃO SUCESSIVA
PRIMEIRIDADE/QUALIDADE/TALIDADE DIFERENCIADA QUALISIGNO ICÔNICO REMÁTICO(CLASSE)
GRAMÁTICA PURA
HIPÓTESE ÍCONE (regras de inferencia, termos)
SECUNDIDADE OU RELAÇÃO SINSIGNO INDICIAL DICENTE(CLASSE)
LÓGICA PURA
INDUÇÃO ÍNDICE (Vocação Referencial)
TERCEIRIDADE OU REPRESENTAÇÃO OU MEDIAÇÃO CONTINUADA LESIGNO SIMBÓLICO ARGUMENTAL(CLASSE)
RETÓRICA PURA OU GRAMÁTICA DO TEXTO
DEDUÇÃO SÍMBOLO (Termos, Proposições, Argumentos)
1º LÓGICO
2º FORMAL
3º FUNCIONAL
PROCESSO SEMIÓTICO OU PROCESSO DE SUPERPOSIÇÃO SÍGNICA
3º FIM
RETÓRICA FORMAL / ARGUMENTAÇÃO JURÍDICA
2º FORMA
GRAMÁTICA FORMAL
VALIDADE
1º MEIO
LÓGICA
PERCURSO GERATIVO DA PRODUÇÃO DO TEXTO JURÍDICO
MEIO - ESTRUTURA
FORMA - ORGANIZAÇÃO CONTEÚDO
PRAGMÁTICA - OBSERVADOR OU INTERPRETE
TRIADPOIESE(MODOS DE INTEGRAÇÃO E CALIBRAÇÃO E INDICADORES COGNITIVOS)

paradigma[124]; expressão/conteúdo; fonema/monema[125]; metáfora/metonímia[126]) exerceram grande influência e chegaram mesmo a ser absorvidas, mesmo que criticamente por outras áreas das ciências humanas, especialmente pela Antropologia de Lévi-Strauss, pela Psicanálise de Lacan e pela Filosofia de Derrida[127]. Com o movimento do estruturalismo linguístico, os seus conceitos passaram a ser aplicados aos mais diversos sistemas de linguagem: literatura, artes visuais, música, quadrinhos, vestuário, cinema, teatro, televisão.

O Direito, como linguagem, não deveria ficar infenso a essas mudanças e comparações; e não ficou.

Ao depois, a Semiologia, ou melhor, a Semiótica[128] foi colocando à mostra que as formas de codificação e de comunicação humanas não se restringem apenas à linguagem verbal (oral ou escrita), mas abrangem *todos* os tipos de sinais e signos que operam no seio da vida social, tornando possíveis a *comunicação* e a *cultura*. As unidades que compõem os sistemas da língua são: traços distintivos, fonemas, morfemas, palavras, sentenças, enunciados.

---

124 Paradigma define-se em dois sentidos: um mais vasto – que é o conceito de matriz disciplinar, significa o conjunto de compromissos relativos a generalizações simbólicas, crenças, valores e soluções modelares que são compartilhados por uma comunidade científica dada. Em seu sentido mais específico – a palavra refere-se apenas aos compromissos relativos às soluções modelares, aos exemplares como soluções concretas de problemas.

125 Cf. Fiorin, ***in Linguagem e ideologia***, p. 80, Fonema: é um som da fala que tem uma função distintiva, ou seja, em oposição a outro som colocado em idêntico ponto da cadeia da fala serve para distinguir significados. Os sons /m/ e /s/ são dois fonemas porque eles opõem significados como "manha" e "sanha". O nível fonológico é o nível em que se dá a combinação dos fonemas para formar unidades significativas.

126 Ver Saussure, 1971 (***Cours de linguistique générale***, Charles Bally e Albert Sechehaye (eds.). Paris: Payot); Hjelmslev, 1961 (***Prolegomena to a theory of language***, Madison: The University of Wisconsin Press); Martinet 1960 (***Élements de linguistique générale,*** Paris: A .Colin); Jakobson, 1973 (***Linguística e comunicação***. São Paulo: Cultrix), cf. Santaella, ***Matrizes da linguagem e*** pensamento, p. 97.

127 Lévi-Strauss, 1970 (***Antropologia estrutural***, Chaim Samuel Katz e Eginardo Pires (trads.). Rio de Janeiro: Tempo Brasileiro); Lacan, 1966 (***Écrits***, v. I e II. Paris: Seuil); Derrida, 1973 (***Gramatologia***, Miriam Schnaiderman e Renato Janine Ribeiro (trads.). São Paulo: Perspectiva), cf. Santaella, ***ibidem, ibidem.***

128 "A rivalidade entre esses dois termos foi oficialmente encerrada pela Associação Internacional de Semiótica que, em 1969, por iniciativa de Jacob Jakobson, decidiu adotar semiótica como termo geral do território de investigações nas tradições da semiologia e da semiótica geral": cf. Winfried Nöth, ***Panorama da Semiótica***: de Platão a Peirce, p. 25-26, citado por Clarice Araújo, ***in Normas gerais de direito tributário***, p. 9, em nota de rodapé.

E – comparando-se – as unidades da música são: tons, temas, frases, seções, movimentos, peças. Em ambas (fala e música), essas unidades organizam-se em hierarquias ascendentes no *eixo da sucessividade*. Com exceção dos traços distintivos ou fonemas, essas unidades são separáveis naquilo que, na Linguística, é chamado de junturas e, na música, de cadência. **Um outro paralelo pode ser encontrado na dicotomia língua e fala que, devido ao impacto exercido pela Teoria da Comunicação sobre a Linguística**, passou também a ser chamada de código e mensagem.

Para alguns autores, ainda que a língua e a música sejam sistemas de expressão, só a língua constitui-se em sistema de comunicação, pois faltam à música os sentidos dicionarizados. Ora, isto não significa que a música esteja isenta de sentido, uma vez que sentido não se restringe àquilo que pode ser verbalizado. Para justificarem seus argumentos, esses autores apoiam-se naqueles que, por sua vez, desenvolvem a ideia de que o poder expressivo da música está em sua forma.

Os paralelos mais significativos da musicologia com a teoria linguística advêm da comparação do nível das escalas na música com o nível fonêmico da língua, ambos os níveis correspondendo a sistemas tipicamente fechados, referentes aos princípios que governam a formação dos padrões tonais e dos fonemas. E mais, a escritura da língua é comparada à notação musical, pelo caráter de convencionalidade dos símbolos nelas empregados. Alguns autores foram buscar as áreas de cooperação entre língua e música. Outros foram mais além, criticando as comparações entre língua e música, quando essas comparações ficam confinadas à investigação dos traços acústicos de ambas. Ora, tanto para a Linguística quanto para a Filosofia da Linguagem, a língua não está limitada à acústica.

Para evitar essa limitação, Harweg[129], um dos pioneiros da linguística textual na Alemanha, propõe uma aproximação exatamente pelo viés da teoria sígnica. Baseando-se nas relações de contiguidade e similaridade (sobre o que já comentei antes), esse pesquisador da linguagem difere de outros estudiosos na crença das similaridades entre língua e música. Para ele, não

---

129 *In Language and music*. Foundations of Language 4, 270-281 (1968), citado por Santaella, *in Matrizes da linguagem e pensamento,* p. 99.

há *similaridade* entre ambas. Entretanto, quando as relações de *contiguidade* são consideradas, abre-se um vasto campo de investigação, que deve começar pela determinação do lugar ocupado pela língua e pela música dentro do sistema de níveis diferenciados de abstração e formalização que o investigador distingue ao observar o fenômeno do múltiplo referenciamento. Partindo da distinção entre sistema de língua, norma linguística e fala, o autor conclui que a contiguidade entre elementos linguísticos e elementos musicais restringe-se ao nível da fala.

Imbuído dos ideais semiológicos, Martin[130], por sua vez, inicia seu artigo sobre "A música como linguagem", afirmando que a expressão *linguagem musical* não é uma metáfora. Para comprovar sua afirmação, coloca em causa o postulado de Saussure, do signo como uma unidade de duas faces, o significante (ou imagem acústica do som) e o significado (o conceito que se liga indissociavelmente ao significante). De acordo com esse postulado, não existiriam signos musicais, pois o lado conceitual do signo faltaria na música. Tendo isso em vista, Martin propõe o abandono da noção de Saussure, em prol de um retorno ao sentido original da palavra *signo*: "O signo é uma entidade reconhecível, suscetível de receber um significado por convenção, mas que deve também ser examinada por ela mesma". Infelizmente, essa nova proposta não foi explorada pelo autor, talvez pela pouca repercussão geral de suas ideias.

Vários outros autores apontaram limitações à imposição do modelo linguístico sobre a música, usando argumentos convincentes. No entanto, esse modelo, apesar de tudo, presta-se a revelar algumas analogias entre língua e música. Tanto estas analogias devem existir que a própria musicologia sempre fez uso de termos gramaticais e linguísticos para descrever a realidade musical, tais como *motivos, frases, períodos*.

É oportuno lembrar que tais analogias cessam, quando se migra do universo da música tonal para entrar no universo da música pós-tonal, da música concreta, eletrônica e eletroacústica. Não é para menos. Nessas músicas não se encontram as unidades mínimas das notas, as frases, as sentenças, o dis-

---

130 *Le langage musical: semiotique des systèmes*. Paris: Ed. Klincksieck, 1978, citado por Santaella, *ibidem*.

curso que possa ser comparado ao verbal. Isso nos leva à conclusão de que o paralelo entre a língua e a música só se presta à música tonal ou quaisquer outros tipos de música convencionais e não à música pós-tonal.

Aspecto ainda mais curioso da relação entre linguagem e música está no fato de que, desde a música concreta até nossos dias, veio tornando-se cada vez mais natural e espontânea entre os músicos a consideração da música como linguagem. Nesse quesito, porém, a palavra *linguagem* não é tomada como sinônimo de língua, pois seu sentido é expandido para uma visão fundamentalmente sintática da linguagem, com grande ênfase nos aspectos plásticos da sintaxe sonora, na interface do sonoro com a plasticidade das formas visuais não-representativas e não-figurativas. **Isso fundamentalmente quer dizer que não se deve abandonar a reflexão sobre o estatuto da música como linguagem, mas sim redimensionar essa reflexão, dentro de perspectivas semióticas distintas e distantes do modelo impositivo da Linguística**.

Quanto mais uma língua recusa pontos de referência, quanto mais ela propicia a dissolução da forma constante em benefício das diferenças de dinâmica, mais a língua aproxima-se não somente de uma notação musical, mas da própria música. Foi assim que os filósofos franceses, Deleuze e Guattari, sem abdicar da constituição da música como linguagem, encontraram para ela seu território, análogo ao de todas as linguagens que desterritorializam, colocam em fuga as constantes da máquina abstrata da língua, em prol de um devir potencial que se desvia do modelo.

Distinta e distante do modelo da Linguística está também a concepção de linguagem que pode ser extraída da Teoria dos Signos de Peirce. Ele trabalhou não só com a noção de signo genuíno, mas também com a noção de signo degenerado ou quase-signo. De suas classificações, resulta um grande número de misturas entre signos. Isso nos fornece uma grade flexível e multifacetada de possibilidades sígnicas que nos permite analisar – como linguagens – vários sistemas semióticos. Estes têm sua própria autonomia, não precisando submeter-se ao modelo da língua para serem considerados linguagens.

Ainda que com todas essas discussões, tais classificações das várias modalidades que compõem cada uma das matrizes da linguagem (a matriz

sonora, a matriz visual, a matriz verbal), que estou propondo transportar para o campo do Direito e da linguagem jurídica, à luz das multifaces dos signos que Peirce nos oferece, respeitam as diferenças entre essas três matrizes, não impondo o modelo de uma sobre a outra. Além de respeitar as diferenças, evidencia as correspondências lógicas que existem no nível profundo, sem excluir as correspondências que também podem existir nos níveis mais superficiais, afirmações corroboradas por resultados de recentes pesquisas científicas, nas áreas das ciências cognitivas.

Como já foi dito anteriormente, aqui, sustentadas na lógica das três categorias, para Peirce, há três grandes classes de signos: (a) *o quali-signo icônico, remático*; (b) o *sin-signo indicial, dicente*; e (c) o *legi-signo simbólico, argumental*. É claro que os processos de signos, quando atualizados, misturam essas classes através das mais diversas combinatórias. As classes são construções abstratas que nos ajudam a compreender as misturas exibidas pelos signos existentes. Nos escritos de Peirce e de seus comentaristas, os ícones são sempre exemplificados através de imagens (tanto as imagens mentais como as perceptivas, visuais).

Por isso, quando Santaella[131] postula que a sonoridade está sob a dominância do ícone e a visualidade sob a dominância do índice, isso deve causar, no mínimo estranheza. No entanto, se se levar em conta que pinturas, desenho, mapas e até mesmo a fotografia costumam ser apontados como exemplos de ícones, vê-se que, na verdade, essas imagens visuais apresentam, via de regra, uma similaridade com os objetos a que se referem – o que torna mais redutora a explicação daquilo que o signo icônico é. Sem deixar de ser um signo que opera por semelhança, o ícone é muito mais do que isso. Para resgatar suas complexidades naquilo que importa para a caracterização da sonoridade – o que estou tentando fazer –, deve-se começar por sua inserção na categoria da primeiridade.

O ícone, como substrato, é como uma espécie de leito por onde correm os caracteres primordiais desse tipo de signo, a saber, os caracteres da possibilidade, acaso, indeterminação, indefinição, vagueza, espontaneidade,

[131] *In Matrizes da linguagem e pensamento*, p. 104.

presentidade, imediaticidade, potencialidade, qualidade, sentimento, incerteza, conjectura, hipótese. Para que se compreenda como estes caracteres operam dentro do ícone não se pode deixar de considerar que o ícone diz respeito à relação entre signo e objeto, isto é, entre o signo e aquilo a que ele se refere ou se aplica. Esta relação só é possível porque o signo tem, nele mesmo, algum tipo de propriedade que permite sua relação com algo que está fora dele, o seu objeto.

As três grandes classes de propriedades que permitem ao signo se relacionar com seu objeto são: (a) a mera qualidade que o signo possui em si mesmo, sua primeiridade; (b) o fato de ser um existente, sua secundidade; ou (c) a lei, sua terceiridade. No caso do signo icônico, o fundamento ou propriedade interna ao signo, que sustenta sua relação com o objeto, está em uma mera qualidade. Isso quer dizer que, na relação com o objeto, o signo é icônico porque, em si mesmo, ele é uma simples qualidade, ou seja, um quali-signo, uma qualidade que é um signo.

Santaella[132], em cuja obra fui buscar estes ensinamentos, e cuja leitura recomendo, chama-nos a atenção para o fato de que o ícone é um signo que representa seu objeto por semelhança. Esta, de fato, é apenas uma das facetas do ícone, sua faceta de hipoícone. Uma leitura mais sistemática dos escritos peirceanos, afirma a ilustre semioticista, revelará, contudo, que há vários níveis de iconicidade que vão do ícone puro à metáfora. E, dentro das linguagens, nenhuma delas pode ser mais propícia do que a linguagem sonora para exemplificar os variados níveis de iconicidade.

2.5.1 *A sintaxe como eixo da matriz sonora*

Em um sentido geral, sintaxe quer dizer o modo pelo qual elementos combinam-se para formar unidades mais complexas. Etimologicamente, a palavra *sintaxe* é formada por *syn*, que significa "junto", "com", e *taxis*, significando "arranjo". Desse modo, a sintaxe pressupõe a existência de elementos (objetos) a serem combinados. Esses elementos, formando frequentemente um alfabeto ou um vocabulário, são o resultado de um processo de quantificação

---

132 *Ibidem*, p. 104-112.

que parte do contínuo para uma estrutura discreta (Marcus, 1991: 1355)[133] – descontínua.

A sintaxe das línguas naturais é, sem dúvida, aquela que foi mais estudada ao longo dos séculos, sendo tomada como ponto de referência para qualquer outro sistema sintático. De fato (nos diz o linguista Marcus), as línguas naturais podem funcionar como padrão para as estruturas sintáticas, pois são capazes de revelar traços universais nelas contidos. Um deles é o conceito de proposição gramatical, cujo modelo formal é chamado de arborização na Teoria dos Grafos.

Um aspecto bastante presente nos estudos estruturalistas da sintaxe realizados no século XX é a determinação do elemento que funciona como unidade mínima a ser combinada em sequências para se obter os vários agrupamentos e níveis sintáticos.

Na gramática tradicional, utilizava-se a palavra como elemento mínimo e tal determinação foi rejeitada por todas as escolas estruturalistas. Para Saussure (1916)[134], a unidade mínima seria o **signo**, entidade de duas faces (o significante, imagem acústica, de um lado; e o significado, conceito, de outro).

O signo não se confunde com aquilo que a gramática chama de palavra, mas se refere à união de significante e significado, na qual se plasma um sentido.

Com a teoria do linguista russo Trubetzkoy (1939)[135], dos fonemas como feixes formais de traços distintivos, funcionando como elementos mínimos sem significado, aquém da unidade das palavras, mas de cuja combinatória as palavras resultam, o linguista francês Martinet (1960)[136], por sua vez, elaborou uma sistematização da noção de signo saussureano que ficou muito conhecida. Trata-se do princípio da dupla articulação: a primeira delas é a dos

---

133 Research in syntactics after Morris. *Signs of humanity. L'homme et ses signes.* Berlin: Mouton de Gruyter, 1355-1382, cf. Santaella, *ibidem*, p. 112.

134 *In Cours de linguistique générale*, Charles Bally et Albert Sechehaye (eds.). Paris: Payot, cf. Santaella, *ibidem*, p. 113. Lembre-se de que foi Saussure que estabeleceu o importante princípio da "arbitrariedade do signo" (cf. Pinker, *in O instinto da linguagem*, p. 96).

135 *In Grundzuge der phonologie.* Travaux du Circle Linguistique de Prague, n. 7, cf. Santaella, *ibidem*, p. 113.

136 *In Éléments de linguistique générale*. Paris: A. Colin, cf. Santaella, *ibidem*, p. 113.

monemas, unidades mínimas significativas, e a segunda delas é a fonológica, correspondendo a um alfabeto finito de fonemas com sua atividade combinatória correspondente, cuja única função é a de permitir a distinção entre vários monemas. Por exemplo, o monema "casa" diferencia-se do monema "caça" apenas por um único traço distintivo (o "s" sonoro no primeiro, e o "sibiliar" surdo, no segundo).

O dinamarquês Hjelmslev[137] propôs uma outra terminologia para designar uma relação binária similar. Do grego *kenos*, significando "vazio", ele extraiu o neologismo *cénème* para designar uma unidade vazia, combinatória, despida de significado, contraposta a *plérème*, que vem de *plere*, pleno, para denotar a oposição entre unidades elementares sem significado e significativas. Nesse contexto, ficou muito famosa uma passagem sobre a dinâmica da sintaxe da língua formulada por R. Jakobson (1973:39)[138], linguista russo:

> Existe, pois, na combinação de unidades linguísticas, uma escala ascendente de liberdade. Na combinação de traços distintivos em fonemas, a liberdade individual do que fala é nula; o código já estabeleceu todas as possibilidades que podem ser utilizadas na língua em questão. A liberdade de combinar fonemas em palavras está circunscrita; está limitada à situação marginal de criação de palavras (...) Ao formar frases com palavras, o que fala sofre menos coação. E, finalmente, na combinação de frases em enunciados, cessa a ação de regras coercitivas da sintaxe e a liberdade de qualquer indivíduo para criar novos contextos cresce substancialmente, embora não se deva subestimar o número de enunciados estereotipados.

Um novo conceito de sintaxe linguística emergiu da teoria gerativa transformacional de Chomsky[139] (famoso linguista, filósofo, cientista cognitivo norte-americano), segundo a qual a sintaxe refere-se ao componente gerativo da gramática, enquanto os outros dois componentes – o fonológico e o semântico – têm uma natureza interpretativa.

---

[137] *In* 1938, Essai d'une théorie des morphèmes. *Travaux du Cercle Linguistique de Copenhague*, v. 12, 152-164. Copenhagen: Nordisksprog-og kulturforlag, 1959; e *in* 1961, *Prolegomena to a theory of language*. Madison: The University of Wisconsin Press – cf. Santaellla, *ibidem*, p. 113.

[138] Cf. Santaella, *ibidem*, p. 113.

[139] *In* 1957, *Syntactic structures*, The Hague Mouton; e *in* 1965, *Aspects of the theory of syntax*. Cambridge, Mass.: MIT Press.

As analogias entre a sintaxe verbal e a sintaxe da fala e a sintaxe da música foram muito enfatizadas. De fato, para explicitar suas estruturas, a música fez uso de uma terminologia emprestada da gramática da língua. Na música, as notas, como elementos discretos, são, geralmente, consideradas as unidades mínimas. Quando os padrões de melodia e de ritmo formados pelas combinações das notas plasmam-se numa ideia musical completa, são chamados de motivos ou frases. Frases unidas formam um período de cuja combinação resultam as seções da música até suas estruturas maiores compondo as formas musicais: cantochão, madrigal, sonata, sinfonia, ...

Sem me prolongar mais sobre o tema, quero alertar ao leitor que, **onde houver tempo, há sintaxe.** Apenas, não nos damos conta disso, porque, via de regra, estamos presos a uma visão da sintaxe como pressupondo necessariamente a organização de unidades discretas – no caso da música, a nota, configurada em estruturas sequenciais.

Entretanto, em um elucidativo artigo sobre sintaxe, Marcus (1992) esclarece-nos que há sintaxes, independentemente do pressuposto da discretização. Essas sintaxes foram concebidas na lógica da relação "parte/todo" em oposição à lógica usual baseada na relação "elemento/conjunto". Diferentemente desta última, as relações do tipo "parte/todo" não estão mais obrigatoriamente ligadas a representações discretas. Essa mesma tendência para explicar conceitos sintáticos básicos através de representações contínuas (em oposição a explicar conceitos sintáticos básicos através de representações discretas) está subjacente nas teorias de René Thom, matemático francês, que desenvolveu a teoria da catástrofe, um tratamento matemático de ação contínua (1980: 215-42[140]).

A concepção de sintaxes do contínuo são de fundamental importância, por exemplo, para se poder enxergar a natureza absorventemente sintática de todas as questões relativas à chamada música experimental, concreta, eletrônica e eletroacústica, quer essas questões sejam composicionais, fenomenológicas ou perceptivas, até o ponto de se poder dizer que é justamente em função das questões sintáticas que esta música recebe o nome de experimental. De fato, o advento de novas máquinas, como o gravador, o sintetizador, o computador, levou muito adiante a penetração já iniciada

---

140 *In Modèles mathématiques de la morphogenèse*. Paris: C. Bourgois, cf. Santaella, *ibidem*, p. 116.

pela música pós-tonal, para a produção musical, tornando a onipresença da sintaxe sonora ainda mais flagrante.

Sob esse aspecto, surge uma analogia também curiosa. O progresso em vários campos do conhecimento foi relacionando-se com a busca das unidades básicas nesses campos. Pense-se no Direito! Uma vez que, no século XX, essas unidades foram se tornando cada vez menores, veja-se por exemplo, a Física, a Química e a Biologia, a natureza em si de tais pequenas unidades foi ficando cada vez mais irrelevante, ao mesmo tempo que seus modos de combinação foram se tornando mais e mais importantes, o que explica por que aspectos sintáticos são cruciais na física das partilhas, na química orgânica e na biologia molecular (Marcus, iid.: 1356).

O mesmo se pode dizer com relação a uma percepção semiótica de certas unidades (certos princípios) que o Direito, enquanto linguagem, não pode desconhecer. Basta lembrar que, como a própria música, quando ela se libertou do suporte das escalas, das formas históricas, das tonalidades e assim por diante, a sintaxe emergiu com proeminência como o nó gordio da música contemporânea. É assim que, hoje, cada estudo de música eletroacústica é um laboratório de sintaxe e cada composição que é nele produzida, um tubo de ensaio sintático.

De acordo com a proposta aqui defendida, a "sintaxe" é o ponto forte da matriz sonora, aquilo que a funda como matriz do pensamento e da linguagem, da mesma maneira que a "forma" funda a matriz visual, e o "discurso", a matriz verbal. Isso não quer dizer que não exista forma ou discurso na matriz sonora; ou que não exista sintaxe na matriz visual e na matriz verbal. Significa, sim, que, embora haja forma e discurso na sonoridade, seu aspecto mais proeminente é o da *sintaxe*; do mesmo modo que a *forma* é o aspecto mais proeminente na visualidade e o *discurso*, o mais proeminente na linguagem verbal.

2.6 A matriz visual[141] da linguagem natural – o texto e sua forma

Em primeiro lugar, lembremos que existe uma distinção entre *campo visual* e *mundo visual*, para podermos perceber a amplidão e a complexidade dessa

141 "Se as portas da percepção fossem límpidas, tudo apareceria ao ser humano tal como é: infinito" (William Blake, citado por Santaella, *in Matrizes da linguagem e pensamento*, p. 185).

questão. Enquanto o campo visual (mais ou menos oval) tem bordas, no mundo visual, diferentemente, tudo é visivelmente contínuo, estendendo-se para trás de nossas cabeças e à frente de nossos olhos. Em segundo lugar, esse campo visual e esse mundo visual podem ser registrados na memória e como memória. Uma vez que estou tratando de matrizes da linguagem, as modalidades do visual dizem respeito às formas visuais estruturadas como linguagem, ou seja, às formas visuais representadas e produzidas pelo homem e, por isso mesmo, organizadas, matricialmente, como linguagem. É assim que o **homem, no decorrer de sua história cultural, foi elaborando, entre outras, uma imagem visual sobre o Direito e sua representação foi procurando evoluir através dos séculos.**

Recomenda-se a leitura dos importantes livros de Santaella, referidos na Bibliografia, para uma compreensão melhor do desenvolvimento histórico das principais teorias da representação, com ênfase na representação visual e imagética. É oportuno lembrar, ainda que seja apenas como uma rápida referência, a Escola de *Port Royal* (com um sistema de ensino peculiar no século XVII), para a qual o signo não representa uma coisa, mas a ideia de uma coisa, e assim representa a ligação de duas ideias – uma, da coisa que representa, outra da coisa representada. Lembre-se de que, em Kant, a noção de representação foi central (*Begriff* – conceito). O filósofo Locke, por sua vez, concebeu a representação como sinônimo de signo, o que foi, de certo modo, retomado por Peirce, no século XIX. Desde então, *representação* tem sido um conceito-chave da Semiótica, e a partir dos meados do século XX, passou também a ocupar o terreno da ciência cognitiva. No contexto da Semiótica, as palavras *representação, linguagem* e especialmente *signo* têm sido intercambiadas como equivalentes. Por outro lado, no contexto da ciência cognitiva, o papel central da representação, o papel explanatório das representações e o apelo à representação têm sido enfatizados, encontrando muitas vezes seu sinônimo na palavra *símbolo*[142]. Infelizmente, não existe consenso entre os cognitivistas sobre a definição, nem de representação nem de símbolo, resultando numa grande imprecisão conceitual – o que só deve aumentar o interesse das pesquisas, quanto a essas concepções-chave.

[142] Lembre-se da tríade de Peirce: ícone, índice e símbolo.

Por sua vez, o conceito de representação mental – é, também, Santaella quem nos explica[143] – é estudado pelos cognitivistas sob dois pontos de vista: a representação mental da informação verbal sob forma linguística e da informação visual sob forma imagética. Sobre esta última levantam-se muitas questões: Como o conhecimento visual é mentalmente representado? Também existem representações visuais do conhecimento linguístico? As imagens mentais são codificadas de maneira icônica ou são codificadas à maneira das linguagens abstratas, isto é, simbolicamente?

A oposição entre simbólico e imagético acabou por situar os estudiosos das representações mentais em dois grupos distintos. De um lado, estão os defensores dos modelos simbólicos e proposicionais da representação mental – para quem todo o pensamento é codificado de maneira simbólica. De outro lado, estão aqueles que defendem uma representação dualista. Para estes, paralelamente à representação simbólica, existe também a representação mental icônica[144]. Existe uma vasta e importante literatura sobre essa questão, cujas abordagens deixo de fazer porque outros pesquisadores (leia-se Santaella) já o fizeram de maneira brilhante, para não dizer decisiva. Lembre-se, porém, de que a Semiótica de Peirce[145] contém uma teoria da representação extensa, complexa e multifacetada que, além da representação, inclui a apresentação, a quase-representação, a presentificação, mas não a antirrepresentação, pois esta última não faria sentido para Peirce. Inclui, também, a distinção entre representação e referência, entre representação e interpretação. Além disso, embora ampla e complexa, a noção de representação é apenas uma parte de um conceito geral de mediação que, de acordo com Peirce, engloba a representação. Esta, por sua vez, engloba a representação visual e a imagem. Costuma-se dizer que, na Semiótica peirceana, representação é sinônimo de signo. Isto é menos do que meia verdade. A representação é uma face apenas da mediação, cuja outra face está na determinação.

Aqui, é bom frisar que a palavra signo pode ser tomada sob dois sentidos: um geral e um específico. No sentido geral, o signo é a forma mais

143 *In Matrizes da linguagem*, pp. 186-187.

144 Vide Santaella e Nöth, *Imagem*: cognição, semiótica, mídia, 1998, p. 32.

145 Cf. Santaella, *in Matrizes da linguagem*, p. 190-191.

simples da terceiridade, a terceira categoria fenomenológica de Peirce. Nesse caso, signo é sinônimo de mediação. Como mediação, o signo é uma relação triádica entre um primeiro (o signo), um segundo (o objeto do signo) e um terceiro (o interpretante do signo), que é coextensivamente, também, interpretante do objeto pela mediação do signo. Em síntese, a palavra *signo*, para Peirce, pode referir-se tanto à relação triádica (*signo-objeto-interpretante*), quanto ao primeiro membro dessa relação. Algumas vezes, Peirce utilizou o termo *representamen*, em vez de *signo*, para designar o primeiro membro dessa tríade.

O objeto é algo distinto do signo e isso explica por que o signo não pode substituir inteiramente o objeto; pode apenas estar no lugar do objeto, representá-lo e indicá-lo para a ideia ou interpretante que o signo produz ou modifica. Isso significa que a ação do signo só pode se completar quando o signo determinar um interpretante, ou, melhor, quando o signo for interpretado. O interpretante será, por sua vez, determinado pelo mesmo objeto que determina o signo. É por isso que Peirce afirmou que a ação do objeto sobre o interpretante é "determinação mediada" e que o interpretante, ele mesmo, uma "representação mediada" do objeto, ocupa, portanto, a posição lógica de um terceiro na relação triádica.

Quando se propõe que a linguagem sonora esteja na matriz da primeiridade, a visual na matriz da secundidade e a verbal escrita na matriz da terceiridade, não se pretende destacar cada linguagem, por sua vez, com exclusão das outras. Elas estão sincrônica e simultaneamente presentes em todos os fenômenos, de modo que quando o fenômeno apresenta-se em seu caráter de signo, os três níveis semióticos – *iconicidade*, *indexicalidade* e *simbolicidade* – estão indissoluvelmente conectados e intrincadamente unidos. Caracterizar um tipo de linguagem dentro de uma matriz significa, portanto, encontrar um princípio de dominância lógica, que marque prioritariamente esse tipo de linguagem. Significa buscar uma espécie de coluna dorsal, a partir da qual se possam examinar os graus de variação e os modos de articulação dos outros níveis sígnicos, em relação ao que é proeminente naquele tipo de linguagem. De acordo com essa postulação, preleciona Santaella[146], embora

[146] *In Matrizes da linguagem e pensamento*, p. 193.

a linguagem visual esteja dominantemente enraizada na segunda categoria e, portanto, nos caracteres do sin-signo indiial, dicente, isso não significa que essa linguagem não tenha possibilidade de atingir os níveis mais puros da iconicidade, de um lado, ou os níveis mais convencionais da simbolicidade, de outro. A rigor, a coexistência dos três níveis sígnicos em uma mesma linguagem, em nosso caso, a linguagem jurídica, não parece ser novidade, pois se trata de uma constante para todos aqueles que têm trabalhado com a Semiótica peirceana. O que deve parecer surpreendente e até causar espécie é a postulação de que o nível sin-sígnico, indicial e dicente, domine na linguagem visual.

2.6.1 *A forma como eixo da matriz visual*

A teoria da forma ou teoria da *Gestalt* – que, aliás, muito interessa ao pensamento semiótico jurídico – surgiu na Alemanha, nos princípios do século XX. Nesse período, o programa de uma psicologia dos conjuntos, das estruturas e das formas foi comum a uma série de Escolas como reação às insuficiências das teorias dos elementos que tinham prevalecido no século XIX. Embora a palavra *Gestalt*, em alemão, não signifique exatamente forma, mas mais propriamente estrutura ou organização, o termo *forma* acabou fixando-se como sua tradução em muitos países.

A teoria da forma é, ao mesmo tempo, uma filosofia e uma psicologia que introduziu as noções de forma ou de estrutura, tanto na interpretação do mundo físico, como na do mundo biológico e mental, estabelecendo a conexão de fatos que as concepções tradicionais viam de maneira separada, através de uma filosofia monista da natureza. Não havendo razão para procurar a origem das formas em pretensos elementos, os gestaltistas propuseram-se a tarefa de estabelecer, pela experimentação, as condições das formas e as leis de suas transformações.

Foi através de experimentos no domínio da percepção, hoje antológicos, que a teoria da forma trouxe suas maiores contribuições, expressas nas leis da forma, entre as quais se destacam: a proximidade e semelhança como princípios de participação das unidades; a lei da boa forma ditando que o argumento ou a disjunção de elementos processa-se no sentido da realização de formas privilegiadas, isto é, regulares, simples, simétricas; a lei do todo determinando as partes de um conjunto estruturado; a organização das formas determinando dois tipos fundamentais de unidades ou de totalidades, com propriedades funcionais distintas; a da figura, que possui forma, contorno, organização, e a do fundo, que é uma continuidade amorfa, indefinida, inorgânica; a organização interna da figura determinada pela função desempenhada pelas partes no todo; enfim, a lei geral que dita que uma parte num todo é algo diverso dessa parte isolada ou num outro todo.

O problema da percepção, portanto, consiste em determinar a constelação física de excitantes correspondentes a cada forma percebida, e as variações da primeira que modificam a estrutura da segunda. Cada forma é uma função de diversas variáveis e não mais uma soma de diversos elementos.

Com isso, as questões da organização perceptiva parecem claramente explicitadas.

Resta, no entanto, uma questão crucial: *como* e *onde* as formas são produzidas?

Segundo os téoricos da *Gestalt*, as formas ocorrem espontaneamente na percepção, através de uma organização sensorial relativamente espontânea.

A fórmula geral seria a seguinte: as excitações na retina são convertidas em formas por um processo de organização no cérebro e são as "leis gerais da forma" que explicam a forma-percepção.

Em uma explicação mais detalhada, o filósofo linguista Gibson[147] nos diz que os gestaltistas assumiram que

> o processo de organização ocorre no cérebro, presumivelmente no córtex, sendo concebido como um processo num campo, análogo ao campo visual dele mesmo, e sendo as partes do campo (o contorno da forma e seu fundo) unidas ou separadas por forças de atração similares a forças eletromagnéticas. Uma forma percebida nessa teoria é uma forma cerebral. As imagens retinianas produzem excitações isoladas. Apenas quando são projetadas no córtex é que o campo de forças começa a operar entre elas e, apenas então, elas se unem numa *gestalt*.

---

[147] *In The perception of the visual world*. Cambridge, Mass: *The Riverside Press*, 1950, p. 22-23, cf. Santaella, *Matrizes da linguagem e pensamento*, p. 202.

> As causas da organização sensorial devem ser buscadas naquilo que é, por vezes, chamado teoria de campo.

Tendo certos fenômenos de percepção e inteligência colocado em evidência surpreendente o caráter de organização autônoma das formas, os teóricos da *Gestalt* foram levados a considerar o campo da percepção como um caso especial da organização de um campo total, do qual fazem parte o "eu", a memória e a afetividade, com o que a percepção passou a se inserir no problema da ação e da adaptação recíproca do indivíduo e do mundo. Mas os gestaltistas não pararam aí. Generalizaram as formas privilegiadas da percepção através da analogia (ou isomorfia) dessas formas com as formas privilegiadas do mundo físico.

Os seres vivos seriam assim uma parte do mundo físico, ou, melhor, os seres e suas funções estariam submetidos a leis dinâmicas muito gerais, as dos todos organizados, que não são nem especificamente físicas, nem especificamente psicológicas, mas comuns à Física e à Psicologia. Nesse sentido amplo, a organização de uma forma individualizada na percepção não é exclusiva do psiquismo, mas aparece com as mesmas leis gerais, nos domínios fisiológico (organização sensorial espontânea) e físico. Se as leis da forma são rígidas, as formas realizadas sob o governo dessas leis dependem das condições do campo. A boa forma ou forma privilegiada só se realiza sob certas condições do campo, do mesmo modo que uma gota d'água só é esférica num campo homogêneo, e toma formas diferentes em contato com um corpo sólido, em queda livre etc.; a ideia de campo total deixa lugar a uma infinita variedade de transformações.

Não foi casual a enorme repercussão das teorias da *Gestalt*. Esses estudiosos legaram-nos, de fato, um manancial de ideias e sugestões. Para nossos objetivos, aquilo que a teoria gestáltica traz de mais importante está no papel fundamental ocupado pelas formas visuais nesta teoria e nas consequentes condições objetivas e definições precisas dos caracteres distintivos dessas formas, tais como espacialidade, direções privilegiadas no espaço, delimitação, propriedades funcionais de figura e fundo, função e articulação interior dos elementos da figura e assim por diante, enfim, todo um conjunto de elementos que só vem corroborar a pertinência da hipótese de que não poderia haver um eixo mais apropriado para a visualidade do que o eixo da forma, chamando atenção para a grande imprecisão nos empregos da palavra *forma*. Molde, estrutura, padrão, ordem, arranjo, configuração, plano, esboço, contorno são termos similares sem significados distintos. Essa terminologia indefinida é uma fonte de confusão e obscuridade para filósofos, artistas, críticos, escritores e, evidentemente, para nós, operadores do Direito.

Uma vez que o tipo de relação que o signo mantém com seu objeto vai determinar sua natureza de signo e, como tal, o efeito que esse signo está apto a produzir numa mente potencial ou efetiva, considero que o exame do tipo de representação que o signo estabelece com aquilo que ele representa é a base fundamental para se considerar o nível ou grau de interpretabilidade do signo, isto é, seu potencial interpretativo – o que se reveste de suma importância para a linguagem do Direito.

Dado o nível de abstração que se pode estabelecer, ela pode recobrir toda e qualquer representação visual.

Embora as formas de representação artísticas (desenho, pintura, gravura, mapas, gráficos, emblemas, siglas, código alfabético, notação musical, ideogramas, fotografia, halografia, cerâmica, escultura, máscaras e assim por diante) constituam o campo privilegiado, nada impede que outros signos tridimensionais (exemplo: o Direito e sua linguagem) assumam as modalidades de formas visuais (fato x valor x norma).

Por exemplo (para "pular" rapidamente para o campo jurídico), uma representação mental, em sede de Direito Constitucional Ambiental, seria a de cooperação entre o Poder Público e a coletividade, em prol da proteção do meio ambiente, conforme previu o legislador constituinte, em 1988 (art. 225 da Constituição Federal). Na presente conjuntura, trata-se de uma representação difícil de ser matriciada visualmente, dada a falta de vivência da população, de um modo geral, em termos de responsabilidade compartilhada. Dessa maneira, coloco para reflexão do leitor a relação do signo, em sua matriz verbal (exemplo: art. 225 da Constituição Federal de 1988, sobre a *proteção do meio ambiente*), com o objeto, ou, melhor, a relação do signo com o objeto dinâmico (o objeto em si, ou seja, a *cooperação entre Poder Público e coletividade,* prevista no mesmo artigo) e com o objeto imediato (o objeto tal como representado no signo, ou seja, a *regra específica que sugere a experiência de tal cooperação*).

O Direito Constitucional Ambiental, por exemplo, reveste-se, em grande parte, da característica de uma legislação simbólica (conforme expressão de Marcelo Neves, em sua obra *A constitucionalização simbólica*), dada a não--representação (matriz visual) da responsabilidade compartilhada, em termos de proteção do meio ambiente. O objeto dinâmico é o desejo do legislador de que *todos* cooperem: recorte específico, modo através do qual um objeto dinâmico, fora do signo, é referido, denotado. Um objeto imediato, isto é, interno ao signo, isto é, a maneira como está expresso no artigo da Constituição Federal. Para emitir textos desse tipo, o pressuposto é o ouvinte estar familiarizado. Infelizmente, existe um perfil generalizado – de não diálogo e não referência a argumentos científicos, no processo de formulação e definição em várias áreas das políticas públicas brasileiras.

Enquanto na linguagem sonora, matriz da primeiridade, a ênfase recai na sintaxe e, consequentemente, na relação do signo consigo mesmo, na linguagem visual, matriz da secundidade, surgem duas faces: de um lado, a forma que diz respeito ao signo visual em si mesmo, aos caracteres internos, e, de outro lado, a representação que se reporta àquilo que a forma é capaz de representar. Ou seja, aqui já existe a referencialidade, a indicialidade. A classificação das formas, como se poderia pensar, não se atém apenas às formas de representação artística. **Existem fenômenos tridimensionais, como o Direito, captado, como explicarei a seguir, pela matriz visual da linguagem (fato X valor x norma) que embora não possam ser manipulados e usados, como outras formas visuais, não deixam de ser um signo (ou um sistema de significação) que pode ser interpretado através de manipulações psicofísicas.** Em termos semióticos, significa que está sendo levada em consideração a relação do signo com o objeto, ou, melhor, a relação do signo com o objeto dinâmico (objeto em si) e com o objeto imediato (objeto tal como representado no signo). Insistindo: enquanto na linguagem sonora, matriz da primeiridade, a ênfase recai na sintaxe, e consequentemente na relação do signo consigo mesmo, na linguagem visual, matriz da secundidade, surgem duas faces: de um lado, a forma que diz respeito ao signo visual em si mesmo aos seus caracteres internos; e, de outro lado, a representação que se reporta àquilo que a forma é capaz de representar.

Uma vez que o tipo de relação que o signo mantém com seu objeto vai determinar sua natureza de signo e, como tal, o efeito que esse signo está apto a produzir numa mente potencial ou efetiva significa que o exame do tipo de representação que o signo estabelece com aquilo que ele representa é a base fundamental para se considerar o nível ou grau de interpretabilidade do signo, isto é, seu potencial interpretativo.

Através de um estudo semiótico mais aprofundado – que, sugiro aos leitores, a ser proposto aos estudiosos e pesquisadores – sobre as formas não-representativas (a questão das marcas do gesto, das regularidades); sobre as formas figurativas (a conexão dinâmica e a codificação); e as formas representativas (o sistema) poderiam nos conduzir a **uma imagem, *menos* imperfeita, do Direito e de sua linguagem.**

Essas constatações parecem corroborar o fato de que essa divisão triádica deve ter *alguma* validade e consistência! De outro lado, parecem também servir como uma confirmação a mais de que as categorias de Peirce têm um caráter universal e contínuo, tal como ele as postulou.

2.7 A matriz verbal[148] da linguagem natural – o texto e seu fim

Quanto à matriz verbal, as dúvidas que pairam não se referem a seu estatuto, mas sim ao fato de ser a matriz que mais permite hibridismos. O traço mais característico do signo linguístico está em sua arbitrariedade e em sua convencionalidade. É o conceito que Peirce deixou-nos sobre legi-signo simbólico, argumental que pode nos levar até o cerne dessa questão, permitindo-nos radiografar suas complexidades. É assim que a palavra *símbolo*[149] só em Peirce encontra uma definição técnica e precisa. **Interessante notar que, para Peirce, legi-signo é uma lei que é um signo!**

Antes de tudo, é preciso considerar que a noção peirceana de lei é muito original. Lei não se confunde com necessidade, nem estritamente com

---

148 "Aqui estão as palavras; a elas faltam as gradações da experiência" (Bernard Nöel), citado por Santaella, *in Matrizes da linguagem*, p. 261.

149 Lembre-se o leitor da tríade peirceana: ícone x índice x símbolo.

norma, pois é apenas uma tradução convencional da lei. **Para Peirce, a lei é uma força viva, uma "força condicional permanente" (*CP* 3.435), quer dizer, é uma "regularidade no futuro indefinido" (*CP* 2.293)[150]. Sem o governo da lei, fatos e ações são brutos e cegos.**

Conformando-se até certo ponto à força viva da lei, os fatos acomodam-se dentro de uma regularidade, de certo modo, previsível. A lei funciona, portanto, como uma força que será atualizada, dadas certas condições. Por isso mesmo, a lei não tem a rigidez de uma *necessidade*, podendo ela mesma evoluir, transformar-se. Contudo, em si mesma, a lei é uma abstração. Ela não tem existência concreta, a não ser através dos casos que governa, casos que nunca poderão exaurir todo o potencial de uma lei como força viva.

Logo, a lei que governa os fatos é geral, enquanto os fatos são particulares, mas, ao mesmo tempo, a lei empresta-lhes certa generalidade que se expressa através da regularidade.

Tendo em vista que "o legi-signo é um signo considerado no que diz respeito a um poder que lhe é próprio de agir semioticamente, ou, melhor, de gerar signos interpretantes" (Ransdell 1983: 54)[151], a lei de representação já está contida no signo em si, de modo que ele está fadado a produzir um signo interpretante ou uma série de signos interpretantes tão gerais quanto ele próprio, através dos quais seu caráter de signo se realiza. É a lei que fará o signo ser interpretado como sendo um signo, pois o legi-signo funciona como uma regra que irá determinar seu interpretante, uma regra que fará com que ele seja interpretado como se referindo a um dado objeto. A linguagem verbal é o exemplo mais evidente de legi-signo ou sistema de legi-signo. Por pertencerem ao sistema de uma língua, as palavras são interpretadas como representando aquilo que representam por força das leis desses sistemas. Como quaisquer outros exemplares de legi-signo, no seu estatuto de leis, as palavras só tomam parte na experiência ou tem existência concreta por meio de suas manifestações. Peirce chama de "réplicas" essas instâncias de manifestação. Trata-se de sin-signos de tipo especial. São sin-signos

---

[150] Cf. Santaella, *in Matrizes da linguagem*, p. 262.

[151] *In Peircean semiotics.* Trabalho em progresso, cf. Santalella, *ibidem,* p. 262.

porque são existentes individuais que ocorrem em um tempo e espaço determinados, mas são réplicas porque atualizam, corporificam legi-signos. O legi-signo é uma classe das réplicas de palavras, mas nenhuma coleção finita de réplicas poderá exaurir a classe. Mesmo assim, a existência do legi-signo está nos enunciados e inscrições individuais de suas réplicas. O que vale para as palavras vale do mesmo modo para as expressões linguísticas e para os padrões de frases que também constituem-se em tipos gerais abstratos. Portanto, o tipo geral é a lei que fará as réplicas conformarem-se a ela.

Por mais variações qualitativas que possam existir nas manifestações concretas, nas réplicas orais ou escritas de uma palavra ou de um padrão frasal, elas sempre se conformarão a uma importância que é a da palavra ou do padrão como lei. Por isso mesmo, a essência de um legi-signo é formal e não material. A materialidade lhe é emprestada pelos sin-signos aos quais se corporifica, ao mesmo tempo que, como lei, empresta a eles generalidade. Dessas características do legi-signo decorre a natureza do símbolo.

O significado que Peirce deu ao termo *símbolo* o de "um signo convencional que depende de um hábito nato ou adquirido" (*CP*, 2.297)[152], não tem nada de novo, pois corresponde a um retorno a seu significado original. Em grego, significava celebração de um contrato ou convenção. Em Aristóteles, um nome é símbolo, signo convencional. Os gregos também consideravam como símbolos "uma fogueira como sinal combinado, um estandarte ou insígnia, uma senha, um emblema, um credo religioso quando serve como distintivo ou traço característico; eram ainda símbolos uma entrada de teatro ou qualquer bilhete ou documento que dá a alguém o direito de receber alguma coisa"[153].

Dessa forma, símbolos são signos que funcionam como tal "não em virtude de um caráter que lhes pertence como coisas, nem em virtude de uma conexão real com seus objetos, mas simplesmente em virtude de serem representados como sendo signos" (*CP*, 8.119)[154]. Diferentemente tanto do ícone, que tem sua relação com um possível objeto fundada em uma mera

---

[152] Cf. Santaella, *in Matrizes da linguagem e pensamento,* p. 263.

[153] Cf. Santaella e Nöth, *in Imagem*: *cognição, semiótica, mídia*, p. 63.

[154] Cf. Santaella, *in Matrizes da linguagem e pensamento,* p. 263.

semelhança, quanto do índice, cuja relação com o objeto é uma relação de fato, existencial, o fundamento da relação do símbolo com o objeto que ele representa depende de um caráter imputado, arbitrário, não motivado. Assim, o símbolo é um signo que se conecta "com seu objeto por meio de uma convenção de que ele será assim entendido, ou ainda por meio de um instinto ou ato intelectual que o torna como representando seu objeto, sem que qualquer ação necessariamente ocorra para estabelecer uma conexão factual entre signo e objeto" (*CP,* 2.308)[155]. O símbolo em si mesmo, em sua natureza de legi-signo, é um tipo geral, abstrato. Não menos abstrato do que o símbolo é seu objeto.

Um último ponto para o qual gostaria de chamar atenção, seria para a plasticidade do símbolo[156]. É assim que, no caso da linguagem jurídica, essa mesma plasticidade, característica de sua matriz verbal (*terceiridade*) é que irá permitir a projeção dos chamados modelos jurídicos e a evolução da experiência jurídica na era da Cibernética e na linguagem digital. Essa projeção e essa evolução ocorrem em cima de textos.

2.8 A coerência do texto

Distintas e múltiplas teorias semióticas ou textuais concordam em apontar a *coerência,* esta sim, como um elemento constitutivo da definição de *texto*. **Um primeiro problema no momento de investigar a coerência de um texto surge do próprio conceito, que é transdisciplinar, polissêmico e dificilmente definível.**

Para o linguista dinamarquês Hjelmslev, por exemplo, a coerência – assimilável à consistência – é um dos (três) critérios fundamentais da cientificidade de uma teoria. Com um dos significados que o termo *coerência* possui em linguagem ordinária, quer-se caracterizar um sistema de pensamento, uma teoria, um texto, cujas partes ligam-se solidariamente entre si. Se se levar em conta essas acepções, a coerência subentende elementos de conexão, de entrelaçamento entre as partes.

155 Cf. Santaella, *ibidem.*

156 Recomenda-se a leitura de Santaella, *Matrizes da linguagem e pensamento,* p. 266-276.

Consequentemente, se não se vinculam solidariamente, se não se conectam os distintos elementos que conformam um sintagma[157], uma frase, o resultado seria, segundo a gramática gerativa, uma construção inaceitável, agramatical.

Em certo sentido, essa agramaticalidade poderia ser incluída na categoria do não-coerente. Não é, todavia, esse aspecto que interessa aqui; nem considero que a coerência corresponda a uma "ausência de contradições". Na prática, textos aparentemente contraditórios podem apresentar-se textualmente coerentes; e textos aparentemente incoerentes no nível de manifestação podem não o ser em outros níveis. De fato, seja nos atores sociais, seja nos interlocutores de uma conversação, seja no leitor de um texto, dá-se uma *competência* textual que os faz capazes de perceberem como sendo coerente um texto que poderia, em princípio, não o ser.

Tal tipo de competência textual foi levado em consideração por Halliday & Hasan (1976, com estudos sobre mecanismos ou articuladores coesivos[158]). Esses autores argumentam que, "se um leitor (de Inglês) ouve ou lê uma passagem que comporte mais de uma frase, pode decidir normalmente sem dificuldade se se trata de um todo coerente[159] ou somente um conjunto de frases sem relação umas com as outras".

Uma primeira consequência que se pode inferir da existência de uma competência textual é a capacidade de captar (ou atribuir) a coerência dos textos independentemente de sua forma linguística.

---

157 Sintagma: certo modelo de relações entre unidades, cf Jean Marie Klinkenberg, ***in Précis de sémiotique générale***, p. 144.
Exemplos de sintagmas atualizados nos enunciados: a sequência dos signos num código secreto; a ordenação de pratos numa refeição; a sequência de barras, de pontos e de silêncios no código morse; a ordem de apresentação das formas geométricas, no quadro de um determinado artista; nesse mesmo quadro, a relação entre um pássaro e o céu; a sucessão das colunas nas catedrais góticas; a sequência/grito identificando a natureza do movimento a ser executado/grito dando ordem de execução de um movimento; exemplo: Esquerda, volver!, nos comandos militares; a sequência dos direitos fundamentais, na Constituição Federal brasileira.

158 ***In Cohésion in English***. Londres, Longman: cf. Lozano, ***ibidem***, p. 7.

159 É precisamente o "todo coerente" que esses e outros autores consideram texto. Como eles mesmos afirmam, a palavra ***texto*** é utilizada em Linguística para designar toda passagem, escrita ou falada, de qualquer amplitude, que forma um todo coerente.

Vista dessa maneira, a competência textual pode ser concebida como uma espécie de mecanismo de geração de coerência, lá onde aparentemente ela não existe. Dentro dessas considerações, podem-se incluir as máximas que o sociólogo Sacks (1972[160]) propunha aos ouvintes para interpretar orações, que podiam ser coerentes ou não-coerentes.

A competência há de ser não frástica, mas textual: não é a capacidade de produzir e de reconhecer como gramaticais, aceitáveis e assim por diante enunciados como entidades sintáticas constituídas por elementos cujos vínculos recíprocos sejam definíveis somente em termos de relações sintáticas, **mas sim como fragmentos interconectados de um discurso coerente** (Garveli Mortara, 1974:23[161], linguista italiana).

O conceito de competência textual pode ser enriquecido com aquele de competência intertextual[162]. Com esse conceito deseja-se apontar que todo leitor, ao ler ou ouvir um texto, leva sempre em conta a experiência que, como leitor, tem de outros textos, o que supõe, segundo Eco, um tipo de *hipercodificação* (Eco, 1979:81[163]). Como exemplo, uso o proposto por Eco do lexema/baleia/inserido em um texto. Ao confrontar-se com tal lexema, o leitor, além de contar com o *dicionário,* que lhe proporcionará distintos significados e acepções (/mamífero/,/cetáceo/,por exemplo), recorrerá a (e aplicará) seus conhecimentos da leitura de *Moby Dick*, a memória de fragmentos da Bíblia, em que aparece Jonas, e que configuram a *Enciclopédia* – termo cunhado pelo italiano Umberto Eco (1979[164]), escritor, filósofo, semiólogo, linguista de fama internacional.

Deve-se apontar, entretanto, que a competência intertextual permite mais marcar os textos, definir os marcos dentro dos quais se pode observar ou atribuir coerência, do que detectar e estabelecer a coerência textual. Existem elementos de coesão e coerência, distinguindo e relacionando os

---

[160] *In On the analyzability of stories by directions in sociolinguistics*. Nova York: Holt, Rinehart and Winston., cf. Lozano, *ibidem*, p.8.

[161] *In aspetti e problemi della linguistica testuale*. Turim: Giappichelli, cf. Lozano, *ibidem*, p. 8.

[162] Derivado de *intertexto,* conceito de Bakhtin, desenvolvido por Kristeva (*Shmeivtich recherches pour une sémanalyse*. Paris: Seuil, 1970); e mais recentemente por Eco (1979) no sentido aludido, cf. Lozano, *ibidem*, p. 9.

[163] Cf. Lozano*, ibidem*, p. 9.

[164] Cf. Lozano, *ibidem*.

níveis (lexicais) de superfície e os que se situam na estrutura profunda, que darão fundamento a uma diferenciação (e interdependência) entre uma coerência linear (dentro da mesma matriz de linguagem) e uma coerência global (entre matrizes da linguagem). É assim que se fala em "coerência pragmática" (que se relaciona à matriz sonora da linguagem) e "coerência intertextual" (relacionada a mais de uma matriz da linguagem).

Para alguns autores, como Bellert[165], a coerência textual não é conferida somente pelo que se diz explicitamente no texto, mas também por tudo aquilo que nele permanece implícito (por exemplo, pelo conjunto de pressuposições de cada enunciação singular e pelo conjunto das conclusões que de cada enunciação singular são inferíveis).

Esses autores falam em coerência léxico-gramatical, como em coerência global (ou integral) do texto. Eles também divergem quanto à ótica daquilo que seja estrutura profunda ou estrutura superficial. Greimas, Van Dijk, Bellert e outros estão entre aqueles que consideram a estrutura profunda[166] como uma estrutura lógico-semântica, enquanto outros a consideram como conjunto ordenado de complexos temáticos (Schmidt)[167].

Acredito que as divergências entre os autores, seja quanto à coerência global, seja quanto à coerência macroestrutural e microestrutural[168] – um dos problemas fundamentais da linguística do texto – ficariam esclarecidas ante a consideração das três matrizes da linguagem natural. Em todo o caso, quando se considera o texto, há que se fazer notar a inter-relação e interdependência entre as três matrizes e que tal relação realiza-se por intermédio de algumas regras necessárias[169].

---

165 *In On a condition of the coherence of texts*. Semiotica, 2, Cf. Lozano, *ibidem*, p. 11.

166 Cf. Lozano, *ibidem,* p. 12.

167 Cf. Lozano, *ibidem*, p. 12.

168 A microestrutura é a estrutura superficial do texto em que se distinguem dois níveis: a estrutura profunda e a estrutura superficial das frases ordenadas em sequências. Pode ser descrita com os componentes ordinários de uma gramática transformacional de base semântica, na qual o componente semântico gera as representações (semânticas) abstratas das sequências das frases e o componente sintático formula as regras para descrever as estruturas superficiais sintáticas, enquanto os componentes morfológicos e fonológicos dão a forma superficial às estruturas semântico-sintáticas (cf. Lozano, *ibidem*, p. 13, em nota de rodapé.)

169 Tais regras são denominadas por Van Dijk *macrorregras* (*Texto y contexto*. Madri: Cátedra, 1980a; *Estructuras y funciones del discurso*. Madri: Alianza, 1981b) porque produzem

Van Dijk considera que as macro-estruturas semânticas (que constituem a estrutura semântica do texto) são a reconstrução teórica de noções como *tópico*,[170] *tema* ou *assunto* do discurso. Como assinalam García Berrio, espanhol e Petöfi, húngaro (1978)[171], em sua base a macroestrutura concebe-se como o desenvolvimento (transformativo, hierarquizado e coerente) do tópico do discurso. Tal tópico seria constituído de maneira que contivesse em si toda a informação essencial do texto desenvolvido.

O tópico textual, que está estritamente conectado com o percurso gerativo da "interpretação" que o leitor ou ouvinte está induzido a fazer do texto, representa por assim dizer "uma operação de tipo pragmático que o leitor (ou ouvinte) realiza sobre o texto, estabelecendo por sua vez o 'argumento' do que se fala" (Patrizia Violi e Manetti, 1979:39, semioticistas contemporâneos)[172].

Pode concluir-se que, embora o tópico seja uma estrutura mínima de representação **sintático-semântica** (Petöfi & García Berrio, 1978)[173], também se pode enfocar a operação **pragmática**, ora aludida, por meio da qual o leitor (ou ouvinte) reconstrói este tópico.

Alguns autores preferem citar outros tantos padrões de textualidade, além da coerência, padrões estes baseados em critérios de coesão, intencionalidade, aceitabilidade, situacionalidade, intertextualidade e informatividade.

---

macroestruturas. Este autor distingue três macrorregras, cuja função é transformar a informação semântica. São as seguintes: supressão (dada uma sequência de proposições, suprimem-se todas as que não sejam pressuposições das proposições subsequentes da sequência; generalização (dada uma sequência de proposições, constrói-se uma proposição que contenha um conceito derivado da sequência de proposições, e a proposição assim construída substitui a sequência original; construção (dada uma sequência de proposições, constrói-se uma proposição que denote o mesmo fato denotado pela totalidade da sequência de proposições e substitui-se a sequência original pela nova proposição). Van Dijk (1980b:56) assinala que esses princípios gerais são pertinentes para o ***processamento de informação semântica*** complexa em geral; a macroestrutura assim concebida cumpre uma função muito importante na compreensão e em geral no tratamento cognitivo dos discursos. Suas análises apoiam-se na psicologia cognitiva.

170 *Tópico* (vs. ***comento***) que, na terminologia do Círculo de Praga, denominava-se ***tema*** (vs. ***rema***) pode-se definir em termos muito gerais como "aquilo do que se diz algo" (em oposição a "o que se diz da pessoa ou coisa"): Cf. Lozano, ***ibidem***, em nota de rodapé, p. 15.

171 *In Fundamentos de teoría linguística*. Madri: Alberto Corazón, cf. Lozano, ***ibidem***, p.15.

172 *In L'analisi del discorso*, Espresso Strumenti, cf. Lozano, ***ibidem***, p.15.

173 *In ibidem*, cf. Lozano, ***ibidem***, p. 15.

Muitos desafios em curso para os operadores da era digital!

2.8.1 *Coerência global: a pragmática*

Embora alguns autores, como o já citado Van Dijk, defendam que a macro-estutura seja uma estrutura semântica, por outro lado reconhecem que a coerência global, chamada por ele de coerência pragmática, é atribuída pelo **leitor**. Nesse sentido, a coerência pertenceria à compreensão e à interpretação que o leitor faz do texto.

Assim, a interpretação do texto por parte do leitor está sujeita não apenas à *recuperação* da informação semântica que o texto possui (a partir de sua matriz visual e sonora), mas também à *introdução* de todos aqueles "elementos" de leitura que o sujeito pode possuir, incluídos dentro do que se tem chamado de competência textual: desde o suposto sociocultural e "ideológico", os sistemas de crenças, as estruturas passionais, até o que Eco (1975)[174] chamou de *subcódigos*, em um extenso "etcetera". Pode-se dizer igualmente que o leitor não apenas realiza uma operação de tradução (Eco, Lotman), mas que, situando-se em um nível metacomunicativo (em meu entender: abrangente de todas as matrizes), estabelece também diversos tipos de *frame* (marco)[175]. Para Eco (1979:80[176]), um marco (tendo em vista que ele engloba todos os elementos e possibilidades internos) é sempre um texto virtual ou uma história condensada.

E, embora seja certo que todo texto possui seu próprio marco, em função do qual se lhe atribuirá significado e coerência, também é certo que o leitor, no nível que o americano Bateson (biólogo e antropólogo de formação, grande pensador sistêmico e epistemólogo da comunicação, além de

---

[174] *In ibidem*, cf. Lozano, *ibidem*, p. 16.

[175] Para o conceito de marco, leia-se Bateson (*Steps to an ecology of mind*. Nova York: Chaudler, 1972); Goffman (*Frame analysis*. Nova York: Harper and Row, 1972); Minsky (*A framework for representing knowledge*, in Winston, P. H. (org.), *The psychology of computer vision*. Nova York: McGraw-Hill, 1974); Van Djik (*Texto y contexto*. Madri: Cátedra, 1980a:-157; e *Macro-structures and cognition*, mimeo, 1976a:-31); Eco (*Lector in fabula*. Milão: Bompiani, 1979:80) cf: Lozano, *ibidem*, p. 16-17.

[176] Cf. Lozano, *ibidem*, p. 17.

pesquisador da psiquiatria, psicologia, sociologia, linguística, ecologia e cibernética) **chama de metacomunicativo, pode mudar de marco, ou, dito de outra forma, pode designar, em seu processo de leitura, um marco diferente do que, por suas características textuais internas, um texto, em princípio, possui**. Essa operação de mudança de marco, de leituras "aberrantes" (ou leituras que se desviam das normas e padrões) remete-nos uma vez mais ao **leitor** – figura que tem sido progressivamente ressaltada em vasta literatura sobre pragmática textual[177].

Entre as diversas concepções sobre esse tema, destaca-se a de Eco. Segundo ele, para que o texto funcione com seu rendimento máximo é essencial a cooperação do leitor (que ele chama de ***Leitor-Modelo***) que cobrirá os interstícios e espaços vazios que o texto ("preguiçoso") possui. Sem tal cooperação, o texto seria um mero sussurro ou sopro de voz. Oxalá este não o seja! Ao contrário do que poderia parecer, tal cooperação entre o texto e o *leitor* não é realizada, segundo Eco, por sujeitos individuais, mas sim **por estratégias discursivas, com as quais o autor pretende salvar a distância entre o leitor extratextual e as operações de leitura que aparecem inscritas no texto.** Não partilho do ponto de vista daqueles autores que, pelo fato da multiplicidade de leituras possíveis, invalidam qualquer intento de uma leitura compreensiva, a partir do próprio texto.

E, embora seja certo que – como têm assinalado o italiano Eco e o russo Lotman (eminente acadêmico semioticista e historiador cultural) – o texto deforma-se no processo de decodificação realizado pelo destinatário, também é certo que todo texto contém o que Lotman (1980:191[178]) chama de "imagem do público". **O texto,** conforme Eco[179], **seleciona seu público.** Embora as observações de Lotman refiram-se, fundamentalmente, ao texto artístico, as mesmas podem ser aproximadas, por seus pontos de coincidência, para as teorias da linguística textual[180], que destacam o aspecto *instrumental*

---

177 Entre as diversas teorias, menciona-se como exemplo a chamada Estética da Recepção alemã, ou a proposta de cooperação interpretativa de Eco (*in Lector in fabula*. Milão: Bompinai), cf. Lozano, *ibidem*, em nota de rodapé, p. 18.

178 *In Testo e Contesto. Semiotica dell'Arte e della Cultura*. Roma: Laterza, cf. Lozano, *ibidem*, p. 19.

179 *In Lector in fabula*, 1979. Milão: Bompiani, cf. Lozano, *ibidem*, p. 19.

180 Ver, por exemplo, Weinrich, *Lenguaje en textos*, Madri: Gredos,1981, cf. Lozano, *ibidem*, p. 19.

do texto: o texto dá *instruções* ao destinatário para que se comporte de tal modo que ele possa ser compreendido e a interação possa seguir seu curso (o texto como que modifica *modalmente* o destinatário, afetando sua competência modal).

Essas considerações inscrevem-se numa proposta geral de ver os sujeitos do texto (o leitor entre eles) como personagens textuais.

Embora o pesquisador empreste, ou não, coerência ao texto, em meu entender, na própria estrutura textual está prevista uma coerência intratextual.

2.8.2 *Coerência interna: a isotopia*

Com o conceito de isotopia[181] – conceito este proveniente da Física e da Química –, o famoso semioticista Greimas (linguista lituano de origem russa) aborda o problema intratextual – da coerência nos textos. Embora ao longo de sua obra tenha proporcionado distintas definições de isotopia: "permanência de uma base classemática" (1966[182]), "conjunto redundante de categorias semânticas" (1973)[183], Greimas assinalou que o conceito de coerência, quando se trata de aplicá-lo ao discurso, "parece à primeira vista poder ser relacionado com aquele mais geral de *isotopia*, compreendida como a permanência recorrente ao longo do discurso de um mesmo feixe de categorias justificativas de uma organização paradigmática" (Greimas, 1976:20[184]). Em princípio, tanto o conceito de isotopia em Greimas como outras definições de coerência e coesão baseiam-se na existência de redundância, reiteração ou repetição de elementos similares ou compatíveis. Por isso, pode considerar-se a isotopia como resultante da repetição de elementos de significação de igual categoria (Anne Hénault, 1979:80[185]), que deslizam nas chamadas fronteiras do conhecimento para buscar os avanços prometidos no domínio da ciência!

---

[181] Isotopia: é a reiteração de quaisquer unidades semânticas (repetição de temas ou recorrência de figuras) no discurso, o que assegura sua linha sintagmática e sua coerência semântica, cf. Diana Luz Pessoa de Queiroz, *in Teoria semiótica do texto*, p. 87.

[182] *In Sémantique structurale*. Paris: Larousse, 1966, cf. Lozano, *ibidem*, p. 20.

[183] *In Semántica estructural*. Madri: Gredos, 1973, cf. Lozano, *ibidem*, p. 20.

[184] *In Maupassant: la sémiotique du texte: exercices pratiques.* Paris: Seuil, cf. Lozano, *ibidem,* p. 20.

[185] *In Les enjeux de la sémiotique*. Paris: PUF, cf. Lozano, *ibidem*, p. 20.

Weinrich, escritor, filólogo e filósofo alemão (1981:13[186]), por seu turno, quis ver o conceito de isotopia como uma textualização do conceito de campo de palavras, usado há muito tempo em linguística[187]. De toda maneira, com semelhante conceito, Greimas quis designar a *iteratividade*[188] ao longo de uma cadeia sintagmática de unidades de conteúdo que asseguram a homogeneidade do discurso. Assim concebida, a isotopia equivale a um plano homogêneo de significação, no qual a recorrência sêmica (visto que a isotopia é um feixe redundante de categorias sêmicas) assinala a existência de uma coerência semântica e textual.

Poder-se-ia dizer, com outras palavras, que a isotopia é uma propriedade semântica do texto que permite destacar os planos homogêneos de significação e que se apoia sobre a redundância e a reiteração em vários segmentos textuais de alguns elementos semânticos idênticos: estes últimos constituem uma base sobre a qual se inserem as significações particulares de cada segmento do texto, sem que sua especificidade comporte nem dispersão nem inconciliabilidade dos diversos sentidos. Contudo, observe-se que me refiro à isotopia semântica, que é aquela que permite estudar as redundâncias formais de conteúdo e que nos possibilita, por generalização, falar da isotopia como propriedade semântica do texto.

Esta explicação é importante, pois o semioticista francês Rastier (1976[189]), por exemplo, não limita a isotopia apenas ao plano do *conteúdo*, mas também a estende ao plano da *expressão*[190], o que leva a ampliar o conceito, já vago, de isotopia a "toda iteração de unidade linguística" – o que poderá, eventualmente, levar a mais confusão. Por isso, limitar-me-ei a

---

[186] *In ibidem*, cf. Lozano, p. 20.

[187] Desse modo seria possível ler tanto ***Educação sentimental***, como o ***Evangelho*** segundo São Marcos, como texto político: o mecanismo consistirá em fazer neles um inventário de sememas que pertençam a um campo identificado (ideológica ou cientificamente) como político, cf. Lozano, ***ibidem***, p. 20, em nota de rodapé.

[188] Definida como reprodução sobre o eixo sintagmático de unidades idênticas ou comparáveis, situadas sobre o mesmo nível de análise cf. Lozano, ***ibidem***, em nota de rodapé, p. 20.

[189] *In* Sistemática de las Isotopías, *in* A-J. Greimas (org.), ***Ensayos de semiótica poética***, Barcelona: Planeta, cf. Lozano, ***ibidem,*** p. 21.

[190] No qual a unidade mínima já não é o ***sema***, mas sim o ***fema***.

destacar a isotopia semântica – da isotopia semiológica[191], entre outras – para abordar a questão da coerência (intra)textual.

Concordo que o conceito de isotopia conduz à vaporosidade e à imprecisão[192], mas isso não é motivo para o abandonarmos e, sim, o oposto. A esse respeito, cabe assinalar a crítica implacável do linguista espanhol Sánchez de Zavala, que, sem negar-lhe um papel heurístico útil, afirmou que a isotopia "é de uma amplitude que beira o nebuloso". Essa mesma imprecisão do conceito levou Eco[193] a considerá-lo um conceito "guarda-chuva", que cobre definições e níveis distintos. Apesar de toda essa polêmica ser importante e as distinções feitas serem pertinentes, o melhor, por ora, é destacar que, com a isotopia, pode enfrentar-se o problema da *leitura* (a partir do texto) e – como reconhece o próprio S. de Zavala – "explicitar os níveis de uma ambiguidade sistemática"[194]. É óbvio que um determinado texto submetido a um contexto sociocultural possui várias leituras; variações culturais permitem tipologias textuais diferentes – por exemplo, textos religiosos (e, portanto, "verdadeiros") na Idade Media são considerados em épocas diferentes textos literários de ficção (e, portanto, "falsos").

Contudo, pode observar-se o texto também como invariante, a partir precisamente de suas isotopias, nas quais detectaremos também as "marcas de veridicidade", segundo a organização no discurso de sua verdade, falsidade, mentira, segredo.

Por outro lado, a existência do discurso – e não de uma série de frases independentes – não pode ser afirmada, segundo Greimas, se não se pode postular para a totalidade das frases que o constituem uma isotopia comum, reconhecível graças à recorrência (em termos vaguíssimos) de uma

---

191 Enquanto a isotopia semântica está assegurada pela redundância de categorias classemáticas (classemas), a isotopia semiológica o está pela redundância de categorias nucleares (semas nucleares): cf. Groupe d'Entrevernes (*Analyse sémiotique des textes*. Lyon: Presses Universitaires, 1979:123-128), Courtés (*Introduction à la sémiotique narrative et discursive*. Paris: Hachette, 1976:50-1), Greimas & Courtés (*Sémiotique, dictionnaire raisonné de la théorie du langage*. Paris: Hachette, 1979:197-199), ***apud*** Lozano, ***ibidem,*** em nota de rodapé, p. 21.

192 Cf *apud* Lozano, *ibidem*, p. 21.

193 *In Lector in Fabula*. Milão: Bompiani, cf. Lozano, *ibidem*, p. 21.

194 *Ibidem*, cf. Lozano, *ibidem*, p. 22.

categoria linguística ou de um feixe de categorias linguísticas ao longo de seu percurso.

Desse ponto de vista, a isotopia como elemento recorrente permite definir a existência do discurso. Nesse sentido, García Berrio[195] falou em uma *isotopia textual global.* Não resta dúvida de que em um relato homogêneo cabe a possibilidade de descobrir isotopias diferentes. Servem como exemplo mais típico certas anedotas ou chistes – textos breves que contêm um relato que em certo ponto bifurca-se em dois percursos por efeito de uma disjunção isotópica.

Há textos que permitem várias leituras, segundo o contexto sociocultural e segundo a competência do leitor; mas também é certo que tais leituras (que estabeleceriam sua coerência) estão garantidas pela isotopia, o que reconhece Eco, apesar das críticas que lhe foram feitas, ao considerar a isotopia como **a *coerência de um percurso de leitura*.**

2.9 O texto como processo semiótico de sentido: rumo ao discurso

Com o título acima, pretendo destacar o aspecto discursivo do texto: o texto, como processo semiótico, em seu transcorrer sintático, semântico e pragmático vai produzindo sentido. Como indica o filósofo francês P. Ricoeur[196], **"o sentido do texto não é nada que o refira a uma realidade exterior à linguagem; consiste nas articulações internas do texto e na subordinação hierárquica das partes ao todo; o sentido é o vínculo *interno* do texto"** (grifei). **Observe o leitor como fica claro nesse ensinamento de Ricoeur (embora ele não tenha feito tal colocação) a necessidade da consideração das "matrizes da linguagem" – colocação esta a que, em meu entender, não se tem dado ainda a devida importância, concomitantemente à consideração do texto**. Considerar esse aspecto matricial não significará a busca da significação em unidades "estáticas" – como a simples palavra ou a simples frase.

---

[195] *Ibidem*, cf. Lozano, *ibidem*, p. 23.

[196] *In* "Signe et Sens", *Encyclopedia Universalis*. Paris.

É no percurso do texto (aspecto dinâmico), a partir de suas matrizes e não meramente em seus componentes frásticos ou lexemáticos[197] **(aspecto estático) que se há de descobrir o funcionamento semiótico.** Nesse sentido, recorde-se Van Humboldt: "Mas embora estejamos habituados a passar de sons a palavras, e destas ao discurso (de toda forma, no curso da natureza), é o discurso o que é o primeiro e determinante".

Nesse trecho, apresento o texto (discurso), entendido como "aparato translinguístico" que supõe, segundo a filósofa, crítica literária, psicanalista búlgaro-francesa, Julia Kristeva (1970:279)[198], sua autora, "um tipo de produção significante que ocupa um lugar preciso na história e procede de uma ciência específica que é necessário definir". Esta outra perspectiva sobre o texto que, como tenho assinalado, é o objeto do qual se ocupa e o que define o campo da pertinência da Semiótica supõe uma mudança epistemológica ou, se se preferir, uma espécie de mudança de paradigma, no sentido de Thomas S. Kuhn[199], famoso físico e filósofo da ciência estadunidense.

É a partir do ponto de vista da Semiótica (incluindo a linguística textual, pois a "não-textual" limita o objeto de sua investigação à frase) – do texto-discurso para descrever seu funcionamento, observando regras estruturais que o constituem como tal, e nos referindo tanto a suas condições de produção como ao problema de sua compreensão, interpretação ou leitura. Esse interesse textual ocupa e preocupa distintas disciplinas. **Como assinala Van Dijk (1976b:116)**[200] **"todos os ramos do saber que de algum modo estão**

---

[197] Relativo a lexema. Lexema: é o elemento linguístico provido de um significado externo, ou seja, dado pelo dicionário e não pela gramática. Assim, mesa é um lexema. O lexema não se confunde, porém, com a palavra, pois, num vocábulo verbal como *mergulhássemos*, temos quatro elementos linguísticos dotados de significado: *mos* indica a primeira pessoa do plural; *sse*, o pretérito imperfeito do subjuntivo; *a*, a primeira conjugação; *mergulh*, o movimento que se faz na água com deslocamento para baixo. Só o último elemento é um lexema, pois o significado dos outros três é dado pela gramática. O lexema fala do mundo extralinguístico, isto é, das coisas, dos acontecimentos, das sensações, das volições etc.: Cf. Fiorin, *in Linguagem e Ideologia*, p. 81.

[198] *Ibidem*, cf. Lozano, *ibidem*, p. 24.

[199] Embora existam na retórica e na estilística, preocupações "textuais", é a partir dos estudos semióticos (textuais) contemporâneos, cuja importância científica deve-se, sobretudo, a Peirce, que se direciona a uma teoria do texto, que essa mudança de paradigma se produz.

[200] *In Per una poetica generativa*. Bolonha: Il Mulino, cf. Lozano, *ibidem*, p. 25.

ligados aos processos de comunicação – a Semiótica, a Teoria da Informação, a Psicologia, a Sociologia (acrescente-se: a Linguística, o Direito!)**, a Filosofia etc. – têm interesse em investigar as 'unidades' funcionais e as regras (...) que subjazem ao texto e à comunicação textual em sentido lato".**

2.10 O texto como forma de intercâmbio

A partir de uma perspectiva sociossemiótica, o texto é contemplado como um "intercâmbio social de sentido" (Halliday e Hassan, 1980[201]). Ao caracterizá-lo como um processo desse tipo, Halliday considera o texto em sua significação mais geral como um fato sociológico e um encontro semiótico por meio do qual os significados (*meanings*) que constituem o sistema intercambiam-se (Halliday, 1978:36[202]). Para Halliday, o membro individual do sistema social é um ***meaner,*** alguém que significa. E por seus atos de significar, a realidade social é "criada, mantida em boa ordem e continuamente modelada (*shaped*) e modificada".

Nesta linha, o texto é a forma linguística da interação social. A característica essencial do texto é a de ser interação: "O intercâmbio de significados é um processo interativo: para serem intercambiados entre os membros, os significados que constituem o sistema social devem, em primeiro lugar, ser representados em alguma forma simbólica intercambiável, e a mais acessível das formas disponíveis é a linguagem". E conclui: "o texto funciona como se fosse um *potlatch*" (Halliday, 1978:139[203]).

O termo *potlatch* surge inevitavelmente como uma alusão ao conhecido ensaio sobre a dádiva, de Marcel Mauss (1971[204]), antropólogo e sociólogo francês, segundo o qual precisamente pelo tal intercâmbio simbólico no

201 *In Text and context.* Tóquio: Sophia University, cf. Lozano, *ibidem*, p. 33.

202 Cf. Lozano, *ibidem*.

203 Cf. Lozano, *ibidem*, p.34.

204 *In* Ensayo sobre los dones: motivo y forma del cambio en las sociedades primitivas, *in Sociología y antropología*. Madri: Tecnos, cf. Lozano, *ibidem*, p. 34.

potlatch estabelecia-se uma relação de poder (e de humilhação[205]) entre o *doador* e o *donatário*. O conceito de intercâmbio, a partir de Mauss, pode ser considerado tanto transferência de objetos (valor) – como o *potlatch*, por exemplo – quanto comunicação entre sujeitos. Igualmente, o antropólogo Lévi-Strauss destaca o eixo de comunicação presente nas relações de intercâmbio (de mulheres, de bens, de serviços, de mensagens).

Curioso: o uso dessa palavra foi evoluindo nos últimos 500 anos (sobretudo nos Estados Unidos e no Canadá) e a sua implementação baseia-se na análise da frequência de agenciamento do termo nas fontes impressas digitalizadas do Inglês, desde o ano 1.500 até a presenta data.

A partir dessas ideias de base, surgiram as chamadas funções da linguagem de Jakobson, importante pensador e linguista russo. Recordemos que Jakobson, em seu esquema de comunicação, incorporou às funções de Buhler (expressiva, apelativa e de representação)[206] a poética, a metalinguística e a fática. Esta última foi tomada a B. Malinovski (1964[207], antropólogo polaco, considerado um dos fundadores da antropologia social), que havia definido o que chamava de *comunhão fática* precisamente como um "tipo de linguagem na qual os laços de união se criam por um mero *intercâmbio* de palavras" (Malinovski, 1964: 334).

Encontramo-nos, dessa maneira, com o aspecto interacional, de intercâmbio, que caracteriza tanto o funcionamento do texto como o próprio texto em sua estrutura. Se, para Halliday, o texto é um intercâmbio de significados, para o americano Cicourel (1980:-101[208]), o discurso é fundamentalmente um intercâmbio de "atos de fala" (*speech acts*); discorria sobre o

---

[205] Essa relação de poder (e de humilhação) pode ser vista a partir de nossa perspectiva semiótica em termos modais (e passionais). O doador e o donatario considerar-se-ão actantes competentes, cada um dos quais ocupará uma posição modal no momento do intercâmbio (que na teoria greimasiana constitui um "pivô narrativo"): cf. Lozano, *ibidem*, p. 34, em nota de rodapé.

[206] Que em Jakobson, "La linguística y la poética", *in* T. A. Sebeock (org.), *Estilo del lenguaje*. Madri: Cátedra, 1974b são chamadas emotiva, conativa e referencial, respectivamente, cf. Lozano, *ibidem,* p. 34.

[207] *In* "El Problema del Significado en las Lenguas Primitivas", in Ogeden e Richards, *El significado del significado.* Buenos Aires: Paidós.

[208] L'Acquisizione della struttura Sociale: verso una sociologia del linguaggio e del significato, *Rassegna Italiana di Sociologia,* cf. Lozano, *ibidem*, p. 35.

"inconsciente acadêmico"! O russo Bakhtin, conhecido como o "filósofo do diálogo", por sua vez, assinalava: "Pode-se dizer que toda comunicação verbal se desenvolve sob a forma de um intercâmbio de enunciados, isto é, sob a forma de um diálogo" (cf. Todorov, 1981:68[209]).

Perspectivas distintas coincidem em destacar a relação comunicacional, interacional, entre um destinador e um destinatário, equivalentes, quanto ao intercâmbio, a doador e donatário. Devemos dizer que destinador e destinatário, conceitos tomados a Jakobson, são diferentes de emissor e receptor[210], tal como os postula a teoria da informação que, ao limitar sua atuação a um "fazer" respectivamente emissivo e receptivo, concebe-os, segundo sugere Greimas, como "instâncias vazias", limitados a meros polos de um *continuum* de comunicação (no sentido informacionalista, de transferência de informação). Ao contrário, os conceitos de destinador e destinatário sugerem uma possibilidade de dinamismo no *processo* comunicacional[211] no qual interatuam. No esquema actancial de Greimas, destinador e destinatário são dois actantes da narração e, como tais, intratextuais.

A partir da linguística do texto (ou linguística do falar, como disse Coseriu), tratou-se de precisamente marcar o aspecto interacional, comunicacional dessa linguística. Por exemplo, H. Weinrich (1981[212], escritor, filólogo e filósofo alemão – que define de modo geral o texto como "sequência de signos linguísticos entre duas marcadas interrupções de comunicação" – caracteriza a linguística (textual) por três atributos: é *comunicativa*, *instrucional* [213]e *textual* (*CIT Linguistik*).

---

209 *In Mikaïl Bakhtine: le principe dialogique*. Paris: Seuil, cf. Lozano, ***ibidem***, p. 35.

210 Embora, ao não existir uma terminologia unificada, utilizem-se indistintamente ambos (e outros) os conceitos.

211 Apesar de sua aparente banalidade, cita-se a proposta de E. Goffman, que distingue a figura do receptor da do destinatário. Para Goffman, seria receptor aquele elemento que, por sua posição em uma "situação", recebe uma determinada mensagem do destinador, ao passo que o destinatário é precisamente aquele (entre os receptores ou não) ao qual vai dirigida a mensagem, cf. Lozano, ***ibidem***, p. 35, em nota de rodapé.

212 ***In Lenguaje en textos***. Madri: Gredos, cf. Lozano, ***ibidem***, p. 36.

213 "Os signos e as sucessões de signos que o emissor transmite ao destinatário são instruções (***Instruktionen***) dirigidas ao destinatário sobre como este se deve comportar para dar

Por sua vez, como assinala o linguista suíço Schmidt (1977b: 255[214]) – recordando Peter Hartman, um dos iniciadores da *Text Linguistik* – a manifestação linguística socialmente normal ou *standard* nos processos de comunicação é *textförming*, em forma de texto. Os textos, continua Schmidt, como configurações linguísticas, objeto de uma expectativa social, aparecem não como conjuntos isolados de elementos linguísticos, mas como conformações que possuem uma função ilocutiva e uma função perlocutiva em atos de comunicação. Em suma, defende que a textualidade apresenta uma dupla estrutura: uma de natureza linguística e outra de natureza social, ambas necessárias a qualquer manifestação

Talvez convenha assinalar a origem wittgensteiniana dessa aproximação. Para Wittgenstein, filósofo e arquiteto austríaco**, por meio de seus "jogos de linguagem", a língua em seu conjunto deve ser considerada como uma forma de vida social, uma práxis; definitivamente, como forma de ação social.** Schmidt (1976, 1977) cunhou o conceito wittgensteiniano-habermasiano de "jogos de ação comunicativa" (*Kommunikative Handlungsspiel*) para definir o falar como forma de ação regulada (em contextos e situações).

O conceito de intercâmbio sugere o de contrato, que pressupõe em qualquer caso uma relação intersubjetiva e permite por um lado possibilidades de ação, mas por outro lado estabelece limites à liberdade dos sujeitos que intervêm, por meio da atribuição de obrigações, poderes e assim por diante. Por isso, a natureza polêmica ou contratual da relação intersubjetiva depende da estrutura modal dos sujeitos (textuais) que interatuam, de suas implicações recíprocas e dos objetos que intercambiam.

Observe-se como esta abordagem semiótica encaixa-se, perfeitamente, ao Direito, inclusive e principalmente para uma linguagem digital!

---

prosseguimento ao processo de comunicação" (Weinrich, Lenguaje en textos. Madri: Gredos, 1981) cf: Lozano, *ibidem,* p. 36, em nota de rodapé.

[214] *In Teoria del texto e pragmalinguistica, in* M.-E. Conte (org.), *La linguistica testuale*. Milão: Feltrinelli.

2.11 O percurso gerativo da significação do texto

A Semiótica está sempre em busca da significação, isso porque existem elementos "estranhos" à natureza manifestamente sígnica do texto ou do "discurso", elementos estes que estão ligados ao momento de sua produção. Para construir o sentido do texto, a Semiótica concebe o seu plano do conteúdo sob a forma de um percurso gerativo[215]. Ou, dito de outra forma: a Semiótica constrói os sentidos do texto sob a forma de um percurso gerativo.

A noção de percurso gerativo do sentido é fundamental para a teoria semiótica e pode ser resumida, como segue:

a) o percurso gerativo do sentido vai do mais simples e abstrato ao mais complexo e concreto;
b) são estabelecidas três etapas no percurso, podendo cada uma delas ser descrita e explicada por uma gramática autônoma, muito embora o sentido do texto dependa da relação entre os três níveis;
c) a etapa mais simples e abstrata do percurso recebe o nome de nível fundamental ou nível das estruturas fundamentais e nele surge o início da significação como uma oposição semântica mínima;
d) no outro passo, denominado nível narrativo ou nível das estruturas narrativas, organiza-se a narrativa, do ponto de vista de um sujeito;
e) o terceiro nível é o do "discurso" ou das estruturas discursivas em que a narrativa é assumida pelo sujeito da enunciação.

Em sendo assim, o nível discursivo é o patamar "mais superficial" do percurso – no sentido de ser o mais próximo da manifestação textual propriamente dita. Pela própria dinâmica do percurso gerativo, as estruturas (textuais) discursivas são mais específicas, mas também mais complexas e mais "enriquecidas" semanticamente que as estruturas (textuais) narrativas e as estruturas fundamentais. Por meio do exame da sintaxe e da semântica do texto, tornam-se explicadas a especificidade e a complexidade das organizações textuais.

215 Cf. Diana Luz Pessoa de Barros, *in Teoria semiótica do texto*, p. 8-9.

As estruturas (textuais) narrativas convertem-se em estruturas (textuais) discursivas quando assumidas pelo sujeito da enunciação (no caso do Direito, o mais alto sujeito da enunciação seria o legislador). O sujeito da enunciação faz uma série de "escolhas", de pessoa, de tempo, de espaço, de figuras, e "conta" ou passa adiante a narrativa, transformando-a em discurso (no caso do Direito, o discurso jurídico normativo). O discurso, portanto, nada mais é do que a narrativa "enriquecida" por todas essas opções do sujeito da enunciação, que marcam os diferentes modos pelos quais a enunciação relaciona-se com o discurso que enuncia.

A análise (textual) discursiva opera, por conseguinte, sobre os mesmos elementos que a análise (textual) narrativa, mas retoma aspectos que tenham sido postos de lado, tais como as projeções da enunciação no enunciado, os recursos de persuasão (retórica) utilizados pelo enunciador para manipular o enunciatário ou a cobertura figurativa dos conteúdos narrativos abstratos. A enunciação caracteriza-se, em primeira definição, como a instância de mediação entre estruturas narrativas e estruturas discursivas. Pode, nas diversas concepções linguísticas e semióticas, ser reconstruída a partir sobretudo das "marcas" que espalha no discurso. É nas estruturas discursivas que a enunciação mais se revela e onde mais facilmente se apreendem os *valores* sobre os quais ou para os quais o texto foi construído.

Analisar o "discurso" é, portanto, determinar, ao menos em parte, as condições de produção do texto. Cabe à sintaxe explicar as relações do sujeito da enunciação com o discurso enunciado e também as relações que se estabelecem entre enunciador e enunciatário. O "discurso" define-se, ao mesmo tempo, como objeto produzido pelo sujeito da enunciação e como objeto de comunicação entre um destinador e um destinatário.

Os dois tipos de mecanismos sintáticos confundem-se, em geral, pois os dispositivos empregados na produção do discurso servem, ao mesmo tempo, como meio de persuasão, utilizados pelo enunciador para convencer o enunciatário da "verdade" de seu texto. A Semiótica examina as relações entre enunciação e discurso, sob a forma de diferentes projeções da enunciação com as quais o discurso se fabrica.

A enunciação projeta para fora de si os actantes e as coordenadas espácio-temporais do discurso, que, por sua vez, não se confundem com o sujeito (no caso do Direito, o legislador), o espaço e o tempo da enunciação. Essa operação é conhecida, em **Semiótica**, como *desembreagem* e nela são utilizadas as **categorias da pessoa, do espaço e do tempo**. Em outras palavras, o sujeito da enunciação faz uma série de opções para projetar o discurso, tendo em vista os efeitos de sentido que deseja produzir. Estudar as projeções da enunciação é, portanto, verificar quais são os procedimentos utilizados para constituir o discurso e quais os efeitos de sentido fabricados pelos mecanismos escolhidos. Vejam-se, em primeiro lugar, os efeitos de sentido que podem ser obtidos pelos diferentes recursos da sintaxe do discurso e, em seguida, quais os procedimentos empregados.

Partindo-se do pressuposto de que todo discurso (por exemplo, o do legislador) procura persuadir seu destinatário (no caso, o cidadão) de que é verdadeiro, os mecanismos discursivos têm, em última análise, por finalidade criar a ilusão de verdade. Há dois efeitos básicos produzidos pelos discursos com a finalidade de convencerem de sua verdade: são os de proximidade ou distanciamento da enunciação e o de realidade ou referente.

Quanto ao efeito de proximidade ou de distanciamento da enunciação, existem alguns recursos que permitem "fingir" essa objetividade, fabricando a ilusão de distanciamento, já que, por exemplo, a enunciação da norma, de todo modo, está lá, filtrando por seus valores e fins tudo o que é dito no discurso.

Quanto ao efeito de realidade ou de referente: pressupõe-se, por exemplo, que o discurso jurídico normativo copie o real; criam-se ilusões, efeitos de sentido, produzidos no discurso graças a procedimentos diversos.

Na sintaxe do discurso, os efeitos de realidade decorrem, em geral, da desembreagem interna. Os efeitos da realidade ou de referente são construídos mais frequentemente, por meio de procedimentos da semântica discursiva e não da sintaxe, ao contrário do que ocorre com os efeitos da enunciação.

O recurso semântico denomina-se ancoragem[216]. Trata-se de atar o discurso a pessoas, espaços e datas que o receptor reconhece como "reais" ou

[216] *Ancoragem*: é o procedimento semântico do discurso por meio de que o sujeito da enunciação "concretiza" os atores, os espaços e os tempos do discurso, atando-os a pessoas, lugares e datas que seu destinatário reconhece como "reais" ou "existentes" e produzindo, assim, o efeito de sentido de realidade ou de referente" (Cf. Diana Luz Pessoa de Barros, *in Teoria semiótica do texto,* p. 84.)

"existentes", pelo procedimento semântico de concretizar cada vez mais os atores, os espaços e o tempo do discurso, preenchendo-os com traços sensoriais que os "iconizam", os fazem "cópias da realidade". Na verdade, fingem ser "cópias da realidade", produzem tal ilusão.

Tarefa imprescindível hoje é o estudo comparativo da sintaxe discursiva nos diferentes sistemas de significação. **Não é suficiente para a Semiótica assinalar vagamente que o discurso cria ilusões de objetividade ou de realidade, sem mostrar *com que procedimentos discursivos* os efeitos foram conseguidos**.

A relação entre os procedimentos discursivos e os efeitos de sentido depende de cada discurso e dos laços que se estabelecem entre os elementos internos e externos responsáveis por sua construção. Nada impede que se busquem certas indicações mais gerais, como as aqui traçadas.

O exame das relações entre efeitos e mecanismos é uma das etapas possíveis da construção dos sentidos do texto, de seus fins e de suas "verdades". Dá-se já um grande passo em direção ao contexto sócio-histórico e à formação ideológica em que o texto se insere.

No caso específico do Direito, embora o estudo das projeções da enunciação não seja atividade propriamente do jurista, mas sim do sociólogo do Direito, a ele interessa, também, porque lhe permite visualizar a dinâmica do discurso como objeto produzido por um sujeito que procura construir seu objeto discursivo e atingir um certo fim.

Restaria abordar, na sintaxe do discurso, os procedimentos argumentativos que definem o discurso como objeto de comunicação manipuladora entre o enunciador e o enunciatário. Quanto às relações argumentativas entre enunciador (destinador) e enunciatário (destinatário), o primeiro é o manipulador responsável pelos valores do discurso e capaz de levar o enunciatário a crer e a fazer. A manipulação do *enunciador* exerce-se como um *fazer persuasivo*, enquanto ao *enunciatário* cabem o *fazer interpretativo* e a *ação subsequente.* Tanto a persuasão do enunciador quanto a interpretação do enunciatário realizam-se *no* e *pelo* discurso.

Para conhecer esses afazeres e, consequentemente, o enunciador e o enunciatário, torna-se preciso, portanto, analisar o texto em todos os níveis de seu percurso gerativo. É certamente no nível das estruturas discursivas (matriz verbal) que mais se revelam as relações entre enunciador e enunciatário; é onde há mais pistas da enunciação.

Apresento, apenas, uma rápida visão de conjunto de *como* a Semiótica concebe o percurso gerativo da organização sintática, semântica e pragmática do discurso, mostrando rapidamente os laços estreitos que vigoram entre os procedimentos sintáticos, semânticos e pragmáticos e seus efeitos de sentido, cuja análise pode e deve ser, também, objeto de estudos semióticos jurídicos.

Por tudo o que foi dito acima, pode-se notar que o texto verbal (o discurso) quando ocorre (matriz verbal) tenta fazê-lo de maneira coerente com o momento em que foi produzido, com os fins para os quais foi produzido (matriz visual e matriz sonora). Daí a referência que se faz a *discurso situacional*, entendido este como uma malha de significações – envolvida de uma circunstancialidade que acaba condicionando-a em seu entendimento e interpretação.

Como preleciona o ilustre Prof. Eduardo C. B. Bittar[217], num capítulo exclusivamente dedicado ao percurso gerativo do discurso, e no qual fui buscar essas colocações, a noção de circunstancialidade é fundamental para a compreensão, seja da *diacronia* (evolução histórica), seja da *sincronia* (situação histórica) do fenômeno histórico que subjaz à existência do discurso, já que não se pode esquecer que o discurso ocorre na história e no tempo. Essa observação é importante, sobretudo, para o caso do Direito, em que se privilegia uma Semiótica discursiva que, ainda que com a pretensão de ser neutra, não deixa de ser crítica em relação às produções fenomênicas de discurso.

É assim que o discurso jurídico (leia-se ***matriz verbal***: discurso normativo/discurso decisório/discurso científico/discurso burocrático), que abordarei na **Segunda Parte** deste trabalho, é sempre um ***discurso situacional,*** vivendo, entretanto, em constante dialética com as demais condições de sua produção (***matriz visual***: fatos/valores/normas; ***matriz sonora***: sintaxe/semântica/pragmática). É o discurso verbal que acentua o *"estar em discurso"*.

---

217 *Ibidem*, p. 75-88.

Dessa forma, um texto (visual, sonoro ou verbal), concomitante a uma linguagem, só poderá ser assim chamado, em sua totalidade e em sua logicidade orgânica, se o concatenamento de um conjunto de elementos reciprocamente considerados permitir a formação de sua significação.

No decorrer do percurso da significação, embora ocorra a existência de uma "quebra" (entre as matrizes), ocorre também concomitantemente o abandono da condição subjetiva de fruição passiva do *continuum* amorfo da existência, que se apresenta como sequência ininterrupta de fatos e sentidos, para a posição de sujeito agente do juízo discursivo; passa-se a perceber que um sujeito que age por meio da significação, antes de fazê-lo, interage com outras comunicações, de modo a criar e recriar a mesma realidade, a partir de seus valores, de sua cultura. Consequentemente, o sujeito do discurso, quer queira ou não, está contido numa máquina semiótica mais potente e mais complexa que, sem opressão, absorve-o em seu funcionamento. É por isso que o discurso representa sempre uma tomada de posição do sujeito falante, com relação aos elementos de sentido de que dispõe.

Todo sujeito produtor de um discurso participa de um sistema semiótico, com o qual comunga uma identidade, seja direta, pela presença de laços de etnia e de linguagem, seja indireta, quando o sujeito participa de uma estrutura semiótica, apropriando-se de seus valores, de sua gramática, de seu vocabulário e de sua capacidade de interagir com outros sistemas semióticos, tão comuns na era digital.

Dessa forma, todo ato de linguagem, enquanto ato de construção de sentido, é um ato de escolha e de seleção de elementos a compor; é uma escolha de valores, de estruturas, de formas, de significância, de objetivos, de impressões, de efeitos retóricos, de consequências, de afirmação e de realização de atos. É operando tais escolhas que o sujeito-do-discurso torna-se presente. O usuário, ao perceber os elementos mínimos para a caracterização de uma estrutura, pode manipulá-la em um processo de passagem do abstrato ao concreto, do intangível ao tangível.

O ato de escolha de signos, entre signos, entre as estruturas disponíveis, se feito com essa percepção, permite ver que também participam do discurso aquelas partes que foram omitidas, suprimidas, e consideradas como impróprias pelo sujeito do discurso, em uma certa circunstância. Aquilo que se encontra nas entrelinhas de um discurso (texto verbal) no ato de escolha é resultado da liberdade de composição do sujeito-de-discurso, e também participa do próprio discurso. Uma estrutura discursiva completa é a soma daquilo que se encontra e daquilo que não se encontra nessa estrutura[218].

O discurso significa até mesmo pelo que ele não diz; por isso é frequente encontrarem-se, por exemplo, situações jurídicas em que o próprio silêncio é interpretado não como unidade sem significação, mas como unidade com significações bem precisas. Um texto só poderá ser assim chamado, em sua totalidade e em sua logicidade orgânica, se o concatenamento de um conjunto de elementos reciprocamente considerados permitir a formação da significação.

Numa análise da semiótica verbal, partindo-se da estrutura mínima da língua, o fonema constrói-se e se articula com a linguagem natural (assim como com a linguagem jurídica), tendo-se em conta a passagem hierárquica necessária pelos campos do monema (morfema), da palavra, do sintagma, para que se alcance, posteriormente, a estrutura mais complexa ainda do texto. **Esse conjunto de significações é que irá constituir o *paradigma* da ciência de determinada época e lugar e, consequentemente, influenciar o pensamento e as condutas humanas. Desnecessário, portanto, enfatizar sua relevância para o Direito.**

A imbricação de conceitos e de ideias é tão importante que se pode dizer com Umberto Eco[219] que "**a presença de um fonema exclui aquela de um outro que, se tivesse aparecido no lugar do primeiro, teria mudado o significado da palavra**". É assim que se pode imaginar, através de um efeito em cadeia, as imbricações existentes nesse percurso da linguagem, bem como o efeito da reiteração de certos discursos, que se elevam a ***status* de verdadeiros paradigmas**.

---

[218] Cf Eduardo C. B. Bittar, *ibidem*, p. 77, em nota de rodapé: esta é a posição de Merleau-Ponty: se a presença é um fator determinante para a definição e constituição do discurso, também o são a ausência e a supressão.

[219] *In La struttura assente*, p. 24, Milano: Bompiani, 1989: cf. Eduardo C. B. Bittar, *ibidem,* p. 79, em nota de rodapé.

Um estudo dos fonemas permite a diferenciação de situações em que, seja pela oralidade, seja pela literalidade das expressões e termos, as diferenças fazem-se mínimas e quase indistinguíveis, tomados os respectivos canais de veiculação da mensagem discursiva, contendo, porém, significações bem distintas[220]. Desde as estruturas de profundidade até as estruturas de superfície podem-se descrever as etapas de formação do discurso de acordo com um esquema mínimo, adaptável para as linguagens verbal, não verbal e sincrética (híbrida).

O sujeito do discurso, à procura do sentido, vale-se para sua produção, de regras válidas de composição e estruturação de fatos de linguagem, dentro de um sistema semiótico. É possível destrinchar os movimentos de construção sucessiva do discurso (percurso gerativo da enunciação do emissor), dado basicamente pela relação que envolve referente (matriz visual e matriz sonora) e desconstrução sucessiva do discurso (percurso interpretativo do receptor), etapas preliminares para o estudo da textualidade jurídica.

É, também, a partir desse momento da análise, feitos esses passos iniciais, que se recorrerá a um vocabulário mais preciso e adequado dentro da metodologia semiótica adotada.

Como se pode notar, a percepção dos próprios mecanismos da linguagem natural é o primeiro passo para o percurso gerativo de qualquer discurso, e já nessa fase manifesta-se a criatividade humana na formação do sentido, pois, antes de ser agente passivo, o ser reacional é agente ativo de processo de formação da significação. Com efeito, desde que o sujeito falante/ouvinte tenha adquirido a competência de uma língua natural e a competência relativa à visualização de certos sistemas semióticos (tendo como referentes a matriz visual, matriz sonora, ambas fruto da interação do homem com seu ambiente natural e cultural), sua percepção, logicamente, orientada pelos recortes culturais preexistentes e sua rede, o mesmo ocorre às coerções sintáticas, semânticas e pragmáticas do sistema semiótico em causa.

A essa etapa perceptiva segue-se a outra, chamada etapa da conceitualização (no caso do Direito, surgem as lacunas, as antinomias, as

---

[220] São tomados como exemplos os seguintes casos: a partir de uma reflexão acerca das estruturas fonéticas, *right* e *write*; a partir de uma análise literal, os termos italianos *piatti* e *prati*, contendo ambos significações bem distintas: Cf. Eduardo C. B. Bittar, *ibidem*, p. 79, em nota de rodapé.

descontinuidades), momento em que o *designatum* converte-se em *conceptus*. A simples conceitualização já comporta em si um recorte cultural da "realidade", porque não se faz sobre o ser percebido em absoluto, mas sim sobre uma *possível* visão desse mesmo ser ("realidade percebida").

Após essas etapas preliminares, na linguagem jurídica, por exemplo, dentro desse processo de signos (semiose) aparece o "código", como convenção capaz de suportar experiências análogas. Assim, tem-se que o processo de formação da significação desmitifica-se, à medida que se acompanha, de maneira próxima, o movimento do mais profundo (matriz visual e sonora) ao mais "superficial" (matriz verbal) – a exterioridade do texto. Mas é bom lembrar que tais etapas não são estanques, nem esse sistema opera retilineamente; tudo está em permanente tensão: é a dialética que faculta sua constante realimentação.

Assim, a significação – que figura como objeto da Semiótica[221] – tal como aqui descrita, aparece, aflora, emerge, em sua última instância no nível discursivo (matriz verbal), com opção por uma das possíveis Semióticas, dentre as quais se destaca a **Semiótica verbal, por sua eficácia, por sua economia, por sua funcionalidade**. **No caso específico do Direito, é a etapa que permite a análise de sua validade (eficácia, vigência e {circularidade de} fundamento)**[222]. A comunicação interativa de enunciador(es) e enunciatário(s) possui, no mínimo, essa estrutura de funcionamento em sua base; a comunicação, com suas sutilezas, possui atrás de si todos esses níveis de formação da significação, dentro desse longo e complexo percurso gerativo, até que aparece como tal na esfera da conjugação intersubjetiva de mensagem, no evento de linguagem verbal.

Desse modo, à medida que a investigação sobre o Direito detém-se nesse passo do problema, quando se procura penetrar as entranhas do discurso jurídico, dominando sua intimidade, dominando o percurso gerativo de sua significação, desde suas origens naturais (matrizes da linguagem natural) até o afloramento de suas três matrizes (matrizes da linguagem jurídica), pode-se

---

221 Lembre-se de que o objeto da Semiótica é a significação, não os signos em si.

222 Por qualquer das disciplinas que estudem o Direito: Sociologia Jurídica, Filosofia do Direito, Ciência do Direito.

vislumbrar, de perto, a riqueza do fenômeno. É assim que uma análise semiótica mais acurada permite que se visualizem os níveis básicos e seus desdobramentos. Na verdade, na feliz expressão de Bittar[223], o texto (leia-se o texto verbal) nesse tipo de explicação nada mais é do que a ponta de um *iceberg*.

A textualização verbal, de fato, como manifestação do discurso (no caso de um discurso jurídico), pressupõe a profundidade das relações sensoriais, perceptivas, lógicas, digitais e assim por diante, e sua ocorrência nada mais representa que a atualização de esquemas narrativos. É nesse sentido que a lei, por pertencer à matriz verbal e ser referida ao discurso normativo, apresentando-se como texto atualizante dos esquemas narrativos (precedentes), é um discurso incompleto. **Mas não a um texto de natureza pragmática interpretativa, utilizada, por exemplo, por um operador do Direito, para defender seus argumentos!**

Todo texto produz-se, valendo-se dessas categorias comungadas e exprime interesses, vontades, intenções, significações, pertinentes a situações determinadas, a universos de discursos determinados, a contextos culturais próprios, a sujeitos que se comunicam. Quando se afirma que as noções de discurso e de texto são caras à Semiótica Jurídica, procura-se sublinhar o fato de que o método não se deteria apenas na superfície do texto aparente, mas se faria presente na prospecção das profundezas deste.

É exatamente o abandono da análise ultrapassada de modelos superficiais de linguagem que permitirá a ampliação do estudo **da linguagem jurídica e da Semiótica e maior profundidade nas relações jurídico-discursivas, na era da Cibernética. Portanto, as categorias semióticas são necessárias para se compreender esse longo percurso e só elas poderão fazê-lo bem**.

Do texto visual (matriz visual), que é o mundo referencial, propriamente dito, o futuro sujeito-do-discurso extrai impressões, conhecimentos, imagens e experiências que vão sendo armazenadas, memorizadas, registradas como informações de utilização livre desse mesmo sujeito.

O que ocorre, a seguir, é que um referente (R) deixa de sê-lo para tornar-se um algo apreendido por um sujeito, ao que se chama "noema" (N).

---

[223] *Ibidem*, p. 81.

O noema é aqui identificado como o elemento mais primitivo do conhecimento semiótico, exatamente por ser primitivo, abstrato, dotado de existência independente mesmo da língua natural e absoluto (*primeiridade*). Um conceito (C), por sua vez, nada mais é do que um compósito de noemas (C= Nn). O conceito, assim, já se identifica como algo mais complexo que a estrutura nomeática, crua e altamente ligada ao suporte referencial do qual provém.

O conceito é mais do que o noema, mas menos que o sema (S), este, sim, a primeira unidade distintiva de sentido. O sema permite a individualização do algo que se conhece. É o traço unitário profundo do plano do conteúdo, unidade mínima da significação (secundidade). A própria percepção humana (exteroceptividade) vem definida como o conjunto de todos os semas conhecidos. O semema (Sm), por sua vez, vem a ser o conjunto de semas coexistentes; aqui se está a falar de algo que possui unidade de existência semântica. Sema e semema aproximam-se do frástico e do transfrástico[224].

O semema confere sentido ao sema e é a passagem para o discurso, com contexto, texto e sentido específicos, o que, definitivamente, permite a análise e a compreensão do todo. O semema faculta o engajamento concreto do sema, formando-se o universo do sentido (interoceptividade), e não mais (ou apenas) o da percepção. O sema organiza-se pelo modelo constitucional (organização lógica), enquanto o semema organiza-se pelo modelo actancial (organização narrativa), tendo-se em vista a "colocação em discurso". Ainda, a última dessas unidades semióticas é intitulada episemema (Es), responsável pelos efeitos de sentido no texto[225].

---

[224] Cf.Bittat, *ibidem*, p. 83, em nota de rodapé, se pudesse comparar os semas, seriam quarks e os sememas seriam átomos. Os semas são elementos distintivos de um conjunto, são complexos com relação a simples possíveis. Um sema, unidade distintiva, é sempre analisável teoricamente em noemas. Um própton é analisável em quarks: não se pode ainda isolar um quark, do mesmo modo que um noema. São elementos últimos (pelo menos, no momento da pesquisa), que caracterizam as unidades independentes (partículas físicas, semas linguísticos) (Pottier, *Théorie et analyse en linguistique*, 1992, p. 73).

[225] Cf.Pottier, *Théorie et analyse en linguistique*, 1992, p.65-72. Exemplificando-se o que se disse: a palavra ***recurso*** comporta semas variados (traços semânticos) que podem distribuir-se em sememas diversificados (contextos). Assim, diz-se: "recorrerei ao STF"; "recorri da decisão de primeiro grau"; "não contente, o réu recorreu da decisão"; "para sustar a decisão, o autor recorreu tempestivamente"; "o recurso foi indeferido pela autoridade administrativa", de onde provêm os seguintes traços sêmicos: "inconformismo/, / decisão prévia/, /expediente técnico/,

O sentido, na verdade, é o resultado da articulação dos planos do *conteúdo*[226] e da *expressão*[227]. De fato, partindo das noções básicas de linguística de significante e de significado, pode-se verificar que ambas compõem-se de forma e de substância (forma e substância da expressão/forma e substância do conteúdo), e, nesse esquema, podem divisar-se com maior nitidez os planos pelos quais se distribuem a componente morfológica e sintática do estudo da significação. **Esta se manifestará somente quando toda a experiência de percepção estiver suficientemente organizada para um sujeito-de-discurso e reúna suficientemente elementos, anteriores e posteriores ao código, de modo que seja possível a manifestação do conteúdo.** E, nesse espectro, não se esqueçam, por fim, das relações importantes estabelecidas entre os chamados actantes semióticos, estes atuando quando da organização narrativa do discurso.

Como se percebe, o discurso em superfície nada mais é do que um dos níveis (matrizes) do processo de formação da significação (texto manifestado). Nele se esconde, sob sua capa brilhante de unidade autêntica e não-derivada, autônoma e absoluta, todo um universo de elementos que, em seu conjunto, permitem a sua aparição. Assim, cultura, ideologia, poder, sujeito mascaram-se em seu interior com muita facilidade, daí as infinitas possibilidades que o discurso oferece quando de sua manifestação. O discurso

---

/procedimento/, /autoridade superior/, / expectativa e possibilidade de inversão da decisão/, / procrastinação da decisão/. De fato, passa-se do mais profundo ao mais superficial, mas tudo gradativamente, no esquema: sema (instrumento por meio do qual se pode evitar que uma decisão seja aceita pacificamente, evitando-se a produção de seus efeitos ou consequências pelo impedimento da ocorrência do trânsito em julgado" ® semema ("peça/ato processual") ® lexema ("recurso"), *apud* Bittar, *ibidem*, p. 84, em nota de rodapé.

[226] Cf. J. L. Fiorin, *in Linguagem e ideologia*, p. 79, ***Conteúdo***: é o plano do significado veiculado por um plano de expressão. O conceito "vegetal de grande porte com caule lenhoso' é o conteúdo manifestado pelo plano de expressão *árvore* Cf. Diana Luz Pessoa de Barros, *in Teoria semiótica do texto*, p. 85: ***Conteúdo***: é um dos planos da linguagem (Hjelmslev) ou o plano do significado (Saussure) que é veiculado pelo plano da expressão, com o qual mantém relação de pressuposição recíproca.

[227] Cf. J.L. Fiorin, *ibidem*, p. 80, ***Expressão***: é o veículo do significado, seu suporte, o elemento "sensível" que o manifesta. Assim, por exemplo, a imagem acústica "descer" veicula o significado "movimento com deslocamento para baixo". Cf. Diana Luz Pessoa de Barros, *ibidem*, p. 87, ***Expressão:*** é um dos planos da linguagem (Hjelmslev) ou o plano do significante (Saussure) que suporta ou expressa o conteúdo, com o qual mantém relação de pressuposição recíproca.

sujeita-se mesmo, em sua aparição, a efeitos de sentido, à manipulação, ao uso retórico, ao abuso de sentido, a ambiguidades, a patologias, a erronias, a usos polissêmicos, a interpretações, todas elas detetáveis sob os olhos da análise crítica.

Se o discurso (texto verbal) nada mais é do que uma aparição de sentido, facultado pelo uso de unidades de significação, então deve-se dizer que o discurso é um complexo semiótico.

Todo discurso avoca necessariamente um universo de significação em que se manifesta, e tudo isso determina interpretações, recorrências, possibilidades de uso, autorizações de uso, de acordo com práticas sociais que fornecem a tessitura onde esse desfile semiótico ocorre.

Ora, o discurso jurídico – sobre o qual vou falar mais adiante – não está livre de tais injunções (*ubi societas, ibi semiocis*; *ibi ius, ubi societas*; *ubi ius, ibi semiosis*); todos os conceitos ora explorados e desenvolvidos aplicam-se à discussão sobre o discurso jurídico. **O que se pode afirmar, desde já, é que o discurso jurídico, tratado como objeto estanque, como unidade indecifrável, como redoma irredutível, como sentido único e muitas outras concepções redutoras, só favorece, cada vez mais, a "mecanização" das relações jurídicas.**

O que se torna patente a partir desta investigação sobre o surgimento da significação é que esta mantém raízes profundas com a cultura, com as relações sociais, com os valores, com as dimensões de linguagem em que se encaixa.

Apontei, apenas, fundamentalmente, o que subjaz ao discurso. Se se toma um texto de lei, um regulamento, uma portaria, uma decisão de justiça, deve-se estar consciente, a partir das referências teóricas acima assinaladas, de que se está diante de algo que não se reduz à mera literalidade com a qual se grafa. A significação jurídica produz-se segundo essa mesma estrutura semiótica, guardadas as devidas diferenças específicas para cada espécie de discurso jurídico nos momentos da narrativização e da textualização, pois aí se estará diante de sujeitos-de-discurso determinados, com papéis actanciais definidos, onde se ressalta um percurso narrativo também circunscrito.

O que pretendo deixar claro, no momento, é que, na mesma medida em que o discurso (seja ele literário, jornalístico, político) não pode estar isolado dessa trama de imbricações, que parte do mais profundo (percepção) ao mais superficial (aparecimento do textual/verbal), similarmente, o discurso jurídico não pode ficar alheio a estes estudos. Em vez disso, pode-se dizer que o discurso jurídico serve como exemplo demonstrativo do vivo funcionamento das estruturas aqui apresentadas.

2.12 Por uma semiótica da interação discursiva

O leitor deve ter percebido que me esforço para dar conta, até aqui, da atividade dos sujeitos, nas diferentes práticas textuais. O objeto discurso (texto em sua matriz verbal) encontra-se hoje no ponto de confluência de diferentes disciplinas, ou seja, é um objeto transdisciplinarmente abordável. Isso, sem dúvida, é viável!

De um lado, existem diversas contribuições parciais ao estudo dos textos: Filosofia da Linguagem, crítica literária, Teoria da Comunicação, Sociolinguística, Sociologia interacional, retórica, Teoria da Informação e assim por diante.

De outro lado, não posso e não quero renunciar à definição da atividade semiótica por meio de uma metodologia e de um aparato conceitual específicos, que são as matrizes da linguagem natural. Certamente, a aceitação ou a rejeição dos métodos e conceitos procedentes das diversas disciplinas do texto depende do rumo específico que a concepção semiótica do discurso imprimir à teoria.

A especificidade do fazer semiótico é mais do que a aplicação de uma Teoria dos Signos. É *o exame da significação como processo que se realiza em textos de onde emergem sujeitos e onde interatuam sujeitos.* O discurso não é constituído apenas por um conjunto de proposições, mas também, e fundamentalmente, por uma sequência de ações.

Na comunicação cara a cara, as relações entre mim e os outros (tão importantes ao Direito) são afetadas pelas ações que constituem a interação – definida precisamente por este mútuo afetar-se (Labov e Fanshel[228],

[228] *In Therapeutic discourse*. Nova York/Londres: Academic Press, cf. Lozano, *ibidem*, p. 309.

importantes linguistas americanos). As unidades da interação verbal (em outras palavras, as unidades do discurso) não serão, portanto, apenas os enunciados (como transmissões de informações), mas os "atos de fala" (leia-se: conforme as matrizes da linguagem) que propiciam transformações nas relações intersubjetivas. É a consideração de um percurso gerativo de significação – tal como tento expor – que levou à revalorização da pragmática na Semiótica contemporânea, depois de a mesma haver sido considerada durante anos como a "parente pobre" dos estudos semióticos. Em sentido lato, entende-se por pragmática a investigação dos aspectos indiciais e instrumentais da linguagem, ou seja, das situações em que ocorrem os textos e dos efeitos que estes promovem em seus usuários. Já que os sujeitos afetam-se no texto, por meio de enunciados, temos de recorrer às investigações da Semiótica do texto sobre os complexos fenômenos textuais de significação, para analisar a esta luz as transformações intersubjetivas.

Uma teoria da ação e do ator partiria da noção de ação como transformação de um estado inicial em um estado final, e nela se diferencia o ato de fala como resultado da atividade como processo. Os processos textuais podem ser vistos como sequências de percursos ou de matrizes, cuja concatenação responde a uma lógica interna e cuja segmentação funcional permite observar dinamicamente cada matriz, em relação ao conjunto do processo.

A relação entre o momento pontual e a série que o inscreve mostra também como uma matriz pode afetar as condições das outras matrizes sem aparentemente introduzir um novo estado; podem, assim, fazer com que um estado venha a permanecer, a prevenir outro, a impedir uma transformação e assim por diante. A mesma perspectiva sequencial permite identificar aqueles atos de fala que se cumprem precisamente pela omissão manifesta de uma ação em um momento do percurso em que seria pertinente (os atos de abstenção de que nos fala Von Wright[229], filósofo finlandês). São as *matrizes de linguagem* os elementos centrais do *sistema de ação*.

Os sujeitos definem-se como atuantes justamente porque estão atrelados e conectados à linguagem, em suas matrizes básicas. Os elementos cons-

[229] Cf. Lozano, *ibidem*, p. 310.

tantes de cada matriz permitem em um dado momento predizer o comportamento que o sujeito pode realizar. Um sujeito relaciona-se com a ação de modos diversos. Pode, por exemplo, "querer e não poder" ou "dever e não saber fazer" algo; são essas predicações que delimitam sua *competência modal* [230] (competência para a ação definida segundo categorias modais) e que o qualificam como um determinado sujeito de ação.

2.13 Hibridismo entre as matrizes da linguagem natural

As matrizes da linguagem não são puras. Não há linguagens puras.

A matriz sonora da linguagem, quando muito, alcançaria um certo grau de pureza, se não estivesse envolvida, também, com o resto do contexto.

A matriz visual, mesmo se as imagens fossem fixas, também se expande para as demais matrizes, pois absorve a lógica da sintaxe.

A matriz verbal é a mais híbrida das matrizes da linguagem, pois absorve a *sintaxe* do domínio da *matriz sonora* e a *forma* do domínio da *matriz visual*.

A classificação básica das três matrizes tem o escopo de evidenciar a possibilidade de mistura e complementaridade entre as matrizes e quais os princípios lógicos que comandam possíveis misturas entre elas. De acordo com a lógica das três categorias e dos consequentes pressupostos de que Santaella[231] partiu:

A sonoridade é dominantemente uma questão de primeiridade, do quali-signo icônico, remático. A visualidade é dominantemente uma questão de secundidade, do sin-signo indicial, dicente. A verbalidade é dominantemente uma questão de terceiridade, do legi-signo simbólico, argumental.

Cumpre esclarecer que a lógica da matriz verbal não quer necessariamente significar que a linguagem tem que estar manifesta em palavras

---

[230] Observe-se que "modalização", cf. Fiorin (*ibidem*, p. 88), é a determinação que modifica a relação do sujeito com os valores (modalização do ser) ou que qualifica a relação do sujeito com o seu fazer (modalização do fazer).

[231] *In Matrizes da linguagem e pensamento*, p. 373.

escritas; assim como a lógica da matriz sonora não quer dizer que a linguagem deva estar necessariamente manifesta em sons. Há uma lógica da matriz verbal que, certamente, o discurso verbal realiza de forma otimizada; assim como há uma lógica da sonoridade que o som (a sintaxe) evidentemente realiza de maneira otimizada; tanto quanto há uma lógica da visualidade que, sem dúvida, a linguagem visual (a forma) realiza em sua plenitude.

Entretanto, isso não quer dizer que a lógica verbal não possa se realizar em signos visuais ou sonoros. Da mesma forma, a lógica visual pode manifestar-se em signos verbais ou sonoros, tanto quanto a sonoridade pode adquirir formas que a aproximam dos signos plásticos ou da discursividade inerente ao verbal.

As matrizes referem-se a modalidades da linguagem e de pensamento. O pensamento verbal pode realizar-se em sintaxes que o aproximam do pensamento sonoro, ou em formas que o aproximam do pensamento visual. Este último, por sua vez, pode se resolver em quase-formas que o colocam nas proximidades do pensamento sonoro ou em convenções tomadas de empréstimo ao pensamento verbal. Da mesma maneira, o pensamento sonoro pode se encarnar em formas plásticas, tanto quanto pode absorver princípios que são mais característicos da discursividade.

As três matrizes da linguagem e pensamento não são mutuamente excludentes. Comportam-se como vasos intercomunicantes, num intercâmbio permanente de recursos e em transmutações incessantes. Numa leitura vertical, o dado que merece ser colocado em discussão são os pontos centrais de cada matriz, o seu coração. E quais são eles?

Na matriz sonora, é a *conexão dinâmica.*

Na matriz visual, o ponto é a *dinâmica de gestualidades*.

Na matriz verbal, é a *narração sucessiva*.

O que esses pontos indicam?

A dominância dos aspectos da secundidade em cada um deles, o que, por sua vez, indica que cada matriz chega aí o mais perto que lhe é possível de seu objeto semiótico, ou seja, daquilo que, em uma linguagem menos técnica, costuma-se chamar *referente*. Aí estaria o limite máximo de aproximação denotativa de cada uma dessas linguagens com aquilo a que se referem.

Só a linguagem sonora pode livrar-se do inevitável paradoxo denotativo, justamente porque não tem nenhum poder referencial. A lição da *linguagem sonora*, por sua fragilidade referencial, compensada tanto por sua possibilidade de existir a partir de um quase nada, quanto por sua exuberância sugestiva, encaminha a compreensão dos níveis de primeiridade, quer na visualidade, quer no discurso verbal.

Quanto mais a *linguagem visual* afasta-se de seu centro de figuratividade e caminha para as formas não-representativas, até ser reduzida à pura qualidade, qualidade tal qual é, ainda mais ela se encontra com caracteres que fazem dela algo similar à volatilidade sugestiva do som. Aquém da representação, pura presentificação.

Quanto mais a *linguagem verbal* afasta-se de seu centro especificador (a dissertação argumentativa), rumo a seu limite de primeiridade, que se resolve na descrição qualitativa, mais a matriz verbal vai ao encontro da poesia. A lógica da matriz verbal também reverbera em vários pontos da sonoridade e da visualidade – é da lógica verbal que a matriz sonora e a visual extraem suas bases de constituição como linguagens, quer dizer, só podem funcionar como linguagens porque o legi-signo, não necessariamente simbólico, identicamente opera dentro delas. Quanto mais o simbólico (matriz verbal) avança dentro da sonoridade e da visualidade, mais estas últimas ficam submissas à lógica do verbal. Existe um conjunto de interfaces e interpenetrações das três matrizes.

A matriz sonora permite entender os níveis de primeiridade da matriz visual; assim como o nível de primeiridade da matriz visual ajuda a compreender o nível de secundidade da matriz sonora. O nível de secundidade da visual leva-nos a compreender o nível de primeiridade da verbal, do mesmo modo que o nível de terceiridade da sonora ajuda a entender o nível de secundidade da verbal e vice-versa.

Sob o ponto de vista das matrizes da linguagem e pensamento, linguagens concretizadas são na realidade corporificações de uma lógica semiótica abstrata que lhes está subjacente e que é sustentada pelos eixos da sintaxe – na sonoridade; da forma – na visualidade; e da discursividade – no verbal.

SEGUNDA PARTE

• • •

DIREITO E LINGUAGEM

CAPÍTULO 3

LINGUAGEM JURÍDICA E SEMIÓTICA JURÍDICA

3.1 A linguagem do Direito e a linguagem sobre a linguagem do Direito como objetos da Semiótica Jurídica

Para responder à pergunta: "O Direito – *enquanto* linguagem, pode ser objeto da Semiótica?", nada mais oportuno do que as palavras de Elizabeth Walther-Bense[232], figura de primeiro plano da "Escola da Semiótica", da Universidade de Stuttgart:

> A posição privilegiada da semiótica como teoria geral (intersubjetiva e intersensível) dos signos em relação à matemática, à lógica, à linguística e às artes, para falarmos apenas estas, deve-se ao fato que ela investiga explicitamente todos os signos, as relações sígnicas, e os processos sígnicos, que, nesses campos, são usados implícita, intuitiva e automaticamente. **Isto é, não existe, em nenhuma atividade espiritual, um meio utilizável ou utilizado que, uma vez referido a qualquer fato ou acontecimento material ou não material, não pertença à teoria geral dos signos.**
> **Estranho seria se um tal meio universal da atividade da consciência, que compreende todo tipo de sensações mentalizadas, não possuísse, ao lado de sua concepção teorética, também uma concepção prática. É evidente que cada disciplina, cada intenção intelectual e comunicativa de nossa consciência ou de nossa vida existencial e social, isto é, a linguagem, a arte, a ciência, a técnica e a comunicação, em que o que está sempre em pauta é a expressão, a representação, a conjuminação e a mediação de conhecimentos, reflexões e criações,**

[232] *In A Teoria geral dos signos*, p. 85.

> **é obtida de conceitos sígnicos e de processos sígnicos teóricos e práticos.** (grifei)

A consideração do Direito enquanto linguagem vem ao encontro de uma observação, já antiga, feita por Paul Valéry e, em meu entender, extremamente pertinente. Paul Valéry, escritor, poeta e filósofo francês (no decurso de uma Conferência, na Escola de Ciências Políticas), **afirmou que estava faltando às numerosas definições de Direito, apresentadas pelos melhores autores, de Justiniano a Kant, a menção da linguagem, que, entretanto, não é possível separar da noção de Direito**[233].

Entre nós, renomados autores, entre os quais o Prof. Tércio Sampaio Ferraz Jr., Luiz Alberto Warat, Luiz Antonio Rizzatto Nunes também trouxeram à baila esta importante questão.

Como preleciona o ilustre Prof. Rizzatto Nunes[234]:

> No Direito, a linguagem tem merecido cada vez mais a atenção dos estudiosos, dada sua importância para o conhecimento jurídico. A linguagem, na realidade, impõe-se de maneira necessária para o investigador do direito, uma vez que, **olhados de perto, Direito e linguagem se confundem**: é pela linguagem escrita e falada que os advogados, os procuradores, os promotores defendem e debatem causas e os juízes as decidem; é pela linguagem escrita e falada que os professores ensinam o Direito e os estudantes o aprendem. Acima de tudo, é pela linguagem que se conhecem as normas jurídicas. (grifei).

A questão comunicacional é de de vital importância no campo do Direito. Como pondera o filósofo W. Mays, uma linguagem não arraigada nos fatos não pode ter valor como instrumento de comunicação[235], e a linguagem do Direito deve satisfazer aos pressupostos da comunicabilidade, visto que seus "paradigmas" têm como destinatários tanto os órgãos do Estado como os particulares, ou ambos. **A colocação da experiência jurídica, em termos de**

---

[233] Afirmação de Roger Nerson, Exercises de vocabulaire, *in Mélanges offris à Monsieur le Professeur Pierre Voirin*, LGDJ, 1967, p. 604, *apud* P. Dubouchet, *Sémiotique juridique*, p. 5.

[234] *In Manual de introdução ao estudo do direito*, p. 212.

[235] *In* "A Lógica e a linguagem em Carnap", § 3, em *Epistemologie génétique et recherche psycologique*, citado por M. Reale, *in O direito como experiência*, p. 173.

modelos (como irei expor mais adiante), dá maior relevo ainda à Semiótica Jurídica, cujas investigações, como observou Kalinowski, estão apenas em vias de se formar[236].

Observe o leitor que os pesquisadores foram se atendo às funções desempenhadas pela *linguagem do Direito*, concentrando-se, ora em uma, ora em outra de suas matrizes básicas, nem sempre insistindo sobre a integralidade do fenômeno jurídico, enquanto linguagem. Esses autores observaram que existem, na linguagem jurídica, relações *sintáticas*, concernentes às relações ou à composição dos signos entre si, abstração feita de seus significados; relações *semânticas*, atinentes aos significados e alterações dos significados das expressões, isto é, ao estudo de seu "processo significativo"; relações *pragmáticas*, referentes às relações existentes entre as expressões e os homens que as empregam.

Kalinowski, por outro lado, pondera que, dentre as funções pragmáticas, as mais importantes são as de *expressão* e as de *comunicação*[237], estas mais propriamente desempenhadas pela "linguagem da ciência do Direito", enquanto à expressão caberia papel mais relevante na "linguagem do jurista", como, por exemplo, na de um advogado empenhado em transmitir um estado emocional. Na realidade, porém, a expressão não é senão um elemento da comunicação, um aspecto implicando o outro.

Reale, por sua vez, chamava a atenção para o fato de, até então, não ter sido dispensada a devida importância aos estudos desenvolvidos sobre o fenômeno fundamental da comunicação, quer seja considerado em seus aspectos linguísticos, quer em suas expressões existenciais, conforme oportuna distinção de Ferrater Mora[238].

Reale prossegue, observando que existem problemas e categorias que a Dogmática Jurídica se propõe e que são amplamente debatidos no âmbito

---

[236] *In Introduction à la Logique Juridique*, p. 52, cf. M. Reale, *ibidem*, p. 173.

[237] Em meu entender, a *comunicação* é que abrange tanto a *expressão* como o *conteúdo*.

[238] *In* verbete "comunicación", em seu *Diccionario de Filosofia*, 5ª ed., 1965, t. I, p. 317, com uma bibliografia atualizada sobre a "teoria da informação". Cf. Bagolini – "La comunicazione sociale nel contrasto delle visioni del mondo", na *Riv. Int. di Filosofia del Diritto*, 1960, p. 399-408, depois inserto em *Visioni della giustizia e senso comune*, p. 323 e segs. e Marshall Mcluhan – *Understanding media*. Essas citações foram obtidas *apud* Reale, *ibidem*, p. 174.

da Teoria da Comunicação e da Cibernética. E dá o exemplo de uma questão que suscitou, em tempos recentes, vivas polêmicas sobre os "destinatários das normas jurídicas", entendendo uns ser o povo em geral; outros, os órgãos do Estado, sem se falar nas soluções intermediárias e nas múltiplas variantes assumidas pelas duas diretrizes principais. Eis aí, diz o Mestre, **um caso típico de indagação jurídica que evitaria a formulação de pseudoproblemas, se a matéria fosse posta em termos de modelos jurídicos e de processos de comunicação que se correlacionam e se complementam**[239].

Ninguém – afirma Reale – melhor do que Karl Jaspers soube sublinhar a importância primordial da comunicação, a partir da afirmação radical de que, "para ser genuinamente verdadeira, a verdade tem de ser comunicável". Nós somos o que somos, diz ele, apenas através da comunhão de entendimentos mutuamente conscientes[240].

Dessas duas colocações, Jaspers infere sua conhecida tese de que os homens – diferentemente dos outros animais, que constroem comunidades nas quais vivem imersos, segundo estruturas jungidas à lei natural estrita – constituem comunidades em mudança contínua e potencial, através de estruturas históricas abertas, cujo começo e fim não são visíveis, comunidades nas quais a comunicação das existências empíricas, das consciências e dos espíritos concretiza-se como comunhão de pessoas, capacitadas de que o lugar que lhes cabe só tem o seu sentido particular enquanto partícipes de um todo.

---

239 Cf. Reale, *ibidem*, p. 174, em nota de rodapé: Onde há intersubjetividade há comunicação e, por conseguinte, alguém a quem a comunicação se destina. A questão dos "destinatários das normas jurídicas" não pode, por conseguinte, ser considerada um pseudoproblema, como querem Kelsen (*Teoría general del Estado*, trad. de Legaz y Lacambra, 1934, p. 71) e Santi Romano (*Frammenti di un dizionario giuridico*, Milão, 1947, p. 135 e segs.). As críticas desses dois mestres só procedem contra o imperativismo em termos de "comandos", sem atingir, todavia, a doutrina da imperatividade entendida como expressão da objetividade de uma estrutura normativa de conteúdo axiológico. Aliás, Kelsen exclui o referido problema do âmbito do Direito, fiel aos pressupostos de sua "teoria pura", considerando-o metajurídico "pertencente a uma esfera distinta da normativa".

240 *In Reason and existenz*, trad. de William Earle, 10ª ed., New York, 1967, p. 77 e segs., dedicadas ao tema "verdade como comunicabilidade". Ainda do mesmo Jaspers, ***Filosofia***, tradução de Fernando Vela, Madri, 1958, p. 451-521. Luigi Bagolini, tendo em vista a relevância do fenômeno da comunicação, põe a comunicabilidade e o diálogo como base da compreensão do poder (*in Mito, potere e dialogo*, Bolonha, 1967, p. 54 e segs.). Estas citações são de Realed, *ibidem,* p. 175, em nota de rodapé.

Essa correlação jasperiana entre *estrutura* e *comunicação*, no plano existencial, vemo-la expressa, sob outro ângulo, por A. J. Ayer. Observa este representante do positivismo lógico que

> não me é possível garantir que o 'sofrimento' que uma outra pessoa me diz estar padecendo corresponda, em tudo e por tudo, ao que entendo por aquela palavra; nem tampouco me é dado afirmar haja coincidência entre o que ela e eu designamos com a mesma palavra 'verdade'. Isto não obstante, eu posso observar que aplicamos aquelas palavras nas mesmas ocasiões, e que a classificação dos objetos como 'verdes' coincide com a minha, e que o *signo* com que ela expressa o seu sofrimento parece-me apropriado, e isto é tudo o que se requer para a comunicação.

Por isso, não importa saber em que a experiência alheia consiste efetivamente, em si mesma, mas sim verificar que

> a estrutura de nossos respectivos mundos é suficientemente igual para mim, habilitando-me a coincidir na informação que ele me dá. É somente neste sentido que nós temos uma linguagem comum; nós temos, por assim dizer, uma mesma tela que cada um de nós pinta a seu modo. Resulta daí que, se há proposições, como as proposições das ciências, dotadas de sentido intersubjetivo, elas devem ser interpretadas como descrições de estrutura[241].

E Reale prossegue afirmando que tais asserções de Jaspers e Ayer são válidas, a seu ver, nos domínios da Ciência do Direito, cujas proposições, de sentido necessariamente intersubjetivo, devem ser interpretadas em sua funcionalidade estrutural, inseparável de seu contexto significativo, o que nos previne contra o equívoco de conceber os modelos jurídicos como puras abstrações formais.

Continua o Mestre com as seguintes colocações:

Alguém poderia ser tentado a conceber as normas jurídicas como simples *proposições informativas*, destituídas de imperatividade. Já foi dito, por

---

[241] A. J. Ayer – na Introdução à coletânea por ele organizada sob o título ***Lógical positivism,*** New York, 1959, p. 19. É relevante, outrossim, a observação feita por Ayer, logo a seguir, quanto à improcedência da distinção que às vezes se pretende fazer entre ***estrutura e conteúdo***. Essas citações são de Reale (***ibidem***, p. 175, em nota de rodapé).

exemplo, que o Direito não determina obrigatoriamente ao devedor que pague uma letra de câmbio, mas apenas "informa" e prevê que, se não for satisfeito o débito, poderá haver protesto do título, penhora de bens, requerimento de falência e assim por diante. Isso, porém, é um modo unilateral de considerar-se a "comunicação" normativa. Esta, em sua inteireza e concretitude[242], significa que o Direito já considerou, anteriormente, a estrutura do comportamento em apreço e que, considerada a questão em sua qualificação tipológica, é declarada juridicamente obrigatória, isto é, juridicamente conforme ao Direito, o pagamento do título, no dia de seu vencimento, ressalvada ao devedor a alternativa de recusar-se a fazê-lo, não por inexistir obrigação (como equivocadamente se afirma), mas sim em virtude do caráter *bivalente* de toda obrigação jurídica, como "comunicação de um *dever* a um *ser livre*". Na regra jurídica está pois inerente a informação da "*existência de uma opção axiológica havida como essencial a uma conduta típica*", coincidindo, no exemplo acima lembrado, tanto o legislador como o credor e o devedor na "representação" da mesma "estrutura jurídica". É o quanto basta para reconhecer-se a *imperatividade do Direito*, isto é, a *obrigatoriedade objetiva do Direito em razão de sua intrínseca estrutura axiológica*. A imperatividade axiológica, segundo Reale, não deve ser confundida com a do já superado *imperativismo voluntarista*, que pressupõe antropomorficamente um comando emanado de uma autoridade superior, ou do Estado, concebido como autoridade personalizada.

A necessidade de tomar-se o modelo jurídico (sobre o que comentarei mais adiante) **na totalidade de seu significado** (eu diria, na totalidade de suas três matrizes básicas) **deve prevenir-nos também contra qualquer tentativa de reduzir-se a experiência jurídica a um mecanismo de comportamentos sociais, explicável, mais cedo ou mais tarde, como um puro sistema de *feedback*** e de relês. Se não se pode ***a priori*** **excluir a aplicação de cálculos cibernéticos na tela do Direito – sobretudo naqueles campos, como o do Direito Tributário, onde o aspecto quantitativo e numérico é mais relevante; e se é possível esperar da aplicação da Informática informações valiosas quanto à análise dos dados da vida jurídica, como por exemplo os fornecidos pelas decisões dos Tribunais, Reale afirma não crer que possa a aplicação dos modelos jurídicos deixar de ter como base essencial as vias de *compreensão***

242 Que ficam claras, quando da colocação das três matrizes da linguagem e pensamento.

***estimativa,* graças a um complexo de processos insusceptíveis de serem reduzidos a um sistema de "modelos matemáticos" ou de meras inferências dedutivas, muito embora o entendimento dos modelos jurídicos em termos operacionais possa enriquecer-se com a linguagem cibernética**[243]**.**

Dito isso, observa-se que uma Teoria dos Modelos Jurídicos tem que ser elaborada em plena e concreta consonância com a realidade a que se destina. O assunto ultrapassa, decerto, os limites da Epistemologia Jurídica, pois caberia à Teoria Geral do Direito analisar, pormenorizadamente, as diversas formas segundo as quais se opera a modelagem da experiência jurídica, sendo tarefa da Filosofia do Direito o estudo da natureza do "modelo jurídico" e suas implicações metodológicas.

Vale ponderar, desde logo, que quando se concebe o modelo jurídico como simples resultado de um processo abstrativo ou eidético, corre-se o risco de fazer ressurgir, sob nova veste, o antigo formalismo jurídico[244].

Assim como na Metodologia das ciências, a "teoria dos modelos" passa por uma crítica fecunda, inclusive pela verificação de sua devida adequação a cada tipo de experiência, dada a correlação característica dos conceitos de "estrutura" e de "função". Caberia à Teoria Geral do Direito dedicar atenção especial ao problema, elaborando a "teoria dos modelos jurídicos" que não podem ser, como já se disse, os de tipo lógico-matemático, nem os de "réplica analógica" de uma experiência subordinada a leis causais.

Se Reale afirma que "uma teoria dos modelos jurídicos, esclarecedora de sua estrutura normativa, de seu tipo de *predição*, e da natural elasticidade de seus elementos componentes, parece uma das tarefas mais elegantes e urgentes do saber jurídico atual", em minha compreensão, a colocação das

---

[243] Sobre *Cibernética jurídica*, v. Ulrich Klug – *Elektronische datenverarbeitungsmaschinen in recht,* nos "Festschrift fur Hermann Jahrreiss", p. 189 e segs.; e Vittorio Frosiini – *Cibernetica, diritto e società*, Milão. 1968: Cf. Reale, *in O direito como experiência*, p. 177, em nota de rodapé.

[244] Cf. Reale, *ibidem*, p. 177, em nota de rodapé: É o que se pode observar, por exemplo, na concepção dos modelos jurídicos que nos dá Paul Amselek, *Methode phénoménologique et théorie du droit*, p. 67 e segs., na qual o "modelo" é apenas o "esquema" ou "medida" do valor ou do dever ser da proposição normativa. A seu ver, o dever ser não é mais que "uma expressão gramatical, sintática, cômoda, pela qual se quer expressar, de maneira imaginosa, a natureza e a função de modelo, de instrumento de avaliação da proposição normativa" (p. 70). No fundo, modelo reduz-se a módulo, a mero padrão de medida axiológica, de alcance heurístico limitado.

matrizes da linguagem e pensamento, que não necessitam constituir-se em teoria, por sua própria evidência e consistência, através de estudos da Semiótica e das ciências cognitivas, esclarece essa questão e propicia novos avanços. Ao falar-se em modelo, no âmbito da Ciência do Direito, não se deve, portanto, pensar numa pura e estática abstração intelectual, de tipo lógico formal, mas sim em algo que implica, de *per si*, a projeção dos comportamentos intersubjetivos referíveis à prefiguração normativa positivada, com a correlação imprescindível entre norma e situação normatizada, sentido e efetividade de sentido, o que põe em realce a sua conotação ética.

Essa compreensão funcional e operacional dos modelos jurídicos, na verdade, tem suas raízes nos primórdios da jurisprudência, com os primeiros exemplos de *categorização da experiência jurídica*. Que fizeram, na realidade, os legisladores e juristas, durante séculos, senão plasmar em "estruturas normativas" renovadas porções ou momentos da vida humana? E, na prática, que tem sido a atividade dos advogados e dos juízes senão um permanente cotejo entre situações concretas e os modelos objetivados nos códigos e nas leis, nos precedentes jurisprudenciais, nas cláusulas dos testamentos e atos negociais?

Os modelos do Direito, como vou expor, mais adiante, considerados em seu conjunto, cobrem toda a vida social, o que não significa que absorvam em toda a vida social: ao contrário, o âmbito do *não jurídico* abrange todas as formas de vida (leia-se matrizes subjacentes da linguagem natural), às quais a linguagem jurídica superpõe-se como instrumento essencial de garantia de segurança e de eficiência na vida social.

Em meu entender, os modelos do Direito, no quadro semiótico das três matrizes da linguagem jurídica, estão relacionados e conectados não somente à linguagem natural, como também à linguagem jurídica (primeiro percurso gerativo da significação e da interpretação dos textos jurídicos), e ainda à metalinguagem jurídica (percurso ulterior da reconstrução da significação e da interpretação dos textos jurídicos).

Ou seja, a colocação das matrizes serve para estruturas, funções, operações, modelos, functores, sintagmas e paradigmas.

A Semiótica, penso eu, nos dá os suportes para a compreensão desse percurso "circular e contínuo" de (re)organização de significações e de interpretações.

3.2 A Semiótica Jurídica e seus adeptos

Os estudos sobre Semiótica Jurídica são "relativamente" recentes e, paradoxalmente, correm o risco de ficarem esquecidos, se não forem resgatados a tempo – o que é lamentável.

Desde o longínquo ano de 1690, quando o inglês Locke publicou a obra *Ensaios sobre o entendimento humano*, passando pelo genebrino Saussure e pelo norte-americano Peirce (cuja obra, neste trabalho, foi por mim privilegiada), e alguns outros, pode-se dizer que foi somente na década de 40 do século XX que a análise semiótica foi introduzida no campo jurídico[245], através da obra de Felix E. Oppenheim (*Outline of a logical analysis of law).*

Tratava-se da proposta para uma ciência empírica do Direito, que iria estudar as relações entre os enunciados jurídicos e os seres humanos que os criam, interpretam e os aplicam.

O Direito seria visto como Direito em ação, como fenômeno social.

A obra de Oppenheim buscou desenhar um método para a construção do *modelo de linguagem* para estudar as propriedades lógicas dos enunciados jurídicos.

A *sintaxe* estabelecendo a correção dos enunciados; a *semântica* determinando as condições de verdade desses enunciados, que afirmam determinados fatos em um dado sistema; e a *pragmática* estabelecendo as regras por meio das quais os enunciados têm qualidade oficial. Por exemplo: um enunciado acerca do Código Penal seria válido se cumprisse os seguintes requisitos: a) correto; b) não-falso; c) competentemente sancionado. Significa que a validade dos enunciados de qualquer linguagem jurídica depende também de aspectos pragmáticos e não apenas de aspectos sintáticos e semânticos.

---

[245] Cf. Lênio Luiz Streck, ***Hermenêutica jurídica e(m) crise***, p. 168: As análises iniciais de Oppenheim partiam do seguinte pressuposto: a) O Direito é visto como uma linguagem, tanto de signo linguístico – regras, decisões, mandatos etc., expressos em linguagem natural, como não-linguístico, como as luzes que controlam o trânsito, a sirene da polícia etc., os mesmos que podem traduzir-se em uma linguagem de palavras; b) o Direito positivo de uma comunidade, seu sistema jurídico, é a classe destes enunciados que constituem uma linguagem. O sistema jurídico está composto pelos enunciados jurídicos; c) a ciência do Direito consiste em proposições acerca dos enunciados jurídicos, e esta pode ser empírica (histórica ou sociológica jurídica) e lógica.

Oppenheim define a Semiótica Jurídica sobre a base da distinção entre uma pragmática pura e uma pragmática descritiva. Para ele, o estudo empírico da relação entre signos e seus usuários é o objeto da pragmática descritiva. Já o estudo das condições pragmáticas acerca da validade dos enunciados pertence ao campo da pragmática pura e como tal, junto com a sintaxe pura, a análise lógica é às vezes chamada Semiótica pura.

Oppenheim dirá que a ciência empírica do Direito é um exemplo de pragmática descritiva; da análise lógica do Direito ocupam-se a pragmática, a semântica e a sintaxe puras. Estabelece assim distinções importantes entre "enunciados jurídicos válidos e executáveis", uma vez que essas duas classes de enunciados refletem dois objetivos antagônicos que o Direito trata de alcançar: *segurança* e *eficiência prática*. Para Oppenheim, a análise lógica do Direito não é um fim em si mesmo, senão um meio para a compreensão de elementos essenciais do Direito. Assim, propõe ele, a análise lógica permite que, entre outras coisas, possam descobrir-se princípios jurídicos ocultos e formulá-los explicitamente em uma linguagem-modelo com a qual se põem em questão algumas teses do Direito natural[246].

São igualmente relevantes os trabalhos do já citado Georges Kalinowski[247], seguindo a mesma tríade: a *pragmática*, estudando as relações, as expressões do Direito e seus usuários, onde entram o problema do legislador e as fontes do Direito; a *semântica*, analisando o significado dos textos normativos, implicando o estudo da dogmática jurídica, para elucidar a verdade ou a falsidade das normas; e a *sintaxe*, encarregada de estudar as relações sintáticas das expressões jurídicas, onde se estudará a linguagem dos juristas.

Em trabalhos posteriores, em 1978, Kalinowski, seguindo as teses de Peirce (que, por sua vez, eram semelhantes às de Carnap e Morris), trabalhou uma Semiótica voltada para uma linguagem concreta do Direito; isso

---

246 O presente resumo baseia-se no trabalho do semioticista Roque Carrión Wam, publicado na Enciclopédia Jurídica Omeba, apêndice Tomo VI, Bibliográfica Omeba, Buenos Aires, s/d, p. 582-594, onde, em alentada pesquisa destaca as principais correntes que se ocupam do estudo da semiótica jurídica. O autor não inclui os estudos que ocorre(ra)m no Brasil, cf. Lenio Luiz Streck, *in Hermenêutica jurídica e(m) crise*, p. 168-169.

247 Autor de *Introduction a la logique juridique* e do artigo *La logique juridique, la sémiotique et la rhétorique*.

porque a vida jurídica expressa-se em uma tríplice atividade linguística (a tríplice atividade constitui o nível dos enunciados jurídico-pragmáticos): 1) a promulgação de normas jurídicas; 2) o estudo (téorico e prático) dessas normas jurídicas; e 3) sua aplicação, sendo cada uma destas fases constituída de pragmaticidade. Segundo Kalinowski, não se pode identificar a Lógica Jurídica propriamente dita com tal ou qual parte da Semiótica Jurídica, partes estas que estão em relação de inclusão e não de exclusão: a pragmática englobando a semântica e esta englobando a sintaxe. Ele dizia: "Não é o objeto que varia, ao longo desta tríplice observação, mas a maneira de abordá-lo: a sintaxe estuda os signos linguísticos em suas relações recíprocas, abstraindo *tanto* seu sentido *quanto* de seus usuários; a semântica leva em consideração *também* seu sentido, mas continua a fazer abstração de seus usuários; a pragmática leva em conta, *além disso,* estes últimos".

Ele criticava aqueles autores que confundiam Lógica Jurídica com Semiótica Jurídica, afirmando que essas duas disciplinas não estão no mesmo plano. A Lógica concerne a uma linguagem-objeto (não confundi-la com a "metalógica", que estuda a linguagem da lógica). A Semiótica – como a Linguística – é uma metalinguagem.

Para Kalinowski, o nível dos enunciados metajurídicos pragmáticos está determinado pelo critério da ciência com a qual se relacionam os enunciados: História do Direito, Etnografia do Direito, Sociografia e Sociologia do Direito, Psicologia do Direito, Política do Direito[248]. Estudos de Semiótica Jurídica, baseados na Semiótica peirceana, foram desenvolvidos também por Denys Joly Brion em diversas obras, como

> *The paradox of principles and the critique of pragmatism* (1996), *Postmodern law: the judicial function of principles pastiche* (1994), *Rhetoric and the law of enterprise* (1992), *The chaotic indeterminancy of tort law: between formalism and nihilism* (1995[249]).

André-Jean Arnaud, sociólodo do Direito, por sua vez, introduziu a interdisciplinaridade no discurso semiótico (ou semiológico). Seu projeto pretende mostrar como uma aproximação ao conceito de razão jurídica passa

---

[248] Cf. Lenio Luiz Streck, *ibidem*, p. 169.

[249] *Ibidem*, p. 169-170.

necessariamente por um estudo dos sistemas jurídicos considerados como discurso. O Direito exprime-se por palavras, gestos, expressões e não pode existir sem eles e tem como suporte a língua que se constitui em discurso. Por discurso, entende-se o lugar onde se manifesta e transforma, sobre um suporte linguístico, um universo carregado de sentido; uma sequência composta por um conjunto de trabalhos, na qual a lei não é mais do que o ponto de chegada; o discurso do Direito, segundo ele, forma-se a partir do discurso da lei e da jurisprudência. A produção desse discurso pressupõe um ponto de chegada que se expressa como Direito positivo. O discurso jurídico dado não está desvinculado de sua fonte de produção, que é o grupo dominante da sociedade, sendo instrumento de poder desse grupo. Surge a necessidade de se descobrir tal ideologia inscrita no discurso do Direito positivo: é essa a tarefa de uma Semiologia Jurídica proposta por Arnaud.

O método proposto é o seguinte: os textos jurídicos pressupõem necessariamente uma ideologia que não é detectável senão no nível estrutural, não sendo visível e nem consciente; a análise semiológica da significação aplicada ao Direito põe em evidência os fundamentos inconscientes e reais do sistema do discurso jurídico; a estrutura define-se como um princípio subjacente de organização totalizante que permite descobrir a razão de um sistema jurídico; a busca da significação realiza-se a partir dos índices do fenômeno em estudo; **o texto jurídico como objeto discursivo não é mais do que um invólucro que contém uma realidade latente**; precisamente neste momento, requer-se a seleção da maior quantidade de dados que podem comportar-se como índices, o que se leva a cabo tendo em conta o caráter pertinente, recorrente, sequencial e não-aleatório dos mesmos. Desse modo, uma vez obtido um *corpus* fechado e susceptível de uma certa formalização, o objetivo a alcançar é o de reconstruir um modelo estrutural do fenômeno em estudo, para o qual se procede a (1) analisar a estrutura de relação para eliminar tudo aquilo que oculta o essencial; (2) estabelecer e qualificar as relações existentes entre os índices; e (3) propor uma significação, ou seja, uma interpretação, para o que se deverá levar em consideração o contexto que supõe o estudo dos meios social, econômico, psicológico, inconsciente e ideológico[250].

[250] Cf. Wam, Roque Carrión, Semiótica jurídica. *In: Enciclopédia Jurídica Omeba,* apêndice, Tomo VI, Buenos Aires: Bibliografia Omeba, s/d, cf. citação de Lenio Luiz Streck, *ibidem*, p. 171.

A partir de 1970, A. J. Greimas, linguista lituano de origem russa, e um grupo de pesquisadores encabeçados por E. Landowski, realizaram uma análise semiótica do discurso jurídico legislativo. A partir de tais estudos, por discurso jurídico (DJ) se deve entender um subconjunto de textos que fazem parte de um conjunto mais vasto, o mesmo que está constituído por todos os textos manifestados em uma língua natural qualquer. O conceito de discurso é visto como uma concepção sintagmática e linear da linguagem, em cuja forma de organização compreende enunciados, sintagmas[251] e unidades como parágrafos, capítulos e discursos-ocorrências. Se afirmarmos que o DJ pertence ao conjunto maior da língua natural, suscitamos a possibilidade de descobrir o seguinte: a) que a língua natural é o universo referencial do DJ; e b) que o discurso converte-se, nesse nível, na medida em que consegue sua autonomia tanto formal como semântica. O discurso referencial do DJ é, então, o lugar da elaboração ideológica, vista como uma cobertura discursiva do mundo social em si mesmo, anterior à articulação pela palavra (o discurso). Ao contrário, o discurso legislativo constituir-se-á de enunciados performativos e normativos que inspiram seres e coisas e que instituem as regras de comportamentos lícitas e ilícitas. No esforço por diferenciar um do outro é que aparece a especificidade do DJ enquanto tal.

Um conceito da Teoria do Direito como o de juridicidade é definido como um conjunto de conotações vagas que o leitor (ou o cidadão) assume como uma mistura de incompreensão, desrespeito e de ameaças implícitas.

---

[251] Neste ponto, nota-se a importância da Semiótica. Não bastam novos paradigmas. Temos que ir em busca de um "certo modelo de relações entre unidades" – que é o que se chama sintagma: cf. Jean Marie Klinkenberg, *in Précis de sémiotique générale*, p. 144. Exemplos de sintagmas atualizados nos enunciados: a sequência dos signos num código secreto; a ordenação de pratos numa refeição; a sequência de barras, de pontos e de silêncios no código morse; a ordem de apresentação das formas geométricas, no quadro de um determinado artista; neste mesmo quadro, a relação entre um pássaro e o céu; o ritmo das colunas nas catedrais góticas; a sequência/grito identificando a natureza do movimento a ser executado/grito dando ordem de execução de um movimento, nos comandos militares: Esquerda, volver!; a sequência dos direitos fundamentais na Constituição Federal Brasileira. E assim por diante. Note-se que a noção de sintagma não implica nenhum alcance particular: será sintagma toda combinação atualizada de um enunciado, qualquer que seja a dimensão desta atualização. Um sintagma constitui, pois, uma unidade, mas esta unidade pode entrar, por sua vez, numa organização hierarquizada mais complexa, ou, ao contrário, pode subdividir-se em sintagmas menores.

A definição de um espaço autônomo de significação exige determinar certas propriedades estruturais que servem para diferenciar-lhes de outros discursos. Dentro dessas propriedades, as gramaticais e léxicas são fundamentais. O discurso do Direito (discurso normativo) possui uma gramática jurídica específica: há uma gramática distinta da gramática natural, com a intenção de não deixar ambiguidades, aparecendo como uma sintagmática preocupada com a formação correta dos enunciados, em um "quer dizer" inicial recoberto de uma rede modal que se expressa através de dois tipos de enunciados: a) enunciados qualificativos, que atribuem determinações aos objetos discursivos constituindo-os em objetos semióticos; e b) enunciados funcionais, que determinam a esfera de fazer desses objetos. O caráter de uma construção arbitrária e explícita expressa-se no reconhecimento da existência do discurso legislativo na medida em que foi dito pelo legislador. Dizer equivale a existir; não dizer equivale a não existir.

Ao lado disso, as propriedades léxicas do discurso (palavras, expressões) permitem postular a presença de um dicionário jurídico autônomo, o mesmo que revela certo **universo jurídico próprio. A esses conjuntos de características gramaticais e léxicas do discurso jurídico reconhece-se como uma linguagem ou como uma Semiótica Jurídica**. Esse objeto semiótico assim identificado será analisado, por sua vez, como qualquer outro objeto discursivo, pela metalinguagem da teoria e o método semiótico geral[252].

---

[252] Cf. Wam, *ibidem, apud* Enio Luiz Streck, *ibidem*, p. 172. Em nota de rodapé, Streck lembra que Maria Angela Russo Abud de Toledo (Teoria geral do direito integrativa e as tendências contemporâneas da semiótica jurídica. *In: Direito e perspectivas jurídicas* n. 1. São Paulo: Saraiva – FAPESP, 1996, p. 94 e segs.) acrescenta que os modelos de sociossemiótica jurídica de Landowski e Bernard Jackson e da semiótica pragmática-retórica do Direito, de Tércio Sampaio Ferraz Jr., encontram-se engajados nas indagações atuais de uma teoria geral integrativa (Teoria Geral do Direito/Linguística Jurídica/Semiótica Jurídica/Hermenêutica), voltada para uma problemática de natureza material mais geral, em torno da explicitação das implicações recíprocas da norma-realidade empírica (fato social e valor) e sujeito normativo do objeto da Ciência do Direito, bem como na produção da significação do discurso jurídico, diante da pluralidade de leitura dos textos jurídicos. Debaixo de uma única Teoria Geral da Significação, dirigem-se para a integração da Semiótica e Hermenêutica. Toledo afirma que, nas palavras do próprio Landowski (*in A sociedade refletida*. trad. Eduardo Brandão, São Paulo: Educ-Pontes, 1992, p. 10-11), nos desafios da construção de uma sociossemiótica está ínsito que, em vez de encarar a linguagem como o simples suporte de "mensagens" que circulam entre emissores e receptores quaisquer, fazendo-se abstração de suas determinações próprias, *deve-se procurar, antes de mais nada,*

Roque Carrión Wam, filósofo do Direito, por sua vez, inicia em 1974 uma investigação cujo objetivo foi a construção de uma Semiótica Jurídica entendida como uma *metateoria da interpretação do Direito*, baseada no modelo semiótico greimasiano, com aportes de outras vertentes semiótico-jurídicas. Visa à constituição de um modelo de análise para a reconstrução racional do processo de produção dos discursos legislativo e jurisprudencial. Tais discursos são os espaços linguístico-semânticos onde se manifesta e se transforma o sentido jurídico. Aproximou o discurso jurídico do discurso político.

Resumidamente: **A**. 1) a linguagem jurídica (LJ) é um subproduto da linguagem natural (LN); 2) A LN é um âmbito, plurisotópico[253] referencial no processo de produção de LJ; 3) a LJ instaura seu espaço semiótico ("discurso jurídico") próprio, conformando assim um universo semântico jurídico singular; 4) neste primeiro momento, a análise consiste em descobrir o processo de produção do discurso jurídico legislativo (DJL) ("produção da lei"), considerado como subproduto, e estabelecer as relações vinculantes com a própria LN, o que implica a inserção do discurso jurídico no seio da vida social. **B**. 1) o discurso jurisprudencial (DJJ) é visto como produto resultante da confrontação (caso jurídico concreto) dos elementos do mundo social que pugnam por incorporar-se ao discurso legal por intermédio do discurso jurisprudencial; nesse sentido, o discurso do caso que contém os elementos do mundo social pode ser confirmado ou rechaçado como elemento do discurso legislativo; 2) o microuniverso semântico do DJJ é visto como o ponto-final

---

captar as interações efetuadas, com a ajuda do discurso, entre os "sujeitos" individuais ou coletivos que nele se inscrevem e que, de certo modo, nele se reconhecem. Considerar, assim, continua, o discurso como um espaço de interação talvez seja proporcionar-se, a longo prazo, o meio de abordar, de um modo que não seja meramente intuitivo, a análise das condições de existência e de exercício do poder no que elas têm de socialmente mais evanescente e, sem dúvida, ao mesmo tempo, de mais profundo*; é tocar na formação e nas flutuações do vínculo social e político vivido.*

[253] Isotópico quer dizer referente a isotopia. Cf Diana Luz Pessoa de Barros, *in Teoria semiótica do texto*, p. 87: *Isotopia* é a reiteração de quaisquer unidades semânticas (repetição de temas ou recorrência de figuras) no discurso, o que assegura sua linha sintagmática e sua coerência semântica. *Isotopia figurativa*: caracteriza-se pela redundância de traços figurativos, pela associação de figuras aparentadas e correlacionadas a um tema, o que atribui ao discurso uma imagem organizada da realidade. *Isotopia temática*: é a repetição de unidades abstratas em um mesmo percurso temático.

do processo de transformação semântica que vai desde a LN ao DJJ; 3) os dois elementos da análise **A** e **B** são estudados desde o ponto de vista das condições de produção do discurso legislativo e do discurso jurisprudencial. **C.** A análise da significação, ou seja, da organização semântica do discurso jurídico realiza-se no marco metodológico semiótico-analítico greimasiano, ressaltando a especificidade desse tipo de discurso.

Trata-se, como afirma Wam, de uma análise empírica, de um processo de interpretação materialmente realizado dentro de um sistema jurídico determinado. Tal processo/modelo de interpretação põe em destaque o processo judiciário, alçado a um lugar privilegiado de análise da significação do Direito: todo o processo de produção do Direito (discurso jurídico legislativo e *decisório*/jurisprudencial) encontra-se aqui mesclado em uma cadeia interdiscursiva da ação jurídico-prática, conforme o autor conclui. Veja-se como a proposta das três matrizes encaixa-se bem, aqui, simplificando todo o percurso.

Outra contribuição relevante[254] para a Semiótica Jurídica vem do Professor Aulis Aarnio, da Universidade de Helsinki, que pretende retomar a filosofia analítica mediante um viés mais interpretativo, especialmente na obra *The rational as reasonable: a treatise on legal justification.* Procura, assim, combinar especialmente três pontos de vista, ou seja, a Nova Retórica, a filosofia linguística de Wittgenstein (em sua 2ª fase, *Investigações*) e o enfoque racionalista de Habermas. Aarnio entende que a interpretação pode ser vista como uma soma de jogos de linguagem, assim como a "ênfase da conexão entre a linguagem e a forma de vida, a interpretação do conceito de audiência com ajuda do conceito de forma de vida, o exame das teorias da coerência e de consenso como pautas de mediação das proposições interpretativas, um moderado relativismo axiológico e uma tentativa de localizar os traços racionalistas da interpretação"[255].

Entre nós, segundo entendimento do jurista Leonel Severo Rocha[256], **a Semiótica Jurídica é quase inexistente**.

---

[254] Cf. Lenio Luiz Streck, *ibidem*, p. 173.

[255] Cf. Leonel Severo Rocha. *Epistemologia jurídica e democracia*. São Leopoldo, Unisinos, 1998, p. 98, *apud* Enio Luiz Streck, *ibidem,* p. 173.

[256] *In Epistemologia jurídica e democracia*. São Leopoldo: Unisinos, 1998.

A problemática hermenêutico-jurídica, em sua opinião, teria muito a ganhar se adotasse como padrão metodológico a Semiótica, "*pois somente assim poder-se-ia aprofundar todo o arsenal linguístico do discurso jurídico*". Ao fazer um esforço acerca do assunto, o autor cita três fontes principais inspiradoras das análises lógico-linguístico-semióticas realizadas no Brasil, iniciando pela lógica jurídica, a partir da qual Lorival Vilanova sublinha a necessidade de que se encontrem as formas lógicas. Segundo Vilanova, seguindo as pegadas de Husserl, as investigações lógicas ligam-se à linguagem como ponto de apoio, se não como objetivo, mas como meio de chegar a seu próprio objeto. A experiência da linguagem é o ponto de partida para a experiência das estruturas lógicas. Nesse sentido, Vilanova (**mesmo observando que a lógica é apenas um dos níveis possíveis da análise do Direito** – pois foi influenciado, como eu, por Miguel Reale – eis que o Direito possui também outros níveis), associa-se às teses que identificam ciência e linguagem, como já havia pregado o Círculo de Viena[257]. Também se filia a essa corrente semiótico-lógica o insigne jurista, Prof. Dr. Paulo de Barros Carvalho.

Outra fonte de estudos semiológicos foi a Nova Retórica, introduzida principalmente, entre nós, pelo Prof. Tércio Sampaio Ferraz Jr. Após ter analisado os conceitos neopositivistas de ciência, concebe um novo campo designativo para o signo Ciência do Direito, concluindo que ele é inadaptado para o âmbito do paradigma positivista dominante. A Ciência do Direito, para Ferraz Jr., teria como objeto a *decidibilidade*. Para ele, a Ciência do Direito seria, conforme enfatiza Lenio Luiz Streck[258], uma atividade que utilizaria os diferentes modelos teóricos do Direito (analítico, hermenêutico e empírico) combinados, tendo como critério de base a sua função heurística, visando à problemática da decidibilidade (e não aquela da decisão concreta). Trabalhou, fundamentalmente, no plano da Semiótica, com seu terceiro nível, o da pragmática, onde localizou o caráter persuasivo e retórico do discurso jurídico, o que se pode ver bem em sua obra *Introdução ao estudo do Direito*.

---

257 Cf. Rocha, *ibidem*, p. 26. Também, Lorival Vilanova (*in As estruturas lógicas e o sistema do direito positivo e in Lógica jurídica*. São Paulo: José Bushatsky, 1976), citados por Streck, *ibidem*, em nota de rodapé, p. 174.

258 *Ibidem*, p. 174.

A terceira fonte ou sede teve influência na Escola Analítica de Buenos Aires. Com o esgotamento do neopositivismo lógico, em face do esquecimento dos problemas históricos, políticos e ideológicos do Direito, a Escola fracionou-se. Alguns de seus membros passaram a trabalhar com as abordagens de Bachelard, Barthes, Foucault, Lyotard; outros se juntaram aos juristas críticos, inclusive do Brasil. O expoente dessa vertente é Luis Alberto Warat, que criou, em algumas Universidades, disciplinas ligadas à Semiótica/Semiologia, além de várias obras que publicou, abordando o que chamou de *Teoria da Argumentação Jurídica*. Dizia no final da década de 1970 que "os estudos linguísticos e semiológicos do Direito necessitam procurar acompanhar o salto teórico que a própria linguística e a semiologia estão tentando produzir.

Existe, na atualidade, uma nova demarcação de fronteiras entre a linguística e a semiologia: a primeira ocupa-se das significações denotativas dos termos, assim como de suas condições sintáticas sistemáticas; a segunda reflete sobre os processos de produção e transformação das significações conotativas (ideológicas) no seio da comunicação social. A semiologia fornece regras metodológicas para: a) considerar a natureza do discurso; b) obter alguns critérios seguros para a sua interpretação e efetuar em torno deles leituras ideológicas; c) tratar o problema da significação como fenômeno discursivo.

Diferentemente da linguística, que o rejeita, a semiologia aceita como parte de seu objeto o discurso, mas fica atrelada a uma análise da significação que não consegue explicar além do mesmo. Trata-se de um estudo que, apesar de levar em consideração o conhecimento social do processo significativo, ignora os efeitos políticos da própria significação: o poder do discurso[259].

Warat, portanto, ia mais longe do que a semiologia; propunha uma semiologia política, rejeitando a ideia de que os discursos nos podem proporcionar a chave de sua própria inteligibilidade. O equacionamento interno do discurso, sua lógica interna, não bastam, na atualidade, para possibilitar uma semiologia como estratégia metodológica das teorias sociais. Por outro lado, mesmo admitindo a necessidade dos estudos semiológicos em um campo teórico interdisciplinar, a simples projeção ou emprego dos conceitos da

---

259 *In O direito e sua linguagem*, p. 100.

sociologia, antropologia ou ciência política é insuficiente. A semiologia política não é uma subteoria dependente de algum desses campos. É um espaço disciplinar deslocado (contradiscursivamente) da Semiologia oficial, para fornecer, a partir de um novo ponto de vista teórico, um modo diferente de compreensão e diagnóstico dos fenômenos políticos da significação na sociedade. A conjugabilidade da semiologia política com a sociologia, a ciência política ou antropológica não implica a perda de sua identidade e especificidade. Se assim o fosse, estaríamos frente a um novo enlace malsucedido. O devir histórico da semiologia política exige a constituição de categorias próprias, que levem em consideração os aspectos políticos ideológicos da comunicação. Com Barthes, Warat afirmava que a semiologia política deveria ocupar-se da linguagem que se produz e se espalha sob a proteção do poder[260].

Em trabalhos mais recentes, Warat passa a falar da importância da análise textual (e da literatura) para a compreensão do discurso jurídico, o que se pode ver em *Ciência jurídica e seus dois maridos* e no manifesto do *Surrealismo Jurídico*. A crítica ao mito da denotação pura e a uma espécie de significante primevo/fundante parece ser uma constante no discurso waratiano. Em obras mais próximas ainda, Warat propõe uma Semiologia/Semiótica Ecológica (*Por quien cantan las sirenas* e *semiótica, ecología y derecho: los alrededores de una semiótica de la mediación*). Warat assim se expressou:

> *los juristas sostienen la eficácia social de la ley en la ficción de sus sentidos. Una lógica compulsiva de la pura aparencia de sentidos, que opera como una espécie de garantía de obtención, en forma retroactiva, de un significado que ya estaba en la ley desde su promulgación. Si salva así la pureza de la ley y se niega a la producción de subjectividad su valor jurídico*[261].

Acrescente-se que outros juristas trabalham o Direito em uma perspectiva da significação e da comunicação, como, por exemplo, o Prof. Eros Roberto Grau (*Direito: conceito e normas jurídicas* e *A ordem econômica na Constituição de 1988*) e Joaquim Carlos Salgado (*Princípios hermenêuticos dos direitos fundamentais*).

---

[260] *Idem, ibidem.*

[261] Cf. Lenio Luiz Streck, *ibidem*, p. 176.

Não é à toa que o mestre Reale[262] afirmou que:

> **Uma teoria dos modelos jurídicos, esclarecedora de sua estrutura normativa, de seu tipo de *predição*, e da natural elasticidade de seus elementos componentes, parece-me uma das tarefas mais elegantes e urgentes do saber jurídico atual.**

Gosto de repetir estas afirmações do Mestre[263]:

> **Foi talvez a imagem imperfeita do direito em termos de comandos que impediu a teorização explícita da poderosa *modelagem racional da conduta humana*, que com ele se confunde, representando um dos aspectos basilares de todo o processo de objetivação histórico-cultural. Preferiu-se ao contrário, focalizá-lo segundo o prisma da *autoridade* emanadora ou consagradora das regras jurídicas, nos quadros de uma teoria que atenta para as *fontes*, e não para o *projeto* e o *projetar-se* da experiência do direito como tal nos quadrantes da história...**
> **A mesma convergência integrante de atos verifica-se, em escala maior ou menor, na constituição dos demais modelos jurídicos, pois eles, considerados no seu conjunto, cobrem toda a vida social, o que não significa que absorvam em si toda a vida social: ao contrário, o âmbito do *não jurídico* abrange todas as formas de vida, em função das quais o direito existe, como instrumento essencial de garantia. Os modelos jurídicos tem, pois, o significado das *formas de vida* a que servem, não podendo ser convertidos em fins de si mesmos. Valem, tudo somado, em função e em razão do "não jurídico"[264].**

Permito-me, porém, discordar do ilustre jurista, apenas em um ponto: quanto à necessidade de uma (nova) teoria dos modelos jurídicos, a respeito do *projetar-se* do Direito. Em meu entendimento o que existe até agora parece ser suficiente. Carece, essencialmente, adequação da linguagem. **Importante, em minha opinião, é: o conhecimento das matrizes básicas da linguagem**

---

[262] *In O direito como experiência*, p. 177.

[263] *Ibidem*, p. 178-179.

[264] Sobre o contraste das teorias que estendem ou não o Direito a todas as formas de vida social, v. K. Engisch – *El ámbito del non jurídico*, trad. de Ernesto Garzón Valdés, Córdoba, 1960, cf. *apud* Reale, *ibidem*, p. 179, em nota de rodapé.

e da maneira de superpô-las, horizontal e verticalmente, tal como a Semiótica nos aponta; o aprofundamento sobre teorias consistentes, algumas delas ainda não devidamente exploradas; a aproximação das mesmas por contiguidade e similaridade. Ao iluminarmos e focalizarmos o texto do Direito, ou seja, o Direito como texto, com o suporte de conhecimento necessário, e conscientes da superposição operacional possível, estaremos contribuindo para seu reorganizar-se e seu projetar-se, bem como para a aproximação de sua linguagem com as demais linguagens científicas, inclusive com a linguagem da atual **tecnologia.**

Em meu entender, a preocupação dos juristas seria, ao mesmo tempo, simples e complexa: as possibilidades de comunicação da linguagem jurídica com as demais linguagens, como também com todo o processo da vida, através da linguagem. Não se trata, evidentemente, de fornecer elementos para a leitura da especificidade de cada uma das linguagens científicas. Isso deve ser encontrado no interior dos fundamentos que são particulares a cada uma delas. Trata-se, apenas, de evidenciar os substratos lógicos e semióticos gerais que estão subjacentes a toda e a cada linguagem (e à semiose – processo sígnico), regulando suas combinações e misturas.

Enfim, uma espécie de “mapa” para a leitura das diversas plataformas e linguagens (observar o *design thinking*).

Interessante notar que o Prof. Reale, no mesmo livro, já mencionado (*O direito como experiência*[265]), afirma que reivindicar o “histórico” e o “funcional” contra o meramente “formal”, sem perder os valores que tocam a este, eis, a seu ver, a problemática hodierna da Ciência do Direito, implicando o esclarecimento de três problemas complementares, a saber:

a) O que há de “lógico” no Direito?

b) O que há de “formal” no Direito?

c) O que há de “funcional” no Direito?

Tentando responder a essas perguntas, o Mestre fala em “plataformas” (lembre-se de que a semioticista Santaella fala em “patamar intermediário” e o Prof. P. Barros Carvalho em “plataformas textuais”), atingidas na escalada

---

[265] P. XXXIII e XXXIV.

do saber e do fazer humano. Afirma que é sobre essas "plataformas objetivas" que opera a Razão Analítica (compreensão formal), explorando e consolidando o resultado projetante da Razão Dialética (compreensão concreta) que não se exaure, no entanto, em qualquer das formas atingidas, integrando-as a todas na unidade substancial de seu ***processus***[266].

E prossegue, dizendo: Não há, por conseguinte, que falar em contraposição ou em antinomia entre o *funcional-histórico* e o *'formal'*, a não ser em momentos de ajustamento necessário entre o ímpeto da caminhada e a calculada pausa, sendo os dois momentos integrantes e complementares da Lógica concreta, a um tempo formal e funcional, predicativamente certa e teleologicamente operacional. É dessa compreensão, continua o mestre, que resulta a colocação integral da *Lógica Jurídica*, sem reduzi-la à Lógica formal, ou mais especificamente, à Deôntica Jurídica.

E, a seguir, aponta um quadro abrangente da Lógica Jurídica (situando a *Semiótica Jurídica*, dentro do mesmo quadro):

Lógica Jurídica

Analítica Jurídica (compreensão formal)	**Semiótica Jurídica**	Sintática-Jurídica Semântica-Jurídica Pragmática-Jurídica
	Deôntica Jurídica	
Dialética Jurídica (compreensão concreta) (grifei)		Dialética do discurso jurídico Dialética da experiência jurídica

266 Em Semiótica, fala-se em "semiose" – a ação do signo.

Observação: Para Reale, a Semiótica Jurídica levaria à análise dos valores sintáticos ou **semânticos da linguagem do Direito; a Deôntica Jurídica, por sua vez, à determinação das** relações de inferência entre as normas de Direito ou a tipicidade dos "raciocínios normativos".

Aproveito a oportunidade para chamar a atenção, aqui, para uma reflexão a respeito da posição que a *Semiótica* ocupa, na divisão das ciências, para Peirce[267]; e para a posição que a *Semiótica Jurídica* ocupa, dentro da Lógica Jurídica, para Reale. Importante observar que, **na divisão das ciências de Peirce, a referência é à Semiótica não aplicada. Na divisão da Lógica Jurídica de Reale, a referência é à outra dimensão da Semiótica, já aplicada ao Direito, ou seja, à Semiótica Jurídica;** bem como, segundo Reale, para a inter-relação (e não coincidência) existente entre Lógica Jurídica e Semiótica Jurídica.

Reale não chegou propriamente a desenvolver estudos de Semiótica, mas constatou sua existência e identificou sua tarefa, num contexto em que a lógica formal dominava as especulações sobre a estrutura da norma jurídica: "Que é que pode ser formalizado na "norma jurídica" e quais são os limites dessa formalização? Como situar, no plano das relações lógicas, a norma moral ou a norma jurídica, enquanto proposições dotadas de sentido, às quais é inerente a **vetorialidade** de um caminho a ser seguido?" Eis aí problemas nucleares com que se defrontam tanto a Semiótica Jurídica quanto a Deôntica Jurídica, expressão relevante da Lógica Deôntica ou da Lógica Normativa, talvez a esfera mais promissora das investigações lógico-formais da experiência jurídica.

Pergunta-se: haveria, ao estudar-se o Direito, possibilidade de as três *matrizes da linguagem* servirem de mediação entre a teoria peirceana e a Semiótica aplicada (em nosso caso, a Semiótica Jurídica), funcionando como um mapa orientador muito flexível e multifacetado para a leitura de *processos concretos de signos*: seja um dispositivo legal, seja um costume ou uma tradição, seja uma matéria doutrinária, seja a decisão de um juiz ou Tribunal, seja um contrato negocial, entre outros.

---

267 Vide sobre **Linguagem e comunicação entre as ciências.**

Porque acredito na resposta afirmativa, me predispus a escrever este trabalho, apresentando o "Mapa", inserido nesse estudo.

A estas alturas, o leitor deve ter percebido que a textualidade jurídica é uma manifestação semiótica, ou, melhor, é uma manifestação sígnica. Além disso, já deve estar evidente, também, que a linguagem jurídica segue os mesmos processos convencionais de produção e geração do sentido da linguagem natural. Necessário ir adaptando-a à atual linguagem digital.

No campo jurídico, a matriz verbal (linguagem verbal), evidentemente, representa uma base e uma fase importante da manifestação jurídica. A relevância da linguagem verbal, nesse campo, deve-se, com certeza, ao fato de que a linguagem verbal, como texto, sintetiza, com maior propriedade, um maior número de informações, além de sua economia e capacidade de comunicação. Com efeito, a linguagem jurídica, ainda que domínio técnico, constituiu-se primordialmente a partir da linguagem natural e dela se desgarrou, em busca de um espaço de sentido e de um espaço estrutural autônomo, de uma *gramática* e de um *dicionário jurídico*[268].

É bom enfatizar que a questão não se resume apenas a esse aspecto da linguagem jurídica: o domínio das práticas jurídico-textuais constitui, por si só, um outro universo de discurso autônomo, capaz de produzir injunções particulares e de (mesmo em não obrigando) lançar suas influências sobre os demais universos de discurso que o circundam – com os quais mantém relações dialéticas. Vê-se que as práticas jurídico-textuais, ao ocorrerem, lastreiam-se em estruturas de linguagem (matrizes de linguagem), cuja base de sustentação é o próprio sistema semiótico, tal como aqui apresentei, sem descartar, é claro, uma melhor proposta.

A juridicidade, não se contentando, simplesmente, com um texto jurídico, passa a procurar um hipertexto jurídico, ou seja, um (meta)sistema assentado sobre os pilares de um (ou de vários) sistema(s). O comprometimento do sistema jurídico com outras instâncias e sistemas parece inevitável, na medida em que o conjunto das práticas jurídico-textuais vale-se de um sistema de manifestação socialmente preexistente, engajado socialmente,

---

268 O termo que é caro à Semiótica Jurídica é "enciclopédia jurídica".

produto de uma história cultural, de ambiguidades semióticas, de fluxos e refluxos de toda espécie (matriz textual visual, matriz textual sonora, matriz textual verbal). Essa visão de patamares de matrizes é que favorece e prioriza a escolha do método de análise. **Ora, um sistema, como o sistema jurídico, que vive e pulsa em constante dialética com outros sistemas, só pode ser analisado recorrendo-se a tal noção de dialética, aqui entendida a partir de um modo de ser específico dos sistemas que, em verdadeira ebulição, intercambiam-se, estabelecem relações recíprocas, criam-se e recriam-se uns a partir dos outros, em um contato tão imprescindível que uns necessitam dos outros para se preservarem sempre vivos.**

É no seio da vida social que se produz e se reproduz o discurso jurídico. Ao contrário do que se possa pensar – quando nos referimos a normas, a leis, a códigos –, sua essência não é a imutabilidade, dentro do sistema jurídico, mas exatamente sua transformação dialética. Embora a relativa imutabilidade possa ser uma de suas características, nada pode impedir sua mudança, já que nenhum sistema semiótico – e o Direito é um deles – está isento de reavaliação (intersemiótica ou intrassemiótica). Essa retroalimentação ocorre sempre porque a toda nova informação ou significação segue um ciclo de realimentação do sistema e do processo. Os discursos, os usos e os universos de valor que sustentam essa matriz discursiva variam com a própria oscilação das experiências humanas que jazem na condição de elementos pré-código da cadeia semiótica. Desenvolvendo esta ideia, é mister dizer que o texto jurídico recria-se nos moldes de tais movimentos sistêmicos.

Este trabalho procura apontar exatamente esses processos semióticos, importantes para a codificação e a decodificação do texto jurídico.

3.3 O verdadeiro pioneiro da Semiótica Jurídica

Quais foram, no começo do século XX, os verdadeiros pioneiros da Semiótica *Jurídica*?

Um só autor parece merecer realmente este título. Não, leitor, não se trata do eminente jurista francês François Geny, que consagrou no tomo 3 de "Ciência e técnica em direito positivo" um capítulo à linguagem do Direito intitulado "A linguagem (palavras e frases) instrumento da técnica jurídica". O decano Geny chamou, sim, a atenção sobre os trabalhos do linguista Saussure – que só então passaram a ser reconhecidos. Entretanto, apesar dessas referências, Geny não conseguiu ressaltar a devida importância da semiótica jurídica.

Se a linguagem é o instrumento por excelência do pensamento, a mediadora necessária das relações humanas e, portanto, dos fenômenos jurídicos, é por ela que se deve começar qualquer aproximação metodológica do Direito. Geny parece ter sido como um "operário" ou um operador que não tivesse verificado a qualidade e o bom funcionamento de suas ferramentas, a não ser já, no meio de seu trabalho, e que, sobretudo, o tivesse feito com os procedimentos e os métodos inadequados. Curioso modo de operar para um autor que se consagrava à "técnica jurídica" (que foi o objeto da terceira parte de seu livro)! É aliás sintomático que Geny retome a velha ilusão, segundo a qual o pensamento precederia a linguagem (daí o lugar secundário que ele atribui ao capítulo sobre a linguagem do Direito), desde que se sabe – ao menos desde Saussure – que o pensamento antes da linguagem, ou sem linguagem, é uma "nebulosa", qualquer coisa difícil de se constituir numa experiência; com efeito, o pensamento é inseparável da linguagem e não vale senão por ela.

Jean Ray, sim, parece ter preenchido particularmente o papel de "pioneiro da semiótica *jurídica*", no começo do século XX. Ele era, assim como Genny, ao mesmo tempo um jurista e um brilhante filósofo, mas acima de tudo um lógico. Só para lembrar, ele já estava próximo dos 30 anos, quando Pierce morreu, em 1914. Sua importante obra de 1926, *Essai sur La structure logique du Code Civil français*, tratou do que se poderia chamar, a "semiologia do direito", e de que se poderia dizer também que representa a primeira obra de "semiótica *jurídica*" escrita em Francês. Lembre-se de que o Mestre Reale também prestigiou as contribuições de Jean Ray.

Jean Ray (escritor belga, cujo nome era Raymundus Joannes de Kremer) é um dos primeiros autores a ter dado, a partir da análise do Código Civil francês, um sentido preciso à noção de "**sistema**", no domínio do Direito. Foi ele que atribuiu à linguagem jurídica uma função de elaboração do pensamento, de clarificação de um setor do real, ficando bem entendido tratar-se do pensamento jurídico, e que esse setor do real não é outro senão o universo jurídico. No começo de sua obra, ele escreve: "O Código constitui um sistema, é um conjunto, compreendendo ele próprio outros conjuntos que se subordinam e se coordenam". Certamente, essa definição evoca aquela que "os linguistas modernos" oferecem de linguagem, desde que seja representada como um sistema, ou "um sistema dos sistemas". Em 1926, entretanto, e apesar do caráter muito atual do título *Ensaio sobre a estrutura*, só Jean Ray – a não ser Geny – podia realmente conhecer os "linguistas modernos", porque as ideias de Saussure produziam frutos apenas entre os próprios linguistas. Não foi dos linguistas que Jean Ray pegou emprestada a "noção de sistema", mas dos lógicos e filósofos que ele cita frequentemente em sua obra.

O autor define assim essa noção de sistema: "O que representa um Código Civil – como todo o sistema jurídico de alguma amplitude (escreve ele), é, ao mesmo tempo, um conjunto de termos e um conjunto de categorias". Ele sublinha o fato de que todo sistema, ou toda linguagem, define-se, primeiro – vou insistir sobre isso –, por dois conjuntos:

» um conjunto de ***termos*** que constitui o vocabulário, o léxico, dependente da semântica;

» um conjunto de ***relações***, de regras (as "categorias"), permitindo agenciar os termos, e que forma a sintaxe.

Jean Ray não cessou de ressaltar a importância dessa sintaxe, desse "conjunto de categorias" que representa o "fato capital" do sistema jurídico, pois corresponde à "existência de todo um conjunto de ideias, de esquemas, inseparáveis dos termos, e que sozinhos permitirão *em dado momento pensar juridicamente o real"*.

De acordo com tal distinção, o autor livra-se de penetrantes análises a respeito, tanto do conjunto dos termos (a "semântica"), quanto do conjunto de categorias (a "sintaxe") do Código Civil francês.

No que diz respeito ao *conjunto de termos* do Código Civil, Jean Ray demonstra bem toda a diferença que existe neste ponto entre a linguagem ordinária e a linguagem do Direito que se caracteriza por sua "descoloração". Com efeito, com referência à linguagem ordinária, a linguagem do Direito é empobrecida, purificada, "descolorada". Jean Ray nota que essa sobriedade da linguagem do Código Civil o opõe, por exemplo, ao Direito muçulmano, como se depreende do Corão e contrasta até com as *Institutes Coutumières* de Loysel (um de seus autores preferidos). É que "os redatores visaram a uma espécie de precisão abstrata que lhes impunha uma língua terna, sem cor".

Retomando a terminologia dos linguistas modernos, poder-se-ia dizer que cada termo da língua jurídica deve ser desembaraçado o mais possível de *conotações* (isto é, de cargas afetivas que vêm junto), para se reduzir à denotação (isto é, à sua definição objetiva). A exclusão das *conotações*, em proveito simplesmente da *denotação* dos termos, é uma das primeiras condições a se preencher antes de se tentar a estruturação do léxico de uma língua.

Observe-se que os termos que formam o léxico da língua jurídica tal como se manifesta no Código Civil francês não têm todos o mesmo apelo jurídico, não estão todos sobre o mesmo plano (do ponto de vista jurídico). Jean Ray faz aqui uma interessante distinção; ao lado dos termos puramente descritivos (como de artigos que falam de instrumentos e equipamentos e outros que falam de pássaros, peixes etc.) encontram-se termos essencialmente normativos (como os conceitos de propriedade, usufruto, servidão, hipoteca etc.). E mais, entre esses dois grupos situam-se os termos que são, ao mesmo tempo, descritivos e normativos, como as noções de dano e culpa. Ainda há o caso de termos, como a distinção entre móveis e imóveis, que não podem estar simplesmente descritivos, introduzindo-se as noções de imóveis por destinação e de móveis por determinação da lei.

Assim, Jean Ray estava perfeitamente consciente de que poderíamos chamar de "**discurso misto do direito**". Aqui, ele sublinha tal característica no registro do léxico: este último comporta, ao mesmo tempo, termos descritivos e termos normativos e comporta também termos semidescritivos e seminormativos. No léxico do Código Civil, o "descritivo" e o "normativo" estão intimamente ligados: isso é o que se poderia chamar a "mixagem léxica do Código Civil", que seria, aliás, de todo sistema jurídico de qualquer amplitude.

Entretanto, essa "mistura" do descritivo e do normativo Jean Ray vai revelar, não apenas no registro de *conjunto dos termos* do Código Civil, mas igualmente no *conjunto das categorias*, e é nesse novo registro que ela vai ter toda a sua ressonância. Com efeito, o "conjunto das categorias", definindo esse conjunto de relações, de regras, de esquemas, inseparável do *conjunto dos termos,* está no centro da estrutura lógica do Código Civil francês. Não é à toa que o Código de Napoleão ou Código Civil dos franceses veio se mantendo. Não é à toa, também, que Reale fez uma louvação a ele, em 1962.

Jean Ray começa por remarcar que as proposições que se encontram no Código Civil são de duas espécies: as "proposições simplesmente enunciativas" e as "proposições que tomam a forma de prescrições" – essa distinção é ainda a mesma das "proposições indicativas" e das "proposições normativas".

As "proposições que tomam a forma de prescrições" podem exprimir "a ideia de um comando positivo do legislador", isto é, prescrever uma *obrigação,* e essa prescrição pode se fazer "sob formas muito variadas", o mais frequente sendo, por exemplo, "é necessário" (*il faut*) e *dever.*

Essas proposições "prescritivas" podem igualmente exprimir a ideia de um comando negativo do legislador, isto é, prescrever uma *interdição*, uma *proibição* – sendo a forma mais habitual desse gênero de prescrições o verbo ***poder*** *acompanhado da negação*.

Mas a lei é igualmente "trazida muitas vezes para delimitar o campo do que é permitido"; o verbo *poder* é então o mais frequentemente empregado, com seus equivalentes: *ter direito de, ser admitido* etc.

E "como a obrigação tem sua forma negativa (a interdição), o permitido tem uma forma negativa: a permissão de não fazer", como Jean Ray chama o facultativo, e que se exprime em fórmulas tais como "n'est pas tenue de", "être dispensé de". Assim, esse pesquisador distingue os "quatro tipos fundamentais de formas, sob as quais se exprime a vontade do legislador:

» o permitido;

» o facultativo;

» o obrigatório;

» o proibido.

Dessa maneira, descoberto o essencial para a lógica jurídica, Jean Ray pode aproximar essas quatro formas prescritivas das quatro formas modais que Aristósteles distinguia na *Hermeneia*:

» o possível;

» o contigente;

» o necessário;

» o impossível.

Segundo alguns, a paternidade dever-se-ia a Leibniz e a Georges Kalinowski. Kalinowski, por sua vez, afirmou que isso já se encontrava em numerosos lógicos do século XIX! Sem esquecer de Pierre d'Espagne (1220-1277), teólogo e lógico, que depois se tornou papa, com o nome de João XXI, autor das *Summulae,* que já havia estabelecido para as "formas modais" de Aristóteles o "quadrado" do necessário e do contingente (onde se pode vizualizar o universal e o particular).

Então, caros colegas e pesquisadores, estudiosos, já temos perdido tempo e estamos desafiados a adaptar essas formas à linguagem do Direito, na era da ciência da computação, com todo o avanço da tecnologia que temos a nosso dispor.

Voltando a Jean Ray, ele pôde estabelecer o "quadrado" das quatro formas prescritivas, sobre as quais se sustenta a vontade do legislador e base da "teoria das proposições jurídicas e normativas".

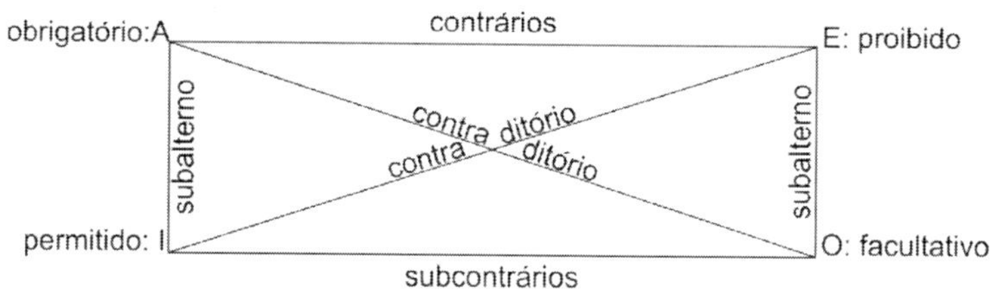

Cada termo sustenta-se com as 3 outras 6 relações das quais cada uma pode se exprimir por 4 proposições diferentes; a relação, por exemplo, do obrigatório e do proibido pode exprimir-se pelas 4 seguintes proposições:

1/ Se algo é obrigatorio, não é proibido;

2/ Se algo é proibido, não é obrigatório;

3/ Se algo não é obrigatório, não se sabe se é proibido;

4/ Se algo não é proibido, não se sabe se é obrigatório.

O conjunto de tais proposições forma o esqueleto lógico de toda a legislação e isso nos interessa muito, pois é aqui que se forma o núcleo das relações, das regras e dos esquemas de todo o sistema jurídico, onde a sintaxe é de suma importância.

Desenvolvendo as 6 relações dessa forma, obtêm-se 24 proposições, cujo quadro Jean Ray desenha, e confirma ter descoberto a estrutura do Código Civil francês:

CONTRADITÓRIAS	1. Se A é verdadeiro. O é falso	Se algo é obrigatório, não é facultativo
	2. Se E ------------------ I --------	Se algo é proibido, não é permitido
	3. Se I ------------------ E --------	Se algo é permitido, não é proibido
	4. Se O ----------------- A -------	Se algo é facultativo, não é obrigatório
	5. Se A é falso, O é verdadeiro................	Se algo não é obrigatório, é facultativo
	6. Se E ------------------ I ---------------	Se algo não é proibido, é permitido
	7. Se I ------------------ E ---------------	Se algo não é permitido, é proibido
	8. Se O ----------------- A---------------	Se algo não é facultativo, é obrigatório
SUBALTERNAS	9. Se A é verdadeiro I também é	Se algo é obrigatório, é permitido
	10. Se E ---------------- O -------------	Se algo é proibido, é facultativo (ou não é? – perguntaria eu!)
	11. Se A é falso, não se sabe de I	Se algo não é obrigatório, não se sabe se é permitido
	12. Se E -------, não se sabe de O..................	Se algo não é proibido, não se sabe se é facultativo
	13. Se I é verdadeiro,-----------de A	Se algo é permitido, não se sabe se é obrigatório
	14. Se O-------------, -----------de E	Se algo é facultativo, não se sabe se é proibido
	15. Se I é falso, também é A	Se algo é não é permitido, não é obrigatório
	16. Se O -----, ---------- E também é..............	Se algo não é facultativo, não é proibido
CONTRÁRIAS	17. Se A é verdadeiro, E é falso	Se algo é obrigatório, não é proibido
	18. Se E------------------ A	Se algo é obrigatório, não é proibido
	19. Se A é falso, não se sabe de E	Se algo não é obrigatório, não se sabe se é proibido
	20. Se E -------, ------------- A	Se algo não é proibido, não se sabe se é obrigatório
SUBCONTRÁRIAS	21. Se I é falso ,O é verdadeiro	Se algo não é permitido, é facultativo
	22. Se O--------, I é verdadeiro..........................	Se algo não é facultativo, é permitido
	23. Se I é verdadeiro, não se sabe de O..............	Se algo é permitido, não se sabe se é facultativo
	24. Se O---------------,--------------------I..............	Se algo é facultativo, não se sabe se é permitido

Este quadro resume o que Jean Ray chama de "as relações lógicas entre as prescrições", o que se pode chamar, de uma maneira mais atual, com apoio em Kalinowski, a base da "teoria das proposições normativas", ou a base dos "princípios de uma álgebra deôntica", segundo Gardies, outro ilustre pesquisador. Aliás, opinando sobre o quadro de Jean Ray, o mesmo

Gardies escreveu: **"O conjunto dessas proposições forma *o esqueleto lógico de toda legislação*".**

É precisamente esse "esqueleto lógico de toda legislação" o que nos interessa, porque é ele que forma o núcleo das relações, regras e esquemas de todo o sistema jurídico; é ele que está no centro da "sintaxe da linguagem jurídica", mesmo se esta última, em realidade, seja ainda bem mais complexa.

Por isso, reconheço que Pierce, na Semiótica, e Jean Ray, na Semiótica Jurídica, foram meus inspiradores, sendo que este último (que faleceu quando eu acabara de me formar em Direito), e sobre cuja obra nunca tinha ouvido falar, tem o mérito de haver enfrentado uma difícil pesquisa, tanto sob o ponto de vista da sintaxe, quanto sob o ponto de vista da semântica da linguagem do Direito, e de ter lançado as bases de uma autêntica semiótica jurídica. Aliás, por proceder dessa forma, fiel a seu projeto – e a título de sua obra –, Jean Ray pode, como primeiro, captar a descoberta do "sistema" do Código Civil francês. Com efeito, argumenta ele, referindo-se ao Código Civil francês, que apresenta ao mesmo tempo um conjunto de termos e um conjunto de categorias, ele é fundamentalmente um conjunto de **instituições** que recortam certas configurações, tanto do conjunto dos *termos*, como do conjunto de *categorias*. **Segundo esse jurista, a instituição é o meio de construir o "ideal" e de fazê-lo viver. Entre a instituição e o ideal cria-se uma atividade reguladora e é essa atividade reguladora que parece ser especificamente jurídica.**

O Direito aparece assim como um compromisso entre aquilo que o ideal faz pressentir e aquilo que as condições políticas, sociológicas pemitem realizar: ele é a união da eficácia e do valor. Essa relação da eficácia e do valor é igual à do direito e do real. E acrescento mais – tal qual Bachelard: que a relação do Direito com o real é uma relação dialética, semelhante à relação da teoria com a experiência; que, na dialética experimental daquele autor, está proposto: "Nós imaginamos um movimento incessante de trocas entre a realidade e a consciência jurídica, a segunda ordenando a primeira e a primeira nutrindo a segunda". Na verdade, afirma ele, na vida jurídica, o puro fato e o puro direito não se podem encontrar: o fato tem existência no instante em que ele se torna matéria para aplicação do direito; o direito só tem interesse no instante em que ele vem se aplicar ao fato.

Assim, contrariamente à fórmula romana ("do fato origina-se o direito"), o fato jurídico nada mais é que um fato científico, não sai do real. Da mesma forma que o fato científico é uma construção do sábio, o "fato jurídico" é construído de todas as peças pelo jurista (quer se trate de legislador, juiz ou jurista teórico). Mas, na verdade, a construção do fato jurídico seria obra do próprio Direito, tanto quanto do jurista. Transpondo uma célebre fórmula de Bachelard, poder-se-ia dizer: "Sem dúvida, é o jurista que faz o Direito, mas é também o Direito que faz o jurista, porque ele o forma, ele o educa". A construção de um fato jurídico, a apreensão jurídica do real, só se pode fazer a partir de uma "estrutura lógica", a partir de um sistema de base.

É como se fosse um jogo, do qual se procura fazer funcionar as regras e separar o verdadeiro *status* dos jogadores. A partir daqui, creio eu, o jovem leitor compromissado já começará a ficar apto para navegar num hipertexto e a assimilar simultaneamente os ensinamentos de tantos mestres.

Entre nós e há algum tempo, a ilustre Maria Helena Diniz já vinha nos apontando os seguintes tipos de normas:

1. Normas de obrigação e de proibição – em que se usa o operador (eu diria, functor) "probido", por exemplo, e se dá uma determinação jurídica da relação entre emissor e receptor, de forma complementar e imposta.
2. Normas permissivas – são exceções a uma norma geral.
3. Normas permissivas independentes – em que se emprega o operador (eu diria, functor) "é permitido", em determinada ação ou omissão.
4. Ausência de norma – o silêncio de norma torna uma ação ou omissão juridicamente indecidível.

Permito-me, aqui, levantar a questão sobre a "greve" da Magistratura, no tumultuado março de 2018. Ou seja, a justiça pedindo justiça! Vejamos: O "auxílio-moradia" do Judiciário seria parcela indenizatória prevista em lei, desde 1979. No caso dos juízes, a ajuda de custo para moradia liga-se, por um lado, à característica da transitoriedade de domicilio, e ao dever legal de residir na sede da jurisdição (para o que deveriam ser providos imóveis funcionais, ao que parece – não o seriam). Lembre-se de que eles não contam com direito a horas extras, FGTS, adicional noturno ou limite de jornada, para citar os direitos trabalhistas mais simples. Não podem ter atividade paralela, a não ser um cargo de docência. E submetem-se a avaliações habituais de produtividade e desempenho. Ou seja, poderiam alegar "sonegação" de seus direitos constitucionais, mesmo porque, desde 2005, os juízes estariam experimentando déficit estimado de 40%, em razão das perdas inflacionárias. Nesse caso, estariam pleiteando, não privilégios, mas direitos constitucionais. Aí, estamos diante do seguinte argumento: os juízes teriam direito de greve, pois, aparentemente, a Constituição não vedaria esse direito? Talvez, a Carta Magna não tenha se manifestado sobre o direito de greve para os representantes dos poderes, porque o constituinte originário nem sequer supôs (ao contrário dos demais servidores públicos, na forma do art. 37, VII) a possibilidade de direito de greve por quem *representa* e torna presente o Estado. Trata-se do chamado "silêncio eloquente", em que o comando vedatório estaria suposto na norma jurídica, sem necessidade de estar explicitamente previsto.

Para esse caso, poder-se-ia aplicar o que diz M. Helena Diniz, no item n. 3: estaríamos diante de **norma permissiva independente**, em que seria "permitido" determinado ato – o de pleitear direitos, como o de moradia, mas não este, o ato de greve, no caso da Magistratura. Ou o que prevê a tabela ou a estrutura do Código Civil de Napoleão, de 1804: estaríamos diante de uma **norma subalterna**, sob o item n. 10. "Se algo é verdadeiro (proibição de direito de greve para a Magistratura), ele é (ou não é?) facultativo"? Caso contrário, estaríamos diante de uma *antinomia jurídica,* embora não se trate de não haver nenhuma norma a seguir! Vamos nós, juristas, deixar no campo da indecibilidade ou aguardar que os juízes federais se atentem a suas responsabilidades jurídicas e sociais e não cometam erro de interpretação. O Direito é uma ciência em construção!

3.4 O Universo do Direito e o pensamento semiótico coletivo – o fenômeno jurídico e a juridicidade sob a Semiótica Jurídica

Se já está comprovado que possuímos bases neurais para a Ética; se já está se desvendando a vida secreta da mente; se, fundamentalmente, o Direito é resultado de uma atividade linguística, que congrega um **repertório** de elementos; uma **estrutura** (organização, distribuição e relação peculiar entre os tais elementos, segundo critérios hierárquicos e hermenêuticos); e uma **função** significativa, tal como nos aponta a Semiótica; se o Direito, enquanto linguagem nascente, tem uma matriz igualmente triádica: visual, sonora e verbal; se o Direito é um sistema complexo de signos e estes são necessários não apenas para qualquer método em filosofia ou ciência, seja natural ou humana, mas também para a própria possibilidade de existência de algo como um método ou investigação de qualquer tipo; então, o Universo do Direito pode e deve ser investigado pela Semiótica Jurídica, como o método dos métodos:

1) O Direito, em sua matriz sonora, como primeira linguagem, tem como predominante o texto sonoro; na linguagem da norma, predomina a vinculação entre a sintaxe, a semântica e a pragmática. Sabe-se, por exemplo, que a primeira aproximação das crianças às palavras é rítmica, musical, prosódica. De tal modo que, se imitássemos esse mecanismo natural de consolidar primeiro a música das palavras e as regularidades da entonação da língua, até mesmo a aprendizagem de um idioma, por exemplo, seria muito mais simples e efetiva.

Existe ainda algo que já vem sendo explorado pela neurociência: estudar como o cérebro ensina, e não somente como ele aprende, sendo certo que a capacidade de ensinar nos distingue como espécie. É, em última análise, a semente de toda a cultura. Ensinar é uma maneira de conhecer as coisas, as causas, os outros e a nós mesmos. Como se o cérebro estivesse predisposto a difundir e compartilhar o conhecimento. O Direito tem, aqui, papel importante para a formação ética do indivíduo.

2) O Direito, em sua matriz visual, como segunda linguagem, é um amálgama de denotações de significação que incorporam valores sociais diversos, um texto cuja forma triádica é sempre: fato, valor e norma. É quando "o não dito" é mais importante que "o dito". A comunicação ostensiva, um conceito visitado e revisitado por filósofos e semiólogos, como Ludwig Wittgenstein ou Umberto Eco, refere-se à capacidade de gestualizar o discurso para despojá-lo de palavras, tanto quanto possível. Utiliza, como que uma chave compartilhada – implicitamente – por

aquele que fala e por quem escuta. É a economia do discurso, porque essa maneira – de nos relacionarmos – nos constitui, nos define. Por isso, o operador de direito envolve o discurso com prosódia, gestos e sinais que passam a ser seus marcadores ostensivos. Exemplos de chaves ostensivas: fitar os olhos; dirigir o corpo àquele que escuta; dizer o nome do receptor; levantar as sobrancelhas; mudar o tom de voz. Tudo isso constitui um sistema de gestos, muitos dos quais reconhecemos como naturais (Direito Natural), mas que nunca nos foram ensinados e que ditam a eficiência com que uma mensagem é transmitida. A transmissão da mensagem é efetiva, se sintonizarmos bem esse canal; e se torna confusa, deficiente ou "ruidosa", se não encontrarmos a frequência exata desse canal natural da comunicação humana.

3) O Direito, em sua matriz verbal, como terceira linguagem, é um texto predominantemente verbal, onde reside a argumentação (Hermenêutica Jurídica). É como se utilizássemos uma "perspectiva econômica" do conhecimento, isto é, só vale a pena o esforço de transmiti-lo quando ele é útil para o outro ou no contexto. Essa capacidade de prever as ações do outro e agir de acordo está no epicentro do ensino e se expressa, na criança, por exemplo, até mesmo antes que ela comece a falar ou a andar. Para o Direito, isso é importante.

Ora, se o Direito, enquanto discurso, com sua matriz triádica, é uma linguagem predominantemente icônica, simbólica, pretendendo, atualmente, tornar-se virtual e digital, será importante levar em consideração todas as etapas de formação do pensamento!

O texto jurídico, horizontalmente, tem uma matriz triádica (fato, valor e norma), tem uma estrutura (com suporte nessa tríade) e tem uma função de significação desta tríade (processo).

O texto jurídico, verticalmente, também tem, em seu percurso, uma matriz triádica (sistema).

Todos os planos se entrecruzam e continuarão se entrecruzando indefinidamente, sempre em busca de um hipertexto; e sua **validade** estará na eficácia (validade empírica); no fundamento (validade lógica); e na vigência (validade normativa).

Nos últimos decênios, surgem mais e mais desafios para o Direito. Diante da tecnologia da informação, o operador de Direito tem que ser, mais que tudo, um *estrategista* no uso das formas, dos meios e dos fins. O discurso burocrático que veio se agigantando, sem limites, e a linguagem digital que também vem se implantando são functores que precisam dinamizar (e *não* obstruir) no tempo, a capacidade e a agilidade de raciocínio dos operadores do Direito, na busca do sentido, resultado da articulação dos planos de conteúdo e expressão.

Ninguém, de bom senso, sonhará para o Direito com a linear coerência dos sistemas matemáticos, mas ninguém poderá concebê-lo desarticulado e contraditório, sob pena de perigar o próprio destino dos homens. Portanto, essa estrutura que se busca não é um precário refúgio, admitido tão somente por ser a mais atenuada expressão da desordem geral. Ao contrário, ela é importante para a sobrevivência social, razão pela qual é um postulado da razão ético-jurídica válido e que pode ser demonstrado pelas atuais ciências cognitivas.

Essa complexa e diversificada sucessão de figuras e modelos não surge nem se desenvolve por acaso, mas sim em razão de causas ou motivos subjacentes, ordenando-se de modo temporal, espacial, funcional e hierárquico, refletindo o sentido de ordem que é imanente ao próprio "ato de pensar". É claro que não se pode idealizar o ordenamento como uma estrutura de tipo matemático, pois a sua é antes uma configuração na qual se situam corpos normativos distintos que correm paralelos uns aos outros, às vezes se implicando e outras vezes se entrecruzando, porém, influenciando-se reciprocamente, por se acharem todos subordinados às mesmas razões finais de validade, seja no plano interno, seja no internacional.

No seio do ordenamento, há normas sobre normas e assim por diante. Ou seja, estamos diante de uma **arquitetônica sistêmica peirceana** que é fundamentalmente uma trama de relações categóricas triádicas em diversos níveis de justaposição significacional.

É à luz desse complexo de conotações factuais, axiológicas e normativas que se poderá reconhecer o dever e a legitimidade de expelir do macromodelo do ordenamento jurídico todas as normas e instituições que lhe sejam estranhas ou adversas.

Dito isso, vamos prosseguir.

CAPÍTULO 4

AS TRÊS MATRIZES DA LINGUAGEM JURÍDICA

4.1 Direito, linguagem e texto

No evoluir do conhecimento jurídico, foram surgindo teorias com o objetivo de melhor estudar o Direito, sem falar dos campos de pesquisa que se foram abrindo para desvendá-lo e para organizá-lo, seja em sua integralidade, seja em seus diversos segmentos.

Alguns argumentariam até que a Filosofia do Direito ou que a Teoria do Direito já analisam a linguagem dos juristas e que a Hermenêutica Jurídica[269] já trata da arte da interpretação e isso é o *quantum satis*, não havendo necessidade de se apelar à Semiótica.

O assunto mereceria mais reflexão.

A afirmação sobre a qual pretendo insistir é a seguinte: o Direito, *como linguagem* e *enquanto linguagem,* aproxima-se de todas as demais ciências, sejam naturais, sejam sociais. Nesse caso, a aceitação ou a credibilidade de uma teoria jurídica criada para estudar, analisar e interpretar a sua *linguagem* precisaria: ou satisfazer os requisitos para aquela abrangência de objetivo; ou restringir-se a uma determinada matriz de linguagem e pensamento, identificando-a; ou a um determinado nível, igualmente, classificando-o.

---

[269] Lembre-se de que a Hermenêutica Jurídica, de busca inicial "da vontade do monarca ou da ordenação do rei", passou a ser a procura da "intenção do legislador", convertendo-se depois em interpretação da "vontade objetiva da lei", para já mais recentemente colocar-se como indagação do sentido de uma norma no contexto do ordenamento.

Até o presente momento, não se deu o devido mérito à Semiótica ou lógica peirceana, ou seja, à teoria sígnica do conhecimento, à epistemologia peirceana (nome aliás que Peirce detestava), em que ele postulava que o conhecimento e a linguagem só podem se dar pela mediação dos signos, pelo simples fato de que ***todo pensamento e linguagem só se realizam em signos.***

Como já dito anteriormente, existem várias e importantes teorias semióticas, seja concomitantes a Peirce, seja subsequentes a ele, que dedicou toda a sua vida ao desenvolvimento da lógica entendida como teoria geral, formal e abstrata dos métodos de investigação utilizados nas mais diversas ciências. Os métodos são muitos, evoluem no tempo, dentro de uma mesma ciência, e mudam de uma ciência para outra. Será que não existem princípios gerais, universais, subjacentes a esses métodos? Essa foi a questão que Peirce perseguiu por toda a sua existência.

A ***Teoria Triádica dos Signos*** foi desenvolvida para responder, sobretudo, à tal questão e é isso que estou tentando mostrar aqui.

Existem, como já disse, outras tantas importantes teorias semióticas, seja subsequentes ou não: as teorias semióticas baseadas na comunicação (de Paul Amseleck, de Roland Barthes, de Watzlawick, Beavin e Jackson); a teoria semiológica de Ferdinand de Saussure; a teoria semiótica de Algirdas Julien Greimas[270]. Particularmente, prefiro, neste trabalho, concentrar-me

[270] É oportuno fazer aqui um breve esclarecimento. Conforme Leonel Severo Rocha (*in Epistemologia jurídica e democracia*, p. 9) tem-se que a Semiologia é o estudo empírico dos signos e dos sistemas de signos verbais e não-verbais da comunicação humana. Teve historicamente dois momentos principais: o primeiro, que procura ultrapassar a instância pré-científica das reflexões sobre a linguagem; e o segundo, que é caracterizado pela tentativa de adotar o padrão estrutural da ciência dos signos como modelo ideal para a produção da unidade epistemológica para as ciências humanas. No segundo sentido, a Semiologia estruturalista deveria tornar-se a metodologia utilizada para a unidade dos saberes. No entanto, de maneira mais abrangente, os estudos sobre a comunicação derivam de duas vertentes principais. O movimento inicial, que pretendeu construir uma ciência dos signos em sentido estrito, teve suas origens nos estudos dos linguistas sobre a linguagem natural, intitulado Semiologia, e nos estudos dos lógico-matemáticos a respeito das linguagens artificiais formalizadas, chamados de Semiótica. Semiologia, em síntese, pode dizer-se que derivou dos estudos de Saussure; Semiótica, de Peirce. Atualmente, a Semiótica volta-se para questões mais empíricas, abandonando a exagerada ênfase inicial de Peirce nos signos, deixando essa tarefa para a Semiologia. Resumidamente, pode caracterizar-se a Semiologia pela investigação dos sistemas de signos e a Semiótica, pela tentativa de construção de uma teoria geral da significação (*apud* Enio Luiz Streck, *Hermenêutica jurídica e(m) crise*, p. 167, em nota de rodapé)

em Peirce – tal como Santaella nos torna disponível, através de sua vasta obra – sem tirar o mérito dos estudos de outros pesquisadores eminentes, que repetiram ou aprofundaram o pensamento de Peirce ou seguiram caminhos próprios.

Inicialmente, ele definiu que o principal propósito da lógica estava em aprender os modos de conduzir qualquer investigação ou pesquisa. Bem depressa descobriu que, preliminarmente a isso, era requisito classificar os raciocínios, determinando as propriedades relativas e o valor de qualquer raciocínio. Valeria a pena conhecer essa classificação dos raciocínios por si mesma, quer seja atingido ou não o propósito de chegar ao conhecimento de como conduzir a pesquisa, pensava Peirce. Assim como, antes de prosseguir nessa direção, ele descobriu que nada poderia ser feito antes de estudar a anatomia dos raciocínios e de como eles são compostos (*MS*[271] 452: 4-10; 449: 24-30).

Neste ponto, é Santaella[272] quem nos relata que ele se deparou com os signos. Como se pode ver, afirma ela, sua indagação veio de trás para diante. Ele queria descobrir os métodos de conduzir a pesquisa, percebeu que deveria antes estudar os raciocínios. Mas que, para estudá-los, precisava estudar como eles se corporificam. **Logo se deu conta de que raciocínios, e mais do que os raciocínios, quaisquer pensamentos, corporificam-se em signos.** Tem-se aí os três ramos da Semiótica: dos signos para os raciocínios e destes para os métodos de pesquisa.

Lembre-se de que uma Teoria[273] não é simplesmente uma explicação do domínio de fatos aos quais se refere, mas um instrumento de classificação e previsão. Duhem[274] observava: "Teoria verdadeira não é aquela que dá uma explicação das aparências físicas conforme à realidade, mas sim a Teoria que represente de modo satisfatório um conjunto de leis experimentais" (*La théorie physique*, I, 2, 1). A verdade de uma Teoria está em sua validade e sua validade depende de sua capacidade de cumprir as funções às quais se destina.

---

[271] *MS* – corresponde aos manuscritos inéditos de Peirce. O primeiro número, depois da sigla, indica o manuscrito, seguido do número da página.

[272] *In **Comunicação e pesquisa***, p. 115.

[273] Cf. ***Dicionario de Filosofia*** de Nicola Abbagnano, p. 953.

[274] *Ibidem.*

As funções de uma teoria científica podem ser especificadas da seguinte maneira: 1º) uma teoria deve constituir um esquema de *unificação sistemática* de conteúdos diversos; o *grau de abrangência* de uma teoria é um dos elementos fundamentais na avaliação de sua validade; 2º) uma teoria deve oferecer um conjunto de meios de *representação conceitual e simbólica* dos dados de observação; sob esse aspecto, o critério ao qual deve satisfazer é o de *economia dos meios conceituais*, vale dizer, simplicidade lógica; 3º) uma teoria deve constituir um conjunto de *regras de inferências* que permitam a previsão dos dados de fato. Essa é considerada hoje uma das tarefas fundamentais das teorias científicas, e a capacidade de previsão de uma teoria é critério fundamental para avaliá-la.

Certamente, a Teoria do Direito está imbricada na Filosofia do Direito, pois se ocupa das questões fundamentais e teóricas do Direito e todos sabemos quão grandes foram os prejuízos naqueles momentos históricos, em de que a Filosofia e o Direito deram-se as costas reciprocamente. Lembre-se que Kant concebia a *Rechtslehre* (doutrina do Direito) como uma parte de seu sistema filosófico, portanto não como uma disciplina independente da Filosofia, mas sim como uma parte da mesma indissoluvelmente ligada ao conjunto. Na verdade, na Teoria do Direito existem temas filosóficos, porque a Filosofia é teoria geral levada ao extremo do conhecimento. O que se deve evitar é empregar-se as duas denominações como se fossem dois tipos de conhecimento divergentes, ou seja, como se se investigassem temas distintos quando se trata de Filosofia do Direito ou de Teoria do Direito.

Saber Direito é *antes* saber a Teoria Geral, para, ao depois, aplicá-la às diversas disciplinas e problemas jurídicos, já que quase sempre que estamos diante de um problema jurídico estamos diante de um problema de Teoria do Direito. Evidentemente, a Informática pode ajudar bastante, mas não se pode, em meu entender, "migrar-se", de imediato e airosamente, para um "Direito Digital", se não se pesquisar, antes, a linguagem Direito, para torná-la uma linguagem digital adequada.

Todos sabemos que a formação do verdadeiro jurista passa pelo estudo intenso da Teoria do Direito, a qual não só constitui uma disciplina de grande conteúdo e alcance, mas penetra todos os ramos do Direito: assim, tanto o Direito privado como o Direito público e o processual, em qualquer de seus ramos, estão construídos na base de determinados conceitos e estruturas cognoscitivas que se estudam nas "partes gerais" das disciplinas correspondentes e das chamadas "partes especiais", não sendo senão aplicação às instituições concretas de que se trate. Portanto, assim, não parece convincente a utilização de certas dualidades terminológicas, quando os temas são praticamente coincidentes. Em síntese, pode-se dizer o seguinte[275]: o pensamento jurídico desenvolveu-se ao longo de sua história, sob a forma de três modelos epistemológicos fundamentais, que são:

a) Teoria do Direito Natural;

b) Filosofia do Direito, do positivismo; e

c) a atual Teoria do Direito.

A Teoria do Direito Natural monopolizou praticamente todo o panorama até fins do século XVIII, até começar a impor-se o positivismo jurídico, que negava a existência do Direito Natural e proclamava o Direito positivo (Direito real posto pelos homens na sociedade) como o único objeto de conhecimento científico; o positivismo, elevando a ciência à categoria de única forma de conhecimento geral válido, deixou para a Filosofia a expressão da subjetividade, isto é, daqueles temas sobre os quais a ciência ou razão positivista nada podiam dizer: os valores – entre os quais a justiça – foram jogados ao limbo da ideologia como *não* científicos; prestigiou-se, nessa época, o termo alemão *Rechtsphilosophie*, a "Filosofia do Direito", em sentido estrito, que seria a disciplina a enfrentar aqueles temas que a ciência abandonara, especialmente o tema dos valores jurídicos ou teoria da justiça.

Desde meados do século XX, o positivismo como modelo epistemológico geral entrou em crise e começou um debate – *que é o que temos vivenciado* – em torno da distinção entre ciência e filosofia, de um lado, e a universalização da linguagem como centro de referência do pensamento filosófico (o chamado "giro linguístico" – *linguistic turn*, a que já me referi, anteriormente). Adquirem poderosa força a Filosofia analítica, de tradição inglesa,

[275] Cf. Robles Morchón, *in El derecho como texto* (*Cuatro estudios de Teoría comunicacional del Derecho*), p. 112 e segs.

centrada na análise formal da linguagem e a tradição alemã da hermenêutica filosófica e das ciências do espírito, centrada no fenômeno intelectual da compreensão e da interpretação e na universalização do conceito de "***texto***".

A nova panorâmica de enfoques incidiu também no pensamento jurídico, não sendo casualidade que, desde alguns decênios, veio se estabelecendo, progressivamente, cada vez com maior força, a designação de "Teoria do Direito" para indicar a disciplina que, superadas as dificuldades do positivismo, mas sem implicar uma volta ao tradicional jusnaturalismo, soubesse colocar ordem no mundo intelectual do Direito, de tal maneira que se recuperassem, em uma visão integral, os temas que haviam sido expulsos da ciência jurídica, em especial o tema da justiça e o tema da argumentação racional no momento da decisão jurídica (decisão normativa ou decisão jurisdicional). As designações, embora tenham algo de caprichoso, por outro lado, respondem sempre a algum determinado movimento do pensamento que busca encontrar fórmulas para resumir um novo enfoque.

Não faz sentido confundir a Teoria do Direito com o que o positivismo chamava "teoria geral do Direito" ou "doutrina geral do Direito" (tradução da expressão alemã *allgemeine Rechtslere*), cujo propósito exclusivo era, como seu próprio nome indica, resumir em uma disciplina as partes gerais das diversas parcelas da dogmática jurídica, entre as quais o Direito Civil, Direito Penal, Direito Processual e assim por diante. A doutrina geral do Direito é transcendida pela Teoria do Direito, já que esta assume o que naquela possa haver de universalizável e não sobre um ordenamento ou família de ordenamentos, e, ao mesmo tempo e sobretudo, introduz em seu novo esquema os elementos desprestigiados, como não científicos, pela doutrina positivista geral (teoria da justiça, argumentação jurídica).

Se a Filosofia do Direito, em sentido estrito, isto é, como denominação específica de uma disciplina concreta gerada dos esquemas próprios do positivismo, designa um modo de proceder do pensamento jurídico e, correlativamente, uns temas incluídos e outros excluídos de sua consideração, não é de se estranhar que se queira introduzir uma designação distinta e que, ao mesmo tempo, englobe mais elementos que aquela primeira. Isso é o que vem ocorrendo nos tempos mais recentes, em alguns países.

Outra dúvida surgida foi se a Teoria do Direito seria ciência ou filosofia, contraposição que se foi mostrando inadequada, na medida em que aquilo que se deve falar é de conhecimento rigoroso, isto é, fundamentado, coerentemente construído e adequado à realidade. Continuar falando em "científico" de um lado e "filosófico" de outro – um preconceito do positivismo e de seus fundamentos epistemológicos – é não estar, no mínimo, inteirado do que se passou no panorama intelectual ocidental nos últimos decênios. De qualquer maneira, a Filosofia do Direito, em qualquer de suas formas históricas até o presente, esteve obcecada em encontrar um conceito do Direito, ou, melhor, o conceito do Direito. É o tal problema ontológico, ao redor do qual tem girado basicamente a disputa entre jusnaturalistas e positivistas.

Para os partidários do Direito Natural, o ser do Direito é o Direito justo, a ideia do Direito; para os partidários do positivismo jurídico, é o Direito que rege realmente as relações entre os homens. Em sua concepção, o jusnaturalismo sustenta uma concepção metafísica ou idealista da ontologia, enquanto o positivismo jurídico sustenta uma concepção empirista da mesma. O debate ou contraposição entre jusnaturalismo e positivismo jurídico é irresolúvel, se se coloca em termos excludentes de "ou bem é verdade uma coisa, ou bem é verdade a outra". Parece que o caminho está numa via distinta daquela praticada pelas duas correntes do pensamento jurídico.

Se o jusnaturalismo tem razão em que o Direito não se pode desligar da justiça, o positivismo acerta, quando sustem que o Direito injusto é também Direito. Ora, ambas as coisas são verdade, mas em planos distintos de linguagem. Ao situar-se a questão em um plano pura e exclusivamente ontológico, chega-se a um beco sem saída: para o jusnaturalismo, o Direito é o justo, para o positivismo o Direito é o fato da regulação real; para o primeiro, o Direito é ideia, para o segundo é fato. Em ambos os casos, o Direito é considerado como uma entidade, seja ideal, seja real, como uma coisa, em definitivo. O conceito jusnaturalista do Direito exige introduzir nele a justiça; o conceito positivista exige excluí-la, não só do conceito, como também de toda consideração científica (que para o positivismo quer dizer: de toda consideração "séria", já que o conhecimento em sentido estrito é a ciência e não a filosofia).

Em outra visão, todas essas inquietudes estão apontando para uma Teoria do Direito, como *sistema de comunicação social*[276]. O Direito é um *sistema comunicacional* e essa afirmação é válida para todas as disciplinas que o estudam e para todos os campos de pesquisa e segmentos em que se possa subdividi-lo. É um sistema, ou melhor, um subsistema social, cuja função consiste na organização total do sistema social por meio da *verbalização* das instituições, por meio da *expressão linguística* de conteúdos normativos.

É indiferente que o sistema de signos em que se expresse o Direito faticamente seja um sistema escrito; pois, inclusive na sociedade mais primitiva, o Direito, como forma de organização global da sociedade tornada expressa por costumes, é susceptível de verbalização. E mais, a única maneira de o Direito possuir implantação social é que seus destinatários – que são todos os membros que compõem a sociedade de que se trate – possam entender seus conteúdos verbalizados. O Direito existe como fenômeno social real na medida em que os membros da sociedade acatem suas normas, o que supõe evidentemente sua prévia geração verbalizada e a prévia compreensão desta.

O mesmo que dizemos do Direito *real*, existente (ao menos dos ordenamentos jurídicos que historicamente se conhecem), podemos dizer de todo Direito *possível* (os modelos do Direito: os modelos legais, os modelos hermenêuticos, os modelos dogmáticos – que irei expor mais adiante, pensável como um sistema de mensagens cuja função social é a (re)organização global da sociedade em seu conjunto. A palavra *mensagem* é o signo dirigido a alguém para mover seu pensamento ou sua conduta numa determinada direção. Um signo pode ser meramente evocativo de sentimentos ou atitudes e inclusive simplesmente descritivo de algo ou referente a algo. A mensagem é um tipo específico de signo: vai dirigida por seu emissor a seu destinatário, com objetivo de que este capte seu sentido e assim estabeleça uma comunidade de ação entre eles. O Direito[277] é um conjunto de *mensagens*

---

[276] Cf. Robles Morchón, *in El Derecho como texto* (*Cuatro estudios de Teoría comunicacional del Derecho*), p. 112 e segs.

[277] Cf. Robles Morchón, *ibidem*, p. 129 e segs.

prescritivas (e não mensagens meramente descritivas, narrativas ou informativas). O Direito não trata apenas de "informar", mas sim de ordenar, embora informe acerca do que ordena. A informação, portanto, contém a verbalização das instituições como sistema de mensagens; mas tal informação não é a essência mesma do fenômeno comunicacional que é o Direito, mas uma parte implicada em sua função principal, que é obviamente a de **organização prescritiva da sociedade**.

Prescrever é uma das muitas funções possíveis da linguagem. Por meio das palavras, realizamos ações (não "coisas", como disse o linguista J. Austin[278]). Assim, por meio das palavras **rogamos, suplicamos, descrevemos, contamos, narramos, insultamos, perguntamos, repreendemos, insinuamos, sugerimos, perdoamos, ferimos, elogiamos, adulamos, expressamos nosso amor ou nosso ódio, informamos, delatamos, denunciamos, julgamos, decidimos, convencemos, recomendamos, aconselhamos, advertimos, mostramos nossa surpresa, nossa admiração, nosso desgosto, nossa alegria, nossa depressão, nosso mau humor, declaramos a guerra, fazemos as pazes, declaramos amor, desafiamos e assim por diante.** Os linguistas entretêm-se em propor classificações das diversas funções da linguagem, de maneira que todas as possíveis ações que realizamos mediante as palavras encaixem-se em alguma das epígrafes ou famílias. Passarei por cima dessas classificações; basta-me apenas chamar atenção sobre o fato de que a função prescritiva da linguagem é uma de suas funções, junto a muitas outras, e que, portanto, um sistema de mensagens como o Direito alinha-se dentro dessa função e não dentro das demais.

É comum contrapor-se simplesmente a linguagem prescritiva à descritiva, e nada mais, como se essa contraposição esgotasse o panorama diversificado das funções da linguagem. Sem dúvida, o Direito mais prescreve do que descreve, mas também realiza outras funções que não sejam nem prescrever, nem descrever. O panorama das funções da linguagem é muito extenso e não pode reduzir-se à dicotomia mencionada. Por exemplo, recomendar não é nem prescrever nem descrever; perguntar não é nem prescrever nem descrever (ainda que possa ter que ver, em certas ocasiões, com prescrições ou

---

278 *In How to do things with words*, Oxford, 1962, cf. Robles Morchón, *ibidem,* p. 129.

descrições). Mas, visto que é certo que o dualismo prescrição-descrição tem ocupado muitas páginas da Filosofia da Linguagem e da Filosofia do Direito, por sua importância capital e indiscutível, parece conveniente que se reflexione sobre a referida contraposição.

Com efeito, na Teoria do Direito do positivismo normativista, a distinção entre prescritivo e descritivo concretiza-se em torno da distinção entre norma e lei científica. Diz-se: a norma prescreve uma conduta, enquanto a lei científica descreve um acontecimento da natureza (ou, melhor, um acontecimento típico da natureza, a regularidade de um acontecimento natural). Sobre essa contraposição elementar entre norma e lei científica, o positivismo normativista construiu grande parte de suas concepções. Destacou-se a contraposição paralela entre *ser* e *dever ser*.

As leis científicas descreveriam o *ser* – o que se passa na natureza, o que acontece ante nossos olhos e pode, portanto, ser observado e verificado; enquanto as ciências normativas descreveriam o *dever ser*, não o que se passa, mas o que deve passar, não o que acontece, mas o que deve acontecer. O *ser* é o mundo ou reino da facticidade; enquanto o *dever ser* é o mundo ou reino da normatividade. Fato e norma são os dois polos, ao redor dos quais deve girar toda a especulação. Logicamente, essa contraposição foi aplicada ponto a ponto ao Direito e à ciência jurídica. O Direito seria um conjunto de normas expressivas do dever ser, e a Ciência do Direito uma ciência descritiva das normas. Sobre a base da distinção entre *ser* e *dever ser*, articula-se a de linguagem descritiva e linguagem prescritiva. As leis científicas descrevem, enquanto as normas prescrevem. As primeiras expressariam o *ser*, enquanto as segundas expressariam o *dever ser.*

Esse quadro, embora tenha algo de verdade, não é inteiramente aceitável. Em primeiro lugar, a linguagem descritiva do Direito não se esgota com o meramente descritivo do fático; em segundo lugar, a contraposição descritivo-prescritivo é básica, mas não esgota o campo funcional expressivo da linguagem jurídica; em terceiro lugar, frente à tese da uniformidade linguística das regras jurídicas – teses segundo as quais as normas jurídicas são proposições de dever – tem que se assinalar que o Direito possui normas de configuração linguística muito diversas, não só proposições de *dever ser*. Ou seja:

1º) Descrever não se esgota na função de descrever o fático, mesmo porque não se deve confundir o fático com o existente. O fático é uma parte do existente; mas nem tudo o que existe é reduzível a fatos; exatamente da mesma forma, o objeto pensado pela fantasia existe (como tal fantasia), mas não é um fato (ainda que, sim, o seja quando penso em tal objeto). Se, por exemplo, descrevo os caracteres essenciais da compra e venda, com base no preceito legal que impõe seu conceito, tampouco estarei a descrever suas notas essenciais. Ou seja, a descrição não se esgota em uma realidade fática, mas sim em um conceito, já que definir um conceito é do fático, mas é uma operação intelectual mais ampla, que afeta atividades mentais muito diversas e, portanto, a dualidade descritivo-prescritivo não é exatamente paralela à dualidade fato-norma.

2º) Em segundo lugar, a dualidade descritivo-prescritivo não esgota o campo de funções expressivas da linguagem jurídica; ainda que a descrição e a prescrição constituam, sem dúvida, duas das mais importantes funções da mesma, existem outras tantas: podemos rogar, insinuar, aclamar, perguntar, chamar, insultar e assim por diante. Portanto, não podemos considerar tão só as funções expressivas da linguagem na dualidade da descrição e da prescrição, ainda que essas duas sejam funções importantes, para se chegar ao componente axiológico do fenômeno jurídico. *A linguagem é muito mais complexa do que tudo isso.*

3º) E, por último – o ponto que mais nos interessa –, no Direito, nem tudo são proposições linguísticas de *dever* ou de *dever ser*. Essa ideia (de que as normas jurídicas são normas expressivas de dever), como já disse acima, é uma ideia constante no positivismo normativista, que provém da adoção de esquemas conceituais da teoria ética e de sua consequente passagem à Teoria do Direito. Com efeito, se se parte da concepção de que o Direito e a Moral são sistemas normativos com a mesma estrutura de fundo, ainda que referidos a realidades diversas (bilateralidade-unilaterialidade; exterioridade-interioridade), não há nenhum motivo para diferenciá-los entre si, se se tem em conta tão só sua estrutura. A Moral seria um conjunto de normas, isto é, de proposições de dever ser de *caráter moral*, enquanto que o Direito seria – paralelamente – um conjunto de proposições de dever ser de *caráter jurídico*. Salvo diferenças em alguns aspectos (a norma jurídica seria coativa e a moral não, ou ao menos não tão claramente), ambos os sistemas estariam compostos de normas com a mesma estrutura básica: suas normas serem expressões de dever. A formulação, então, redundar-se-ia desta maneira: o Direito, igual aos outros sistemas normativos (paradigmaticamente a Moral) é um sistema de normas; as normas expressam o dever ou o dever ser; o que não é dever ou dever ser, é ser; logo, a realidade está dividida em duas partes: o mundo do ser e o mundo do dever ser, isto é, o mundo dos fatos e o mundo das normas. A formulação circular fechar-se-ia assim em um ontologismo substancialista simplificador. Mas a referida formulação levar-se-ia a efeito sem demonstrar o ponto de partida, sem demonstrar que todas as normas do Direito são necessariamente expressões de dever. Parte-se rigidamente da homogeneidade linguística das normas (todas são *per definitionem* expressivas do dever); portanto, o mesmo ocorrerá com as normas jurídicas: serão também expressivas de dever ser, igual ao resto dos outros tipos de normas; assim, o Direito faria parte de um mundo diferenciado, que é o mundo do dever ser, contraposto ao mundo do ser.

Essa dualidade ontológica foi divulgada por Kelsen, ainda que seja própria de todo o neokantismo, e está no ambiente intelectual da época como uma crença inquestionável. A referida crença chega até nossos dias, mesmo que com menos força. Podemos dizer que as novas tendências analíticas desprezaram o mencionado ontologismo, especialmente a teoria das regras constitutivas, isto é, das regras que não exigem comportamentos, mas sim se limitam a constituir ou criar os elementos estruturais do ordenamento jurídico, tais como sujeitos e competências.

Por exemplo, a norma jurídica que estabelece a idade para a maioridade não exige comportamento algum, mas se limita a prescrever quem são os sujeitos jurídicos com plena capacidade perante o Direito. A norma diz: são maiores, de tal modo que o maior de idade é maior de idade para o Direito, com tudo o que essa condição representa. Todas as normas que delimitam o âmbito espacial do ordenamento jurídico (ou melhor será dizer os âmbitos espaciais, pois junto ao do ordenamento jurídico de um Estado, em seu conjunto, estão os âmbitos espaciais das diversas administrações que o configuram; assim, as administrações federais, estaduais e municipais têm seu próprio âmbito espacial); igualmente os âmbitos temporais (existência temporal do ordenamento em seu conjunto e de cada norma ou ato jurídico em particular); assim mesmo as normas organizativas que estabelecem quem são os sujeitos das ações e decisões jurídicas e que competências têm, não são normas expressivas de dever, já que a elas se adapta melhor o verbo *ser*, do que o *dever*. Dentro da competência, que não é senão o conjunto de ações susceptíveis de serem realizadas por um sujeito de Direito, assumem particular relevo as ações que o referido sujeito "pode", tem poder para realizar; haverá ações que o sujeito terá o dever de realizar, mas a respeito de outras terá poder, e não dever (por exemplo, o Presidente da República pode conceder o indulto, mas não tem nenhum dever de fazê-lo). É evidente que a essas normas lhes enquadra mal considerá-las como expressão de dever, já que *poder*, em seu sentido estrito, e *dever* se excluem.

Algo similar sucede com as normas procedimentais, isto é, com as normas que prescrevem um determinado procedimento para que o ato que se pretende realizar seja válido para o Direito (que é o mesmo que dizer que o referido ato alcance a qualidade de "ato com existência jurídica"). Por exemplo, a norma que estabelece o procedimento que tem que se cumprir para contrair matrimônio (apresentar-se diante do juiz, se se trata de matrimônio civil, e pronunciar determinadas palavras de consentimento, firmar a ata e assim por diante) não estabelece dever algum propriamente (o contraente não tem o dever de casar-se, o faz porque assim o deseja), mas se limita a prescrever os atos ou requisitos procedimentais necessários para que o matrimônio efetivamente se celebre. Os contraentes não têm o dever de casar-se, mas se querem casar-se têm que efetivar os procedimentos que a lei lhes exige. A norma procedimental lhes exige o cumprimento de requisitos, não como um dever, mas como algo necessário para que o ato seja válido juridicamente, isto é, para que o matrimônio tenha existência jurídica. Junto às normas cuja expressão mais adequada produz-se mediante os verbos *ser*, *poder* e *ter que*, estão certamente as normas jurídicas expressivas de *dever*, que são aquelas normas que exigem uma conduta, que se qualifica de conduta lícita, e penalizam a contrária, que se chama de conduta ilícita. Mais ou menos assim: a norma jurídica que trata do homicídio supõe o dever de respeitar a vida alheia (respeitar a vida alheia é a conduta lícita) e pune quem não a respeita, impondo-lhe uma sanção (não respeitar a vida alheia é a conduta ilícita). **Este breve resumo é suficiente para nos darmos conta de que reduzir o Direito a normas que tão só expressem o *dever* é uma simplificação dificilmente conciliável com a verdadeira e complexa natureza linguística de todo o universo jurídico.**

Uma análise que não parta de preconceitos estereotipados, mas que penetre na linguagem do Direito, em suas matrizes, para desentranhar suas formas, o menos que pode fazer é reconhecer a heterogeneidade linguística das normas jurídicas.

Com isso, posso insistir na conclusão: o Direito é um sistema de comunicação cujas unidades elementares de mensagem são as normas. Trata-se de um sistema de comunicação prescritivo, ordenador, e por isso suas unidades elementares (as normas) são expressões linguísticas prescritivas. A análise de tais normas revela sua heterogeneidade linguística (contrariamente à tradicional ideia da homogeneidade de todas as normas como normas de *dever ser*). O Direito é, além disso, um sistema de comunicação institucionalizado e coativo, e nisso se diferencia radicalmente da Moral (problema à parte é que o Direito não deve ir contra a Moral elementar).

Feitas essas considerações, e tendo em vista a heterogeneidade linguística do Direito (contrariamente à concepção tradicional da homogeneidade de todas as normas do Direito como normas de *dever ser*, em contraposição ao *ser* das leis científico-naturais das ciências da natureza), quero enfatizar a falta de atenção que se tem dado ao reconhecimento dessa questão, para se compreender que, embora institucionalizado e coativo, em um de seus níveis, o Direito (a exemplo da linguagem natural) possui outros níveis de linguagem (outras matrizes de linguagem), no que insistirei até o final deste trabalho.

É assim que**,** a exemplo da linguagem natural, a linguagem jurídica possui as tais três matrizes que são basicamente a *matriz sonora*, a *matriz visual* e a *matriz verbal*. Pelo fato mesmo da não visão, até o presente momento, dessa arquitetônica das três matrizes da linguagem jurídica e da possibilidade de superposição entre elas, bem como pela contraposição indesejada existente entre normas jurídicas e leis científicas, é que os juristas têm se debatido sobre se o caráter das normas jurídicas extrapolaria o prescritivo ou descritivo. Ao revisarmos as matrizes do direito, examinamos:

1) A matriz sonora do *Direito* se expressa em ***textos predominantemente sonoros,*** cujos meios ou suportes são: a *sintaxe,* a *semântica e* a *pragmática.*

2) A matriz visual do *Direito* se manifesta em ***textos predominantemente visuais,*** cuja forma triádica é: o *fato,* o *valor* e a *norma.*

3) A matriz verbal do *Direito* se manifesta em ***textos predominantemente verbais,*** cujo fim é: o *discurso jurídico,* que se subdivide em *discurso normativo, discurso decisório, discurso científico* e *discurso burocrático.*

O Direito, encarado como o ápice da manifestação comunicacional entre diversas esferas, tanto a pública como a privada, entre cidadãos, entre cidadão-grupo, entre grupos, entre Estado-grupo ou Estado-cidadão mostra a relevância e a necessidade de comunicar o Direito, tanto quanto possível, com todas as demais áreas do conhecimento, com vista à aplicação adequada e coerente com o contexto social apresentado na sociedade contemporânea.

4.2 Sistema jurídico: matriz e estrutura; expressão e conteúdo; função e operacionalidade

Um sistema confirma-se naquilo que sempre foi: uma racionalidade que tende a realizar a sua própria perfeição. Se o tráfego não funciona, por exemplo, é porque o seu sistema não foi bem elaborado. E tudo vai tão longe que cabe até afirmar que todo racional é real e todo real é racional, como dizia Hegel, o que em ampla medida tornou-se efetivo. Tanto que já se poderia dispensar a filosofia, pois agora o sistema caminha apoiado em suas próprias pernas. O homem quer o sistema e denuncia a imperfeição assistemática. O sistema apresenta-se, portanto, como a síntese acabada da realização da história, mediante a crença absoluta na técnica. A tecnologia passou a dominar não apenas o comércio, as cidades, a vida cotidiana e a intimidade do homem, mas foi mais além: transformou-se na linguagem do mundo contemporâneo, nossa mediação universal. Como se fosse uma constituição do mundo sem perspectivas!

É impossível despojar o mundo de suas ambiguidades, paradoxos e enigmas, e dominá-lo plenamente por meio da racionalidade técnica e de forma sistemática. No lugar de habitar o mundo, acolhê-lo, viver no meio dos acontecimentos, o homem atualmente tem a pretensão de dominá-lo pela técnica, sem se dar conta de que esta pretensão é o que o está transformando no escravo moderno: dominado por causas exteriores, o homem perde a prudência, e age como qualquer ser passional, isto é, tudo o que ele faz só o faz porque é levado pelos acontecimentos.

Se o sistema social diferencia-se por ser um sistema globalizante da esfera do relacionamento *inter homines*, o sistema jurídico, por sua vez, inscreve-se no todo social como sendo uma parte entre partes. Sistema entre sistemas, o **sistema jurídico** amalgama-se e se aperfeiçoa na medida da evolução e da involução das demais inflexões sociais que sofre. Opera em dialética com os universos de discurso que o cercam; também por estes é operado. Releva-se aqui a dialética que rege tal processo de interação entre a esfera dos valores jurídicos e a esfera existencial dos fatos.

Tendo em vista essa intertextualidade, a juridicidade vive em interação dinâmica com valores, ideias, informações, princípios, dados culturais, todos advindos de sistemas outros que, de modo periférico, tocam o sistema jurídico. Ele não pode ser concebido como um sistema hermético, fechado, visto que está ladeado e vive influenciado por outros sistemas que ambientalizam e contextualizam seu próprio existir. O sistema jurídico, segundo brilhante ensinamento de Maria Helena Diniz, é o resultado de uma atividade que congrega os elementos do Direito (repertório), estabelecendo as relações entre eles (estrutura), albergando uma referência à mundividência que animou o jurista, elaborador desse sistema, **projetando-se numa dimensão significativa**[279].

[279] *In Norma constitucional e seus efeitos*, 1989, p. 19, citada por Bittar, *ibidem*, p. 220, em nota de rodapé.

Os elementos e sua estrutura formam o sistema; e o que seja estrutura neste ponto curiosamente importa saber que a etimologia pode dar-nos, com sucesso, a intelecção do que seja, da mesma maneira, uma *estrutura linguística*. Esta palavra provém do verbo latino *struere,* que significa reunir, empilhar. A etimologia sugere, portanto, os pilares básicos sobre os quais se configura o conceito de estrutura: unidades elementares relacionam-se e são causa eficiente da construção que realiza a referida ordem[280]. É possível admitir a existência de um sistema jurídico, desde que se admita a existência de critérios que definem a existência e a sustentação de tal sistema: *um repertório de elementos e um modo peculiar de sua organização, distribuição e relação.*

Ou, em outros termos, considerando-se o sistema como estrutura operante, infere-se que a todo sistema corresponde uma estrutura, e que o sistema nada mais é que a dinamização da estrutura, ou seja, o estático operacionalizado. Dito isso, verifica-se desde logo a possibilidade de se visualizar o ordenamento jurídico não como um conjunto esparso de discursos ilogicamente dispersos, desorientados e sem sentido. Sobre os objetos e os elementos de qualquer sistema atua uma *ratio aedificandi*, capaz de dotá-los de funcionalidade, disposição, organização, calibração e regulação. Mais para além dessa discussão, pode-se mesmo identificar o sistema jurídico como um universo de discurso particular, em meio a inúmeras outras práticas textuais esparsas no mundo da cultura, e distingui-lo em meio a outros universos de discurso, através do reconhecimento e do desvelamento de suas três matrizes de linguagem: matriz visual, matriz sonora, matriz verbal. **Com efeito, se o universo jurídico é um grande conjunto de práticas textuais jurídicas, por outro lado, numa visão mais abrangente, é apenas uma constelação de sentido em meio a tantas outras.**

Esse universo de linguagem, absolutamente particular, possui regras, conceitos, definições, injunções que o peculiarizam em meio a outros, de modo que se possa considerá-lo **autônomo, mas não necessariamente independente, ou desligado dos demais sistemas**, visto que preserva sua relação com os sistemas econômico, político, empresarial e, sobretudo, lembre-se –

280 Cf. Vicente Muñiz Rodríguez, *Introducción a la filosofía del lenguaje: problemas ontológicos*, Barcelona: Anthropos,1989, p. 166, citado por Bittar, *ibidem,* p. 220, em nota de rodapé.

como já se afirmou –, com o universo da linguagem natural. São exatamente esses contatos que garantem a vivacidade e a plasticidade de tal sistema, sempre sujeito à renovação, e não à estática, e sempre sujeito aos influxos advindos de outras linguagens técnicas, que não a sua própria. Isso é o que se poderia chamar "dialética intersistêmica". É oportuno insistir que o sistema jurídico não é um sistema fechado (clausura), como pretenderam as escolas novecentistas, tampouco um sistema coerente de *per si* (acabamento lógico-arquitetônico), nem um sistema completo (*totum*). **No entanto, não são quaisquer elementos que compõem o sistema jurídico, nem são quaisquer regras de calibração e de organização que ele pressupõe; entre seus principais elementos estão os discursos normativos que ele produz** (como será dito, mais adiante, neste trabalho). **E as regras de organização, distribuição e relacionamento desses discursos são dadas por critérios hierárquicos** (como entende, entre outros, Ferraz Júnior) **e hermenêuticos.**

Se é do uso que deriva a significação dos signos, é do uso do sistema que se extrai também a sua própria significação. Consequentemente, cada ato de uso corresponde a uma dinamização do sistema, o que sempre se faz valendo-se o usuário de recursos de interpretação. Este é, portanto, um mister para a formação do próprio sistema jurídico.

Mais adiante, neste trabalho, quando forem expostas as três matrizes da linguagem jurídica, o leitor terá oportunidade de constatar como, por exemplo, o uso pragmático da estrutura (em sua matriz sonora) importa necessariamente na utilização da interpretação para a ativação dos textos jurídicos normativos, assim como o próprio fato de vasculhar um sistema e dele extrair normas adequadas para a solução de uma questão jurídica já importa em proceder a uma interpretação do sistema e de suas regras. O sistema só possui vida com a sua utilização, com a pragmática narrativa que o sustenta (matriz sonora), de modo que se pode dizer que o sistema não é em si e por si lógico ou mesmo coerente, mas a coerência lhe é atribuída pelo intérprete; e este é o sujeito responsável por conformar o sistema e por fazê-lo funcionar coerentemente.

Vale lembrar ensinamento da ilustre jurista Maria Helena Diniz[281]:

---

281 *In Curso de direito civil brasileiro*, 1994, v. 2, p. 65, cf. Bittar, *ibidem,* p. 222, em nota de rodapé.

> **Sistematizar o direito é uma obrigação lógica, que procura estabelecer um nexo lógico entre as normas, de forma a lhes dar uma certa unidade de sentido e de projeção normativa. As normas podem ser comparadas às peças com que se constrói um relógio. A função do estudioso do direito é semelhante à do montador do relógio ao encaixar todas as peças racionalmente, uma em face das demais, a fim de que o relógio possa funcionar e marcar as horas, o que, no âmbito jurídico, equivaleria a conexionar as normas como se fossem jogos de rodas, de peças dentadas, de molas e demais ligamentos, que servem para o funcionamento de um relógio, formando um todo sistemático.** (Grifei)

Entende-se mesmo que os modos utilizados pelo sistema para a produção dos discursos jurídicos normativos não obedecem a critérios rígidos (mesmo porque se originam em uma matriz visual e sonora que necessitaria ser elaborada), sendo que a produção jurídica normativa (matriz verbal) faz-se *quase desordenadamente* com uma avalanche de textos que se entrecruzam, misturam-se, concatenam-se e se interceptam. Será o intérprete, como se verá mais adiante, que atribuirá, *a posteriori*, a *coerência* e que, com essa tarefa, vai construindo o sistema.

Quanto àqueles que afirmam a *clausura* do sistema jurídico, essa colocação não é aceitável, pois o sistema jurídico, quer se queira, ou não, vive em constante e profunda dialética com os demais sistemas sociais, que com ele interagem, de modo que, ao mesmo tempo que recebe significação vinda de fora, doa significação interna. A *completude*, por sua vez, é outro mito, que não procede, já que as normas não se bastam entre si, excluindo-se outro recurso externo ou valorativo.

O sistema jurídico, em sua matriz verbal, não é um sistema hermético e imune à dinâmica de sua matriz visual e de sua matriz sonora. Muito menos ele se caracteriza pela completude. Completude e coerência estritas são ideias que correspondem a uma exigência teórica de construção de juridicidade (que se consolida na matriz verbal da linguagem jurídica) sobre o postulado da logicidade sistêmica (matriz sonora). O caráter lógico de um sistema não lhe imprime necessariamente as nuances de um sistema estanque e apartado da esfera que o engendra; o hermetismo é consequência da conclusão lógica de um reducionismo do espectro jurídico a uma de suas vertentes (a matriz verbal).

Aqui, o que se pretende é que o **sistema jurídico revele-se como um verdadeiro (hiper)texto** – com sua raiz etimológica de tecido ou trama, conjuntura que engloba os elementos e os meios de ligação desses elementos. O texto só "significa", desde que estimulado a funcionar por seu usuário, que lhe empresta sentido. A visão globalizante do sistema, com sua estrutura, mostra a noção de complexidade relacional dos fenômenos sociais e jurídicos.

A juridicidade, como se pode deduzir, é um fenômeno em dialética, e não um fenômeno estanque de coerção de condutas.

A juridicidade (que se fortalece na matriz verbal da linguagem jurídica) assenta-se e se constrói sobre o referente (que se manifesta em sua matriz visual e em sua matriz sonora) e com este se relaciona, constantemente. Dessa forma, a remissão da matriz verbal à matriz visual e à matriz sonora não só há de ser uma constante, mas também uma forma de calibração e adequação do próprio sistema jurídico. Ou seja, o sistema jurídico é dotado de articulações internas que lhe facultam a instrumentalização de suas próprias matrizes, sem afetar sua unidade. O sistema é lacunoso e assimétrico.

Mas o próprio fato de ser lacunoso (modos de integração) e assimétrico (modos de calibração) não o destitui de seu papel primordial que é o funcionamento. Mesmo as chamadas "incoerências" que ocorrem intrassistemicamente surgem da própria vivência dinâmica e dialética do sistema e da interação com inúmeras ocorrências fenomênicas. Dessa forma, se se modifica, vive modificando; e se é influenciado, vive influenciando; e se é capaz de engendrar, acaba sofrendo os efeitos do próprio engendramento. Pode-se mesmo dizer que, enquanto sistema aberto que é, o sistema jurídico não só admite a existência de lacunas, e prevê os modos de sua integração e colmatação, mas necessita dessas lacunas, pois a própria juridicidade requer a existência de um *vir a ser*.

Ora, este *ser de devir* opera-se por meio da incompletude, da polissemia e da realidade equívoca da semântica de seus termos, discursos e signos em geral. Dessa forma, as lacunas passam a significar não um empecilho para a formação de um conceito de sistema, pois a juridicidade, o Direito como conjunto de práticas textuais, tem nas lacunas as formas de autopreenchimento e de autoadequação – *locus* em que a pragmática tem condições de atuar.

Isso porque a construção da significação jurídica, dos conceitos, valores e princípios a ela pertinentes, constantes do amplo repertório de elementos que compõem a juridicidade, depende da participação ativa de sujeitos responsáveis por sua atualização, em meio a práticas sociais. Lembre-se que a categoria de estrutura sempre desempenhou papel importante em várias disciplinas, e evidentemente, também, no campo do Direito, embora, neste último, sem a devida tomada de importância.

Talvez tenha sido o italiano Cesarini Sforza[282] o primeiro jusfilósofo a salientar em um estudo de 1918 – que não teve a devida continuidade – a importância dos conceitos de **estrutura e de função**, concebendo-os como "*unum et idem* no fenômeno jurídico concreto", em cuja evolução ambos "mantêm o seu correlativo significado".

Não cabe nos limites do presente trabalho reapresentar importantes teorias baseadas na noção de estrutura, mas sim chamar a atenção para **a relevância do conceito de matriz**, que poderia ajudar a diluir uma série de questões controversas, que sempre existiram com relação a estrutura, superestrutura, função e assim por diante. **A tal querela "estruturalismo X historicismo" traduz, por si só, as perplexidades daqueles que vacilam entre posições abstratas, quando a tarefa que se impõe aos pensadores contemporâneos é bem outra: positividade sem positivismo e historicidade sem absolutização da história, superando-se toda e qualquer mentalidade reducionista.**

Parece-me que a noção de matriz de linguagem, que a Semiótica e as ciências cognitivas nos trazem, poderia ser um conceito-chave no sentido de uma concreta compreensão do fenômeno jurídico, como linguagem. O termo *matriz* ajuda a levar à compreensão do termo *estrutura*, que vem sendo ora hostilizado, ora abandonado. **Além disso, o termo permite também (como a estrutura) cortes verticais na realidade, expressando a multiplicidade de suas formas, fundamentos, meios de expressão e conteúdos, tão gratos à era da digitação.**

282 *In* "Senso e condizione del progresso nella Scienza del Diritto", na *Rivista Italiana di Sociologia*, fasc. 3-4, ora inserto em *Vecchie e nuove pagine di Filosofia, Storia e Diritto*, Milão, 1967, t. I, sobretudo p. 137 e segs. Em 1959, Cesarini voltou ao assunto em um breve trabalho, "Regola, norma e struttura sociale", *op. cit.*, p. 375 e segs. cf. Reale, *in O Direito como experiência*, p. 148.

A noção de matriz abrange: a noção de *sistema de relações entre elementos numa ordem formal de validez*, ao lado do conceito lógico-matemático de estrutura; a *composição de formas e volumes num todo harmônico e funcional*, caro à estrutura de tipo arquitetônico; a *operacionalidade material dos elementos integrados em unidade funcional*, caro à estrutura mecânica; a *prévia natureza unitária dos fatos psíquicos como formas condicionadoras da integração dos elementos particulares num todo de relação*, próprio ao conceito de estrutura elaborado pelos psicólogos; *a noção de processo (percurso)*.

Bastam tais exemplos para se verificar que, não obstante as variações existentes entre as muitas disciplinas, existe um conjunto de conotações comuns ao emprego do conceito de "matriz". De maneira geral, poder-se-ia dizer que o conceito de matriz alberga melhor outros dois significados fundamentais, correspondentes respectivamente aos termos alemães *Struktur* e *Gestalt*[283]. O primeiro denota uma unidade decomponível de elementos correlacionados *mecanicamente* para fins operacionais, ou, então, entidades interpretativas de axiomas e teoremas; já o segundo quer antes significar uma unidade polarizando o sentido de um valor constitutivo que dá, *uno in acto*, forma e vida a um todo irredutível às partes componentes, entre si inseparáveis. Aliás, essa segunda acepção não representa uma novidade revolucionária no campo do pensamento, pois fácil será perceber os laços que a prendem a antigas raízes como, por exemplo, as do organicismo inspirado nas ciências biológicas, as formas de compreensão histórica inspiradas em Hegel ou Marx, ou, em tempos mais recentes, as do **institucionalismo**.

Mas tais semelhanças não devem fazer esquecer um ponto essencial, que é a colocação atual do problema no plano epistemológico, visando desvencilhar a categoria de estrutura dos preconceitos que vêm impedindo sua utilização como instrumento objetivo de compreensão da experiência social, superando-se todos os tipos de *reducionismo,* seja de ordem econômica,

---

283 Cf. Reale, *in O direito como experiência*, p. 150, em nota de rodapé: Frosini, na ***Rev. Int. Fil. Del Diritto***, p. 168. Segundo este jusfilósofo italiano, o pensamento de sua época reelabora duas ideias fecundas de Goethe, a de ***estrutura*** (*Gestalt*) e a de ***função***. É necessário acrescentar outro conceito goethiano fundamental, de polaridade, não em termos de "identidade de contrários", mas no sentido de sua "complementaridade".

psicológica, linguística ou lógico-matemática. Ninguém, com bom senso, sonhará para o Direito, uma linear coerência dos sistemas matemáticos, mas ninguém poderá concebê-lo desarticulado e contraditório, sob pena de perigar o próprio destino dos homens. Portanto, essa estrutura não é um precário refúgio, admitido tão somente por ser a mais atenuada expressão da desordem geral. Ao contrário, ela é importante para a sobrevivência social, razão pela qual é um postulado da razão ético-jurídica válido e que pode ser demonstrado pelas atuais ciências cognitivas.

Repetindo: A complexa e diversificada sucessão de figuras e modelos não surge nem se desenvolve por acaso, mas sim em razão de causas ou motivos subjacentes, ordenando-se de modo temporal, funcional e hierárquico, refletindo o sentido da ordem que é imanente ao próprio "ato de pensar". É claro que não se pode idealizar o ordenamento como uma estrutura de tipo matemático, pois a sua é, antes, uma configuração na qual se situam corpos normativos que correm paralelos uns aos outros, às vezes se implicando e outras vezes se entrecruzando, todos, porém, se influenciando reciprocamente, por se acharem subordinados às mesmas razões finais de validade (valor), seja no plano interno, seja no internacional. Além disso, no seio do ordenamento, há normas sobre normas.

É à luz desse complexo de conotações atuais, axiológicas e normativas que se reconhecem o dever e a legitimidade de se expelir de um macromodelo do ordenamento jurídico todas as normas que lhe sejam estranhas ou adversas.

4.2.1 *Sistema jurídico e ordenamento jurídico*

Mais adiante, quando da colocação das três matrizes básicas da linguagem jurídica, o leitor terá oportunidade de constatar melhor a intersecção entre *o sistema jurídico* e *um ordenamento jurídico* concreto. Reale[284] já chamara atenção para a questão dos "momentos", referindo-se a *momento normativo* e a *momento dogmático*. Segundo ele, todas as formas de experiência jurídica têm sempre e invariavelmente um *momento normativo*, momento

[284] *In O direito como experiência*, p. 131 e segs.

este que aos olhos do jurista, isto é, do especialista responsável pela *prática do Direito*, põe-se como *momento dogmático, visto não poder ele prescindir das estruturas e dos modelos, postos por atos de autoridade.*

O enquadramento de cada norma jurídica num sistema é, ao mesmo tempo, uma exigência lógica e deontológica: *lógica*, porque não seria possível o estudo científico da experiência jurídica, se as soluções normativas particulares não se compusessem em unidade, refletindo, na substância de suas relações preceptivas, os enlaces de solidariedade conaturais ao mundo dos valores que elas expressam, podendo-se dizer que a sistemática das normas jurídicas corresponde, no fundo, a uma exigência de unidade própria do espírito que as institui; e *deontológica*, porque a legitimidade de cada preceito jurídico promana tanto dos valores, cuja salvaguarda se visa, em cada caso concreto, como também e principalmente do valor global do ordenamento que, considerado em seu todo coerente, é expressão das aspirações comuns do povo e de suas valorações coletivas, ora referido ao "espírito do povo", ora à "consciência coletiva", ora ao "espírito objetivo", ora à "vontade da nação", expressões todas que, não obstante suas divergências, coincidem em assinalar a eminência transpessoal e obrigatória de certos tipos de conduta. Ela é a parte da Ciência do Direito em sentido estrito, isto é, o conhecimento sistemático das normas e dos conceitos jurídicos próprios de *um* ordenamento.

Ela se estende a todos os ramos do Direito: Direito Civil, Direito Comercial, Direito Constitucional, Direito Processual, Direito Administrativo e assim por diante. Ou seja, a Dogmática Jurídica é a parte da Teoria do Direito que estuda sistematicamente as normas, ordenando-as segundo princípios, tendo em vista a sua aplicação. É a ciência positiva do Direito positivo[285].

Opera sobre o material jurídico que está composto por todos os elementos normativos subministrados pelos chamados operadores jurídicos (legisladores, juízes...) e com todo esse material vai-se (re)construindo o sistema do Direito válido. É assim que o conceito de ***ordenamento jurídico* (identificado predominantemente com o discurso jurídico – normativo e decisório – matriz verbal) e o de *sistema jurídico*, mais amplo, acabam se superpondo um ao outro.**

---

[285] Cf. Reale, citado por M.H. Diniz, *in Dicionário jurídico*, v. 2, p. 231 (verbete: Dogmática Jurídica).

O primeiro pode ser identificado com o material jurídico proporcionado pelos órgãos de decisão do Direito; isto é, a Constituição, as leis, as normas da Administração, a jurisprudência, o conjunto das sentenças dos juízes, os usos e costumes. Todo esse material apresenta-se sob a forma de um "ordenamento jurídico", o que vem a ser o mesmo que dizer que se apresenta com a pretensão de ser uma ordem jurídica completa.

Na realidade, o material jurídico, tal como provém dos órgãos de decisão, nunca está completo, nem suficientemente ordenado. As leis e demais normas vão surgindo paulatinamente, quase sempre de forma desordenada. A linguagem de umas não coincide muitas vezes com a linguagem das outras. À medida que se avança no tempo, mudam as concepções ideológicas e organizativas, assim como as necessidades do intercâmbio econômico e da vida social em geral. Isso quer dizer que é impossível exigir dos órgãos criadores do Direito – como o legislador – que de sua atuação resulte um todo harmonioso, dotado de sentido unitário. Ainda que seja esta sua aspiração, e deve sê-lo, com pretensão de criação de uma ordem jurídica compacta, o mais que poderia chegar é criar um ordenamento, um conjunto de normas, com pretensão de abranger o conjunto da vida social. São os juristas que, ao depois, vão colocando ordem no ordenamento ou nesse vasto material jurídico, proporcionado pelos órgãos de decisão, e vão superpondo um *sistema* jurídico sobre o *ordenamento* jurídico.

Grosso modo, só para efeitos didáticos, o sistema é resultado do trabalho de (re)elaboração da ciência, enquanto o ordenamento é resultado do legislador e demais órgãos de criação do Direito. O sistema aparece superposto ao ordenamento, reflete-o e o completa, ao aplicar os diversos procedimentos da lógica e da interpretação. O sistema é o mesmo ordenamento ou material de normas criadas pelos órgãos de decisão (sobretudo, o legislador), que vai sendo (re)elaborado num todo, o quanto possível harmonioso, de tal forma que umas partes do Direito entrelacem-se com as outras, sem rupturas, ou pelo menos com o reconhecimento de que tais *descontinuidades* existem. O ordenamento é predominantemente resultado das tarefas dos órgãos de criação do Direito (discurso normativo/discurso decisório); o sistema é, predominante e essencialmente, o resultado do(s) labor(es) "armazenado(s)" da ciência jurídica (discurso decisório/discurso científico).

Prosseguindo com este raciocínio, enquanto no ordenamento recolhemos o material jurídico tal como vem dos meios de publicação dos órgãos criadores de Direito, o sistema constituirá um texto referido constantemente ao ordenamento jurídico, mas com as peculiaridades de ser mais completo e sistemático, mais conceitual e mais elaborado. O texto do sistema vai sendo construído sobre o texto do ordenamento. Este último é o texto originário, tal como sai dos órgãos de criação jurídica; aquele é o texto que provém da elaboração conceitual básica e ordenada. O ordenamento, de certa maneira, coincide *com* e acompanha basicamente as fontes (formais) de Direito. O sistema está contido também nos livros de ciência jurídica: Direito Civil, Comercial, Penal, Processual, Direito Administrativo e assim por diante, e extrapola as fontes meramente formais do Direito.

A Dogmática Jurídica, por sua vez, não é uma descrição do Direito, mas sim uma produção de (re)elaboração do ordenamento, construindo o sistema. Daí a importância dos juristas dogmáticos, que não se limitam a "constatar" a "existência" das normas no ordenamento, mas põem seu grão de areia (ou algo mais), reelaborando o material bruto e *construindo* a norma aplicável. Tanto as normas, como o sistema, vão se submetendo à construção dogmática.

Geralmente, na vida jurídica atual, a norma aplicada a um caso torna-se produto de uma minuciosa construção doutrinária que, embora adotando como ponto de partida o texto bruto do ordenamento, não estanca mais na letra da lei.

Os juristas dogmáticos, como afirma Robles Morchón[286], são os intermediários necessários nos processos de decisão jurídica. Não lhes reconhecer esse papel autenticamente criador foi uma das deficiências mais sérias da Teoria Geral do Direito, inspirada no positivismo[287]. A Dogmática influi decisivamente em todos os escalões da produção normativa e decisória, a partir da própria Constituição. Quando o poder constituinte aborda sua tarefa,

---

[286] *Ibidem*, p. 25.

[287] O positivismo, em qualquer de suas versões, é ***descritivista***. Pretende que o Direito venha "dado" e que a ciência jurídica limite-se a "descrevê-lo". O mito do que é dado de antemão, como realidade ôntica, e o método da descrição prendem-se à Escola de Viena e a seus predecessores, como Bierling, à teoria analítica inglesa e ao realismo escandinavo, representantes todos eles dos postulados essenciais da epistemologia positivista, cf. Robles Morchón, ***ibidem***, p. 25, em nota de rodapé.

é impensável que não leve em conta as valiosas abordagens da dogmática constitucional.

Ordenamento e **sistema** são, portanto, textos que se (co)implicam continuamente numa ação recíproca permanente. O ordenamento é o texto, resultado das tomadas de decisão normativas e judiciárias, as quais, por sua vez, estão altamente influenciadas pelo texto do sistema. São textos em contínua evolução que transcorrem paralelos, indefinidamente.

Mas, em todo momento, a "**verdade jurídica**" encontra-se no sistema e não no ordenamento. O sistema é o mesmo ordenamento, só que aperfeiçoado. Por isso, uma teoria dos modelos jurídicos e dos conceitos básicos implicados há de se apoiar no material elaborado do sistema e não no material inacabado e imperfeito do ordenamento. O ordenamento é o texto que resulta da linguagem criativa das autoridades. Sua linguagem, quase sempre, necessita de uma reelaboração reflexiva.

Isso é precisamente o sistema: a construção do ordenamento, pelos juristas, em "linguagem científica".

Em sendo assim, é possível admitir a existência de um sistema jurídico, desde que se admita a existência de critérios que definem a existência e a sustentação de um sistema, que são os seguintes: **um repertório de elementos e um modo peculiar de organização, distribuição e relação.**

Ou, em outros termos, tendo-se o sistema como estrutura operante, infere-se que a todo sistema corresponde uma estrutura e aquele nada mais é que a dinamização desta, ou seja, o estático operacionalizado.

Dito isso, verifica-se desde logo a possibilidade de visualizar o ordenamento não como um conjunto esparso de discursos ilogicamente dispersos, desorientados e em profundo caos de sentido. Sobre os objetos e os elementos de um sistema qualquer atua uma *ratio aedificandi*, capaz de dotá-los de funcionalidade, disposição, organização, calibração e regulação. **A Cibernética e sua linguagem podem vir em ajuda!**

4.3 O Direito como texto

Uma vez bem enfocada a realidade do discurso e da linguagem – com a qual se formam o ordenamento jurídico e o sistema jurídico – surge a necessidade da discussão da noção de texto – o texto jurídico. Mas isso não no sentido de erigir o texto à condição de entidade intangível, mas, ao contrário, para, a partir dele, poder fazer crescer a consciência crítica de suas limitações e dos problemas que engendra.

A linguagem do Direito, esteja ela afeta à sua matriz visual, sonora ou verbal, produz um texto visual, sonoro ou verbal. Mas *sempre um texto*, como um objeto de sentido.

Um texto é um complexo sígnico[288].

Quando falamos que o Direito é texto, podemos estar querendo dizer, como lembra o jurista espanhol Gregorio Robles Morchón,[289] o seguinte:

1º) Que o Direito manifesta-se ou aparece como texto.

2º) Que a essência do Direito é ser texto.

3º) Que o Direito existe como texto e se não for assim não existe.

A primeira afirmação supõe que o texto é só *aparência* ou *manifestação*, ou seja, que o fenômeno do Direito manifesta-se, na medida em que se expressa em texto (seja ele uma representação visual, sonora ou verbal). Por baixo do fenômeno manifestado, estaria a coisa em si, que se manifesta a nós como texto. A coisa em si "Direito" seria aquilo de que o texto fala. Ora, o texto seria a aparição externa, inteligível compreensivamente. Através do texto, chegaríamos à coisa em si, em sua profundeza, que é inapreensível, inalcançável, a própria essência.

Isso, segundo Morchón, leva-nos à segunda afirmação. Ou seja, de que a essência ou substância do Direito é precisamente o ser texto, através do qual "jogamos" e compartilhamos a existência de uma sociedade justa ou, pelo menos, tolerável.

---

[288] Cf. Eco, *Tratado geral de semiótica*, 1991, p. 48: "Pode-se denominá-lo, semanticamente, árvore porfiriana da qual descendem inúmeros sentidos atribuíveis na medida da participação do ***sujeito-da-interpretação*** na construção da sua significação. É, enfim, "o resultado da coexistência de vários códigos". Se se atribui sentido a um texto é porque por esse ato se doa sentido ao texto, que não o possui em sua imanência estática. Para um estudo do texto, com sua importância de instância de formação do sentido na realidade semiótica, no entanto, com acento fortemente orientado para a compreensão do texto enquanto discurso linguístico-literário, consulte-se Kristeva, *Semiótica 1*, 1981, p. 7-33 (cf. Bittar, *ibidem*, p. 105-106, em nota de rodapé).

[289] *In El derecho como texto* (*Cuatro estudios de teoría comunicacional del Derecho*, p. 42 e segs.

A terceira afirmação, prossegue o autor, corresponderia a dizer que a ação e a organização que transparecem do Direito também são texto; ou seja, que a existência real do Direito é idêntica à existência real de um texto[290]. **Mas, seja como for, o texto não é prerrogativa exclusiva do Direito.**

Com efeito, podemos ir mais longe e pensar que o mundo natural que nos rodeia – a natureza – é um texto, na medida em que compreendemos sua ação, como preleciona Robles Morchón. Aliás, Galileu, prossegue o ilustre jurista espanhol, dizia que a natureza é um grande livro escrito em linguagem matemática. Convenhamos: o que é a linguagem matemática senão um *conjunto de signos*, que nos permite entender coerentemente o mundo, através da Física? Que é a Física senão uma interpretação humana da realidade não humana que nos rodeia?

Muitos irão lembrar, de imediato, que o texto do Direito – o texto jurídico – difere do texto bíblico, do texto histórico, do texto moral, do texto artístico, do texto musical, do texto político, do texto econômico e assim por diante, porque o texto jurídico tem, precipuamente, função regulativa ou prescritiva: seu sentido é dirigir, orientar ou regular as condutas humanas sociais. Por vezes, o próprio texto jurídico cria aquelas ações que podem ser consideradas jurídicas.

Mas posso, desde logo, tornar a lembrar que, basicamente, as matrizes da linguagem jurídica são as mesmas matrizes da linguagem natural: a *matriz sonora*, a *matriz visual e a matriz verbal*, acrescidas de um *plus*, pelo simples fato de que os signos possuem relações e os signos supõem essas relações e superposições, dentro de uma *textualidade jurídica*.

Através do texto jurídico – que possui uma característica própria ou específica – o grupo humano constitui-se e se revela a si mesmo, comunicando-se

---

[290] A propósito, seguindo-se o pensamento de Julia Kristeva, *in Semiótica 1*, 1981, p. 147, vê-se que "definimos el texto como un instrumento translinguístico que redistribuye el orden de la lengua, poniendo en relación un habla comunicativa que apunta a la información directa, con diferentes tipos de enunciados anteriores o sincrónicos. El texto es pues una *productividad*, lo que quiere decir: 1. Que su relación con la lengua en la que se sitúa es redistributiva (destructiva-constructiva), y por conseguiente resulta abordable a través de las categorías lógicas más que puramente linguísticas; 2. Que es una permutación de textos, una intertextualidad: en el espacio de un texto vários enunciados, tomados a otros textos, se cruzan y se neutralizan".

com seus membros para impor-lhes organização e condutas (*proibindo-as, permitindo-as, obrigando-as, facultando-as*).

Além de ser prescritivo, o texto jurídico é verbalizado ou verbalizável, ou seja, constitui-se, preferencialmente, em texto escrito.

Também, o texto jurídico é autopoiético[291] – tal como o famoso sociólogo N. Luhmann o popularizou: vai se gerando e regenerando progressivamente como mecanismo autopoiético que é. Entre nós, o jurista Leonel Severo Rocha escreveu um interessante artigo, analisando o sistema jurídico sob o enfoque de um sistema autopoiético (*A autopoiese e a Ciência do Direito*).

O ser textual do Direito é um ser *in fieri*, nunca acabado, mas permanentemente em transformação. Autogera-se mediante tomadas de decisões diárias, que tomam corpo em novas leis, em novas normas de distinto tipo, em novas sentenças judiciais e assim por diante.

Outrossim, o texto jurídico é organizativo. A regulação não se limita à prescrição de ações, mas sim estende-se aos pressupostos das mesmas (sujeitos e competências), o que comporta o surgimento e a criação de um ***aparato institucional*** relevante que outros textos não propiciam.

O Direito não pode ser considerado como uma "soma" de unidades ou elementos, chamados **normas** (tampouco de outros elementos, como as **instituições**). O todo do Direito, conforme preleciona o Prof. Robles Morchón, é o que chamamos, habitualmente, de "ordenamento jurídico" – que é o conceito prioritário e prévio no qual adquirem sentido os elementos particulares.

Por essa razão, ainda que o legislador possa estar, também, narrando, teorizando, definindo, e assim por diante, o que, na realidade, está fazendo, precipuamente, é prescrevendo. Uma "definição", num texto legal, não tem o escopo de uma definição, mas de uma "prescrição" que ordena, por exemplo, como se há de entender uma palavra no marco dos significados do

---

291 Cf.Maria Helena Diniz, *in Dicionario Jurídico*, v. 1, p. 349: Autopoiese. *Filosofia geral e filosofia do direito*. 1. Construção do sistema por si próprio. 2. Autorreferência dos elementos sistêmicos, que é concebida em três momentos interdependentes: a autorreferência elementar ou de base; a reflexividade, que diz respeito à referência de um processo a si mesmo, e a reflexão, que é relativa à referência do sistema à sua própria identidade (Luhmann). 3. Enlace hipercíclico de elemento, processo, estrutura e identidade (Teubner).

ordenamento jurídico. Perder isto de vista, prossegue o jurista, é esquecer o caráter de totalidade de significado que é o ordenamento jurídico. Todos os elementos que aparecem no texto jurídico adquirem seu significado profundo ou verdadeiro no marco da totalidade de significado que é o ordenamento, diferentemente, do que ocorre num simples texto narrativo, como uma novela, por exemplo.

Robles Morchón[292] chama a este princípio ontológico do texto jurídico de "princípio de prioridade pragmática", pelo qual a determinação dos significados concretos provêm da totalidade ou da globalidade de significado que o texto estabelece. Segundo ele, a primeira tarefa do intérprete é saber em que chave pragmática está constituído o texto. Quando se interpreta uma "ordem", como tal (como, por exemplo, aquela que Dom Quixote dá a Sancho Pança – lembra Morchón), há de se verificar a premissa de que a tal ordem se prende *não* a um texto histórico, mas *sim* a um texto novelesco. E acrescenta o autor: o "castigo" do intérprete por seu erro de perspectiva é, simplesmente, não compreender nada.

A linguagem do Direito, como texto escrito, reveste-se de tal importância, que autores de renome, sobretudo a partir de 1965, vieram intensificando a pesquisa sobre o que se chamou o "triângulo semiótico" (sintaxe/semântica/pragmática) e o Direito.

Lembre-se do debate entre formalistas e antiformalistas, eminentes autores cujo erro foi o de terem enfocado essa questão de uma maneira fragmentada, privilegiando ora uma, ora outra faceta sígnica, em detrimento das demais.

Os antiformalistas (no meio dos quais é preciso contar Chaim Perelman, um dos principais incentivadores do "Centro Belga de Lógica Judiciária") pretendiam que o raciocínio jurídico, por sua especificidade, escapasse à formalização e por isso consideravam a pragmática como o campo mais relevante.

Os formalistas, sem negarem a especificidade do discurso jurídico, afirmavam, ao contrário, que ele não escaparia à formalização[293]. Citado entre os

---

292 *In El Derecho como texto* (*Cuatro estudios de teoría comunicacional del Derecho*), p. 59.

293 Os antiformalistas, de modo geral, reduzem a lógica à pragmática. Os formalistas, de modo geral, assimilam a lógica à sintaxe e à semântica.

formalistas, Kalinowski imprimiu um avanço às pesquisas semióticas, ao afirmar que não se podia identificar a Lógica Jurídica propriamente dita a esta ou aquela parte da Semiótica Jurídica, seja à sintaxe, seja à semântica jurídicas, seja à pragmática apenas – como pretendia Perelman (que privilegiava esta última). E, de modo resumido, Kalinowski[294] estabelecia que as três partes da Semiótica não se excluem, ao contrário, possuem uma relação de inclusão: a pragmática englobando a semântica, que, por sua vez, engloba a sintaxe.

Dizia ele: não é o objeto que varia no curso desta tripla investigação, mas a maneira de enfrentá-lo; a sintaxe estuda os signos linguísticos em suas relações recíprocas, fazendo abstração, *tanto* de seu sentido *como* de seus usuários; a semântica leva em consideração *também* seu sentido, mas continua a fazer abstração de seus usuários; a pragmática leva em consideração, *além do mais*, os usuários.

Kalinowski, dedicado teórico, filósofo e lógico do Direito, também afirmava que a sintaxe, a semântica e a pragmática jurídicas têm a ver com a Semiótica Jurídica e não com a Lógica Jurídica, pois, em seu entender, estas duas disciplinas não estão no mesmo plano. A Lógica diria respeito a uma linguagem-objeto (não se devendo confundi-la com a "metalógica", que estudaria a linguagem da Lógica). A Semiótica – bem como a Linguística – seria uma metalinguagem, que permitiria, também, explicar o funcionamento das linguagens formalizadas. **Quanto à *Semiótica Jurídica*, ela seria uma metalinguagem que permitiria explicar o funcionamento das diferentes "linguagens do Direito", quer se trate da linguagem do juiz, do legislador, da lei, ou mesmo do "jurista teórico", segundo as distinções introduzidas pelo mesmo Kalinowski.**

Como ele afirmava, "a metalógica não estuda senão a linguagem da lógica, enquanto que a Semiótica Jurídica diz respeito a todas as linguagens empregadas na vida jurídica, como tal". Kalinowski apresenta sua própria definição de "Lógica Jurídica", distinguindo-a, cuidadosamente, da "Semiótica Jurídica", com suas três partes. Conforme ele próprio dizia: "A Lógica Jurídica, propriamente dita, não é nem a sintaxe, nem a semântica, nem a pragmática

[294] *In Introduction à la logique juridique, éléments de sémiotique juridique, logique des normes et logique juridique*, p. 463, LGDJ, 1975: cf. Paul Dubouchet, *Sémiotique juridique*, p. 32.

jurídicas, pela simples razão de que ela não é o estudo de uma linguagem, na ocorrência de tal ou qual linguagem jurídica ou de todas as linguagens jurídicas; ela é a pesquisa e o enunciado dos fundamentos das regras de inferências jurídicas"[295]. A exclusiva definição que Kalinowski aponta de "Lógica Jurídica" é uma prova suplementar de sua legitimidade; ela não contradiz, ao contrário, confirma a definição, dada anteriormente, que apresenta a Lógica Jurídica como a formalização jurídica "constituinte".

A partir daí, delineiam-se as verdadeiras relações entre a Lógica Jurídica e a Semiótica Jurídica.

A Lógica Jurídica *efetuaria a formalização do discurso jurídico*; ela traria à luz seu funcionamento.

A Semiótica Jurídica *explicaria a formalização do discurso jurídico*; esforçar-se-ia por dar conta desse funcionamento e isso em três níveis: o primeiro nível, levando em conta unicamente as relações recíprocas que as "expressões jurídicas" mantêm entre si (isto é, de sua compatibilidade), com exclusão de seu sentido e de seus usuários, forma a sintaxe jurídica; o segundo nível, dando conta das relações recíprocas das "expressões jurídicas", como de seu sentido, mas excluindo seus usuários, forma a semântica jurídica; finalmente, o terceiro nível, levando em conta, ao mesmo tempo, relações recíprocas das "expressões jurídicas", de seu sentido e de seus usuários, constitui-se na pragmática jurídica.

Assim, as três dimensões (superpostas), as três esferas (concêntricas) da abordagem do discurso científico em geral (a sintaxe, a semântica e a pragmática) reencontram-se e preservam toda sua importância na abordagem do discurso jurídico. No entender de Reale, tem sido fonte de graves equívocos, por exemplo, identificar *norma* com *proposição normativa*, como o fez Kalinowski, para quem "a norma é uma regra de conduta que não é nem um imperativo, nem um juízo de valor", mas apenas e tão somente uma estrutura proposicional"[296].

---

[295] *In art. cit.*, p. 461-463, cf. Dubouchet, *ibidem*, p. 33.

[296] Kalinowski, *Introduction à la Logique Juridique*, Paris, 1965, p. 82 e segs. cf. Reale, *O direito como experiência*, p. 68.

Em meu entender – e o leitor talvez me desse razão –, **apesar de todo esse avanço inquestionável a que se chegou, é só através da consideração das três matrizes da linguagem e pensamento (matriz sonora, matriz visual e matriz verbal) que muitas questões tornar-se-ão mais claras a nossos olhos, inclusive as críticas que os autores fizeram-se reciprocamente; que poderemos compreender melhor as teorias jurídicas, exaradas através dos séculos e adaptá-las às situações atuais; – e que estaremos em condições de imprimir um impulso ao conhecimento atual do Direito, enquanto texto e linguagem, enquanto hipertexto e metalinguagem.** Fica aqui o apelo!

4.4 A matriz sonora da linguagem jurídica: sintaxe/semântica/pragmática – o texto jurídico e seu meio

Para avaliarmos a importância da consideração da matriz sonora da linguagem jurídica, é razoável reafirmar que o "giro linguístico", a "viragem linguística" ou a "reviravolta linguística" – que mencionei anteriormente (**Capítulo 1**) – exerceu uma influência considerável no pensamento jurídico.

Para se ter ideia da maneira gradual como isso ocorreu, é preciso mencionar as três frentes, que vieram contribuindo para a valorização crescente dos estudos semióticos, ainda que de maneira parcial e fragmentada.

a) *Primeiro*, pode ser arrolado o positivismo lógico ou empírico lógico, que buscava a construção de linguagens ideais. Iniciou-se com a denominação de "Círculo de Viena", na década de 20, sendo Carnap seu defensor mais conhecido. Também, Morris, Nagel, Quine, além do próprio Peirce, Frege e Wittgenstein (1ª fase: *Tratactus*).

Os positivistas lógicos sustentavam a ideia de que o conhecimento pode ser obscurecido por certas perplexidades de natureza estritamente linguística. Desse modo, reduzindo a filosofia à epistemologia e esta à semiótica, afirmavam que a missão mais importante da filosofia devia realizar-se à margem das especulações metafísicas (até então, correntes) numa busca de *questionamentos estritamente linguísticos*. O rigor discursivo passou a ser o paradigma da ciência; sem rigor linguístico não haveria ciência; fazer ciência é traduzir numa linguagem rigorosa os dados do mundo, isto é, elaborar uma linguagem mais rigorosa que a linguagem natural. Nesses termos, linguagem, segundo Carnap, é um sistema de sons, de hábitos produzidos mediante os órgãos correspondentes, com o propósito de servir de comunicação entre as pessoas, pretendendo influir em seus atos, decisões e pensamentos. A linguagem abarca todos os sistemas e meios de comunicação, independentemente do material que utilizam. Por sua vez, a linguagem falada é a mais importante e, na maioria das vezes, constitui-se na base de qualquer outra linguagem, no sentido de que se aprende as outras linguagens com o subsídio da linguagem falada.

Para o neopositivismo, a linguagem, como definido acima, seria objeto da Semiótica[297]. Enquanto isso, Saussure trabalhava o *signo* – entendido como unidade de análise do sistema linguístico – numa relação bifásica, o que demonstra como a Teoria Triádica dos Signos, tal como Peirce a concebera, não fora devidamente explorada e compreendida, nem mesmo por seus contemporâneos.

Os signos, com efeito, mantêm três tipos de relação/vinculação: *sintática*, onde a relação ocorre entre os signos; *semântica*, quando a relação/vinculação é entre signo e os objetos designados; e *pragmática*, na relação do signo com os usuários.

Assim, no plano da sintaxe, que seria, para eles, a primeira parte da Semiótica, é possível dizer que, do ponto de vista da linguagem jurídica, uma expressão jurídica (uma norma) está sintaticamente bem formada quando o enunciado acerca de uma ação encontra-se deonticamente modalizado.

Já a maneira pela qual as palavras aplicam-se aos objetos seria estudada pela *Semântica*. A preocupação da Semântica é com a verdade dos enunciados. A verdade opera, assim, como condição de sentido, sendo que um enunciado não será semanticamente significativo se não for empiricamente verificável. Não têm sentido os enunciados que extrapolam as fronteiras do plano fático. A condição semântica de sentido pressupõe já estar efetivada a condição sintática desse sentido. A junção das duas condições de sentido pode ser denominada de condição positivista desse sentido. A partir da concepção semântica da verdade, tornam-se sem sentido os enunciados que

---

297 Lembre-se, no entanto, que Semiótica tem alcance muito mais amplo.

não possuem referência empírica. Os critérios de organização positivista das linguagens científicas desqualificam os âmbitos ideológicos de significação. Com isso, os neopositivistas pretendem reduzir a significação ao campo referencial, construindo, dessa maneira, o mito do referente puro.

No campo do Direito, a análise semântica encontra-se enraizada tanto no normativismo kelseniano como no relativismo de Alf Ross, jurista e filósofo dinamarquês.

Kelsen legou-nos uma série de proposições científicas, sem as quais a Ciência do Direito possivelmente não estaria no grau de desenvolvimento em que a encontramos hoje.

Devemos a ele a revelação de que o Direito, a par de sua riqueza de matizes e influências de outros campos da ciência, tem algo que lhe é próprio, isto é, que somente poderá ser compreendido por uma metodologia própria da Ciência do Direito: trata-se da *norma jurídica*.

O conceito de norma jurídica é, neste quadro, indispensável para que se desenvolvam as várias manifestações da Ciência do Direito.

Ou seja, é essencial a noção de norma jurídica para que exista o Direito positivo e, por consequência, a própria Ciência do Direito considera a possibilidade de efetuar um processo de verificação, quando o conteúdo de uma proposição jurídica corresponder ao conteúdo da norma. Para ele, os enunciados da ciência jurídica teriam um sentido semântico – sujeitos às condições de verdade – na medida em que afirmam a validade de uma norma. Os âmbitos de validade das normas seriam os referentes das proposições jurídicas. Tal processo de verificação proposto por Kelsen implica um processo de coisificação dos conteúdos das normas, não sendo, na verdade, mais que uma das formas de operatividade e reforço epistemológico das funções de fetichização das normas. O conteúdo das normas cumpre funções sociais que em nada se referem às ideias platônicas acerca dos conteúdos significativos que possam ser vistos como elementos provenientes da natureza[298].

Alf Ross, por sua vez, não é demais repetir, trabalhava com a noção de vigência, encontrável nas decisões judiciais, vistas como fatos sociais. A norma é vigente quando aplicada pelos tribunais. O realismo jurídico norte-

---

[298] Cf. Lenio Luiz Streck, *ibidem*, p. 150.

-americano (Cohen) também aplica a condição semântica de sentido. As normas jurídicas carecem de significação. As sentenças substituem as normas, porque possuem correspondência fática. Ora, dizia Warat, as sentenças são normas e não fatos. Como normas, elas envolvem um complexo jogo de persuasão e mitificação muito mais sutil, pois esteriotipam sentidos não para justificar posições, mas para legitimar a reprodução do poder de um sistema sociopolítico visto como um todo[299].

Desse ponto de vista, o brilhante jurista Leonel Severo Rocha[300] acentua que tais concepções epistemológicas são próprias do neopositivismo lógico, identificando a ciência com a linguagem, a partir de uma atitude reducionista que pensa a linguagem como uma estrutura textual autossuficiente, descobrindo a significação no interior do próprio sistema por ela criado, esquecendo as outras cenas de produção da significação.

Tal concepção axiomatizante da Semiótica é ligada, assim, a uma filosofia cientificista, que obedece a uma concepção ontológica da verdade, onde as funções persuasivas das linguagens não teriam nenhum espaço, conclui.

A *pragmática*, terceira parte da Semiótica, trata dos modos de significar, dos usos e das funções da linguagem. Parte-se da ideia de que fatores intencionais dos usuários provocam alterações na relação designativa-denotativa dos significados das palavras ou expressões. Isso porque, quando se utiliza uma expressão em um contexto comunicacional, esse emprego provoca uma alteração na estrutura conceitual. O problema dos usos das linguagens, por implicar a axiologização dos enunciados e da comunicação, não interessa ao neopositivismo, que silencia completamente o fato de que a ideologia pode ser também considerada como uma dimensão pragmática da linguagem. A pragmática, no âmbito do Direito, trouxe enormes contribuições, sobretudo para as correntes críticas, permitindo a descoberta das conexões existentes entre a lei e os fatores políticos e sociais que a engendraram. Daí a impossibilidade de realizar estudos jurídicos fora da dimensão pragmática. Fazê-lo é cair em uma atitude reducionista. Dito de outro modo, a análise pragmática extrapola o próprio neopositivismo.

---

299 Cf. *ibidem*, p. 150-151.

300 *In Epistemologia jurídica e democracia*. São Leopoldo: Unisinos, 1998, cf. Lenio Luiz Streck, *in Hermenêutica* jurídica e(m) crise, p. 151.

De se registrar que, não obstante os resultados do neopositivismo terem sido fecundos em muitos pontos, por outro lado, ao subdividir nitidamente a atividade sígnica entre discursos afirmativos e discursos emotivos, entre afirmações verificáveis e pseudoafirmações, entre discurso de comunicações e discurso de pura expressão emotiva, fez com que o primeiro polo dessas oposições fosse sempre privilegiado em relação ao outro. De tal modo que eram julgados como "instrumento aceite" de comunicação estes usos de signos absolutamente unívocos que tão raramente se verificam na vida humana, quiçá nem nos laboratórios, visto que o discurso cotidiano, o discurso da política, da afetividade, da persuasão, da opinião não podem ser reduzidos aos férreos parâmetros das verificações da física.

b) *A segunda frente* em que se operou o mencionado "giro linguístico" foi a filosofia do austríaco, naturalizado britânico, Wittgenstein, naquilo que se pode denominar de sua "segunda fase", a partir de sua obra *Investigações filosóficas*, que se constitui, de certa forma, no *Tratactus*, de sua primeira fase, e que os positivistas haviam feito como suporte de sua teoria.

A teoria do *Tratactus* propunha uma reformulação da teoria tradicional da semelhança entre linguagem e mundo. Já que a linguagem não passa de um reflexo, de uma cópia do mundo, o decisivo é a estrutura ontológica do mundo que a linguagem deve anunciar. A essência da linguagem depende, desse modo, da estrutura ontológica do real; ou seja, Wittgenstein parte da crença de que existe um mundo em si que nos é dado independentemente da linguagem, mas que a linguagem tem a função de exprimir. Em sua primeira fase, Wittgenstein trabalha com uma concepção *instrumentalista/designativa/objetivista* da linguagem, deixando-se guiar pelo ideal de uma linguagem perfeita, capaz de reproduzir com absoluta exatidão a estrutura ontológica do mundo; a linguagem comum manifesta-se cheia de imprecisões, indeterminações; tratava-se, então, de conceber uma linguagem ideal, que seria a medida de qualquer linguagem.

No entanto, já a partir de sua segunda fase, ou seja, das *Investigações filosóficas*, Wittgenstein passa a ser, ao lado de Heiddeger (que queria desvelar a linguagem e o sujeito), um dos críticos mais ardorosos da filosofia da subjetividade (filosofia da consciência). Wittgenstein parte da ideia de que não existe um mundo em si, que independa da linguagem; somente temos o mundo *na* linguagem. As coisas e as entidades manifestam-se em seu *ser* precisamente na linguagem, posição que também o aproxima muito de Heidegger. A linguagem deixa de ser um instrumento de comunicação do conhecimento e passa a ser condição de possibilidade para a própria constituição do conhecimento. Cai por terra, assim, a teoria objetivista (instrumentalista, designativa). Não há essências. Não há relação entre as coisas no mundo. Abandona-se o ideal da exatidão da linguagem, porque a linguagem é indeterminada. O ideal da exatidão é um mito filosófico. Esse ideal de exatidão, completamente desligado das situações concretas de uso, carece de qualquer sentido, como se pode perceber no parágrafo 88[301] das *Investigações filosóficas*, o que significa dizer que é impossível determinar a significação das palavras sem uma consideração do contexto socioprático em que são usadas. A linguagem é sempre ambígua, pela razão de que suas expressões não possuem uma significação definitiva. Pretender uma exatidão linguística é cair numa ilusão metafísica.

Os contextos sociopráticos em que são usadas as expressões são contextos de ação, chamados por Wittgenstein de *formas de vida*, que podem ser evidenciadas da leitura dos parágrafos 7, 19 e 23, entre outros[302]. Especificamente no parágrafo 7, diz que, na prática do uso da linguagem, uma parte grita as palavras, a outra age de acordo com elas; mas na instrução da linguagem vamos encontrar este processo: o aprendiz dá nome aos objetos. Isto é, ele diz a palavra quando seu professor aponta para a pedra. De fato, vai-se encontrar aqui um exercício ainda mais fácil: um aluno repete as palavras que o professor pronuncia – ambos, processos linguísticos semelhantes. Podemos imaginar também que todo processo de uso de palavras seja um dos jogos por meio dos quais as crianças aprendem a língua materna. Quero chamar esses jogos de "jogos de linguagem" e falar de uma linguagem primitiva às vezes como de um jogo de linguagem. E poder-se-iam chamar também de jogos de linguagem os processos de denominação das pedras

---

301 Cf. Lenio Luiz Streck, *in Hermenêutica jurídica e(m) crise*, p. 152.

302 Existe similitude entre as "formas de vida" de Wittgenstein e os "modos-de-ser do estar aí" de Heidegger, cf. Lenio Luiz Streck, *ibidem*, p. 153, em nota de rodapé.

e de repetição da palavra pronunciada. Pense em certo uso que se faz das palavras em brincadeira de roda. Chamaria de "jogo de linguagem" também a totalidade formada pela linguagem e pelas atividades com as quais ela vem entrelaçada, segundo o próprio Wittgenstein[303].

Os exemplos de jogos de linguagem podem ser vistos no parágrafo 2, onde mostra a parcialidade da linguagem, e no 8, onde mostra que operamos nos diferentes tipos de linguagens com as palavras, mas de acordo com sistemas de regras diversos, e a mistura ou a não-consideração desses sistemas diversos faz surgir inúmeros problemas. Por isso se diz que uma das fontes de erro em filosofia consiste, precisamente, em isolar expressões do contexto em que emergem, o que significa não compreender toda a dimensão da gramática da linguagem. Para tanto, distingue dois tipos de gramática, no parágrafo 664: no uso de uma palavra, poder-se-ia fazer a distinção entre uma "gramática superficial" e uma "gramática profunda". No uso de uma palavra, o que se fixa em nós, imediatamente, é o modo de sua aplicação na construção da frase, a parte de seu uso – poder-se-ia dizer – que se pode apreender com o ouvido. E compare agora a gramática profunda, por exemplo, da expressão *ter em mente* com aquilo que sua gramática superficial nos faria supor. Não é de admitir que se julgue difícil estar por dentro, conclui. É a partir da tematização dessa gramática profunda, assevera Oliveira[304], que vêm à tona a pluralidade dos modos da linguagem natural e, ao mesmo tempo, os critérios para o emprego correto das palavras, porque é correto o uso da palavra que é aceito como tal na comunidade linguística que a emprega (*Investigações filosóficas,* 241), pois, é precisamente esse acordo entre os membros de uma comunidade que torna a comunicação possível.

Em suma, explica Oliveira, para Wittgenstein as expressões linguísticas têm sentido porque há hábitos determinados de manejar com elas, que são intersubjetivamente válidos (*Investigações filosóficas,* 198-199). Poder usar linguagem quer dizer ser capaz de inserir-se nesse processo de interação social-simbólica de acordo com os diferentes modos de sua realização. Essa capacitação é algo historicamente adquirido, porque Wittgenstein não separa a linguagem da práxis social. No jogo de linguagem, o homem age, mas não

---

303 *In Investigações filosóficas*, cf. Lenio Luiz Streck, *ibidem,* p. 153.

304 *In Reviravolta linguístico-pragmática na filosofia contemporânea, p. 139 e segs.,* São Paulo: Loyola, 1996, cf. Lenio Luiz Streck, *ibidem*, p. 154.

simplesmente como indivíduo isolado de acordo com seu próprio arbítrio, e sim de acordo com regras e normas que ele, juntamente com outros indivíduos, estabeleceu. Entretanto, mesmo seguindo as mesmas regras, ninguém joga o mesmo jogo. **A linguagem pertence ao homem. Onde há homem, há linguagem. Essa linguagem, porém, não é já dada, algo pronto. Por isso, a comparação com o jogo. O jogo não é uma atividade natural, nem mesmo uma imposição de forças supraindividuais, coletivas, sociais anônimas, pois a comunidade em questão só surge no próprio ato de jogar por meio do reconhecimento de regras e aceitação de papéis que dirigem a ação global. Enfim, Wittgenstein supera a metafísica, o essencialismo e a teoria tradicional da significação. Isso fica claro porque, para a semântica tradicional, a significação de uma palavra dependia de sua ordenação-objetiva, mesmo que os objetos não fossem necessariamente entidades concretas. A teoria dos jogos rejeita essa perspectiva. No plano da Semiótica, é possível dizer, finalmente, que os problemas da semântica só são resolvidos à medida que ela atinja uma dimensão pragmática**[305]**.**

c) A *terceira frente* ocorreu com o desenvolvimento da Filosofia da Linguagem Ordinária[306]. Enquanto no neopositivismo a temática central era linguístico-semântica, em especial em Carnap e Frege, em uma segunda dimensão a linguagem passou a ser vista como instrumento de comunicação e de dominação social. Assim, com Wittgenstein, Austin e Searle, houve mudança no paradigma em Filosofia, quando a problemática central volta-se para a linguagem como ação de uma filosofia pragmática da linguagem. Leva-se em consideração a dimensão pragmática do discurso ligado a ações coletivas, intersubjetivas,

---

[305] Cf. Oliveira, ***Reviravolta***, p. 139 e segs.; Wittgenstein, ***Investigações Filosóficas,*** parágrafos 64, 65, 66,116, 198, 199, 340, 449, 454, 498 – ambos os autores citados por Lenio Luiz Streck, *ibidem*, p. 154.

[306] Conforme enfatiza Warat *ibidem*, p. 63: No interior da Filosofia da Linguagem Ordinária podem ser indicadas duas grandes correntes, ainda que nenhuma delas tenha chegado a constituir uma escola organizada. Tais correntes ocupam-se em analisar questões parciais, em examinar isoladamente os problemas das linguagens ordinárias, sem procurar sua organização sistemática. O primeiro grupo formou-se ao redor das idéias de Wittgenstein. O segundo grupo está vinculado ao que denominou de Escola de Oxford, cujos membros mais importantes são Hart e Austin. O traço mais distintivo entre estas correntes é o fato de que os filósofos de Oxford foram menos obsecados na tentativa de evitar discussões metodológicas gerais e na procura de resultados particulares. Austin chega a insinuar a possibilidade de uma ciência da linguística.

mesclando atos de linguagem e práticas (ações). Dois caminhos abrem-se a partir da obra de Wittgenstein, anteriormente analisada: uma filosofia da linguagem reformadora, fundada na paráfrase lógica, baseada em uma interpretação positivista do *Tratactus,* oriunda do "Círculo de Viena"; e uma filosofia da linguagem comum (ordinária), que encontrou seu melhor representante no jurista e filósofo da linguagem britânico Austin, que retoma o problema de Wittgenstein da classificação dos jogos de linguagem em um espírito descritivo, tentando dar regras até demasiado complexas dos atos que efetuamos pela linguagem. Austin foi o primeiro a distinguir, em nossos enunciados, duas dimensões: a constativa, pela qual o enunciado descreve a realidade, e a performativa, pela qual ele é um ato não-linguístico. Tal distinção, presente em vários graus em todo enunciado, foi aplicada a diversos enunciados problemáticos por exemplo, o "eu minto" e o *Cogito sum*. Austin, interessando-se por um campo de fatos excluídos ou negligenciados pela linguística, realizou algo provavelmente único na história recente da filosofia da linguagem: abrir um campo novo, que pode se chamar de pragmática. Esses fatos também eram negligenciados pelos filósofos, que se desviavam em geral desse aspecto excessivamente comum da linguagem. Austin também abriu um campo para reflexão filosófica, o da relação do sujeito locutor com sua língua, que não pode simplesmente se definir em termos de domínio de língua. A linguística de enunciação, a psicanálise lacaniana, deste ponto de vista, podem testemunhar a sua ascendência em Austin, conclui Oliveira.

Oliveira[307] lembra que a preocupação central de Austin não é tanto com palavras e mudanças de uso na linguagem do dia a dia, mas, acima de tudo, com as diferentes coisas que podem ser feitas com as palavras. Acrescenta que

---

307 *In Reviravolta*, p. 152. Também Austin – ***Ensayos filosóficos***, Madri: Aliança Editorial, 1989; ***Sentido e percepção***. São Paulo: Martins Fontes, 1993; ***Como hacer cosas com palabras.*** Buenos Aires: Paidós, 1982. Para Austin, os atos de fala são convencionais, o que implica a existência de regras constitutivas para a determinação do sentido. Faz uma distinção, assim, entre ***atos locutórios***, que são os atos de significar; ***atos elocutórios,*** portadores de força (pode-se dizer ***chove*** como uma mera constatação ou como uma advertência) e ***atos perlocurtórios*** (a advertência poderá ter como meta que o interlocutório relaciona-se com a dimensão da verdade, enquanto o ato elocutório com a ideia de ser apropriado nas circunstâncias dadas, cf. José Lamego, ***Hermenêutica e jurisprudência. Análise de uma recepção***. Lisboa: Fragmentos, 1990, p. 240 (***apud*** Lenio Luiz Streck, ***ibidem,*** p. 156, em nota de rodapé).

o filósofo austríaco contemporâneo W. Stegmuller espantava-se com o fato de que *a humanidade levou muito tempo para perceber que a linguagem é ação*, citando, para tanto, a passagem deste, ao comentar a teoria dos atos locucionais de Austin e Searle: ***"É um escândalo, uma vergonha para todos aqueles que nos últimos 2.500 anos se preocuparam de algum modo com a linguagem, não se haver chegado, há muito tempo, à descoberta feita por J. L. Austin*, cuja essência pode ser resumida na seguinte frase: "Com o auxílio de manifestações linguísticas, podemos realizar os mais variados tipos de ações. É particularmente surpreendente que, mesmo depois do *linguistic turn* da filosofia contemporânea, foi preciso que se passassem várias décadas até que um filósofo descobrisse que existem atos locucionais, ou atos de fala".**

De frisar, por relevante e ainda com Oliveira[308], que a intenção de Austin, em sua análise da linguagem é estabelecer o terreno em que a filosofia se articula e, assim, configurar o procedimento que lhe é próprio. Nesse sentido, a tese de Austin é semelhante à de Wittgenstein das *Investigações*, ou seja, a linguagem é essencialmente ação social, sendo a linguagem o horizonte a partir de onde os indivíduos exprimem a realidade. Contudo, avança em relação a Wittgenstein, na medida em que, se a linguagem ordinária é a primeira palavra, ela não é, contudo, a última palavra, o que significa explicitar a "intenção crítica" da análise da linguagem. **Ou seja, enquanto para Austin a linguagem ordinária não pode ser a última palavra, porque perpassada de inadequações e arbitrariedades, para Wittgenstein a linguagem ordinária é perfeitamente em ordem. A sustentação da tese de Austin baseia-se no fato de que os homens do passado não possuíam os aparelhos técnicos necessários para ver a realidade; além disso, nem sempre foram isentos de paixões e preconceitos. Assim, de nenhum modo pode considerar-se a linguagem ordinária algo sacrossanto e intocável, diz Austin. A linguagem é um meio heurístico indispensável para nosso conhecimento da realidade, sendo necessário aperfeiçoá-la. Disto, entretanto, emerge a pergunta, no dizer de Oliveira, como é possível? Qual a significação deste aperfeiçoamento? A filosofia da linguagem ordinária tenta compreender a linguagem a partir**

---

[308] Cf. Oliveira, *Reviravolta,* p. 167 e segs., citado por Streck, *ibidem*, p. 156.

do contexto sócio-histórico, que gera os pressupostos possibilitadores dos atos de fala. Nesse sentido, embora pesquisando numa outra perspectiva, aduz o filósofo cearense, ela se aproxima da hermenêutica, na medida em que e à medida que ambas explicitam o contexto intersubjetivo, que gera o sentido.

Importa referir, nos limites da abordagem, que a Filosofia da Linguagem Ordinária rompe com o neopositivismo justamente na valoração em relação à tríade *sintaxe, semântica, pragmática*, uma vez que, enquanto o neopositivismo privilegiava a sintaxe e a semântica, a Filosofia da Linguagem ordinária passou a dar ênfase à pragmática.

Não posso aqui me deter nesta importante questão de Filosofia da Linguagem.

Importante é chamar a atenção que, a respeito de um texto qualquer (incluído, aqui, o texto jurídico), podem realizar-se análises díspares, que podem ser agrupadas em três tipos: o estudo da estrutura da linguagem (análise lógico-linguística); o estudo de seu conteúdo de significado (análise semântica/modelos); ou o estudo do aspecto dinâmico de criação do texto (análise pragmática).

Como todo texto, o Direito possui uma estrutura, uma forma específica (primeiro nível); tem, também, um significado muito complexo (segundo nível); e, por último, como todo texto, é criado mediante "atos de fala" especiais, que seus usuários utilizam.

Para Humberto Maturama e Francisco Varela (autores de "El Arbol Del Conocimiento", Lumen, 2003, p. 24, biólogos e filósofos chilenos criadores estudiosos do termo **autopoiese**), existem três pilares básicos, para o que chamo atenção aqui: **observação, organização e estrutura**. Ocorre que, aproveitando-se este termo para o sistema jurídico, como pretendem alguns autores, deparamos com o fato de que este não é um sistema fechado. Ao contrário: influencia e é influenciado por outros sistemas. Mesmo porque, em cada etapa do processo de organização do sistema jurídico, a tríade aparece evidente e nada descartável.

A forma de "aparição" do referido texto jurídico são as unidades elementares que chamamos de normas, que podem subdividir-se em regras e princípios (ou metarregras).

Essas normas – enquanto elementos ou unidades do ordenamento/sistema jurídico – podem ser analisadas, de acordo com o pensamento semiótico, numa perspectiva sintático-sistêmica, semântico-sistêmica e pragmático-sistêmica.

Observe-se, aliás, que no decorrer da história do Direito, esses três níveis, sintaxe, semântica e pragmática, foram sendo estudados, pelos juristas, que foram dando ênfase ora a um, ora a outro nível e fizeram de cada um deles objeto de uma parte significativa da Ciência Jurídica.

É claro que todas aquelas abordagens feitas por eminentes juristas foram e têm sido de grande relevância para o aperfeiçoamento da Ciência do Direito.

O erro foi que tais estudos privilegiaram ora um, ora outro nível, em vez de abordarem os mesmos simultaneamente. E mais: permaneceram desvinculados, por muito tempo, das abordagens filosófico-linguísticas.

A própria estrutura modal da norma jurídica está intimamente relacionada com o fato de ser esta um discurso potestativo, pois, expressa um *poder--dever-fazer*, cujo detentor é somente a autoridade determinada para tanto.

Mas, o discurso normativo é mais do que isso. Ele é um repositório de valores sociais, legislativos, políticos e jurídicos, constitutivo de uma unidade nuclear de significação deôntica, dentro de um contexto estrutural maior, o sistema jurídico.

Estudar o texto jurídico fora da intertextualidade das três matrizes de linguagem que o sustentam é o mesmo que destituí-lo de suas condições de existência.

--------------- * -----------------

Feito esse breve resumo histórico para nos situarmos melhor, passo para a colocação seguinte: da mesma forma que a matriz sonora da linguagem natural, cuja estrutura básica assemelha-se à da música – que possui *ritmo*, *cadência* e *harmonia* –, a matriz sonora da linguagem jurídica, ao ser superposta àquela, revela e confirma que os signos mantêm sempre o seu estatuto lógico elementar que é o de uma **relação**[309] e a esse fenômeno os juristas não têm permanecido indiferentes.

---

[309] Cf. lembra Luis Alberto Warat, *in O Direito e sua linguagem*, p. 39.

Especificamente na linguagem jurídica, os seus signos podem ser considerados como elementos que mantêm três tipos de vinculações ou relações básicas: com os outros signos; com os objetos que designam; e com os homens que os usam.

Como tentei mostrar, alguns juristas, durante décadas, vieram se dedicando à análise dessa *tríade*, ainda que de maneira não complementar. Repita-se: a primeira vinculação é chamada *sintaxe*; a segunda, *semântica*; a terceira, *pragmática*.

O problema é que esses três níveis de análise – um verdadeiro triângulo semiótico do Direito, na expressão de alguns – foram sendo analisados por esses autores[310], ***sem*** o enfoque de uma teoria geral de todos os signos e sistemas de significação e de comunicação – tal como a Semiótica nos permite.

Mesmo depois de revelados tais níveis, o que se veio tentando foi estabelecer regras que permitissem a análise da linguagem jurídica, sem porém se estabelecer a devida relação dialética ou de complementaridade entre os diversos níveis e sem a consideração das três matrizes básicas da linguagem.

É nesse sentido que considero ser a Semiótica uma disciplina capaz de nos fornecer um caminho epistemológico, já que ela possibilita uma metalinguagem, conforme oportuna opinião de Ferrater Mora[311].

Carnap, seguindo os padrões do Positivismo Lógico, propôs uma divisão da Semiótica em *pura* e *descritiva*, atendendo ao fato de que ela pode, no primeiro caso, construir uma linguagem ideal para falar sobre os signos; e, no segundo caso, estudar os signos já existentes nos diversos tipos de linguagem natural. Essa divisão, aliás, marca a separação entre o Positivismo Lógico e a Filosofia da Linguagem Ordinária, visto que o primeiro, centrado na Semiótica pura, procura abordar a constituição de linguagens ideais que servem de modelos na obtenção de discursos mais rigorosos para a ciência;

---

[310] Os inventores da Semiótica Jurídica podem ser encontrados, sobretudo, na Alemanha, com o Pandectismo e a Jurisprudência dos Conceitos; depois, na França, com a Escola da Exegese e seu pioneiro solitário, Jean Ray. Alguns nomes, por suas abordagens inovadoras e pioneiras, merecem ser aqui lembrados: Bourjon, Daguesseau, Domat, Pothier, Althusius, Grotius, Pufendorf, Leibniz, Pothier, Jean Ray, Thibault, Savigny, Puchta, J. Grimm, Proudhon, Aubry e Rau, Saleilles, Planiol e Rippert, Colin e Capitant, Kalinowski, Kelsen.

[311] ***In Diccionario de Filosofía***, 4ª ed., Buenos Aires, 1965.

e a segunda, baseando-se na semiótica descritiva, centra-se na compreensão das impressões e possíveis distorções que surgem da falta de entendimento do funcionamento da linguagem natural.

Sintaxe

A sintaxe, segundo Carnap (famoso filósofo alemão que atuou na Europa e, depois, nos Estados Unidos) é a parte da Semiótica que, prescindindo dos usuários e das designações, estuda as relações dos signos entre si. Portanto, a sintaxe cuida da construção da linguagem.

Então, teríamos um conjunto de signos, que obedecem a certas regras de conexão. Essas regras podem ser: as *regras de formação,* que indicam a maneira de combinar signos mais complexos, permitindo, dentro da linguagem, a construção de expressões bem formadas, sintaticamente significativas; e as *regras de derivação,* que permitem gerar novas expressões a partir de outras já dadas.

Portanto, caracterizamos sintaticamente uma linguagem como um sistema de signos que se relaciona conforme suas regras sintáticas (de formação e de derivação).

Do ponto de vista sintático, podemos afirmar que um enunciado não tem sentido se não satisfizer a tais regras. Assim, por exemplo, a sequência de signos "que quão logo" deve ser considerada uma expressão sintaticamente sem sentido, por não se adequar às regras de formação sintática da língua portuguesa.

Uma linguagem é formada sintaticamente a partir de um alfabeto finito e de um conjunto de instruções para a construção do léxico da linguagem; para a construção de linguagens especializadas (como a linguagem jurídica, por exemplo), deve acrescentar-se um conjunto inicial de palavras chamadas *axiomas*[312].

---

[312] Axioma. *Filosofia geral e filosofia do direito*. 1. Premissa aceita como verdadeira, sem necessidade de ser demonstrada. 2. Princípio identificador dos requisitos formais que devam satisfazer toda a ordem jurídica, por exemplo, os princípios da irretroatividade da norma, do respeito à hierarquia, da boa fé etc. 3. Proposição nuclear do direito, concebido como um sistema dedutivo, devendo ser primitiva, não contraditória e não dedutível, cf. M. H. Diniz, v. 1, p. 364.

Do ponto de vista jurídico, pode afirmar-se que uma expressão está sintaticamente bem formada quando o enunciado acerca de uma ação encontra-se deonticamente modalizado[313].

Semântica

A semântica estuda os signos em suas relações com os objetos a que se referem. Segundo Ferrater Mora, ela se ocupa em averiguar os modos e as leis segundo as quais as palavras aplicam-se aos objetos. Surge, então, a questão da verdade semântica.

O problema central da semântica é, assim, o da verdade. Uma expressão linguística, bem formulada sintaticamente, é semanticamente verdadeira se puder ser empregada para fornecer uma informação verídica sobre o mundo, ou seja, se tiver correspondência com os fatos, se sua situação significada é aceita como existente. Assim, por exemplo, a sequência de signos "a cadeira é branca" é um enunciado ao qual se pode aplicar o predicado "verdadeiro", já que expressa um fato que efetivamente *pode* ocorrer. Ao contrário, a série "os duendes apaixonam-se em maio" é um enunciado semanticamente sem sentido, porque não se refere a nenhum fato ou situação que efetivamente possa ocorrer ou sua existência possa ser constatada. Dessa maneira, verifica-se que para o Positivismo Lógico, em nível semântico, **a verdade opera como um critério ou como uma condição de sentido. Um enunciado não será *semanticamente significativo se não for empiricamente verificável*** [314].

Nessa perspectiva, a formulação de uma condição semântica de sentido pode ser considerada como uma das preocupações centrais do Positivismo Lógico. De uma maneira esquemática e simplista, poder-se-ia dizer que os princípios do Positivismo Lógico postulam constituir regras teóricas para a elaboração de tal condição. Assim, a condição semântica de sentido expressa as condições sob as quais um enunciado pode vir a adquirir o estatuto de uma sentença científica.

---

[313] Cf. Warat, *O direito e sua linguagem*, p. 40.

[314] O postulado de verificação é visto aqui como uma definição do significado, expresso por suas consequências lógicas, cf. Warat, *O direito e sua linguagem*, p. 41.

Como se pode verificar, estou registrando a função epistemológica da condição semântica de sentido, que procura responder à questão sobre as condições de verdade de um enunciado, com a finalidade de fornecer um critério de demarcação para os enunciados que legitimamente podem ser aceitos como integrantes de uma linguagem dita científica.

A regra de significação proposta estabelece, assim, que um enunciado pode integrar o discurso da ciência se ele é, de algum modo, verificável. O critério de significação estabelecido pelo Positivismo Lógico assume como sendo sem sentido (para a ciência) aqueles enunciados que extrapolam as fronteiras do discurso fático, que não nos proporcionam uma função genuinamente informativa ou logicamente justificada.

Observa-se, também, que a condição semântica de sentido, implicitamente, pressupõe, também, uma condição sintática. É uma condição de sentido apoiada em uma noção de verdade, predominantemente semântica, mas que "aceita" indiretamente regras sintáticas.

Torna-se mais conveniente, a partir das afirmações do Positivismo Lógico, falar de uma *condição positivista* de sentido[315] como critério de decidibilidade para os enunciados da ciência, que se externam simultaneamente por meio de uma condição semântica e sintática de sentido. A condição semântica é tão somente uma condição privilegiada de sentido.

A relação semântica seria aquela que vincula as afirmações do discurso com o "campo" objetivo (leia-se matriz sonora) a que este se refere. Estaríamos, assim, frente a uma noção de verdade que se qualifica como objetiva[316] para diferenciar-se da verdade subjetiva, que pode revestir-se da forma de uma opinião, de uma crença, de uma valoração ou de um estado mental. **A partir da concepção semântica de verdade tornar-se-iam sem sentido os enunciados que não possuíssem referência empírica**. Dessa maneira, os

---

315 Visto que essa condição exclui a problemática ideológica, as condições semânticas ficam reduzidas às sintáticas. Ver Enrique E. Mari, *Neo-Positivismo y ideologia*, Editorial Universitaria de Buenos Aires, 1974, cf. Warat, *ibidem*, p. 41, em nota de rodapé.

316 V. Alfred Tarski, "La concepción semántica de la verdad y los fundamentos de la semántica", *in Antología semántica*, compilada por Mario Bunge, Buenos Aires: Ediciones Nueva Visión, 1968. Como também Martin Diego Farrel – Hacia un criterio empírico de validez. Buenos Aires: Astrea, 1972, p. 19-24, cf. Warat, *ibidem*, p. 42, em nota de rodapé.

critérios de organização positivistas das linguagens científicas desqualificariam os âmbitos ideológicos de significação. Pretenderiam, assim, reduzir a significação ao campo referencial e construiriam, desse modo, o mito do referente puro. Pretenderiam a construção de uma linguagem ideal, com aparência de realidade, para reforçar a visão do mundo cristalizadora do *status quo*.

As regras da condição da significação positivista vinculam o significado de uma proposição com o método de sua verificação. Os positivistas lógicos tentam responder à pergunta de quando uma expressão tem sentido para a ciência. Ao responderem a essa pergunta, surge uma distinção norteadora entre as expressões *com sentido* e *sem sentido*. Estas últimas recebem, perante tal colocação, o nome de enunciados metafísicos ou pseudoproposições. **De acordo com Farrell, a palavra *metafísica* é empregada pelos positivistas para censurar dois tipos de atitudes: a) as asserções transcendentais, isto é, indemonstráveis em princípios; e b) a convicção de que existem verdades fáticas que podem validar-se *a priori*, isto é, de forma totalmente independente dos dados observáveis**[317]**.**

A partir do critério ou condição de significação, resultam como enunciados analíticos, cuja verdade ou falsidade surge no nível sintático, sem necessitar de nenhuma constatação fática, e enunciados sintéticos, para os quais deve haver alguma possibilidade, ainda que potencial, de contar com um método para sua verificação. As propostas teóricas, apesar do grau de abstração, teriam sentido vinculando-se, de alguma forma, a enunciados protocolares. Em torno dessas questões, Ayer fala de proposições direta e indiretamente verificáveis[318].

Por outro lado, não se deve confundir a verdade – como condição de sentido – com os valores de verdade (verdadeiro-falso). A condição de verdade é uma regra de metalinguagem que afirma que um enunciado não tem sentido se é impossível adjudicar-lhe os valores de verdade ou de falsidade. Como assinala Ayer, a condição de sentido, por ser uma condição metalinguística, não pode passar pelo crivo de sua própria formulação. Por isso, é

---

[317] V. M. Diego Farrell, *La metodología del Positivismo Lógico: su aplicación al derecho*. Buenos Aires: Editorial Astrea, 1979, cf. Warat, *ibidem,* p. 42.

[318] V. Rudolf Carnap, *Filosofía y sintaxis lógica*. Unam. México: Unam, 1913, cf. Warat, *ibidem*, p. 42.

inadequada a crítica que pretende desqualificar esse critério de significação, baseada em métodos de verificação[319].

Os conceitos só podem integrar e dar sentido a uma proposição se as suas propriedades designativas permitirem a construção de uma denotação[320] referida a estados de coisas existentes. Carecendo o conceito de denotação referencial, o enunciado que o externa nunca poderá ser verdadeiro ou falso. Assim, um enunciado será verdadeiro se contiver conceitos referenciais. Por outro lado, no discurso da ciência, os conceitos, além da base referencial, devem integrar-se em uma estrutura sistemática. Essa vinculação sistemática permite falar, também, de um referente indireto para os conceitos abstratos de uma teoria.

A análise semântica, considerada sem a devida constatação de que faz parte da matriz sonora, matriz esta, por sua vez, relacionada com a matriz visual e a matriz verbal da linguagem jurídica, talvez não merecesse ser considerada tão relevante para o Direito. De qualquer maneira, encontra-se desde o normativismo de Kelsen até o realismo de Alf Ross, uma profunda preocupação com os métodos de verificação da ciência jurídica.

Kelsen, por exemplo, considerava a possibilidade de efetuar um processo de verificação (estipular a verdade de uma proposição jurídica), quando o conteúdo desta correspondesse ao conteúdo da norma[321]. Assim, para

---

319 Esta mesma crítica é formulada, no Direito, a Kelsen, em torno da norma fundamental, no sentido de que ela estabelece condição de sentido para as normas positivas mediante um critério de validade que, por sua vez, não pode ser validado. Uma proposta de definição indica sempre uma classe de objetos à qual um termo pode ser aplicado. No entanto, a definição nunca pode ser coisificada, como também não deve integrar a classe dos objetos que define, cf. Warat, *ibidem*, p. 43.

320 Denotação: 1. *Lógica jurídica*. O que corresponde à extensão de um conceito (Stuart Mill, que distinguiu conotação de denotação). 2. *Na linguagem jurídica* em geral, pode ser: indicação ou sinal; ação de denotar, cf. M. H. Diniz, *in Dicionário jurídico*, v. 2, p. 57.

321 Para Kelsen, as condições de sentido das normas jurídicas, quanto aos critérios de verificação, necessitam de um processo análogo ao da verificação das proposições. Assim, uma norma é significativa se é válida. De uma forma semelhante à problemática da verdade, a validade é vista como uma relação entre a norma e o critério de validade. Nessa perspectiva, a norma tem sentido e é válida quando existe uma relação de concordância entre a norma e o critério de validade. Como foi verificado no trabalho *Considerações epistemológicas sobre o princípio da pureza metódica*, Luiz Alberto Warat (UFSC), o critério de validade kelseniano encontra-se sintetizado na norma fundamental gnoseológica, que deve ser vista como a formulação de sen-

Kelsen, os enunciados da Ciência do Direito teriam um sentido semântico – sujeitos às condições de verdade – na medida em que afirmam a validade de uma norma. Os âmbitos de validade das normas seriam, dessa maneira os referentes das proposições jurídicas. De qualquer modo, o processo de verificação kelseniano implica em um processo de coisificação dos conteúdos das normas, não sendo na verdade mais do que uma das formas de operatividade e reforço epistemológico das funções de fetichização das normas. O conteúdo das normas cumpre funções sociais que em nada se referem às ideias platônicas acerca dos conteúdos significativos que possam ser vistos como elementos provenientes da natureza. Por outro lado, o valor social de uma norma depende mais da lei, das ideologias legitimadoras do Legislativo e do Judiciário do que dos conteúdos pseudounívocos apresentados como válidos.

Em uma abordagem que extrapole as teses do Positivismo Lógico, os critérios de significação que a Dogmática constrói estão mais vinculados à eficácia e à legitimidade do sistema jurídico que às condições de validade, enquanto verdade.

Lembre-se de que Alf Ross, por sua vez, emprega como condição de sentido jurídico a vigência, que deve ser encontrada nas sentenças do Judiciário, vistas como fatos sociais. Assim, a vigência funcionando como condição de sentido estabelece que uma norma jurídica é vigente quando aplicada pelos tribunais. O erro fundamental dessa colocação é o de não assumir a atitude kelseniana no sentido de que as decisões judiciais são também normas e não fatos. Com efeito, a diferença entre Kelsen e Ross nesse ponto é direcional. Ou seja: em Kelsen a norma superior é o fundamento de validade das sentenças; em Ross, a relação é invertida e ele estabelece a sentença como condição de validade das normas gerais[322].

---

tido das normas jurídicas. Além do mais, toda a teoria pura pode ser analisada como uma longa explicitação desse critério de validade. É preciso também lembrar que o critério de sentido é sempre uma proposta metalinguística, pela qual a validade de uma norma (que pertence a uma linguagem-objeto) surge da relação entre a referida linguagem-objeto e a instância metalinguística que opera como sua condição de sentido (cf. Warat, *ibidem*, p. 43, em nota de rodapé).

322 Sobre este aspecto, ver Farrel, *La metodología del Positivismo Lógico*, p. 180. E também *Hacia un critério empírico de validez*, p. 67-77, cf. Warat, *ibidem*, p. 44.

O Realismo Jurídico Norte-Americano[323], ao tentar rejeitar as teses do formalismo jurídico (que pretendia caracterizar a linguagem jurídica como exata, regida essencialmente por critérios sintáticos), aplicou a condição semântica de sentido. Dessa forma, assume as normas jurídicas como efeitos de prestidigitação, carentes de significação. Por outro lado, reivindicam as sentenças em lugar das normas jurídicas, pois apenas aquelas possuiriam correspondência fática.

Do ponto de vista do Positivismo Lógico, a aplicação da condição semântica de sentido nos moldes do Realismo Norte-Americano é inconsistente, porque as condições semânticas só operam em linguagem de estrutura especializada, jamais em linguagem natural.

Nessa perspectiva, observe-se como a crítica feita a Alf Ross, no sentido de que as sentenças são normas e não fatos, levam a um beco sem saída. Com efeito, as sentenças são mais do que normas e mais do que fatos, pois elas envolvem um "jogo de persuasão e mitificação" muito mais sutil, pois estereotipam sentidos não para justificar decisões, mas para legitimar a reprodução do poder de um sistema sociopolítico visto como um todo.

Enfim, o neopositivismo postula um critério de significação para os enunciados da ciência, a partir de uma teoria da verdade, vendo-a não como uma propriedade de certos enunciados (proposições), mas sim como uma relação de concordância ou correspondência com algum estado de coisas existentes. Assim, a verdade como relação, somente poderá ser estabelecida se o enunciado for susceptível de algum tipo de verificação ou se for um enunciado analítico.

A teoria objetiva da verdade surge por oposição às chamadas teorias subjetivas, que veem a verdade como um tipo especial de crença ou estado mental.

No campo da ciência jurídica, o critério de determinação das normas descansaria numa teoria análoga à verdade: a teoria da validade. A validade seria também uma relação e não uma propriedade das normas. Ora, os juristas postulam critérios subjetivos e objetivos de validade. No primeiro caso,

---

323 Sobre Realismo Jurídico Norte-Americano, v. Cohen, Felix, *El método funcional en el derecho*. Abeledo Perrot, Buenos Aires, 1968, cf. Warat, *ibidem*, p. 44.

estaríamos frente aos critérios jusnaturalistas, por meio dos quais se atribui validade às normas positivas a partir de uma relação de concordância dos conteúdos de ditas normas com os conteúdos de um sistema de normas transcendentes (normas do direito natural). Se os conteúdos coincidirem, as normas positivas são válidas; em caso contrário, inválidas. Quanto aos critérios objetivos, por seu intermédio, atribui-se a validade às normas positivas por uma relação de concordância entre as próprias normas e o Direito positivo.

Como se verá mais adiante (**Capítulo V, 5.2 e 5.2.1**), a questão está a merecer mais reflexão.

O campo das investigações semióticas sobre o Direito é particularmente vasto. Mas, também, poderia ser o fundamento de uma nova teoria acerca do Direito, que viesse a complementar as ideias kelsianas, sob a ótica de um nível de conhecimento diferente, perceptível e concreto. Uma teoria desse tipo deveria tomar em consideração, em primeiro termo, a *linguagem*; depois, a *lógica* do Direito e, por último, a *sistemática* de cada instituição jurídica em particular. Esses **três** elementos, vinculados entre si, conformariam uma ordem estrutural em que seus componentes se encontrassem em inter-relação, isto é, a linguagem seria a infraestrutura do sistema; a lógica de sua estrutura, e as conexões de sentido em que as normas jurídicas e regulações particulares se encontram entre si com os princípios diretivos da ordem jurídica, a metaestrutura. Uma teoria desta natureza possibilitaria fechar, também, o círculo traçado por Kelsen, oferecendo um sistema complexo, consistente e decidível.

Pragmática

A pragmática, conforme a definição dada por Carnap, é a parte da Semiótica que estuda a relação dos signos com os usuários. Sua problemática central gira em torno da análise dos modos de significar, usos ou funções da linguagem. Parte-se, assim, da ideia de que fatores intencionais[324] dos usuários provocam alterações na relação designativa/denotativa dos significados das

[324] Carnap (*in meaning and necessity: a study in semantics and modal logic*, 4ª ed., Chicago e Londres, 1964, p. 56 e segs.) emprega o termo ***estrutura intencional***, mas no nível da análise semântica, para designar sentenças intencionalmente isomórficas, cf. Reale, ***in O direito como experiência***, p. 156.

palavras ou expressões. Quando se utiliza uma expressão em um contexto comunicacional, esse emprego provoca uma alteração na estrutura conceitual. A teoria dos modos de significar levanta a questão de um deslocamento significativo em razão do uso concreto de um conceito ou expressão. Existiria uma significação independente dos contextos de uso (significação de base) que, quando empregada, tem sua significação alterada. Quando uma palavra é utilizada na comunicação, os destinatários captam um núcleo de significação no qual o contexto de uso não gravita; no entanto, o contexto provoca forçosamente um deslocamento significativo dessa compreensão para-contextual. Assim, por exemplo, se um emissor nos diz: "Lá fora está chovendo", entendemos, para contextualmente, que nos está fornecendo uma informação sobre o tempo. Mas, no contexto, isso poderá ser dito por uma mãe para ordenar a seu filho que não saia à rua. Essa intenção diretiva é um complemento da significação que redefine a estrutura conceitual. Muitas vezes, um modo de significar não é compreendido pelos receptores, ficando a comunicação bloqueada. Ao esclarecimento desses problemas dedica-se a área pragmática da Semiótica.

Esses problemas, para o Positivismo Lógico, apresentam-se em uma linguagem natural, sendo, portanto, um tipo de estudo que foge à problemática assumida como relevante. Por outro lado, os problemas pragmáticos são vistos como questões intencionais (visão psicologista)[325]. Dessa maneira, os positivistas lógicos silenciam completamente sobre o fato de que a ideologia pode também ser considerada como uma dimensão pragmática da linguagem. A ideologia não só se encontra presente no discurso natural, como também constitui um sistema de evocações contextuais surgidas no uso pragmático do discurso científico[326].

---

[325] Cf. Warat, *ibidem*, p. 46: "O que nos interessa reivindicar como análise pragmática é a existência de uma significação histórica, de um uso ou função social do signo. No entanto, não procuramos ressaltar na análise os condicionamentos sociais da significação, como também o poder da significação na sociedade. Atualmente, para as ciências sociais, o que parece útil é a construção de uma pragmática do poder; uma análise institucional da linguagem, que extrapola o signo, dedicando-se, essencialmente, à análise do discurso. Tal análise discursiva releva a exteriorização das relações do discurso com o funcionamento geral da sociedade".

[326] Para melhor compreensão deste assunto, cf. Warat, *ibidem*, em nota de rodapé, recomenda-se a leitura do cap. XII de ***Conducta, estructura y comunicación,*** de Verón, Buenos Aires: Ed. Tempo Contémporaneo, 1972.

Existe uma relação discurso científico-usuário que recoloca como importante a dimensão pragmática do saber científico. Tal dimensão, no entanto, não foi tematizada pelo Positivismo Lógico. Os discursos científicos alienados dos processos de sua comunicação criam uma ilusão de univocidade que a análise pragmática permite desmitificar. A análise pragmática, vinculada à temática da ideologia, impõe a necessidade de realizar leituras ideológicas dos discursos da ciência.

A pragmática, projetada ao Direito, permite compreender que a ideologia é um fator indissociável da estrutura conceitual explicitada nas normas gerais. A partir da análise pragmática pode ser levantada a tese no sentido de que, em um discurso normativo, para que exista o efeito de uma univocidade significativa, deve haver uma prévia coincidência ideológica. Por essa razão, a análise pragmática é um bom instrumento para a formação de juristas críticos, que não realizem leituras ingênuas e superficiais das normas, mas que tentem descobrir as conexões entre as palavras da lei e os fatores políticos e ideológicos que produzem e determinam suas funções na sociedade. Dessa maneira, realizar estudos jurídicos dispensando a análise pragmática constitui, quando muito, uma atitude "cientificista". Assim, tais correntes constituem uma filosofia analítica e crítica do discurso científico; no entanto, não-crítica com relação à realidade social, que se dilui em um jogo proposicional[327]. Não se pode fazer ciência social ou jurídica sem sentido histórico, sem nenhum compromisso direto com as condições materiais da sociedade e com os processos mediante os quais os sujeitos sociais são "conduzidos".

Em suma, a análise com base pragmática (que extrapola o Positivismo Lógico) permite articular certas características do funcionamento significativo (persuasão, legitimação, antecipação), explicitando em grande parte as funções dos discursos na sociedade e mostrando como a identificação empirista entre descrição e realidade é uma forma de despolitização-politizadora[328] do discurso científico, que cria um efeito de inquestionabilidade e

327 Dessa forma, o Positivismo Lógico identifica – por meio de uma atitude reducionista – certos efeitos de sentido, apresentando-os como uma realidade reproduzida na linguagem, sem a intermediação de nenhum efeito. Na verdade, os efeitos de sentido sempre constituem efeitos de realidade, nunca a própria realidade (cf. Warat, *ibidem*, p. 47, em nota de rodapé).

328 A pureza metódica é uma categoria mítica que insinua um discurso despolitizado, para criar, a partir dessa ilusão, um espaço politizador do saber. Ver a respeito ***Mitos e teoria na interpretação da***

realidade sobre o saber. A tentativa de identificar a reconstrução teórica da realidade com ela mesma obscurece a dimensão legitimadora de tal processo (que implica na substancialização das noções teóricas), de tal forma que se acaba por confundir a ideologia do emissor (no caso, o legislador) com o real. "Essa realidade" adquire um valor que não admite nenhuma suspeita e, portanto, ficam rejeitadas no plano do saber as necessidades de mudança. Nesse caso, o discurso científico das ciências sociais e jurídicas perde toda a possibilidade de converter-se em um discurso de denúncia, de diagnóstico das desigualdades e dos mecanismos de dominação. Esse tipo de discurso científico, obviamente, é uma linguagem mitigadora.

A Filosofia da Linguagem Ordinária é a teoria linguística que mais obsessivamente se ocupou dos níveis pragmáticos das linguagens naturais.

4.5 A matriz visual da linguagem jurídica: fato/valor/norma – o texto jurídico e sua forma triádica

O Direito, como qualquer outro fenômeno, possui a dimensão de signo. E mais: seu campo semântico ordena-se de acordo com a multiplicidade de denotações que encontra no campo social. Existe um conceito visual do que seja o "Direito", como existem concepções verbais e sonoras do que seja o "Direito". O Direito está aí imerso, o que indica que a própria operacionalidade do Direito encontra-se comprometida com sua faceta sígnica. O próprio rendimento do sistema jurídico é avaliado a partir de qual conceito predominante de "Direito" retém-se numa determinada época e lugar: sistema de opressão, sistema de controle, sistema de ordem, sistema ideológico de classes, sistema puramente formal e assim por diante.

O *ser signo* para o Direito é um estar para um outro algo que não a sua própria natureza terminológica (o Direito não existe como objeto do mundo disponível aos sentidos), que permite que se diga, portanto, que onde se lê "Direito", ou quando se diz "Direito", reclame-se também, de imediato,

lei, Luiz Alberto Warat, Ed. Síntese, Porto Alegre: Síntese, 1979; cf. citação do mesmo Warat, *ibidem*, p. 47, em nota de rodapé.

a presença de símbolos (ou representates) como: ordem, poder, violência potencial, poder persuasivo, valor, normatividade, regras de conduta, coercitividade, validade, eficácia, fundamento, vigência, segurança, decidibilidade, sistematicidade, cooperação, tolerância, justiça e assim por diante. **O Direito se dá no âmago dos processos sociais, não podendo deles se separar sob pena de desaparecem o Direito e os referidos processos**.

A questão fica geralmente obscura, porque se tem o Direito apenas como expressão literal (texto literal), visto que o discurso jurídico (matriz verbal) presta-se a destacar-se do objeto referencial (matriz visual e matriz sonora) de que trata o seu sentido.

O Direito consuetudinário – mais elementar – é que oferece melhor ilustração para a compreensão do que quero dizer, uma vez que ele aparece colado (qual representação, imagem visual) aos fatos da conduta social, sendo somente visualizado e enfocado, quando de seu questionamento nos planos dos conflitos e controvérsias jurídicas.

De qualquer forma, aqui estou querendo afirmar que uma relação social, a par de sua feição de suporte material, físico e biológico dos homens, implica sempre uma normatividade organicamente inserida nos atos que a constituem[329].

É assim que se pode apresentar o Direito como esse amálgama visual de denotações de significação que incorporam valores sociais diversos. Aliás, o sentido de ordem, como bem nos lembrou o antropólogo Lévi-Strauss, é inerente até mesmo ao pensamento do homem selvagem ou incultivado. Tal verdade evidencia-se na origem mesma da Ciência do Direito, quando os jurisconsultos romanos deram-se conta de que os comportamentos humanos obedeciam a certa "regularidade" ou "normalidade", sendo, por tal motivo, susceptíveis de previsão e de uma provisão de garantia (sanção), compondo-se a *regula juris*.

---

[329] Cf. Eduardo C. B. Bittar, *in Linguagem jurídica*, p. 169, nota de rodapé, sobre o assunto, vide: Alves, ***Linguagem, sentido e realidade da norma jurídica: dialética da norma jurídica***, tese, 1996, p. 18. Também, sobre a imbricação da cultura no processo semiótico, vide Andrade, Traços sociossemióticos e culturais na análise de um texto, ***RBL***, 1997, p. 5-21. E, ainda, sobre as mesmas notas entre o jurídico e o cultural, consulte-se Melo, Discurso jornalístico e discurso jurídico: sujeito e poder e sujeito-do-poder, ***Acta semiotica et linguistica***, 1998, p. 163-168.

É que, não obstante naturais diferenças individuais, os homens em geral reagem de maneira igual ou análoga ao se defrontarem com acontecimentos que os favoreçam ou prejudiquem. Se não houvesse certa regularidade nos possíveis comportamentos humanos, não haveria como discipliná-los, emanando-se normas para prevê-los e estabelecendo-se consequências decorrentes do adimplemento delas ou da recusa de adimpli-las. É sobre esse dado humano basilar que se alicerça todo o edifício jurídico, de tal sorte que foi a previsibilidade de comportamentos iguais ou análogos, dada a igual natureza humana, que permitiu o surgimento do Direito e o seu conhecimento científico.

Não é demais assinalar que, uma vez constatada essa possibilidade de *representação* ou *imagem* das condutas humanas, os jurisconsultos romanos, mesmo sem terem elaborado uma teoria sobre a sistematicidade das regras de Direito, bem cedo intuíram e postularam a capacidade e a necessidade de uma "modelagem" normativa da experiência, *ipisis factibus dictantibus ac necessitate exigente*, isto é, à medida que os fatos as fossem ditando e as revelassem necessárias, o que souberam realizar com incrível senso de concretude, através de fórmulas simbolizadoras.

Não olvidemos que os mestres romanos, a partir do rude Direito formulário, recorreram a elementos figurativos para configurar e enunciar as exigências jurídicas.

Foi assim que surgiu a *regula juris*, num empenho de isomorfia entre forma e conteúdo, sendo a *imagem visual* do conteúdo a força vivificadora do preceito[330].

Em sua matriz visual, inegavelmente, o texto do Direito apresenta-se com a *forma tridimensional*: fato x valor x norma, imagem de síntese magistralmente explorada pelo insigne jurista Prof. Dr. M. Reale, cuja leitura é indispensável a qualquer operador do Direito.

Na medida em que isso não está ainda bem claro para todos os juristas, é sempre oportuno trazer à baila as palavras do eminente Mestre[331]:

---

[330] Cf. Reale, *in Fontes e modelos do Direito: para um novo paradigma hermenêutico*, p. 94. Sobre a modelagem do Direito pelos romanos, em função da experiência, o mesmo autor recomenda a leitura de seu estudo "Concreção de fato, valor e norma no Direito Romano Clássico", em *Horizontes do Direito e da História*, p. 55-74.

[331] *In O Direito como experiência*, p. 178 e segs.

> **Foi talvez a imagem imperfeita do direito em termos de comandos que impediu a teorização explícita da poderosa *modelagem racional da conduta humana*, que com ele se confunde, representando um dos aspectos basilares de todo o processo de objetivação histórico-cultural. Preferiu-se, ao contrário, focalizá-lo segundo o prisma da *autoridade* emanadora ou consagradora das regras jurídicas, nos quadros de uma teoria que atenta para as *fontes*, e não para o *projeto* e o *projetar-se* da experiência do direito como tal nos quadrantes da história.**

No âmbito da experiência jurídica, prossegue Reale, foram surgindo múltiplas questões a serem examinadas quanto à gênese dos modelos, à sua vida e aos processos de compreensão de seus repertórios. Continua o Mestre:

> Costuma-se dizer que a lei é "obra do legislador", dando-se, assim, ênfase ao ato decisório, mas na realidade todo modelo legal envolve uma série de fatores, uns estudados pela Política do Direito, quando indaga, por exemplo, do **significado da *opinião pública*,** dos **efeitos dos *grupos de pressão*** ou expõe a *técnica de legislar*; outros **fatores** são **de ordem sociológica, econômica, psicológica, linguística, etc.**, o que tudo demonstra que a tarefa de legislar é de ***ordem arquitetônica*, ou de síntese.**
>
> A mesma convergência integrante de atos verifica-se, em escala maior ou menor, na constituição dos demais **modelos jurídicos**, pois eles, considerados no seu conjunto, cobrem toda a vida social, o que não significa que absorvam em si toda a vida social: ao contrário, o âmbito do ***não jurídico*** abrange todas as formas de vida, em função das quais o direito existe, como instrumento essencial de garantia. Os **modelos jurídicos** têm, pois, o significado das ***formas de vida*** a que servem, não podendo ser convertidos em fins de si mesmos. Valem, tudo somado, em função e em razão do "**não jurídico**"[332]. (grifei)

Selecionei e destaquei, aqui, de modo particular, este trecho da grandiosa obra do Prof. Reale porque, em meu entender, não só nos permite entrever a matriz visual do Direito, como também porque:

1º) Ao substituirmos a expressão *modelos jurídicos*, por *texto(s) das três matrizes da linguagem jurídica*, torna-se possível sobrepor *ipsis*

---

[332] Cf. nota de rodapé na p. 179, *in O direito como experiência*: Sobre o contraste das teorias que estendem ou não o direito a todas as formas de vida social, v. K. Engisch – El Ámbito del Non Jurídico, trad. de Ernesto Garzón, Valdés, Córdoba, 1960.

litteris os ensinamentos do Mestre para a proposta deste trabalho, sem desvirtuá-los ou desprestigiá-los, ao contrário.

2º) Ao substituir-se a expressão *formas de vida* por *linguagens*, obtém-se o mesmo resultado.

3º) O ilustre jurista, ao empregar as expressões *significado da opinião pública, efeitos dos grupos de pressão*, permite-nos enxergar a complexidade da **imagem de síntese do Direito** – sua matriz predominantemente visual (lembre-se de que a percepção visual constitui-se em cerca de 70% da percepção humana), cujo suporte é feito através da matriz sonora e destas para a matriz verbal e vice-versa, num jogo constante de superposições, em busca de modulações ou modularidades jurídicas.

4º) Quando o Mestre refere-se a uma série de "fatores de ordem sociológica, econômica, psicológica, linguística etc.", permite-nos entrever que as matrizes da linguagem jurídica podem (e devem) encaixar-se às matrizes da linguagem natural e adequar-se às demais linguagens científicas.

5º) Quando ele se refere a "não jurídico", permite-nos vislumbrar a abrangência e a influência da linguagem natural e das demais linguagens científicas, linguagens não jurídicas, sobre a linguagem jurídica.

6º) Quando ele se refere a uma "ordem arquitetônica", permite-nos confirmar a existência da estrutura de plataformas, patamares ou níveis, ou, melhor, de matrizes da linguagem jurídica.

Logo, em meu entender, é possível complementar a "Teoria Tridimensional do Direito" (que o Mestre nos deixou em aberto e a cuja continuidade nos estimulou) com a abordagem também deixada em aberto por Peirce, através da "Teoria Triádica dos Signos e das Linguagens" e vice-versa.

Assim, uma vez identificada a matriz verbal da linguagem jurídica, que dá garantia e eficiência às principais fontes (formais) do Direito – lei, costumes, jurisprudência e doutrina, diacronicamente entrelaçada com as outras matrizes (visual e sonora), essas matrizes apontariam para o *projetar-se* do Direito no decorrer de sua história. **Por outro lado, as modularidades jurídicas (os modelos do Direito: modelos jurídicos, modelos hermenêuticos e modelos dogmáticos, de que nos fala Reale) ficariam identificadas com a**

leitura sincrônica vertical das três matrizes da linguagem jurídica e teriam a ver com o projetar-se do Direito num tempo intersticial e num espaço lógico.

Como bem enfatiza Reale[333], existe entre a teoria das fontes e a teoria dos modelos do Direito uma relação de complementaridade, sendo a primeira completada pela segunda. Desse modo, prossegue o Mestre, cabe-nos estudar, de maneira conjunta e congruente, os processos de instituição das normas jurídicas, dando realce ao problema de sua validade, o que é nuclear na teoria das fontes, para, em seguida, examinar o problema da eficácia ou aplicação dessas normas. Esse tema será abordado, mais adiante, no item sobre "**A validade do Direito**".

Cumpre, por outro lado, relembrar que as fontes do Direito explicitam normas de comportamento, além das normas de competência (existentes até mesmo no plano do Direito Privado, como, por exemplo, ao serem enunciadas as atribuições dos pais, do inventariante ou dos membros da diretoria ou do Conselho Fiscal de uma sociedade anônima).

Diante dessa colocação que estou fazendo das três matrizes da linguagem, fica mais fácil compreender por que Reale não aceita a concepção do jurista italiano Carlos Cossio, de que o Direito refere-se apenas à conduta. Ao se conceber a experiência jurídica, tal qual Reale a concebe, como um processo de *fato* x *valor* x *norma*, a regra jurídica é concebida como uma integração de fatos, segundo valores, integração esta que, uma vez objetivizada (tornada objetiva), está também sujeita a mutações operadas em razão de supervenientes alterações verificadas no plano normativo, factual e axiológico[334], num constante ***processo de superposição sígnica* – tal qual a Semiótica nos aponta.**

Para ele, as fontes produzem ou põem *normas jurídicas*, entre as quais sobressaem os *modelos jurídicos*, os quais por isso mesmo surgem como *prescrições*, "*modelos prescritivos*", em razão das fontes de que promanam, as quais são sempre dotadas do poder de obrigar. Se não obrigam, pelo menos, influenciam comportamentos e condutas, como é o caso da doutrina

---

333 *In Fontes e modelos do Direito: para um novo paradigma hermenêutico*, p. 1.

334 É o chamado *normativismo concreto ou tridimensional*, tratado em várias obras de Reale (vide o exposto na *Teoria tridimensional do Direito*, 5ª ed., e em *O Direito como experiência)*.

(que, entretanto, Reale não considera como fonte de Direito) – quando emanada de trabalhos confiáveis de juristas, que têm o condão de propiciar o surgimento de novas modelagens jurídicas.

Gostaria apenas de apontar a seguinte colocação: em meu entender, o que Reale denomina "modelos jurídicos" surgiria da leitura (hiper)textual da linguagem do Direito, não só em sua matriz visual, mas também sonora e verbal; e as fontes obrigam, *não antes, mas com* o projetar-se desta leitura (hiper) textual das três linguagens, em sua estrutura triádica básica. **Ou seja, as "fontes" – *expressões* – "obrigam", exatamente, devido ao (re)projetar-se dos "modelos" – seus *conteúdos*.** Assim, apesar da correlação entre fontes e modelos, as fontes referem-se mais propriamente às condições de validade dos "modelos jurídicos" postos por elas; ao passo que os "modelos jurídicos", como conteúdo das fontes, representam a atualização ou projeção destas no espaço e no tempo sociais, uma vez considerados os planos da eficácia, do fundamento e da vigência, o que será apreciado, mais adiante, neste trabalho.

Se fosse possível evocar aqui todas aquelas teorias que abordaram diretrizes fundamentais sobre o pensamento a respeito do Direito, verificar-se-ia a dificuldade em que acabam por se enredar as interpretações unilaterais ou setorizadas da experiência jurídica, cuja realidade concreta fica mutilada sem a **imagem da forma tridimensional e sem a análise das três matrizes básicas da linguagem jurídica**[335].

De qualquer maneira, como todo o tempo Reale enfatizou, as três dimensões essenciais do Direito (fato/valor/norma) acabam, sempre, por se impor à análise. **A questão da tridimensionalidade é tão relevante que, como afirma o Mestre, pode levar a distorções ou concessões finais a todos aqueles que proclamam a essencialidade do *fato* ou da *norma* no mundo do Direito**[336]**, sem a referência a valor**.

Reale cita nomes de juristas famosos, empenhados em determinar o significado das regras de Direito, em função dos comportamentos que lhes correspondem.

---

[335] E mais: as críticas a determinadas teorias e a determinados autores ocorrem, exatamente, por essa falta ou falha de conhecimento a respeito da matriz em que aquelas colocações doutrinárias foram efetuadas.

[336] *In O direito como experiência*, p. 105 e segs.

Ele comenta, entre outras, a obra de Olivecrona (*Law as fact*, Londres, 1939), para quem toda norma jurídica tem por fim "influir sobre a ação das pessoas, sendo este o propósito do legislador ao prefigurar 'imaginativamente, um quadro ou modelo da conduta desejada: a aplicação da lei consiste em utilizar essas ações imaginárias como modelos de conduta, toda vez que surgirem na vida real ações a eles correspondentes". Compartilhando do mesmo ponto de vista de Reale está Luigi Bagolini (*in Visoni della Giustizia e Senso comune*, p. 399 e segs.[337]).

Em resumo, para Olivecrona (como nos lembra Reale), é da essência das normas que elas não contenham referência alguma a valores: operam diretamente sobre a vontade como imaginários "imperativos independentes", ou seja, como "causa da forma de proceder do povo em determinados aspectos", sendo a "ordem" dada em razão delas um ato de caráter sugestivo. Ou seja, autores, como Olivecrona, apresentam o Direito como *fato* – como "organização de força" – com a consequência deveras expressiva de que o temor da sanção é o motivo essencial da conduta jurídica. Já para os realistas norte-americanos (como Karl N. Llewellyn, Jerome Frank, Max Radin e todos quantos reduzem o Direito a uma técnica operacional de resultados pragmáticos, todos eles citados por Reale[338]), prevalece a tese de que o Direito outra coisa não é senão o *fato* mesmo do comportamento dos "operadores" e até mesmo dos "partícipes" da experiência jurídica como ato decisório.

Observe, desde logo, o leitor que a concepção instrumentalista do Direito, por mais perfeita que seja, ao não levar em conta, simultaneamente, a tríade da matriz visual (fato/valor/norma), bem como as três matrizes (visual, sonora e verbal) de sua linguagem, leva às tais distorções lembradas por Reale. **O *Direito* é *signo* e como tal funciona e opera na medida do estatuto lógico dos signos: o de uma relação e essa relação tem que ser analisada em suas três matrizes (visual, sonora e verbal), sincrônica e diacronicamente**. Existe uma sequência, ou, melhor, uma imbricação necessária, que os realistas não levaram em consideração.

337 *Ibidem*, em nota de rodapé.

338 *Ibidem*, p. 106.

Consoante bem pondera Récasens Siches[339], mister é distinguir entre a contribuição positiva dos realistas, ao levarem até as últimas consequências a crítica ao formalismo normativista, sobretudo em matéria de hermenêutica jurídica – já desenvolvida com superior equilíbrio por vários juristas (Holmes, Pound, Cardozo) –, e a frágil construção com que eles nos brindam e que, por seu caráter fragmentário e unilateral, não chega a constituir uma teoria básica do Direito. Note-se que esse movimento do pensamento jurídico, levado avante por aqueles renomados juristas, citados por Reale, congregou de maneira incoerente (*sem se darem conta*) elementos díspares (ora de uma matriz da linguagem, ora da outra).

O certo é que pelo menos duas verdades evidenciam-se: em primeiro lugar, a insuficiência da consideração de uma só matriz, em detrimento das demais; e, em segundo lugar, a ênfase dada (na matriz pretensamente verbal) ao elemento opcional, ou a ato de escolha do juiz, que implica uma tomada de posição valorativa perante o evento sobre o qual versa uma demanda judicial.

As análises dos realistas americanos tiveram, isto sim, o grande mérito de revelar quão complexo é o fato (leia-se matriz visual, ainda que fragmentada) nos domínios da expressão jurídica; e como o problema da "qualificação do fato" implica referências normativas e opções valorativas (leia-se matriz verbal, ainda que distorcida), numa interação insusceptível de ser reduzida a enlaces apenas silogísticos (leia-se matriz sonora, ainda que não considerada).

Se o realismo exagerou a natureza operacional do Direito, pondo o operador acima do processo de que é um dos partícipes, até o ponto de dizer-se que o juiz decide-se antes em favor de uma tese e depois procura a norma justificadora da decisão tomada, parece que, em seu apelo ao Direito que efetivamente se vive e em sua desconfiança pelas soluções de pura logicidade formal, estão implícitos a percepção e o pensamento de que é necessário abranger a experiência jurídica na totalidade de seus aspectos. Não será exagero, como afirma Reale[340], "dizer-se que o realismo norte-americano, na

[339] *In Panorma del pensamiento jurídico en el siglo XX,* México, 1963, t. II, capítulo 33, p. 619 e segs., Cf. Reale, ***ibidem,*** p. 107.

[340] *Ibidem*, p. 107.

sua unilateral posição de empirismo radical, oculta uma angústia incontida de totalidade".

Aliás, os conceitos de estrutura e de modelo vieram sendo aplicados com frequência pelos estudiosos do Direito, mas como quem lança mão de uma imagem útil à ilustração de um pensamento, sem indagação prévia e adequada sobre seu alcance nos domínios da Ciência do Direito, como instrumentos de compreensão mais rigorosa da complexa experiência jurídica no decorrer dos tempos. **Além disso, são raros, para não dizer quase inexistentes, trabalhos sobre Semiótica Jurídica, que abordem as três matrizes básicas da linguagem jurídica.**

4.6 A matriz verbal da linguagem jurídica: discurso jurídico (discurso normativo/discurso decisório/discurso científico/discurso burocrático) – o texto jurídico e seu fim

4.6.1 *O discurso jurídico*

A estas alturas, já deve estar mais do que claro para o leitor que a textualidade jurídica é uma manifestação sígnica. Além disso, já deve estar claro que a linguagem jurídica segue os mesmos processos convencionais de produção e geração do sentido da linguagem natural. A matriz verbal (linguagem verbal), no caso do Direito, evidentemente, representa uma base e uma fase importantes da manifestação jurídica. A relevância da linguagem verbal, no campo jurídico, deve-se, provavelmente, ao fato de que a linguagem verbal, como texto, sintetiza, com maior propriedade, um maior número de informações, além de sua economia e capacidade de comunicação. Com efeito, a linguagem jurídica, ainda que domínio técnico, constituiu-se primordialmente a partir da linguagem natural e dela se desgarrou, em busca de um espaço de sentido e de um espaço estrutural autônomo, de uma *gramática* e de um *dicionário*[341] *jurídico*. **Então o desafio aos mais jovens: como proceder ou sintetizar este pensamento na era digital?**

---

[341] O termo caro à Semiótica é *enciclopédia*.

A questão não se resume apenas a este aspecto (matriz verbal) da linguagem jurídica: o domínio das práticas jurídico-textuais constitui, por si só, um outro universo de discurso autônomo, capaz de produzir injunções próprias e de (mesmo em não obrigando) lançar suas influências sobre os demais universos de discurso que o circundam – com os quais mantêm relações dialéticas.

Como vim tentando demonstrar, as práticas jurídico-textuais, ao ocorrerem, lastreiam-se em estruturas de linguagem (matrizes de linguagem), cuja base de sustentação é o próprio sistema semiótico, tal como aqui apresentei, sem descartar, é claro, uma melhor proposta. A juridicidade, não se contentando, simplesmente, com um texto jurídico, passa a procurar um hipertexto jurídico, ou seja, um (meta)sistema assentado sobre os pilares de um (ou de vários) sistema(s).

O comprometimento do sistema jurídico com outras instâncias e sistemas parece inevitável, na medida em que o conjunto das práticas jurídico-textuais vale-se de um sistema de manifestação socialmente preexistente, engajado socialmente, produto de uma história cultural, de ambiguidades semióticas, de fluxos e refluxos de toda espécie (matriz textual visual, matriz textual sonora, matriz textual verbal).

Essa visão de **patamares de matrizes** favorece e prioriza a escolha do método de análise. Um sistema, como o sistema jurídico, que vive e pulsa em constante dialética com outros sistemas, só pode ser analisado recorrendo-se a essa noção de dialética, aqui entendida a partir de um modo de ser específico dos sistemas que, em verdadeira ebulição, intercambiam-se, estabelecem relações recíprocas, criam-se e recriam-se uns a partir dos outros, em um contato tão imprescindível que uns necessitam dos outros para se preservarem sempre vivos. É no seio da vida social que se produz e se reproduz o discurso jurídico. Ao contrário do que se possa pensar – quando nos referimos a normas, a leis, a códigos (ordenamento jurídico) –, sua característica não é a imutabilidade, dentro do sistema jurídico, mas exatamente sua **transformação dialética**. Embora a relativa imutabilidade possa ser uma de suas características, nada impede sua mudança, já que **nenhum sistema semiótico – e o Direito é um deles – está isento de retroalimentação** (intersemiótica ou intrassemiótica). Essa retroalimentação ocorre sempre porque a toda nova informação ou significação segue um ciclo de realimentação do sistema e do discurso.

Os discursos, os usos e os universos de valor que sustentam essa matriz discursiva variam com a própria oscilação das experiências humanas que jazem na condição de elementos pré-código da cadeia semiótica. Desenvolvendo tal ideia, é mister dizer que o texto jurídico recria-se nos moldes desses movimentos sistêmicos.

A convivência do sistema jurídico-semiótico com os demais fortalece sua dinâmica e o intercâmbio de valores, experiências, técnicas, práticas, conquistas, conhecimentos, operações, conceitos, símbolos, signos verbais e não-verbais. É claro que com tantos problemas ("conflito", "tensão", "interesse"), o texto jurídico, em sua fase de discurso (jurídico), é mais do que a simples superfície de um grande campo de relações enraizadas em pressupostos comuns de experiência do mundo.

O discurso jurídico é muito mais do que o discurso da normatividade (discurso prescritivo). Dizer o contrário seria compactuar com o raciocínio legalista e positivista, reducionismo que leva a constranger a dinâmica jurídica ao universo puramente normativo. Com efeito, o discurso jurídico, em sua generalidade, é o conjunto das produções de sentido no campo a que se pode chamar jurídico, e abrange toda a dinâmica interna do jurídico, suas fontes e seus modelos.

Outra característica do texto jurídico é que ele se configura predominantemente em discursos: *discurso normativo*, *discurso decisório*, *discurso científico* e *discurso burocrático*. O discurso normativo, embora substancial[342], é apenas parte dessa generalidade.

O discurso jurídico cria direitos, deveres, obrigações, assim como os extingue. Não é mera composição ou ordenação de signos, quando se quer tomá-lo como decisório, pois faz cumprir, decide, ordena, impõe, determina, constrói; não é mero ato de descrição da realidade, quando se quer tomá-lo

[342] Ferraz Júnior também propõe a divisão do discurso jurídico em: discurso judicial, discurso da norma e discurso da ciência do direito, em seu livro ***Direito, retórica e comunicação***. Por sua vez, Eduardo C. B. Bittar, *in* ***Linguagem jurídica***, propõe acrescentar, também, o discurso burocrático, por considerar que deixar de analisá-lo é ignorar a realidade do procedimento jurídico.

como científico, pois exerce a interpretação, assinalando caminhos normativos os mais diversos, a partir de um único texto normativo.

Assim, repete-se, as três **principais** modalidades de discurso jurídico são: o *normativo,* o *decisório* e o *científico.* O primeiro é fundante da significação jurídica; o segundo, responsável pela individualização e concretização do discurso normativo; e o terceiro aparece como uma epistemologia sobre as produções textuais dos dois universos anteriores do discurso jurídico.

A cada uma das três modalidades de discurso jurídico, corresponde, dentro da matriz verbal em que está inserida, uma função preponderante: a) a *função predominantemente cogente* exercida pelo discurso normativo, correspondendo às tarefas de comandar condutas, eleger valores preponderantes, recriminar atividades, estimular atividades, comandar a estrutura do sistema, a interpretação e o fazer dos agentes públicos; b) a *função predominantemente decisória*, exercida pelo discurso decisório: correspondendo às atividades aplicativa, dirimidora, conclusiva e concretizadora dos parâmetros normativos; c) a *função predominantemente cognitivo-interpretativa*, exercida pelo discurso científico, correspondendo às atividades de conhecimento, distinção, classificação, orientação, informação, interpretação, explicação, sistematização e crítica dos outros discursos.

Alguns autores pretendem incluir, neste mesmo patamar hierárquico do discurso jurídico (na mesma igualdade do discurso normativo, decisório e científico), o discurso burocrático[343], o que não me parece adequado, pelas razões expostas mais abaixo. Nada, porém, a opor. Uma opção, em meu entender, seria determinar o espaço do discurso burocrático para o momento adequado (como texto concomitante ao discurso normativo ou anterior ao discurso decisório – não importa) à análise dos demais, evitando-se quebra posterior da lógica com a qual se (re)estrutura o funcionamento do próprio

[343] Com a expressão *discurso burocrático* está-se fazendo menção ao discurso burocrático-jurídico, ou seja, a um universo do discurso preciso que se enquadra dentro do mais amplo universo do discurso jurídico, à exclusão das burocracias empresariais e privadas, que possuem seus procedimentos internos, que se enquadram no contexto maior das burocracias modernas. Em meu entender, entretanto, constituindo-se em subsistemas semióticos, a leitura da linguagem textual jurídica deveria aí ocorrer, da mesma forma, enquadrada na cultura de sua época e de seu lugar, evitando-se a morosidade na solução dos conflitos de interesses.

sistema jurídico. Aqui, aponta-se uma falha ou ruptura de vigilância no sistema, não devidamente considerada.

Um parêntesis: o papel do *discurso burocrático*, ainda que importante, é periférico: é o de dar suporte, garantir o procedimento e para tal tem que obedecer ao devido processo de sua elaboração e às relações lógicas entre as regras pertencentes ao mesmo âmbito ôntico-prático[344]. Precisa, porém, mais do que os demais, ser constantemente "vigiado" pelos operadores do Direito, em todas as instâncias. E, também, o discurso jornalístico e a mídia de um modo geral, pelo poder que vem exercendo no pensamento individual e coletivo.

Voltando ao discurso jurídico, segundo o ilustre Eduardo C. B. Bittar[345], possui alguns traços elementares em sua formação, diferenciada de outras práticas sociais da linguagem (leia-se: de outras matrizes textuais da linguagem), quais sejam:

1) É linguagem técnica, ainda que tenha ocorrido a partir da linguagem natural. O problema é que, por vezes, o excesso de cientificização da linguagem jurídica pode levar a ambiguidades; e que certos termos advindos de outras esferas do saber trazem, consigo, os problemas de sua linguagem originária; e que a intervenção de sujeitos não experientes na prática da linguagem técnica produz discursos com vocabulário jurídico alterado.

2) Constrói-se a partir de experiências da vida ordinária (e acrescento: a partir do suporte das outras duas matrizes: a visual e a sonora).

3) Ocorre intraculturalmente. Há que se dizer que uma estrutura discursiva, visto que é concebida dentro dos limites de uma teoria que visa ao mapeamento e à crítica enunciativa das partes e do todo do discurso, valorizado sobretudo como instrumento de comunicação, como instância

[344] Conforme preleciona Robles Morchón, *ibidem*, p. 162, ao discorrer sobre o problema da validade das normas jurídicas: "Validade de um ato é, pois, sinônimo de pertencer a um âmbito ôntico-prático. Dizer que um ato é válido no âmbito do Direito é o mesmo que afirmar que este ato pertence ao Direito. Pois bem, quando um ato é válido em um determinado âmbito? Quando o referido ato expressa uma concreção do procedimento genérico estabelecido para realizar atos do âmbito, o qual supõe obviamente que tal concreção procedimental seja realizada pelo sujeito designado como competente dentro de sua competência".

[345] *In Linguagem jurídica*, p. 177 e segs.

de dominação, como instituição social, não prescinde da investigação do aspecto cadencial[346] que consente a formação do discurso, ao mesmo tempo como unidade de sentido autônoma e como signo complexo.

4) Possui ideologia e exerce poder. Negar tal fato já seria em si uma postura ideológica, embora o conceito de ideologia tenha inúmeras interpretações na história do pensamento. Aqui, quer-se significar "ato de escolha" e de intervenção do(s) sujeito(s) singular(es) sobre estruturas discursivas e sobre práticas de sentido, na medida em que se pressupõe atitudes e escolhas por parte daquele(s) que o constroe(m) e formula(m). Aliás, o discurso jurídico reflete o poder das instituições às quais se liga para o seu exercício como prática textual. Parece ser aqui que a influência da matriz textual visual mais se faz sentir, através das representações, imagens ligadas a práticas sociais e assim por diante. É aqui, ainda, que a influência da matriz textual sonora também se faz sentir: carregando opções, agregando valores, impondo condutas, conduzindo instituições, movimentando riquezas, optando por visões do mundo. E, portanto, sustentando uma ideologia[347].

5) Seu caráter é, de modo geral, performativo, criando realidades de sentido, e sua apresentação se faz, fundamentalmente, por meio de pressupostos lógico-deônticos.

Como se pode observar, a "superficialidade" do discurso jurídico esconde inúmeros fenômenos: a aparente frieza das estruturas lógico-gramaticais (próprias da matriz textual sonora), com as quais se inscrevem as leis pode trair o intérprete desatento da complexidade do fenômeno jurídico; a suposta neutralidade pressupõe todo um conjunto de práticas políticas e disputas socioeconômico-culturais (matriz textual visual), que se digladiam até sua

---

[346] Linguagem natural (que abrange a matriz visual) > linguagem formal: sintaxe, semântica e pragmática (que abrange a matriz sonora) >> linguagem do discurso jurídico (que abrange a matriz verbal) hipertextualidade jurídica (que abrange, modular e ciclicamente, os chamados modelos jurídicos e fontes do Direito).

[347] Para melhores esclarecimentos, vide Pêcheux, ***Semântica e discurso: uma crítica à afirmação do óbvio***, 1988, p. 92, Trad. Pulcinelli Orlandi e outros. Campinas: Unicamp: cf. Eduardo C. Bittar, ***ibidem***, p. 181, em nota de rodapé.
Em Habermas, ***Técnica, ciência e "ideologia"***. Lisboa: Edições 70, 1968.

afirmação e sagração em um texto normativo. **Tudo isso pode passar despercebido se o intérprete desatento não conhecer o percurso gerativo do discurso e deixar de levar em consideração o percurso gerativo da significação (da semântica à pragmática).**

Todo um conjunto de práticas sociais e de forças encontra-se reunido em cada texto legislativo. Assim, uma abordagem das diversas conotações que um discurso pode assumir coloca evidentemente em destaque essa questão das matrizes, tal como aqui estou propondo. Se é verdade que o discurso jurídico (a)parece a todo instante contaminado por uma espécie de duplicidade, é porque não se percebe, de maneira clara, que ele se desenvolve sobre isotopias; e só as categorias semióticas permitem-nos visualizá-lo e corrigi-lo.

Na persecução dessa ordem, os operadores do Direito, os agentes, em todos os polos e patamares, são convocados a entender e viver as regras, que devem, por sua vez, apresentar oito requisitos essenciais. São eles: **generalidade** (regras aplicáveis a todos); **publicidade** (torná-las de conhecimento de todos os cidadãos); **prospectividade** (não devem ser retroativas); **clareza** (estabelecer regras simples); **coerência** (não devem solicitar ações contraditórias); **possibilidade** (não devem exigir condutas que ferem a capacidade do cidadão); **estabilidade** (devem permanecer constantes); e **congruência** (harmonia entre as regras declaradas e administradas), como brilhantemente nos indica, em recente artigo, a ilustre Dra. Angela Vidal Gandra Martins, que estudou a obra completa de Lon Fuller, catedrático de Filosofia do Direito da Universidade de Harvard (EUA).

Vejamos, agora, cada um dos discursos jurídicos.

4.6.1.1 *O discurso normativo ou legislativo*

Estabelece-se a distinção entre norma jurídica e lei[348]**.** A norma é o gênero de que a lei é espécie. Nem toda norma é lei, mas toda lei é norma. A lei está abrangida no campo semântico da norma jurídica.

---

[348] Cf. Ferraz Júnior, ***Introdução ao estudo do direito: técnica, decisão, dominação***,1994, 2ª ed., p. 232: "A norma é uma prescrição. A lei é a ***forma*** de que se reveste a norma ou um conjunto de normas, dentro do ordenamento. Neste sentido a lei é fonte do direito, isto é, o revestimento estrutural da norma que lhe dá a condição de norma jurídica".

É bom lembrar, também, que as normas, por sua vez, subdividem-se em regras[349] e princípios. Na verdade, a própria norma jurídica é um fenômeno particular dentro do espectro das normas em geral, porque estas incluem as de caráter moral, os imperativos de ética, os hábitos e costumes e assim por diante.

No entanto, tais manifestações não pertencem ao texto jurídico; a exigibilidade jurídica da conduta infratora (ou desconforme) parece não possível.

Vê-se, portanto, que não se trata de mero somatório ao termo *norma*, da adjetivação de *jurídica*, pois, na verdade, a consistência das normas, enquanto jurídicas, lhes dá a natureza de enunciados normativos de significação muito mais forte do que aquela subsistente para as referidas normas em geral. As outras tais normas genéricas não se encontram na mesma matriz verbal das normas jurídicas, o que as vincularia ao espaço da normatividade, dentro do direito positivo vigente.

Estas conclusões permitem que se afirme que o que distingue as normas como jurídicas é o fato de serem vinculantes, ou prescritivas, é o fato de estarem revestidas de um poder de coerção de conduta; e mais, o conteúdo existente no enunciado de caráter jurídico-normativo pode ser exigido mediante recorrência a uma ordem jurídica preestabelecida. A outra distinção reside na diferenciação entre texto literal da norma jurídica (expresso/impresso) e o sentido da norma jurídica, ou seja, o percurso interpretativo possível do texto (conteúdo). Um texto jurídico normativo pode comportar inúmeros sentidos, e, consequentemente, inúmeras normas, conforme o esforço hermenêutico. A norma jurídica não é uma "coisa" que possua, dentre outras propriedades, a do sentido. O texto (matriz textual verbal) é que poderá ter um sentido, precisamente aquele que for, por decisão (anterior ou posterior[350]) determi-

---

[349] As regras não exprimem, apenas, obrigações, mas também poderes, liberdades, atividades e procedimentos a cumprir e assim por diante.

[350] Cf Gregorio Robles Morchón (*El derecho como texto*, p. 60-61), o texto jurídico pode ser visto como um conjunto de elementos textuais parciais, aos quais chamamos de "normas" (discurso normativo), mas não se pode perder de vista que esses elementos textuais têm conexão íntima com outros "atos de fala", especiais – que são as decisões (em meu entender, seria melhor falar em "escolhas", para distinguir da decisão judicial, isto é, do discurso decisório). Aliás, prossegue o ilustre jurista espanhol, a decisão básica é a decisão constituinte que origina uma ordem jurídica. É um "ato de fala" que cria o ordenamento, que o constitui. É o ***fiat*** do texto jurídico, que se concretiza na Constituição, que não é outra coisa senão o texto inicial e

nado – dentre os muitos possíveis que o texto comporta – como norma válida para uma situação concreta do Direito.

O desafio primeiro da **Semiótica Jurídica** é exatamente o de, em sua pesquisa sobre a *significação*, ao trabalhar com as matrizes textuais (visual, sonora e verbal), iluminar, com exatidão, o campo do texto jurídico normativo e, aí, criá-lo, fazê-lo nascer.

O que quero afirmar é que o texto literal (impresso) da norma jurídica não é, em si, a norma jurídica, e que a única materialidade da norma, o único aspecto verdadeiramente empírico de uma norma, o texto verbal normativo, feito linguagem, codificado, impresso, estampado, não é senão a expressão da norma, este outro algo que se esconde atrás daquele espectro, daquela aparência superficial do texto impresso. Este é um demonstrativo de como o *dever ser* normativo é expresso.

Mesmo que se considere o texto literal (expresso ou impresso) como mero aglomerado de *signos*, pode-se dizer que ele é a condição de existência para a norma – é a sua matriz verbal.

Em primeiro lugar, porque não há norma sem a utilização de um sistema semiótico de linguagem (visual, sonoro, verbal) para sua exteriorização.

Em segundo lugar, porque não há norma possível sem o reconhecimento público (ainda que presumido) de sua existência, caso contrário seria uma mera fantasia ou cogitação normativa do legislador.

---

necessário para a existência do ordenamento jurídico. A decisão constituinte gera a Constituição, a qual por sua vez, estabelece as condições para a adoção de decisões posteriores, que geram mais elementos textuais do texto jurídico total, em um processo que não acaba nunca. O sentido imanente da decisão constituinte é ordenar a vida coletiva. Dito de outra forma: a função do "ato de fala" que é a decisão constituinte é prescrever, o que implica em regular, ordenar, organizar. Por isso, pode dizer-se que a Constituição é norma. É a norma mais importante do texto jurídico ou ordenamento, posto que o constitui, o cria, o mantém. Pode-se definir a decisão constituinte como a ação de estabelecer as condições necessárias e suficientes para a tomada de decisões jurídicas posteriores. E a Constituição, como o texto produzido pelo "ato de fala" constituinte, prescreve o conjunto de condições necessárias e suficientes para gerar novos elementos textuais dentro do texto jurídico global. Na vida jurídica real, a Constituição ocupa posição especial na matriz verbal, pois, além de expressar textualmente as condições necessárias e suficientes para gerar decisões jurídicas, costuma incorporar, também, outros elementos, especialmente os princípios básicos da direção política do novo âmbito criado.

Em terceiro lugar, porque o texto impresso, escrito, é imprescindível para a *decidibilidade*, para a vinculação dos operadores do Direito, em sua atuação na prática jurídica – a garantia de que todos podem potencialmente recorrer à norma, dada sua visibilidade e literalidade expressa[351]**.**

Ou seja, a norma aflora, de acordo com categorias semióticas, utilizando-se de signos, composições sígnicas, expressões lógico-gramaticais adequadas para tanto.

É preciso chamar a atenção do leitor, também, para o fato de que só se chega mesmo ao texto da norma, através de um *percurso*, através de um *processo de significação*, que envolve verdadeiros trâmites rituais de (re) construção semiótica do sentido. Nesta perspectiva, fica estranho falar de norma jurídica como sentido, como discurso normativo ou como texto jurídico, senão *quando* reunidas as facetas semióticas da matriz que lhe dá suporte: a sintática (na interação signos/signos); a semântica (na interação signos/objetos referentes); e a pragmática (na interação signos x sujeitos/usuários/intérpretes).

Faço minhas as doutas palavras do insigne Eduardo C. B. Bittar[352], onde fui haurir grande parte dos ensinamentos aqui expostos, quando afirma que: "O que se pode dizer é que a norma jurídica é o sentido deôntico e coercitivo, ao qual se pode chegar a partir de um **ritual semiótico de decodificação"** (grifei). De qualquer forma, prossegue o ilustre jurista, as normas jurídicas possuem uma aparência, e essa aparência reveste-se de uma forma exterior canonizada numa estrutura rígida que, sobretudo por sua apresentação sintática, denota poder[353].

---

351 A questão da visibilidade, por exemplo, fica bem exacerbada no texto penal, quando o sistema jurídico acolhe o princípio ***nullum crimen, nulla poena sine praevia lege***, o que supõe a existência de um respaldo normativo visivelmente claro, sem o que não se pode pensar sequer em uma decisão judicial condenatória que infrinja tal cânone constitucional.

352 *Ibidem*, p. 186.

353 Cf. Eduardo C. B. Bittar, *ibidem*, p.186-187, em nota de rodapé: As normas são ***prescritivas, permissivas*** ou ***proibitivas*** e se expressam, fundamentalmente, por meio de cinco funtores (operadores especificados da forma genérica "dever ser", que indicam o obrigado, o permitido e o proibido) normativos, quais sejam: ***dever fazer*** (A.1), ***dever não fazer*** (A.2), ***ter direito de fazer*** (B.1), ***ter direito de não fazer*** (B.2), ***poder fazer*** (C.1), sendo que este último funtor pode desdobrar-se em uma outra forma implícita, qual seja, ***poder não fazer*** (C.2). (cf. Kalinowski,

De fato, uma distribuição discursiva que alberga, em sua estrutura constitutiva, elementos categóricos – e, em geral, imperativos – faz transparecer por sua simples exteriorização a autoridade de que se reveste o discurso normativo. Para esta só finalidade, a distribuição functor[354] normativo ("É proibido") / conteúdo normativo ("fumar") /condições de aplicabilidade da norma "nos transportes coletivos") é fundamental em sua composição, tudo tendo em vista a necessidade de comunicar um discurso prescritivo. À lógica deôntica cabe explicar a composição proposicional do discurso normativo

---

Lógica del discurso normativo, p. 26, trad.: Juan Ramón Capella. Madrid: Tecnos, 1975). Esses funtores normativos são o núcleo prescritivo do enunciado discursivo da norma, ou seja, transmitem uma função supralinguística que é aquela que coloca o súdito da norma na condição de sujeito vinculado, para o qual não existem alternativas diversas daquelas fixadas como sendo o cumprimento (valor) e o descumprimento (desvalor) da norma, submetendo-se, neste último caso, ao sancionamento que decorre de uma ordem prefixada no contexto da norma. O funtor normativo tem o condão de imunizar o emissor da norma contra a possibilidade de negação da norma, daí o estabelecimento de uma metacomplementaridade da ideia de autoridade subentendida do contexto normativo. A relação de autoridade é problema pragmática (cf. Ferraz Júnior, *Teoria da norma jurídica*, 1978). Vejam-se aqui os exemplos normativos que se seguem: "O possuidor ***tem direito de ser mantido*** na posse, em caso de turbação, e restituído, no de esbulho" (art. 499 do Código Civil) – aqui o funtor normativo destacado é ***tem direito de fazer*** (B.1), expresso no sentido de que tem ***direito a ser***, o que lhe faculta a possibilidade de defesa jurídica uma vez ocorrido o esbulho ou a turbação; "O usufrutuário ***não tem direito*** à parte do tesouro achada por outrem, nem ao preço pago pelo vizinho do prédio usufruído, para obter meação em parede, cerca, muro, vala ou valado (art. 643)" (art. 727 do Código Civil) – trata-se de referência normativa a uma função funtorial do tipo ***não tem direito a, não tem direito de***, o que equivale a (A.2); "Durante a locação, o senhorio ***não pode*** mudar a forma nem o destino do prédio alugado" (art. 1.204 do Código Civil) – está proibida a ação prevista no contexto normativo (A.2); "O locatário que, sem justa causa, despedir o locador, ***será obrigado*** a pagar-lhe por inteiro a retribuição vencida, e por metade a que lhe tocaria de então ao termo legal do contrato" (art. 1.228 do Código Civil) – aqui a fórmula ***será obrigado*** equivale àquele referido funtor que se expressa como ***deve fazer*** (A.1); "O usufrututário ***pode usufruir*** em pessoa, ou mediante arrendamento, o prédio, mas ***não*** mudar-lhe o gênero de cultura, sem licença do proprietário ou autorização expressa do título (...)" (art. 724 do Código Civil) – aqui presentes estão dois comandos funtoriais em um mesmo artigo de lei, havendo a possibilidade de uma ação (C .1) e a impossibilidade de outra (C.2) por parte de um mesmo sujeito normativo; "***É permitido***, mas só por claúsula expressa, fixar juros ao empréstimo de dinheiro ou de outras coisas fungíveis" (art. 1.262 do Código Civil) – é dado à ordem jurídica permitir condutas de maneira expressa por meio da locução ***é permitido***, que corresponde como um equivalente a (C.1).

[354] Cf. M.H. Diniz, *in* ***Dicionário jurídico***, v. 2, p. 617: Functores apofânticos. ***Lógica jurídica***. Partículas operatórias que, na lógica apofântica, têm papel de functores veritativos (e, ou, se ... então) (Lourival Vilanova). Functores deônticos. ***Lógica jurídica***. Operadores especificados da forma genérica "dever ser", que, na lógica deôntica, indicam o proibido, o obrigado e o permitido (Lourival Vilanova).

em sua estruturação por *functores* (proibido, permitido, obrigatório, facultativo), por *conteúdo normativo* e *condições de aplicabilidade* do preceito normativo[355], ou *hipótese circunstancial de cabimento*, vinculação e incidência da norma. Neste campo de estudos, o discurso normativo – o discurso, por excelência dotado de coercitividade e, portanto, de exigibilidade da conduta prescrita, assim como de um correspondente empírico-legal – por vezes se convenciona chamar *proposição jurídica*, seguindo a linha de Larenz[356]. Para outros, entre os quais me coloco, deve ser feita a distinção entre *proposição jurídica* e *norma jurídica*, tendo-se a primeira apenas pela expressão desta[357]. Esse critério, porém, não parece ser satisfatório para a distinção entre

---

[355] Cf. Eduardo C. B. Bittar, *ibidem*, p. 187-188, em nota de rodapé: Para Ferraz Júnior, em sua análise pragmática da problemática discursivo-normativa, ***funtor*** normativo corresponde a aspecto-cometimento e ***conteúdo*** normativo corresponde a aspecto-relato. Por um lado, a normatividade, referindo-se a uma prescrição jurídica, transmite uma orientação informacional como guia de conduta e ação social, o que corresponde à forma extrínseca da norma denominável ***relato***; por outro lado, essa informação não se veicula sem qualquer referência a um sistema de expressões linguísticas, quer denotem o caráter vinculativo ou não, assim o grau de vinculação que se quer denotar por meio da norma, o que corresponde ao aspecto-cometimento da norma. Ainda mais, pode-se dizer que o ***funtor*** normativo, nesse quadro, opera dentro da estrutura da norma, como instância sígnica própria; é parte da norma e, enquanto parte, com o todo não se confunde. Por sua vez, a partir da teoria peirceana, as expressões funtoriais "***é obrigado***", "***é permitido***", "***é proibido***" são símbolos que contêm uma função indicial bem característica que torna a norma núcleo prescritivo pelo seu próprio enunciado. O funtor é índice de conduta. O funtor normativo é um índice que aponta para um resultado semântico apreensível pelo sujeito ao qual se destina a norma, tomando-o como sinônimo de um comportamento mediante determinadas condições contextuais. Se ao funtor não correspondesse uma conduta típica omissiva ou comissiva entre agentes sociais, perderia sua característica de signo indicial (cf. Peirce, ***CP.*** 1965, p. 2246). É realmente afetada pelo seu objeto ***designatum*** a conduta prescrita, um fazer, um deixar de fazer, um ser obrigado a fazer (cf. ***idem, ibidem***, p. 2248). É claro que: "Some indices are more or less detailed directions for what the hearer is to do in order to place himself in direct experienctial or other connection with the thing meant" (***id.ibid***.p. 2288). Esses comandos mais ou menos detalhados compõem indicações mais ou menos perfeitas para a realização da própria natureza relacional do signo, colocando em contato um ***denotatum*** com um ***representamen*** funtorial. O próprio do indicial é ser imperativo, pois "were an index so interpreted, the moad must be imperative (...)" (***idem, ibidem,*** p. 2289).

[356] Nesse sentido: "A regra do direito tem a forma linguística de uma proposição, a << proposição jurídica>>" (Larenz, ***Metodologia da ciência do direito***, 1989, p. 298), cf. Eduardo C. B. Bittar, ***ibidem,*** p. 188, em nota de rodapé.

[357] Kelsen (***Teoria pura do direito***) faz a distinção entre ***Rechtsnormen*** e ***Rechtassätze***, ou seja, entre normas e proposições normativas, as primeiras correspondendo ao Direito propriamente dito, as segundas correspondendo à ciência jurídica, cf. Bittar, ***ibidem***, p. 188, em nota de rodapé. Cf. M. Helena Diniz, ***ibidem***, v. 3, p. 819, Proposição jurídica. ***Filosofia do direito e lógica jurídica.***

norma jurídica e norma não-jurídica. Isso porque, embora estruturalmente coincidentes, em parte de sua matriz sonora (estrutura sintática e semântica) e em sua matriz visual, as fórmulas locucionais de uma norma jurídica e de uma norma não-jurídica, ou de uma norma geral, não se podem diferenciar a partir do estudo literal do discurso. Muitas vezes, um comando moral e um comando jurídico expressam-se da mesma maneira, como: "*É dever* do cristão penitenciar-se". "*É dever* do cidadão votar". A sanção explícita, ou não, no texto da norma jurídica lembra que, atrás da acoplação semântico-sintática de palavras, existe a autoridade[358] que lhe confere eficácia, que lhe garante a aplicabilidade, inclusive, se necessário for, com o uso da força física, da coação material ou da força bruta, na expressão do próprio Peirce.

Apartada, ou não, do discurso da norma, a não-indicação da sanção não lhe desnatura a essência imperativa. Ou seja, a imperatividade da norma jurídica deve-se não à sanção em si, mas sim a todo o sistema jurídico, que a impõe, que a torna eficaz, que lhe dá subsídio, que a comanda, que a aplica e que se aparelha para efetivá-la, em algum momento, caso alguém venha a negar cumprimento ao conteúdo do texto. O que sustenta a norma jurídica e define seu espectro é, exatamente, a sua posição iluminada na matriz verbal, transcorrido o percurso de sua significação, bem como a possibilidade da continuidade desse percurso, através do discurso decisório e do discurso científico. É essa *textualidade* (sobre o que falarei mais adiante) que sustenta a norma jurídica.

Nesta visão, a norma jurídica deixa de ser mero conjunto de palavras ou signos, passando a constituir, numa visão mais nítida do conjunto, um aparato que antecede o percurso do discurso decisório e do discurso científico. Por outro lado, quanto maior o engajamento da norma jurídica, durante o percurso cadencial do discurso jurídico, mais garantida estará sua validade: eficácia, vigência e fundamento.

Descrição de uma norma jurídica. Juízo que contém uma enunciação sobre a norma jurídica. Fruto de ato de conhecimento, que tem uma origem científica, sendo uma criação epistemológica (Hans Kelsen).

358 É curioso notar que o poder estatal, como exercício de controle legítimo das condutas, possui como composição sêmica alguns traços característicos, quais sejam: incontestabilidade, imposição, não-resistência, superioridade, todos indicando submissão do sujeito perante o poder.

Isso significa que um texto jurídico, ao aflorar na superfície de sua matriz verbal, partilha com outros acontecimentos sociais de um grande conjunto dinâmico de práticas sociais. Esconde, em seu interior de algo maduro, conquistado e solidificado (matriz visual), uma enorme quantidade de atividades e ações (matriz sonora) que precederam o ato de sua criação. Em especial, o texto normativo é uma unidade de sentido que carrega, em sua estrutura semântica, uma carga ideológica, que representa uma opção valorativa.

A Teoria Triádica dos Signos, que a Semiótica nos fornece, permite visualizar esse percurso.

Um texto normativo não surge do nada. A resposta dada, entre várias possibilidades de apresentação de uma resposta a um conflito ou a uma necessidade social – a reclamarem uma postura normativa e regulamentadora do legislador – constitui-se na resposta escolhida.

Este *decisum* é que dá essência ao conceito de Direito positivo: neste momento do percurso, deixam de existir múltiplas possibilidades de se comporem respostas à problemática da matriz visual {fato(s)/valor(es)/norma(s)}, restringindo-se o espectro de soluções à decisão tomada pelo legislador. A decisão tomada pelos processos técnicos e políticos admitidos resulta na positivação de uma opção[359]. **Essa tomada de posição (diante de uma determinada problemática sociopolítico-econômica que reclama solução por via normativa) é decisiva e não passa despercebida pela Semiótica Jurídica.** A imposição toma sentido, nesta confluência de escolha de uma posição, sendo tal posição legitimada e legalizada de acordo com os critérios de validade formal (que ocorre na matriz verbal), que garantem o percurso, dentro do sistema semiótico-jurídico: o legislador dotado de autoridade e competência enunciativa apresenta a referida imposição, nos limites da

---

359 Para aprofundamento sobre o assunto, leia-se Ferraz Júnior (*Introdução ao estudo do direito: técnica, decisão e dominação*).
Como afirma Alaôr Caffé Alves (*Linguagem, sentido e realidade da norma jurídica: dialética da norma jurídica,* tese, 1996, p. 73): "O homem é um ser mergulhado numa atmosfera normativa, pelo qual ele é o que é; a externalidade aparente é como o oxigênio que respiramos e que penetra fundamente em nossos neurônios concretizando inclusive o momento espiritual do pensar. Assim, o homem, enquanto agente de conduta, é um ser essencialmente normativo" (cf. Eduardo C. B. Bittar, *ibidem,* p. 191, em nota de rodapé).

linguagem prescritiva. É nesse momento, que se detecta na natureza da norma jurídica uma oscilação entre *dialogia* e *monologia*.

Dialogia, dada a pluralidade de possíveis valores a serem eleitos pelo legislador, o que causa a indefinição *a priori* daquilo que poderá vir a constituir o objeto de uma opção normativa. Essa dialogia é oriunda da linguagem social do conflito, que requer solução jurídico-textual efetiva. Um conflito (momento em que surge a forma visual: fato/valor/norma) requer uma resposta que não seja somente momentânea, mas que seja sempre uma fonte abstrata para a regulação de situações futuras e análogas que se possam substituir aos ditames dessa proposta textual inicialmente produzida para o atendimento de outras necessidades contextualizadas, conforme bem nos esclarece Ferraz Júnior[360].

Monologia, porque o afloramento, a manifestação do texto normativo apresenta respostas, trazendo em si uma opção normativa, opção que, desde sua positivação, torna-se única, impondo-se como elemento determinante para decisões sobre o fenômeno regulamentado e para condutas humanas, abstraída desta opção qualquer ligação necessária com a ideia de justiça. A possibilidade de desconfirmação da norma, principalmente na esfera da *decidibilidade*, a partir daí é difícil, mas não é impossível.

Observe-se que – e a Semiótica ajuda-nos a ter esta visão – o que as normas jurídicas fazem, na verdade, é como que contornar, recortar, deixar confluir[361] espaços culturais do seio da vida social, direcionando-se teleologicamente para o estímulo (normas incentivadoras) ou o desestímulo (normas sancionatórias) de condutas socialmente relevantes.

O espaço (ou o campo) semântico recortado pela norma, durante esse trajeto, é uma escolha que exclui outras escolhas, conforme já se disse. Tal valoração não é necessariamente coincidente com alguma outra valoração sobre justiça, como também já se disse.

Mas, de qualquer forma, tal coerção da conduta orienta o comportamento para um determinado sentido.

---

360 *In Direito, retórica e comunicação: subsídios para uma pragmática do discurso jurídico.*

361 Para usar expressão do famoso linguista norte-americano Noam Chomsky, em sua explicação da gramática gerativa.

A maior ilusão do legislador é a de que, enunciando formalmente o discurso normativo, proclamando-o para a sociedade (desde a discussão, sancionamento, promulgação, publicação), irá anular a produção de outros textos, outros discursos, outros sentidos paralelos, sobretudo, nos dias de hoje. É claro que, juntamente com a pretensão enunciativa, o discurso normativo surge com uma pretensão de não-desconfirmação, de imperatividade, de inegabilidade, de modo que dessa forma se possam controlar as manifestações favoráveis e/ou contrárias à pretensão enunciativa (fazer, deixar de fazer, cumprir e assim por diante). O ato elocutivo do legislador não esteriliza, nem muito menos imobiliza, o conjunto de manifestações que está para além das normas. Ao contrário, ocorre que, a partir do momento em que o discurso normativo é enunciado, funda-se determinada ordem imperativa, para negar a multiplicidade. Mas a norma não cristaliza a realidade social, que é dinâmica. O que faz é fertilizá-la com novas possibilidades de interação, que, por sua vez, também exigem um percurso. O movimento, em continuando, acaba por ser reabsorvido pelo legislador, com intento de reforma legislativa, sub-rogação legal, ab-rogação legal, emendas e assim por diante. O esquema normativo, como realidade deôntica movediça, ante a contingência da axiologia social, sujeita-se, então, à substituição por valores normativos novos, captados e feitos normas, em outras circunstâncias.

O que merece chamar atenção é que o discurso normativo é linguagem e como discurso, ou como texto, existe em um processo de geração e enunciação que permite sua substituição, sempre dentro de uma textualidade.

Deixo para outros pesquisadores ou para outra oportunidade, que não esta, o estudo dos actantes sociais do discurso normativo, da modalidade do discurso normativo, assim como do sistema jurídico em sua dinâmica normativa e aos reflexos dessa dinâmica numa cultura multitextual[362].

O tema, que não é novo, vem assumindo importância capital, diante do quadro institucional que estamos vivendo, em que a falta de controle quanto à observância de regras preestalecidas para o exercício da função legislativa põe em risco a legitimidade dos atos normativos resultantes de uma disputa

---

[362] Recomenda-se a leitura de Eduardo C. B. Bittar (*Linguagem jurídica*, p. 194-246).

política desenfreada. Pelo menos, parece ter ficado esclarecida a existência de vetores para a construção de um **"desenho institucional"** adequado para a produção de boas leis por nossos representantes.

Não será demais ressaltar, na era digital, um espaço de "deliberação pragmática", com recursos como plataformas digitais, teleconferências, pesquisas *pela internet*, para maior participação da sociedade civil neste espaço de mobilização junto ao Estado – para que possa ocorrer de fato a exteriorização das ferramentas de comunicação – importante ponto de atuação da Semiótica Jurídica e das chamadas tecnologias de informação e comunicação, TICs.

Há aspectos volitivos internos do ser humano que estão cada vez mais evidentes e indiferentes à disciplina das imposições legais. A valorização do BEM COMUM depende do influxo de valores morais objetivos e transcendentes que servem de censura ética ao campo do subjetivismo individual. A atividade legislativa do Estado não alcança todos os âmbitos da conduta humana, muito menos está apta para conformar disposições anímicas internas que, sem dúvida, influem na legitimidade moral do texto e do hipertexto jurídico.

4.6.1.2 *O discurso decisório/jurisprudencial*

O discurso decisório – parece claro – é uma das modalidades do discurso jurídico. Ele possui certas peculiaridades que o fazem distinguir-se do sentido assumido pelos outros dois: o discurso normativo, de um lado; e o discurso científico, de outro.

Com a expressão *discurso decisório* procura-se recobrir o conjunto das práticas textuais, como decisões terminativas, procedimentos judiciais ou administrativos, tomados por órgãos coletivos (tribunais, instâncias de cassação, colegiados e assim por diante) ou individuais (juiz, autoridade administrativa e assim por diante), com investimento de função e cargos, seja definitivos (como o de magistrado vitalício), seja temporários (jurados, juiz *ad hoc*).

O discurso decisório corresponde propriamente àquela linguagem textual jurídica de cunho performativo que é capaz de modificar a situação jurídica de um sujeito ou de uma coletividade de sujeitos, pelo simples fato de sua enunciação com caráter de publicidade e oficialidade. Mas isso só o faz por possuir um poder discursivo de elocução que deriva de outro discurso, anterior a ele, no percurso – o discurso normativo.

O discurso decisório não só se sustenta no discurso normativo, como dele extrai seus principais fundamentos, tendo por função básica sua individualização e sua concretização. É ele ainda a base para reflexões científicas as mais variadas, pois é responsável, em grande parte, pela formação original da significação jurídica (simbolização[363]) e sua evolução. Ele torna realidade ativa e individualizada aquilo que se encontra apenas em hipótese de *dever-ser* na norma, mesmo porque o discurso normativo normalmente se grafa na base de situações hipotéticas, abstratas e voltadas para o futuro, sem relação com situações concretas[364].

O discurso decisório faz-se fonte da significação e da inovação jurídicas, pelo que é capaz de engendrar, através da interpretação. Ele pode ser exarado por uma autoridade administrativa, como pode ser produzido por um juiz de primeira instância, como pode ser o discurso de um colegiado de magistrados[365]. Possui uma característica interessante: produz seu sentido, exerce uma ação jurídica (criando, modificando, extinguindo direitos, situações jurídicas e assim por diante), além de ser capaz de criar uma nova realidade de linguagem, dentro do universo jurídico – até mesmo porque o discurso normativo utiliza noções cada vez mais amplas e indeterminadas. É assim que ocorre o que se pode denominar de *circularidade* que o discurso decisório propicia e reforça: toda decisão pressupõe uma prática de linguagem, normalmente escrita, e que incorpora outras práticas de linguagem jurídicas.

---

363 Leia-se Marcelo Neves, *in A constitucionalização simbólica.*

364 O caráter vinculante que o discurso normativo possui impõe-lhe que seu fazer se expresse de forma objetiva e generalizante (aparência de objetividade). Quando da aplicação do discurso normativo, haverá uma valoração subjetiva e particularizante, por meio do discurso decisório, bem como, na operação de concretização, haverá a interpenetração do elemento pragmático (oriundo da matriz sonora, anterior). Aplica-se por meio de uma autoridade e para alguém, no quadro de uma instituição que atua por uma coletividade.

365 Lembre-se de que o Poder Judiciário não só julga judicialmente, mas também administrativamente, assim como executa e legisla. Por sua vez, o Poder Legislativo não só legisla, mas também julga e executa. E o Poder Executivo não só executa, como também legisla e julga. Assim, fechar as fronteiras da análise poderia representar o próprio comprometimento da ótica aqui adotada, pois flagrante a miopia, a que não se presta a abordagem da Semiótica Jurídica.

Essa circularidade (muito grata à Semiótica) é um fenômeno que se produz, com nítida aparência, no universo jurídico como um todo, consistindo na sustentação recíproca das três matrizes básicas e na criação dos diversos tipos de discursos. Nessa interação de discursos jurídicos, cria-se uma verdadeira troca semiótica, onde um discurso se sustenta em uma matriz e esta, por sua vez, em outra prática textual (ou em outra matriz).

Podem-se, então, distinguir cadeias de matrizes e de discursos, sendo que alguns pertencem à *primeiridade,*[366] servindo de premissas para o estabelecimento de conclusões ou para a formação de premissas em outros discursos ou argumentações jurídicas (discurso normativo) e outros pertencem à *secundidade* ou à *terceiridade* (lembre-se da "síntese superadora", de Reale), e se encontram na dependência daqueles primeiros, ditos primários. Essa circularidade é notória na esfera jurídica: a textualidade do discurso primário ou normativo[367] serve de base para a textualidade do discurso secundário ou decisório, que não prescinde da interpretação para exercer, por sua vez, sua referencialidade. Portanto, conforme o momento do percurso semiótico, o discurso decisório diz respeito à *terceiridade*, porque pertencente à matriz verbal (matriz visual >> matriz sonora >> matriz verbal), como também por ocupar, dentro da matriz verbal, o terceiro nível (se se considerar: linguagem natural >> linguagem normativa >> linguagem decisória).

Para que se alcance maior precisão e profundidade na pesquisa em curso, em que se apontam os aspectos semióticos da prática da juridicidade,

---

366 Lembre-se que *primeiridade, secundidade e terceiridade* são categorias da Teoria Triádica de Peirce.

367 O discurso normativo é, por assim dizer, estanque. A transformação do discurso normativo em discurso aplicado requer a interposição da autoridade executora e intérprete de seus mandamentos e comandos. Um texto, ao ser lido, entra em movimento e aciona uma outra instância do percurso gerativo; surge a presença de um mediador ou de um intérprete e, no caso do discurso-normativo, a autoridade é a intérprete aplicadora. Portanto, é na interdiscursividade que reside a eficácia do discurso normativo, pois o que ocorre quando da aplicação da norma é uma reafirmação do valor da norma aplicada (valor este que já veio vindo, desde a matriz visual da linguagem jurídica), passando por uma atitude pragmática. Portanto, da mediação, da argumentação e da interpretação dependem a existência e o próprio conteúdo do discurso. Ainda que criativo, o ***decisum*** é sempre e necessariamente um discurso ***secundum legem*** e, ao mesmo tempo, nunca ***contra legem***, baseando-se sempre, ou nas regras expressas na legislação ou em outras regras que, por fazerem parte do sistema semiótico, por isso mesmo são "consentidas" na matriz verbal, em sua fase de discurso normativo, para a integração do Direito.

não se podem esquecer as forças que interagem no seio dos procedimentos (leia-se discurso burocrático). Mas isso não quer dizer – volto a insistir – que considero que o discurso burocrático possa estar considerado entre as instâncias básicas da *terceiridade*, pois, caso contrário, seria compactuar com possibilidades de distorções no percurso gerativo da significação e do discurso. Seria mais coerente situar o discurso burocrático dentro do próprio discurso normativo[368].

Além disso, há que se dizer que as forças que atuam no contexto do percurso provêm do interesse de um, de alguns ou de muitos sujeitos que podem ser afetados pelos resultados da decisão – e *só* estes. Sejam quantos forem os interessados, de um modo geral os procedimentos (os ritos próprios do texto burocrático) lhe conferem um *locus* predeterminado de discurso, ou seja, uma posição procedimental de discurso (pleiteante/autoridade; autor/réu/autoridade[369]), a partir da qual se permite, respeitadas as condições para tanto, acessar por práticas de discurso a autoridade investida do *poder fazer*, ou seja, do poder de decisão, em face do interesse. Esse local de exercício da linguagem, dentro do procedimento, não permite uma liberdade completa de desenvoltura do discurso burocrático, pois se trata de um universo de discurso preciso, com seus valores, práticas e assim por diante, de modo que o *locus* de discurso de um sujeito fica determinado pela posição que ocupa, o que lhe confere a oportunidade de "falar" nos "autos", dirigindo-se à autoridade no prazo legal, pela forma legal, no momento processual exato, por meio de um representante (ou não) investido de poderes procuratórios. É exatamente por esse motivo que se pode falar de actantes (atores como entidades) jurídicos e de percursos narrativos no contexto dos procedimentos.

---

368 O discurso burocrático é gerado no âmbito do discurso normativo, assim como o são as demais instituições (o congresso, a família, a sociedade anônima, o município, o processo civil e assim por diante). Aliás, como bem lembra o jurista espanhol, Gregorio Robles Morchón (*El derecho como texto*, p. 91 e segs : **"Lo que distingue claramente al texto jurídico de todos los demás (literário, histórico, etc.) es que mediante él se generan las *instituciones*".**

369 Observe-se que, num processo judicial tripartite, existe uma trilogia discursiva: discurso do autor (acusação), discurso do reú (defesa), discurso do juiz (decisão) – uma vez necessária a tradução do conflito fático em termos de um conflito institucionalizado. O terceiro adentra a relação para a administração do conflito, apresentando uma resposta prudencial. Mas: "Pôr-lhe um fim não quer dizer eliminar o ***dubium*** primitivo que ocorre na situação diádica, mas trazê-lo para a situação triádica, em que ele se torne ***decidível***" (Ferraz Júnior, *in Direito, retórica e comunicação: subsídios para uma pragmática do discurso jurídico*, 1997, p. 65).

Além do(s) interesse(s) envolvido(s), qualquer que seja o resultado decisório (acolhimento do pleito, indeferimento da petição inicial, extinção do processo por inépcia, inexistência jurídica do pedido e assim por diante), o procedimento ritual afigura-se como o *modus procedendi* para o alcance da decisão. O entremeio, as marchas e contramarchas do procedimento, a interação dos sujeitos de direito, enfim, todo o percurso que antecede a decisão é altamente relevante para o estudo da própria formação do discurso decisório.

Ele é um texto de alta complexidade, no seio de um procedimento. Ele individualiza a norma na qual se baseia, além de se construir na base de embates textuais, provas, documentos, narrativas, de modo que, além de receber esses textos e práticas textuais, imersas no seio do próprio procedimento, também age no sentido de combater argumentos, narrar fatos, reestruturar o valor das provas, examinar e avaliar documentos, interpretar normas, convencer, impor-se racionalmente por seus fundamentos.

A criação de uma (super)textualidade, que incorpora tudo o que lhe precede, parece uma resultante necessária, quando se trata de um discurso decisório, o discurso, por excelência, da individualização e da síntese. O discurso decisório, além de remeter à noção de criação da individualização da norma, remete também à noção de metalinguagem. Isso porque esse discurso, embora se construa a partir da proposta textual normativa, ao debruçar-se sobre a mesma, não se exaure, pois adapta seu sentido, conferindo-lhe atualidade em face de todo o universo de particularidades que se encontram dentro do procedimento e das evocações da situação concreta examinada *sub judice*.

Existem nesse momento do percurso discursivo dois tipos de comunicação: uma comunicação dialógica direta, que se realiza *in praesentia*, articulando entre si locutor e receptor da mensagem; e uma comunicação dialógica indireta, objetiva, escrita, dependente de provas, que se efetua *in absentia,* em que a relação torna-se mediada por algo.

Na primeira, a própria presença das partes envolvidas estabelece a interação *hic et nunc* (*o aqui e agora*) onde se definem – ou se podem definir – a extensão, o alcance e a intenção das mensagens transmitidas. Aqui, ocorre a interação viva de mensagens elocutivas, interpretativas e assim por diante, bem como a tensão própria a toda situação comunicacional de caráter dialógico[370].

Na segunda, acentua-se o papel da mediação entre os sujeitos, pois a *absentia* avoca a presença do texto e o texto, a presença da interpretação, pois a ausência do autor de uma mensagem faz do outro um intérprete e não somente um receptor. De fato, o que se tem é que nenhuma decisão forma-se sem o intermédio de textos.

Portanto, o que permite o intercâmbio de informações, o que permite a emissão, a recepção de textos, o que faculta a criação do discurso decisório é o procedimento. É nesse *locus*, ou seja, nos autos de um processo ou de um procedimento administrativo, que todo intercâmbio é feito. A consequência dessa afirmação é que a análise declara-se um estudo do movimento dos textos que influenciam a decisão e do próprio movimento criativo do texto decisório. Tudo se faz nesse sentido por uma dimensão precisa, marcadamente lastreada na linguagem escrita e na textualização formular, característica de uma cultura grafocêntrica.

O discurso decisório quando se constrói racionalmente na base de textos normativos, de provas trazidas para os autos, de argumentos técnicos de peritos e de argumentos acusatórios e defensivos, estrutura-se a partir de discursos de diversas naturezas e de experiências humanas de sentido jurídico.

Trata-se, na verdade, de uma prática que se faz na medida em que se busca sintetizar também textualmente um conjunto de informações, declarações, descrições, indícios, relatórios trazidos aos olhos da autoridade decisória, sobretudo por intermédio da linguagem escrita. Mas isso não significa que não possam coexistir outras linguagens, que não a linguagem verbal escrita[371].

---

[370] Cf. Eduardo C. B. Bittar (*Linguagem jurídica*, p. 271, em nota de rodapé): A audiência é o momento único em que, em termos processuais, constitui-se uma relação que implique a tensão dialógica da comunicação direta emissor/receptor, que pode configurar-se de diversas maneiras...

[371] Exemplo: os indícios e vestígios que compõem a prova delitual no Direito Penal; os sintomas na análise da Medicina Forense. Para a composição de um quadro referencial de composições básicas, vestígios (de origem latina, ***vestigium***), seriam, conforme a Teoria dos Signos, de Peirce, sinsignos indiciais remáticos, como significando elementos que componham traços de algo que, *a posteriori*, possa reconstituir-se, tomando-se como base os restos detectados *in loco*. Existiria uma nuance, entre indícios, sintomas, sinais, que me abstenho de tratar, nesta oportunidade.

Chamo a atenção para outros "signos" existentes neste amplo universo das relações jurídicas e de suas linguagens: os signos arquitetônicos, espaciais e disposicionais utilizados nos locais de sessões públicas de julgamento (espaço decisório de exercício de autoridade); os relativos à vestimenta dos operadores do Direito; aqueles relativos à entonação da voz e demais argumentos de caráter fonético, da própria voz do magistrado, em relação aos demais sujeitos processuais; o sistema de provas inserto no contexto instrutório do processo, provas estas admitidas em lei, como fotos, objetos, títulos de crédito, certidões, recibos, exames e demais elementos probatórios que são tomados não por seu valor próprio, mas sim por serem designativos ou indicativos, indiciais, portanto, de uma realidade significacional diversa de sua própria existência, o que acentua o caráter de substitutividade dos signos em geral.

Nesta ordem de ideias, os signos podem muito bem: ou ser fiéis reprodutores do referente ao qual se ligam, ou se constituir em "ruídos" de várias naturezas, não só de espectro semântico, produtores de ambiguidades, polissemias e demais problemas que envolvem o sentido jurídico, ainda que seja um erro de transcrição tipográfica (ou digital) que tenha passado despercebido. Segundo Bittar[372], a *recomposição* das cores do real demanda, portanto, uma proximidade maior entre a linguagem de representação e o referente de linguagem, pelo que o instrumento probatório icônico visa suplantar os efeitos negativos da tradução dos fatos em linguagem verbal escrita[373].

Uma vez lançada a linguagem nos autos, seja verbal, seja não-verbal, o que existe é a presidência do procedimento por um princípio de grande relevância, pois determinante das práticas de significação jurídica no contexto do procedimento, a saber, o princípio de que aquele que alega deve provar. Trata-se de um filtro do excesso de linguagem que normalmente afeta o uso do discurso no procedimento, pois não se diz qualquer coisa, em qualquer momento, a partir de qualquer razão. Além do momento processual, além das

372 *Ibidem*, p. 274-275.

373 Este é o cerne para a discussão da dicotomia verdade real/verdade formal para todo procedimento, e sobretudo para o processo judicial. Todo ato processual, uma vez necessariamente adstrito à realidade processual, mostra-se adverso ao discurso oral, em prol da salvaguarda da importância da segurança jurídica (*verba volant, scripta manent*).

exigências lógicas, além da observância de regras formais, deve observar-se sobretudo que o não-provado é o não-existente, algo incapaz de sustentar uma significação jurídica para o discurso decisório[374].

A prova, portanto, preside o embate textual no seio do procedimento, desembocando em reflexos profundos no universo do discurso decisório. As alegações são, num processo ou procedimento, um conjunto de assertivas e argumentos que não se lançam a esmo nos autos; existem critérios de pertinência, lógica, sustentabilidade, respaldo, veracidade e comprobabilidade que os limitam. Aquele que alega deve provar, se dele for o ônus da prova (o ônus da prova cabe àquele que alega – *onus probandi incumbit eius qui assertit*). E deve observar-se que toda a teoria e a prática das provas (pré-constituídas ou não) – é baseada na ideia de que "as palavras voam", "os escritos (documentos, fotos, objetos ligados aos fatos em exame, indícios retirados dos locais de ocorrência) permanecem".

É do confronto dialético de elementos discursivos normativos ou não, indiciais, probatórios, vestigiais, fáticos e assim por diante que se produz o convencimento da autoridade investida do poder de "dizer" juridicamente a decisão nos casos concretos[375]. A autoridade administrativa ou judiciária, enquanto sujeito(s) do discurso, investida que está da qualidade de órgão

---

[374] Cf. Bittar, *ibidem,* p. 275, em nota de rodapé: A prova de fatos ocorridos (narrados por testemunhas e reduzidos a termo), o laudo de instrumentos, locais, materiais, envolvidos no interesse processual estão mediados por um recurso limitado de cognição: o discurso. O discurso aqui se recobre de aspectos vários, quais sejam, do laudo descritivo, do exame de corpo de delito, do interrogatório, dos interrogatórios e dos depoimentos pessoais, mas não deixa de representar uma via transversa de acesso judicial aos elementos fáticos de que se recobre determinado conflito judicial. Fica mesmo condicionada a cognição jurisdicional aos elementos trazidos aos autos, de modo que todo juízo acerca de uma faticidade para a composição de uma deliberação em termos normativos avoca o problema do discurso.

[375] Cf. Bittar, *ibidem,* p. 276, em nota de rodapé: A análise peirceana desta passagem do abstrato ao concreto pode ser expressa como uma passagem do um legissigno normativo para um sinsigno decisório. Se a norma é um legissigno para a lei, esta é um legissigno para um discurso decisório, discurso este que a torna um evento particular. Tem-se, aqui, um percurso, uma cadeia de concretização da referência normativa primígena (em sua estrutura abstrata), rumo à lei aplicada. Todo evento é uma manifestação individual de uma possibilidade geral, e, enquanto tal, é um sinsigno particularizante. Mas, também, é um índice (em contraposição a ícone e símbolo) que reenvia fisicamente a seu objeto, conforme o pensamento de Peirce, *in CP*, 1965, p. 2299.

julgador, será propriamente o sujeito autorizado a "falar", através de decisões – onde se trabalha com provas, documentos, fatos, doutrina, jurisprudência. O discurso decisório, a partir de sua abstração deontológico-textual, uma vez confrontado com fatos e situações concretas colocadas discursivamente (e onde a prova é de suma importância) resulta em decisões aplicativas que, por sua vez, deixam transparecer interpretações. Assim, a linguagem representa, nesse contexto, o liame entre os fatos, os sujeitos de discurso envolvidos no processo, os interesses destacados e a necessidade da decisão. A linguagem não está isenta de certa carga de incerteza, o que traz a lume a contingência daquilo que é perceptível aos sentidos humanos (vejam-se, por exemplo, as diferenças de testemunhos sobre fatos) e daquilo que se submete a processos cognoscitivos acerca do apreensível. **Existe, então, uma espécie de consequencialidade, resultante da linguagem que conduz os fatos a significarem "isto" ou "aquilo".** O discurso decisório referirá que "isto dá direito a indenização"; "aquilo dá direito a repactuação, a rescisão"; "que tal ou qual conduta engendra prisão sumária" e assim por diante. A autoridade decisória confronta-se com a literalidade textual e é dessa literalidade que extrai os elementos para o julgamento e para a exposição de sua decisão. A decisão, por mais neutra que se pretenda[376], em sua aparição textual de superfície, carrega em si a interpretação, a valoração, a integração (em caso de lacunas), a expressão de uma vontade (pragmaticamente localizada e narrativamente identificável). A aplicação normativa, levada a efeito, é um processo de construção do sentido normativo e de *readaptação* de um texto normativo genérico a fatos e ocorrências singulares e particulares.

Além dessas tarefas, cabe ao discurso decisório a tarefa de resolver antinomias, quando a autoridade encontra-se em uma situação de indecidibilidade, em face de um confronto de valores, de sentidos ou de normas. É aqui que entra a calibração do próprio sistema, calibração esta a depender da atuação daquele que irá decidir o litígio; sendo que, em caso de conflito de normas, o julgador aplica certos princípios (*lex specialis derrogat generalis*...);

---

[376] Para tanto, usa expressões como: *a lei não permite; não se excusa; é imperativo o ressarcimento; a lei é clara ao dizer; não se pode ignorar o que diz o art. tal da Lei...; a parte ignorou o que a lei prevê a este respeito; houve infração legal; o pleito deve ser negado; o que o autor narra não corresponde à verdade; a lei não ampara aquele que...*

e, no caso de conflito entre os próprios princípios de calibração, aplica outros princípios diretivos (*lex specialis priori derrogat generalis posterior...*).

Nos ordenamentos jurídicos, que têm por base a lei como principal fonte jurídica, o reenvio do discurso decisório ao discurso normativo faz-se necessário. Trata-se de um tipo de ordenamento jurídico em que a norma não pode ser preterida, de modo que aquilo que a autoridade "cria", em termos de decisões, não é absolutamente livre, devendo o julgador adequar os fatos às normas.

O discurso decisório tem que apresentar respostas que se contenham no ordenamento jurídico do país, salvo hipótese de lacunas, que são colmatadas (preenchidas) com a aplicação de princípios gerais, assim com a aplicação da analogia, da equidade e dos costumes, elementos estes previstos pelo próprio ordenamento. Antes de uma abstenção da autoridade, em face da ausência de normas, procede-se ao preenchimento do vazio discursivo normativo, diante do dever de decidir[377].

4.6.1.3 *O discurso científico*

Na sequência das colocações feitas até aqui, parece já ter ficado claro ao leitor que, em sua matriz verbal, o discurso normativo funda o *sentido jurídico*, ao conferir, depois de uma escolha valorativa, ao *não-jurídico* o estatuto de jurídico, disponibilizando-o para o discurso decisório, que incorpora o anterior, situando-o no texto decisório, voltado que está este último para a solução de questões pontualizadas, a partir da interpretação de textos normativos.

O discurso científico, a *epistéme* jurídica (Dogmática do Direito), por sua vez, não decide, não normativiza, mas sim reconstrói sentido jurídico. O que caracteriza o discurso científico é que possui uma linguagem *não-performativa*, no sentido de que ele não opera com realidades exteriores àquelas do próprio discurso, mas que, não obstante isso, é construtiva do sentido jurídico (fonte jurídica). Ao mesmo tempo, pode dizer-se que se trata de uma

---

[377] É o caso da *locução latina: "non liquet"* – não está claro. Declaração que era feita, na era romana, pelo juiz de que não podia decidir o litígio ante a obscuridade da lei, o que hoje estaria vedado legalmente, cf. Maria Helena Diniz, *in Dicionário jurídico*, v. 3, p. 365.

linguagem jurídica *não-prescritiva*, o que a faz diferir da linguagem do discurso normativo e da linguagem do discurso decisório. De fato, sua natureza é fundamentalmente exegética e é isso que o peculiariza diante das demais produções textuais jurídicas. Mas – há que se advertir – sua lógica não pode ser meramente a de aclarar textos normativos ou não-normativos, mas de lhes conferir sentidos e possibilidades exegéticas. Pretendo dizer, com mais precisão, é que o universo do discurso da Ciência Jurídica está acentuadamente vertido para a exegese das produções textuais jurídicas.

O discurso jurídico científico não atribui existência às ocorrências jurídicas, não atribui validade às imposições jurídico-normativas ou jurídico-decisórias, mas sim avalia as textualidades produzidas por estes outros microuniversos de discurso jurídico com os quais interage. Mais que isso: o discurso científico avalia e reavalia suas próprias produções textuais, num processo de constante crítica de suas produções, interação esta sobremaneira importante nas relações entre dogmática e zetética[378]. **O cuidado que se deve ter, neste ponto, é o de não considerar exclusividade do discurso científico ao direito de interpretar.** Observe-se:

1º) O discurso normativo, para ser construído, também vem impregnado de interpretações, egressas das matrizes visual e sonora (a dos juristas, que elaboram as leis, a das comunidades, minorias, grupos... que participam da formação da lei, a do legislador, em sua opção de valores e conjugação de interesses e assim por diante).

2º) O discurso decisório, por sua vez, vivencia o problema exegético, seja enfrentando conflitos normativos para decidir, seja dirimindo

---

[378] A nomenclatura remonta a Ferraz Júnior, *Introdução ao estudo do direito: técnica, decisão, dominação*, 1994, p. 39-51, cuja leitura se recomenda.
De uma maneira bem resumida: A zetética é uma metadogmática, porque seu compromisso fundamental não é a legitimação retórica de princípios dogmáticos, mas a transformação positiva do Direito, num sentido de aperfeiçoamento que nunca cessa, pois o Direito se aperfeiçoa, à medida que o homem e a sociedade aprimoram-se. As características da Ciência do Direito, segundo o prisma da zetética jurídica, consistem numa teorização crítica e prospectiva. Como teoria crítica, a Ciência do Direito é tida como uma ruptura com o pensamento dogmático a partir de uma superação de seus próprios obstáculos epistemológicos. Como teoria prospectiva, a ciência jurídica assume sua função de uma disciplina compromissada com a realidade social e voltada para a construção de uma ordem jurídico-social progressivamente melhor.

litígios, opiniões contrapostas, teses jurídicas divergentes, fluxos jurisprudenciais diferenciados, orientações antagônicas. Enfim, o exercício exegético participa da juridicidade como um todo, não se excluindo nenhum setor e práticas de sentido nessa consideração.

3º) O que há de ser ressaltado, porém, é o fato de que **a função do discurso científico é, precipuamente, a de (re)produzir sentido jurídico**, e não a de prescrever condutas (discurso normativo), e não a de decidir (discurso decisório). Enquanto no discurso normativo, e no discurso decisório o exercício exegético é, por assim dizer, lateral, periférico, para o discurso científico é a função primordial, o *télos* discursivo. É, em função da necessidade de construir sentido sobre normas e sobre decisões, que se constroem teses, teorias e interpretações científico-jurídicas.

Deve-se entender com essa observação que o discurso científico é, fundamentalmente, um discurso voltado para a compreensão, a crítica e a interpretação dos discursos jurídicos. Em outras palavras, o discurso científico está voltado para a prática da interpretação e da construção crítica dos sentidos jurídicos. A sua atividade é a exegese. Ele parte de textos jurídicos e formula, por sua vez, textos jurídicos.

Decerto, a atividade científico-jurídica não estaciona na etapa do conhecimento jurídico, de modo a não se reduzir a uma atividade cognitiva. O que faz é conhecer, para construir sentido jurídico, tendo por pressuposto dessa atividade – do conhecimento até a produção – a exegese.

Isso não quer dizer, necessariamente, que o discurso científico seja a "boca da verdade" (como lembra Bittar[379]) mas, ao contrário, trata-se de um discurso persuasivo, que elabora conceitos, ideias, que formula experiências jurídico-conceituais plausíveis, soluções importantes e plausíveis, ou seja, um discurso tendente à verossimilhança e à aceitação geral, seja para a formação do espírito do legislador, seja para a aplicação decisória. Possui, portanto, uma lógica argumentativa, e não puramente dedutiva ou experimental, calcada que está sobre a possibilidade de fazer imperar sua criação de sentido.

A exegese científica, aqui considerada, porém, não é a mesma concepção da expressão empregada pela Escola da Exegese. A operação exegética

---

[379] *In ibidem*, p. 313.

permite à ciência jurídica vislumbrar o funcionamento dos demais discursos jurídicos – e não se exclua das possibilidades exegéticas a análise do discurso científico pelo próprio discurso científico – investigando-lhes a manifestação textual. Portanto, essa exegese detém-se nas produções textuais normativas (Constituições, Leis, Regulamentos, Portarias, Resoluções,...), nas criações decisórias (jurisprudência, interpretação autêntica das normas, aplicação da equidade,...), bem como nas próprias produções e formações de sentido fornecidas pela própria ciência jurídica (enunciados doutrinários, propostas científicas, críticas de discursos,...). O que é preciso reter é que a ciência jurídica reconstrói sentido, ao construir a coesão e a lógica do ordenamento jurídico[380].

É com essa concepção que se pode dizer que a ciência jurídica não se constitui em mera apreciação opinativa (*dóxa*) sobre fatos ou normas, muito menos que seja capaz de vincular por suas conclusões (deônticas).

O próprio conceito de ciência não é unívoco, muito menos o conceito que se tem de ciência jurídica, mas de qualquer forma essa investigação não se vê afetada por tais deficiências, pois sua proposta é a de investigar a produção de sentido jurídico pelos juristas, qualquer que seja a disciplina à qual se vinculam, se àquelas zetéticas (Filosofia Jurídica, Sociologia Jurídica, Antropologia Jurídica, História do Direito, Psicologia Jurídica, Teoria Geral do Direito), ou àquelas dogmáticas (Direito Constitucional, Direito Administrativo, Direito Tributário, Direito Ambiental,...). Ambas as atividades científicas compõem o grande "pano de fundo" de movimento textual das práticas científicas de sentido jurídico, e devem ser estudadas lado a lado.

As diferenças de finalidades entre ambos os campos de estudo, porém, devem ser feitas, pois: a *dogmática* constrói-se no sentido da aplicação, operando sobretudo com o discurso normativo e com o discurso decisório; preocupando-se com a questão da validade, da calibração do sistema, do preenchimento de lacunas e com a manipulação das fontes jurídicas (costumes, normas, jurisprudência, doutrina); pois também a teoria do Direito

[380] Cf. Bittar, *ibidem*, p. 313, em nota de rodapé, Larenz (*in Metodologia da ciência do direito*, 1989, p. 593) afirmava: "A missão do sistema científico é tornar visível e mostrar a conexão de sentido inerente ao ordenamento jurídico como um todo coerente".

opera sobretudo com a generalidade do *discurso jurídico* e suas relações com outros discursos *não-jurídicos*, propondo a reflexão das práticas jurídicas, em face dos acontecimentos e construções científicas antropológicas, filosóficas, sociológicas ... tudo com vistas à crítica do próprio *fazer* jurídico, desvinculando-se diretamente das pretensões da aplicação jurídica, operando muitas vezes como a própria epistemologia da dogmática jurídica (discurso científico sobre discurso científico). Justifica-se mesmo que não se fale em análise da ciência jurídica, no singular, mas em análise das ciências jurídicas, no plural, na medida em que a busca de unidade, entre essas práticas científicas de naturezas diversas aproxima-se mais da utopia que da realidade.

A vocação da ciência jurídica dogmática (ciência normativa) é propriamente a aplicação; e a vocação da teoria do direito é a crítica, a metadiscursividade (ciência metanormativa). O que é importante frisar é que o próprio fazer textual dessa espécie de discurso – o discurso científico – está tão presente e tão influente na circulação de valores, saberes e informações no seio da *juridicidade* que seus vínculos com os demais discursos jurídicos são de fácil apreensão.

Ainda mais: seja para a Teoria do Direito, seja para a Dogmática Jurídica, em ambas as hipóteses constatam-se práticas textuais em que o sentido é visto como sentido, ou seja, trata-se de uma atividade na qual o sentido (científico) consiste em tornar extrínseco o sentido normativo, fundamentalmente. Deve dizer-se que um sistema teórico nada mais é senão a construção (semiótica) de um espaço de sentido, acerca de um referente determinado (juridicidade), ao qual se reporta no sentido de explicá-lo, o que se faz obedecendo-se a procedimentos consagrados de pesquisa e transmissão, a práticas de linguagem, do referente, ou de parte dele, colocado em exame.

Daí a referência necessária, em sede de discussão acerca da ciência jurídica e de seu discurso, à questão do método. Isso porque, não sendo o objeto material referente ao qual se reporta uma ciência aquilo que a difere das demais ciências, deve atribuir-se, portanto, essa possibilidade de repartição de competência diferenciada do referente entre ciências ao método, que singulariza cada espécie de pesquisa científica. É, portanto, sua *linguagem formal* (o tanto quanto correta) algo de decisiva importância em sua constituição. A ciência jurídica, portanto, se não pode ser definida, ao menos pode ser identificada com a de uma atribuição de sentido (jurídico) a seu referente – o conjunto das práticas textuais e não-textuais jurídicas. Surge um novo problema: definir o que seja o jurídico com relação ao não jurídico, ao que se poderia responder com Eduardo Bittar[381], que não existe ontologia alguma no seio da juridicidade, pois quem define os limites entre o jurídico e o não-jurídico é o legislador; ao que eu acrescentaria: isso ocorre, sim, em sede de sua matriz verbal, sendo que a matriz visual e a matriz sonora da linguagem jurídica "influenciam" a matriz verbal. O fato jurídico não merece vida própria, prossegue Bittar – em quem fui buscar estes ensinamentos. Trata-se de um fato banal vivido, interpretado, construído, convencionado como sendo jurídico, e tudo a partir de sua aptidão (eu diria, a partir de sua matriz visual e sonora) para produzir resultados jurídicos previstos por discursos normativos (matriz verbal).

A ciência jurídica, preleciona o ilustre Bittar, construindo seu discurso (jurídico) sobre os fatos jurídicos, que, a par de serem jurídicos, são fatos fisiobiológicos (por exemplo: "cão não vacinado contra a raiva mutila membro de transeunte"); físicos (por exemplo: "a derrapagem de um automóvel engendrando acidente automobilístico"); culturais (por exemplo: "a admissão da pena de morte para determinados crimes em alguns países"); sociais (por exemplo: "a manifestação de greve"); de linguagem (por exemplo: "a promessa", "o contrato" ou mesmo "a ofensa verbal") não pode deixar de tornar claro que, não obstante possuir metodologia, teleologia e objeto precisamente identificado, trata com uma matéria que é anterior e exterior ao universo do discurso jurídico propriamente dito. É essa a matéria que forma o corpo do próprio universo jurídico ou juridicidade.

Assim, a sutil constituição daquilo que é jurídico e *como* isto se constrói devem ser tratados com olhar atento, sobretudo nessa era de informação veloz. O que o método permite, portanto, é a tomada de posição específica

---

381 *Ibidem*, p. 316.

do "jurista semioticista", a partir da qual as decisões e interpretações de sentido fazem-se em função de um conjunto de premissas escolhido como necessário em sua pesquisa. Mais do que isso, o método permite uma passagem da linguagem natural à linguagem científica (o que pode ficar bem claro através da consideração das três matrizes da linguagem e do pensamento), de modo que na passagem das matrizes da linguagem natural para a linguagem jurídica fiquem marcadas as atividades de depuração, de purificação, de definição, de classificação, de distinção, de tecnicização, de rigorosidade, de reflexão, de eliminação de ambiguidades – **todos estes, princípios semióticos.**

Nesse reconhecimento de matrizes, busca-se uma superação, pois se passa do domínio do uso rigoroso, determinado, conceitual, o que é operacionalizado por um *saber-fazer*. Assim, as práticas científicas de linguagem, os textos jurídico-científicos, tornam-se imbuídos de um tratamento não só metodológico, de uma tecnologia do saber e de sua apresentação, mas também de uma *ideologia de sentido*, que aparece desde o momento em que se faz necessária esta mesma opção metodológica. O discurso jurídico-científico dificilmente conseguirá ser neutro, devido a seu componente ideológico; isso porque a complexidade ideológica da juridicidade não pode ser descolorida pelo discurso que a estuda.

Essa a ideologia que perpassa toda a prática textual – inclusive a prática científica – é marcante na escolha dos meios pelos quais se pode declarar algo como jurídico ou não-jurídico, ou mesmo fazer esta ou aquela interpretação do mesmo fenômeno analisado[382]. Não se pode desconsiderar a participação dos elementos *axiologia* e *ideologia* na formação dos conceitos, máximas e juízos interpretativos em sede científica, pois a esterilização de seu aspecto diacrônico (evolução histórica) consistiria propriamente na tentativa de construção de modelos sustentáveis *ad aeternum*, o que por si só seria incoerente em face da mutabilidade da própria legislação, da dinâmica das ideias, das variações axiológicas da comunidade semiótica, científica e social

[382] Cf. Bittar, *ibidem*, p. 318: Se a eleição metodológica é a de uma ideologia purista, então haverá a renúncia a uma análise que se detenha em aspectos políticos, sociológicos, antropológicos, culturais, contingenciais da formação do fenômeno jurídico. Essa é a perspectiva de Hans Kelsen em sua obra *Teoria pura do Direito*.

à qual destina os produtos de seu intelecto. Nenhum discurso está isento de relativismo.

Qualquer que seja a ideologia eleita, consistente ou inconsistente, o processo de axiomatização, formalização e universalização de um sistema teórico responde a uma necessidade interna de autoconsistência de suas matrizes básicas de linguagem e pensamento. O que ocorre é que, previamente à investigação científica e à sua manifestação, há uma sucessão de matrizes de linguagem, de modo que existe uma regularidade sistêmica e formas internas de autorreferência que podem, em seu todo, resultar em um conjunto interpretável como orgânico e sistemático.

Sendo assim, um sistema científico, para que seja dotado de rigorismo e objetividade, aponta muito menos para a característica da imutabilidade e muito mais para a característica da redução do espaço de relativismo conceitual. O que se deve ainda dizer é que a produção científica está calcada em um processo contínuo de autorreconstrução do referente, dotando-lhe de sempre renovadas perspectivas de sentido. Para se construírem e para se manterem postulados científicos, a contribuição da *argumentação* é de fundamental importância. O que se busca, através do discurso científico sustentado, razoável e explicativo é o consenso geral, que nada mais é do que uma recorrência à ideia de convencimento, assim como o define Perelman[383], que se produz em face de uma comunidade científica. A comunidade científica está autorizada, pela legitimidade do saber, a apresentar respostas ao conjunto de questionamentos que procuram dar sentido a questões que afligem o espírito humano, a solucionar problemas empíricos, técnicos e teóricos, a tornar mais acessível o mundo dos fenômenos à racionalidade.

Abandona-se a ideia de que o discurso científico pretende ser um discurso sobre a verdade, mas sim que seja um discurso fundado na persuasão, buscando o consentimento. É por meio de um exercício de linguagem, portanto, que se arquiteta o saber, dando-lhe expressividade, forma, exteriorização, envolvendo-o pelos aspectos culturais da comunidade semiótica à

---

[383] Consulte-se a respeito Chaïm Perelman/Olbrechts Tyteca, *Traité de l' argumentation: la nouvelle rhétorique*, 3. ed.. Bruxelles: Institut de Sociologie, Éditions de l'Université de Bruxelles,1976, cf. Bittar, *ibidem,* p. 321.

qual está destinado, axiologizando-o e ideologizando-o a partir das demais condicionantes que participam da dinâmica dos saberes. O mais importante que se retenha com relação à ciência jurídica, sobretudo a dogmática, é o fato de que desta se destaca uma função social própria: a solução de conflitos. Então, as discussões sobre a verdade deixam de se colocar em primeiro plano, destacando-se em oposição à noção de verdade, esta outra noção de ***função social***.

Faço aqui um breve parêntesis para a tormentosa e discutida questão ambiental. Segundo pesquisa realizada na *London School of Economics* (LSE), no Reino Unido, cientistas costumam ter pouca voz no processo de formulação de políticas públicas no país. Entre nós, segundo pesquisa da professora de ciência política da mesma instituição, Flavia Donadelli, também falta comunicação, acordo negociado e aprendizado no processo de tomada de decisões no Congresso e a ciência não é suficientemente interpretada. O trabalho de Donadelli avaliou mudanças, sim, nas políticas ambientais brasileiras em três áreas: o Código Florestal, a lei de acesso a recursos genéricos e as mudanças nas regras de importação de pesticidas e agrotóxicos. Segundo ela, as áreas analisadas em sua pesquisa têm grande interação com a ciência. E biólogos, ecólogos, médicos, físicos e químicos teriam muito a dizer sobre os temas, mas não têm sido suficientemente ouvidos. Segundo a pesquisadora, a falta de força da ciência é, ora uma questão de manipulação política (como a da presidência dos EUA, que retirou o país do Acordo de Paris, apesar de basear-se em estudos que legitimam seu argumento), ora uma questão de grupos econômicos poderosos, como entre nós. E Donadelli afirma: "Pela análise dos debates no Congresso, avaliação de 343 documentos e as 58 entrevistas que fiz, não achei praticamente nenhuma referência a argumentos científicos no processo de formulação das políticas" (*in* "Políticos ignoram cientistas, diz estudo", artigo publicado na *Folha de S. Paulo*, 13 de outubro de 2017).

É nesse ponto que a Dogmática (ou uma "Semiótica Jurídica Ambiental", como propus em um outro trabalho acadêmico), cumprindo seu papel científico, pode apresentar e agilizar respostas, eliminando com isso a polissemia, definindo contornos, ordenando pensamentos, classificando, concatenando, impondo à variabilidade certa conotação de durabilidade. É nítido que agiria assim com vistas à decidibilidade, sobressaindo o aspecto resposta na apresentação e definição de problemas.

Existiria aqui uma ciência da mediação entre a pura prática textual aplicativa e as referências textuais normativas que figuram em sua generalidade, propondo-se para tanto a elaboração de juízos de interpretação e sistematização coerente das imposições jurídicas vigentes.

Semioticamente, pela via interpretativa, a função seria a de proporcionar uma redução significativa do campo extensional ou da base semântica sobre a qual se assentam termos técnicos, sentenças, dispositivos legais, períodos frásticos jurídicos e demais conceitos que se destacam do ordenamento jurídico.

Em proporcionando uma redução desse espectro hermenêutico do intérprete, faculta a este a instrumentação do material conceitual jurídico, predispondo-o ao alcance de sua função social: a decisão, com a solução de conflitos sociais. Sua atuação, portanto, poderá construir-se de modo a destacar-se das referências apresentadas pela legislação, do sistema positivo, construindo sentidos e teorias programáticos, legando uma semanticidade *de lege ferenda* como auxílio à legislação e à formação de futuros conteúdos de disposições normativas, assim como de decisões administrativas ou judiciais. O que há é que, não obstante todo o conhecimento a que estão jungidos os ramos científicos, uma razão norteia o processo semiótico-constitutivo de todos: a eliminação da polissemia[384]. Por que não procurar a unicidade no universo semântico-definicional, aliada a uma esterilização proposital do campo da significância aos estritos termos das conquistas técnicas do saber, operadas no seio das pesquisas científicas!? **Vê-se que o conceito de ciência jurídica está estritamente relacionado à problemática hermenêutica, de modo a se circunscrever este à esfera da atribuição de sentido a normas e demais preceitos do sistema que demandem a participação ativa do sujeito semiótico na decodificação de uma mensagem jurídica.**

Tendo a linguagem (jurídica) como corolário central de manifestação de juridicidade, ela mesma é definida pelo conjunto de práticas que engloba,

---

[384] Cf. Abbagnano, *in Dicionário de filosofia*, p. 772: Polissemia: diversidade de referências semânticas (dos "significados") possuídas pela mesma palavra.

sejam estas normativas, decisórias ou científicas. O discurso científico é apresentação justificada, fundamentada, argumentada de resultados reflexivos. Esse discurso – que é sígnico – é a aplicação de conhecimentos adquiridos na comunicação de conhecimentos exteriorizáveis à coletividade, sobre o respaldo da juridicidade, convencendo por meio da sustentabilidade de suas proposições, e pela coerência, verificável ou não, de suas premissas.

A verificabilidade não é padrão de referência para o universo jurídico, universo por excelência, do *dever ser*, de modo que a sustentabilidade coaduna-se com o caráter persuasivo desempenhado pela cientificidade no construir de sentido interpretativo e reavaliativo da prática, da teoria, do uso, dos fins e da significância jurídica. O discurso científico, dentro da prática semiótica de sentido, reduz as margens de multivocidade significativa das palavras e dos signos.

A pesquisa científica, que normalmente se desenvolve em torno de problemas de linguagem, constrói-se com linguagem, para explicitar sentidos, desenvolver conceitos, tudo por meio de argumentos de linguagem ou por técnicas de linguagem. O que se há de destacar é a ideologia, sim, mas a ideologia da purificação da linguagem por meio das definições científicas. O discurso científico procura reduzir as ambiguidades que avassalam as fronteiras da linguagem natural.

A linguagem natural e a linguagem jurídica científica variam, modificam-se, alteram-se, enriquecem-se, enfim, mudam, mas aquela com mais velocidade e liberdade que esta. Aqui, a importância do **TEMPO é de um ágil e adequado pensamento semiótico!**

A linguagem jurídica, enquanto linguagem formal, que se constrói dentro do condicionamento dos progressos científicos que lhe são inerentes, é uma linguagem que parte do universo da língua natural, construindo-se sobre ela em um crescente de complexidade científica.

A ciência jurídica, ao trabalhar essencialmente com a linguagem e com as dificuldades semânticas decorrentes da ambiguidade e da plurivalência das expressões jurídicas (normativas e não-normativas), procede principalmente a expurgos de imprecisões e a inclusões técnico-semânticas, conforme já se disse. A eliminação de ambiguidades atribui-se como sua tarefa primordial.

É mister vislumbrar na linguagem da ciência jurídica uma linguagem técnica, formal, diferenciada, em suas matrizes, da linguagem natural e, no entanto, imersa em profundo e dialético processo de evolução.

Há um processo intrínseco de relacionamento com as linguagens do círculo jurídico (termos jurídicos *latu sensu*, ou seja, processuais, administrativos, civis, filosóficos,...), bem como dos campos de outras ciências (termos científicos, ou seja, sociológicos, biomédicos, matemáticos, físicos,...) e da própria linguagem comum (vocabulário ordinário). Existe como que uma ***circularidade***: de termos comuns para termos científicos, de termos científicos jurídicos para termos científicos não-jurídicos e vice-versa. Eu mesma já havia compilado uma dezenas deles!

Os processos garantem a perene mutação dos universos de linguagem, científicos e não-científicos, em cujas imediações constatam-se enraizamentos recíprocos de processos terminológicos e de relações semânticas entre signos, tudo sob a tutela eficaz e sempre presente da dinâmica dos próprios conhecimentos e experiências humanas.

Os exemplos desses processos – e o **jurista semioticista** tem que estar consciente para isso – são inúmeros, tendo-se em vista o progresso das ciências e das técnicas e sua incorporação pela linguagem jurídica (a partir de suas três matrizes básicas de linguagem e pensamento) – o que propicia uma atualização de acordo com esses fluxos de modificações.

A linguagem jurídica é, inegavelmente, uma linguagem técnica, especializada a partir da linguagem comum, e, apesar de ter partido dela (através de suas matrizes básicas), dela se distancia, a partir de suas próprias matrizes básicas. **Importações e exportações de termos e vocábulos são operações comuns e aliás indispensáveis para a manutenção, a sobrevivência e o aperfeiçoamento das instituições jurídico-semióticas de determinada "comunidade", mas devem ser feitas com observância desse quadro semiótico.** A comunidade à qual se destinam os comandos jurídicos encontra-se na dependência das atividades de sentido empreendidas pelos usuários da linguagem jurídica. Essa dependência percebe-se pelo próprio resultado das operações jurídicas sobre direitos, obrigações e convenções humanas. **A juridicidade – que transparece do texto jurídico – é um produto cuja causa motora são esses operadores jurídicos.**

Dentro da semiótica das linguagens formais, o *perpetuum* científico cuidou de uma depuração interna (operada nos níveis sintático, semântico e pragmático), o que foi bastante para engendrar um processo de autonomização da linguagem jurídica. Se se pode caracterizar e identificar a existência de uma linguagem jurídica, com sintaxe, semântica e pragmática próprias (matriz sonora), é porque a partir da experiência real (matriz visual) foi-se construindo historicamente um saber autônomo dotado de cânones e de regras, inclusive e sobretudo do ponto de vista linguístico. "**É por isso que alguns pensadores modernos ponderam que a ciência é a linguagem mesma, porque na linguagem se expressam os dados e valores comunicáveis**", conforme preleciona o ilustre Prof. M. Reale[385].

Dois aspectos da abordagem merecem ser distinguidos: um voltado para a compreensão evolutiva da ciência enquanto ***conteúdo*** – visão interna das conquistas do saber; outro voltado para a captação das evoluções operadas no âmbito da ***expressão*** do conhecimento científico, portanto da exteriorização das conquistas científicas. **A consideração das matrizes da linguagem atende a ambas as abordagens: a do conteúdo e a da expressão.**

A dialética entre os sistemas semióticos reside exatamente no fato de que elementos "alienígenas" podem vir a compor outro sistema – em nosso caso –, o sistema semiótico jurídico, uma vez que o purismo é, em essência, sua última característica[386]. **Enquanto produção cultural, o Direito encontra-se em comunicação com os diversos ramos do saber humano!**

A ideia de evolucionismo da ciência e do discurso (ciência é discurso) que lhe é pertinente decorre como necessária conclusão desde o momento em que se constata que a diacrônica semiótica demonstra o processo de expansão e retração semântica dos termos, o que não deixa de ser relevante

---

385 *In Lições preliminares de direito*, p. 8 (grifei).

386 Cf. E. C. B. Bittar, *ibidem*, p. 332, em nota de rodapé: O purismo não pode significar outra coisa senão uma tentativa de uniformização fenomênica em dados dogmáticos, sua regularização e canonização aos ditames de uma *ratio* científica formada *ex cathedra*, fruto de uma mentalidade escravocrata que procura domesticar a imprevisibilidade natural do mutável fenômeno jurídico. Ao contrário, a interpretação, como parte de toda operação jurídica, está a indicar que o jurídico, em parte, participa da **liberdade e da arte prática de construir o direito com os olhos de uma sabedoria que atende aos reclamos do caso prático** (grifos nossos).

para a ciência que lida com textos (discursos). O ilustre Prof. Dr. E. C. B. Bittar[387], autor dessas considerações sobre discurso científico, também nos ensina que uma ciência jurídica elabora: a) um vocabulário interno, este mesmo submetido não só a uma evolução interna de seus sentidos, mas também aos influxos externos ao seu sistema, incorporando novos significantes ao conjunto de seus preexistentes, modificando o sentido de outros retirados da linguagem natural, readaptando conceitos e definições técnicas de seu vocabulário em face da desconstrução de paradigmas e da defasagem da significância anteriormente adotada; b) um vocabulário externo, pertencente à linguagem natural – que se encontra em perene dialética com as linguagens formais ou científicas que dela se originaram –, que passa a se introduzir em toda a sua diacronia à esfera terminológica do sistema chamado conceitual jurídico.

O trabalho científico que se funda na apresentação de interpretações particulares das propostas legislativas, e demais propostas do sistema, não obstante "setorial" e propenso à mudança, ao diacronismo legislativo, à superação das leis, ao fluxo da principiologia que as envolve, é sempre a apresentação de novos rumos legislativos, dada a referência a opiniões constantes de discurso não descritivos da realidade individualizada em seu tempo, mas sim constitutivos de valores *de lege ferenda*, ou seja, discursos probabilísticos e potenciais que se encontram condicionados a um posterior acatamento, ou não, de suas propostas.

É nesse sentido que se pode apresentar a **doutrina** como fonte do Direito, na medida em que é um discurso capaz de formar a vontade do legislador e na medida em que contribui para a formação de um patrimônio de reflexões acerca de uma temática que, restringida, ou não, no tempo, torna-se uma interpretação e, portanto, enquanto interpretação, uma nova perspectiva de entendimento cultural do fenômeno descrito na textualidade normativa. A aceitação da doutrina como fonte do Direito é esta.

O estudo da objetividade e da coerência, cadenciado em termos tradicionalmente tomados como científicos, informa um conjunto proposicional que tem como *télos* o fazer persuasivo e racional e, portanto, componente de

---

[387] *Ibidem*, p. 332.

um *discurso-com*, que tem a comunidade científica como alvo, e a superação do saber como fulcro. O construir científico-dogmático não se aparta da ideia de convencimento e construtivismo discursivo, produzindo o convencimento e o consenso em torno de suas proposições e assertivas comprometidas com um entendimento da realidade referencial a qual se propõe analisar. Visto que cada ciência é uma visão diversa do mesmo fenômeno, a ciência jurídica, sobretudo a dogmática, é uma visão fundamentalmente normativa dos fenômenos. Aborda, portanto, uma ótica prevalecente em que se impõe a visão transversa, tendo por anteparo visual a norma jurídica.

Nesse sentido, enxergar "juridicamente" a realidade é algo bem diverso de enxergar "puramente" a realidade; é, desse modo, enxergar a realidade através das normas; é, isto sim, expressar a realidade numa linguagem científica, cuja matriz é a matriz verbal da linguagem jurídica. Apresenta-se uma liberdade e desenvoltura geral no contato, na formação e na manipulação de um vocabulário, de um dicionário de linguagem formal específico, de acordo com um estatuto semiótico que o precede. Um volume de contribuições eidéticas, conceituais e linguísticas pode ser manipulado na manutenção ou na quebra de uma ordem científica estabelecida e, em sendo assim, toda ruptura é uma admissão da condição absoluta do passado e do presente científicos, ou seja, é a adoção de uma postura reestruturante dos construtos explicativos da realidade sobre a qual incide discursivamente.

O papel hermenêutico das ciências jurídicas (zetéticas ou dogmáticas) é, portanto, muito importante para a própria vivência da juridicidade e isso pela própria capacidade que este **discurso jurídico científico possui de produzir sentido, influenciar decisões, optar por valores, raciocinar sobre comportamentos semióticos, formular interpretações, extrair argumentos que apontem para a correção, emenda, aperfeiçoamento ou modificação de textos jurídicos, normativos ou não-normativos**. Da construção do sentido jurídico participa toda prática textual científica, pela só faculdade que possui de influenciar a formação de novos sentidos e, por conseguinte, de novos textos jurídicos.

Existe, sim, a capacidade que tal discurso possui de gerar influência, principalmente sobre o legislador – o actante do discurso normativo – bem como sobre a autoridade decisória – o actante do discurso decisório.

4.6.1.4 *O discurso burocrático*

Quanto ao discurso burocrático, nestes anos todos de observação, não teria conseguido pensá-lo com a mesma dimensão dos outros: fundaria sentidos novos, criaria solução para conflitos, individualizaria o discurso normativo, ainda que, de qualquer forma, pudesse favorecer, ou não, para que tal ocorresse, e mais, pudesse dar suporte, *ou não*, para que se alcançasse mais rapidamente a decisão? Sua posição adequada seria a de um texto posterior ao discurso normativo e anterior ao discurso decisório, quando se encerra a marcha procedimental, administrativa ou judiciária. Mas ele se espraia, de maneira inadequada, muito mais além, o que tem sido danoso para a agilidade que se pretende na aplicação do Direito. Por isso, tenho opiniões bastante restritivas a seu alargamento e força crescentes.

O discurso burocrático-jurídico que interessaria a esta pesquisa semiótica, como disse anteriormente, é o discurso jurídico *institucional*, aquele em que o Estado atua direta ou indiretamente. Nesse caso, não deveriam ocorrer disfuncionalidades e anormalidades, como as que costumam ocorrer, porque tem existido um conflito de convicções, com relação aos comportamentos que devam ser julgados como normais ou anormais, dentro de um sistema de referência de interpretação jurídica a ser seguido. São *acontecimentos de linguagem* no universo de discurso jurídico que se exerce quase sempre prescindindo da tal atividade interpretativa. Ocorre que o discurso burocrático possui dificuldade de adaptação ao novo e, por isso, dificulta: a celeridade; a segurança jurídica; o sigilo de dados que só podem ter vista intra-autos; a certeza na relação do procedimento com a norma que o institui; a eficácia e ausência de empecilhos; a formalidade regrada ou moderada, a atender o princípio da finalidade do procedimento; a transparência das decisões; o acesso às informações e aos dados procedimentais importantes e/ou necessários.

Mais importante é a distinção entre normas de organização ou normas institucionais e normas de conduta, o que nem sempre tem sido compreendido, conforme já apontava Reale – atendendo a relação entre as regras que criam entes ou estabelecem ordens e competências e as normas que disciplinam o comportamento dos obrigados no âmbito ou em consequência do que foi precisamente instituído. No intrincado quadro normativo (discurso jurídico normativo) do ordenamento jurídico, normas há que não somente existem em função de uma multiplicidade de fins correlatos, como também adquirem mais estabilidade, ordenando-se como "institutos" e "instituições"; enquanto que outras normas têm "função instrumental", isto é, regem distintas formas de conduta no seio de cada instituição, ou como decorrência desta, sendo tipificadas diversas "situações jurídicas" que abrangem direitos subjetivos, poderes, faculdades etc.

O macrossistema do ordenamento jurídico compreende "instituições", isto é, corpos normativos estáveis que ordenam as atividades sociais, em razão de uma ideia diretora básica, como por exemplo se dá com a família, a sociedade de fins econômicos, a propriedade privada etc., bem como diversificadas espécies de normas, com vários graus de incidência, que vão desde as especificações de cada instituição até conjuntos unitários de poderes-deveres, derivados, dos quais os contratos são exemplos primordiais. Impossível enumerar e descrever todos os elementos articulados no ordenamento jurídico. Como sintetizar em poucas palavras e/ou signos esse poderoso universo normativo que se escalona, desde a cúpula dos princípios até códigos, leis, regulamentos, sentenças e contratos, cada um deles numa crescente tipificação que se projeta através de crescente adequação às anfractuosidades da experiência jurídica? Como dar conta, num relance, da ideia desse prodigioso mundo de regras que se projeta das culminâncias dos tratados internacionais e das constituições até simples instruções e ordens de serviço, num emaranhado de artigos, seções, parágrafos, incisos e alíneas?

Mais importante: quem irá transmutar tudo isso em uma linguagem digital, rápida, correta e adequada senão aqueles jovens juristas que estiverem se formando com a competência para transitar pelas matrizes da linguagem jurídica?

A política se vale da burocracia para se sustentar; e esta, por sua vez, no fundo, baseia-se na legitimidade daquela. Aqui fica o desafio da autora, para aqueles que vão prosseguir a caminhada.

A responsabilidade do jurista é grande, inédita no Direito Constitucional brasileiro e no Direito Administrativo também. Existem estudos científicos, baseados em realidades observadas, medidas e postas à prova pela Ciência Política. É de mãos dadas com ela – Ciência Política – que o Direito volta às suas origens, de onde nunca deveria ter saído: a realidade social de onde emerge. Hoje, por ter se distanciado dela, o que vemos surgir é um conhecimento produzido de forma ideologizada, improvisada, preconcebida, para não dizer mal-intencionada, dando suporte a criações jurisprudenciais que nos causam espanto, muitas vezes.

A burocracia não está enraizada apenas na Administração Pública (aqui entendida como Poder Executivo). No Judiciário, além da demora decorrente do próprio rito processual, o jurisdicionado enfrenta uma estrutura burocrática e ineficiente. Em plena era digital, assistimos a **verdadeiros entraves, devido a formalismos desnecessários**! Análise de desempenho da gestão administrativa conduz à necessidade premente de adoção de novas práticas, sob pena de inviabilização do Estado e até da própria atividade econômica que possibilita a vida em sociedade. Pergunta-se: qual o papel do Direito e seus operadores, nesse processo? Como não reconhecer o nexo de causalidade, em grande parte, entre a lei e a morosidade, a ineficiência e o excesso de formalidades?

Um estudo responsável impõe-se ao jurista semioticista, seja para controlar a observância de regras preestabelecidas, seja para o exercício da função legislativa, o que vem colocando em risco a legitimidade de atos normativos resultantes de uma disputa política desenfreada. E o discurso burocrático vem se espraiando, sem qualquer interpretitividade coerente.

Eficiência e tecnologia encontram-se, portanto, intimamente relacionadas. Não se está a defender que todo o percurso seja delegado à máquina. O elemento volitivo humano de sua ação não existe nos computadores. São operadores capacitados que, diante de uma situação posta, exercem um juízo de ponderação e escolhem, entre diversas alternativas, a que parece mais adequada.

O momento é propício à desburocratização e a mudanças com resultados práticos e efetivos.

Depois, virá o aprofundamento da discussão sobre forma de conciliação entre o processo judicial e o processo político, viabilizando a utilização destes dois instrumentos democráticos como mecanismos para o aperfeiçoamento efetivo das políticas públicas, superando os impasses que comprometem a legitimidade dos poderes!

4.7 O percurso gerativo da interpretação jurídica

Todo jurista sabe que a interpretatividade é uma qualidade concomitante à juridicidade, ao fenômeno jurídico. Efetivamente, todo o conjunto das práticas textuais jurídicas está impregnado (e dependente) de interpretação, seja em seu funcionamento, seja em sua dinâmica operacional. A interpretatividade como que perpassa todos os discursos jurídicos, aqui comentados: o discurso normativo, o discurso decisório e o discurso científico. Segundo o entendimento do insigne Prof. Bittar[388], a interpretatividade é um problema atinente ao discurso e mais evidentemente atinente ao discurso jurídico.

É a Hermenêutica, a ciência da interpretação, importante ferramenta do jurista, mas ela, sozinha, ***não*** dá conta de todo o percurso das três matrizes da linguagem e, tampouco, de todo o percurso do discurso jurídico e *a Hermenêutica depara-se, também ela, com o desafio semiótico*. Na verdade, a interpretação, quando ligada conceitualmente a matrizes linguísticas, é equacionada como atividade de decodificação de mensagens. Para a Semiótica, tal como aqui concebida, a interpretação relaciona-se com a própria cognição e, portanto, deve ser identificada como parte integrante de todo o processo de formação do discurso ou do texto jurídico. Em resumo, discurso jurídico e interpretação jurídica interpenetram-se de forma inseparável.

A Hermenêutica, com seus traços atuais, é uma ciência que remonta a meados do século XIX, tendo admitido estatutos e nuances, tais como: teoria hermenêutica, filosofia hermenêutica e hermenêutica crítica. Um dos desafios é procurar conferir-lhe uma dimensão epistêmica. Proposto este duplo desafio: o de enfrentar o problema da interpretação jurídica e o de trazê-lo para as discussões semiótico-jurídicas, observar-se-á quais os efeitos e os influxos que provocam sobre a juridicidade – as práticas jurídicas de sentido. Aguarda-se a "interpretatividade" no discurso burocrático!

Em primeiro lugar, é importante enfatizar que a interpretação ocorre onde existem signos. **A questão é tão importante que Eco[389] chegou a**

[388] *Ibidem*, em capítulo dedicado a "O percurso da interpretação do discurso: a hermenêutica e o sentido", p. 89-182

[389] *In Semiótica e filosofia da linguagem*, 1991, p. 60, cf. Bittar, ***ibidem***, p. 93, em nota de rodapé.

afirmar: "Condição de um signo não é portanto só a da substituição (*aliquid stat pro aliquo*), **mas a de que haja uma possível interpretação".** Ora, isso faz com que a problemática hermenêutica tenha que se situar no seio da teoria semiótica, em íntima correlação com a própria noção de signo. **A relação entre estudo semiótico e estudo da interpretação é de coimplicação; se se pensar em uma discussão sobre os signos, o discurso, os sistemas de significação, dever-se-á imediatamente abrir caminho para uma discussão hermenêutica e vice-versa – sob pena de assistirmos, impotentes, à própria crise do Direito**. Assim, toda temática semiótica importa num apelo ao estudo hermenêutico. Ou, em outras palavras**, a abrangência da Semiótica – em relação à Hermenêutica – é bem maior.**

É, exatamente, aqui que se abre uma "clareira", um espaço necessário para a introdução do eixo condutor de um dos problemas de grande relevo: ou seja, a relação comunicativa que se estabelece a partir do texto, ou que possui o próprio texto como mediador – no caso, o texto jurídico (destinador-texto--destinatário). **Observe-se, porém, que não é só onde existe texto jurídico que há interpretação. Onde há comunicação, há interpretação; onde há conhecimento, há interpretação**. Para Peirce, a verdade não pertence ao objeto analisado, mas se constata pelos efeitos que produz sobre aquele que a presencia, de modo que, no campo jurídico, essa reflexão redundaria numa ruptura com a teoria tradicional da interpretação, de que *"in claris cessat interpretatio"*.

Pode-se mesmo dizer que a discussão não se exauriria na interpretação de entes linguísticos, mas estender-se-ia também para os fatos, estes que embasam relações jurídicas, também interpretáveis à luz do que se disse.

Segundo Maximiliano: "Pode-se procurar e definir a significação de conceitos e intenções, fatos e indícios; porque tudo se interpreta; inclusive o silêncio[390]".

No quadro dos estudos semióticos, a faceta da comunicação corresponderia à interpretação (semiose hermenêutica), em oposição à semiose gerativa. Ou melhor dizendo: se de um lado se pode estudar e demonstrar a formação do discurso, desde a percepção sensorial até a sua manifestação

[390] *In Hermenêutica e aplicação do direito*, p. 9, 11 ed. Rio de Janeiro: Forense Universitária, 1990, cf. Bittar, *ibidem*, p. 95, em nota de rodapé.

textual (percurso gerativo da significação e do discurso), de outro lado, pode-se estudar e demonstrar o movimento contrário (percurso gerativo da interpretação jurídica), ou seja, o movimento que parte do texto manifestado, expresso – para procurar suas origens. Logo, na interpretação, procede-se de modo inverso àquele que se procede para a formação e manifestação do discurso (percepção do texto → reconhecimento do tipo de manifestação semiótica → reconstituição do texto em sua totalidade semiótica → reorganização das estruturas de sentido → reconceptualização das experiências conjugadas → realimentação e autorregulagem do metassistema conceitual e assim por diante. Rastrear, portanto, todo o percurso do texto jurídico parece ser pressuposto para todo o conjunto de reflexões que seguirá o ato investigativo.

Tendo-se como cerne da teoria semiótica o desvelamento das relações imanentes à triangularidade das matrizes da linguagem e da relação sígnica (signo/sentido/referente) e das demais injunções sistêmicas atinentes ao processo de produção de sentido, o tema hermenêutico parece uma missão investigativa. É por isso que alguns autores, como F. Rastier[391], estabelecem uma forma de relacionamento da semântica (leia-se matriz sonora) com o fazer hermenêutico. Para ele, a hermenêutica surge como a face oposta à da semântica gerativa, e isso porque de acordo com sua semântica interpretativa pode-se autonomizar o fazer da linguística em matéria de busca do sentido textual. Rastier considera que o sentido, antes de possuir uma imanência textual, é um produto da interação comunicativa, resultante pragmática da composição de sujeitos comunicantes. Daí seu projeto intelectual avançado que se encaixa no quadro geral de uma semiótica das culturas!

Diz ele, em suma, que o sentido não é imanente ao texto como mensagem, mas a uma situação de comunicação, compreendendo além disso um emissor e um receptor, como também um conjunto de condições (normas, daí o gênero textual, e uma prática social determinada). Essas condições podem ser ditas pragmáticas, mas no sentido de uma pragmática englobante. Não obstante, com proposta teórica diversa, estudando o simbolismo como manifestação de sentido secundária de um texto (sobretudo linguístico), vê-se estampada a mesma preocupação nas discussões de Todorov, que diz que gostaria de estabelecer a solidariedade do simbolismo e da interpretação

391 Citado por Bittar, *ibidem*, p. 95.

(como também o fez Ricoeur), que para ele não passariam de duas vertentes – produção e recepção – de um mesmo fenômeno, concluindo não acreditar que o estudo isolado fosse desejável ou sequer possível. E, na mesma obra, aduz: "A produção e recepção dos discursos fizeram nascer, no passado, duas disciplinas diferentes, que são a retórica e a hermenêutica. Felizmente, estes dois corpos de saber nem sempre se mantiveram num deplorável isolamento".

Parece-me que essa questão surge bem evidente, por exemplo, quando da interpretação, por juízes e tribunais, de certas leis gerais, em hipóteses e casos em que certos costumes e hábitos de determinadas comunidades (influenciadas e dominadas por mitos, lendas e práticas culturais enraizadas) confundem e dividem as opiniões dos juristas e daqueles que têm o dever de julgar.

Isso porque a extensão, o alcance e a delimitação do enquadramento sintático dos signos linguísticos e não-linguísticos em quadros contextuais próprios introduzem o problema interpretativo no seio de todo ato decodificativo de que participe o intérprete como sujeito ativo em busca de significância.

É, sem dúvida, em busca do sentido que o destinatário de qualquer produção sígnica vale-se da interpretação.

A interpretação é um mister onde quer que haja um processo semiótico; toda leitura posterior àquela feita pelo próprio sujeito gerador do sentido (sujeito do discurso) é e sempre será uma interpretação (sujeito da interpretação). **A ilusão de uma compreensão autêntica seria um fantasma, nesta área.** Daí é que se deve dizer que a interpretação é uma atividade noética[392], produtora de sentido e, portanto, necessária à caracterização dos fenômenos jurídicos. Ser produtora de sentido significa que não se constrange com o fato de ser uma atividade criadora de sentido; é *menos* um percurso em torno do dado apriorístico (sentido único preexistente) e *mais* um fazer autônomo e construtivo (doação de sentido ao texto). Torna-se, assim, importante dizer que o desafio semiótico posiciona a análise de modo que se veja no intérprete um *sujeito dinâmico* (sujeito da interpretação) e não um *sujeito estático*, na formação da significação a partir de textos. Ambos os sujeitos que se mediatizam por meio do texto, sujeito do discurso e sujeito da interpretação, são produtores do texto, são (re)produtores da significação. Tendo em vista

---

[392] Noese. Filosofia geral. É o próprio ato do pensamento, que empresta sentido a um fenômeno (Husserl), cf. M. Helena Diniz, *Dicionário jurídico*, v. 3, p. 360.

esse aspecto, é relevante, no presente trabalho, **identificar ou detectar o papel do intérprete neste processo de *movimentação* e *iluminamento* do texto jurídico.**

Existem autores para quem a interpretação não é uma atividade declarativa do sentido prévio, mas sim formativa da significação textual. Enfatizando: a interpretação tem papel criativo e o intérprete tem a função de formação do sentido. A interpretação, dessa forma, pode ser considerada como parte integrante do próprio *ato cognoscitivo*, tendo em vista que o juízo manifesta-se na relação entre sujeito cognoscente e referente do discurso e tendo em vista que a primeira condição para conhecer é interpretar, ou seja, considerar um dado como forma de um conteúdo. Com essa interpretação, relaciona-se a expressão que dela emana.

Aliás, lembre-se que a instância de interpretação de qualquer dado real, em relação às reações emotivas e fantásticas que ele determina na consciência, constitui um denominador comum, tanto no caso da língua como no caso do mito. Aliás, são poucos os discursos sem referência, uma vez que a realidade dos signos invariavelmente remete a algo que é diverso de sua própria característica de signo. Só muito poucos textos satisfariam o ideal de um texto sem referência, o que, de qualquer forma, seria um caso limite e uma exceção. Já no próprio ato de tomada de conhecimento, existe um uso interpretativo; essa simultaneidade, porém, não se faz clara de imediato aos olhos daquele que vislumbra na operação cognoscitiva uma atitude puramente passiva. Se inclusive a esfera fenomênica está sujeita à interpretação, também à luz da juridicidade ocorrerá a mesma operação de conjugação de sentido, tendente, nesse momento, à construção do sentido propriamente jurídico. **A interpretação persegue não *o* sentido, mas *um* dos sentidos, e um desses sentidos deverá, contextualmente, ser um sentido possível**.

Existem alguns parâmetros ou categorias semióticas ou princípios semióticos, dentro dos quais a construção do sentido se dá e este é mais um passo de investigação semiótica. O que se deve, em primeiro lugar, fazer é identificar os pontos principais que se encontram envolvidos pela discussão, a começar pela delimitação do campo sobre o qual deslizam os atos interpretativos: em nosso caso, o texto jurídico.

Já existem várias propostas de autores importantes: a de Paul Ricoeur, que inova, ao aliar a teoria dos símbolos (a *terceiridade* da Teoria Triádica dos

Signos, de Peirce) à questão hermenêutica; a proposta pragmática de Ferraz Júnior e do acima mencionado François Rastier.

O que se quer mostrar é que essas duas vertentes teóricas, a hermenêutica textual, de um lado, e a pragmática semiótica, de outro, podem estar conciliadas, para uma razoável explicação do problema dos textos jurídicos e de sua ambiguidade, se tivermos clara a visão das três matrizes da linguagem natural e da linguagem jurídica, tal como aqui se propõe.

Deixo evidente que a interpretação de um texto jurídico é feita no sentido e na direção de uma análise global do problema de interpretação, e isso com relação a todo discurso jurídico. O sentido não significa, portanto, somente o que as palavras querem nos dizer; ele é, também, uma direção, isto é, uma intencionalidade e uma finalidade – para usar a linguagem dos filósofos, e essa advertência é válida para os três principais discursos jurídicos. Não se pretende afirmar que a interpretação exerce-se da mesma forma com todo tipo de discurso jurídico (normativo, decisório ou científico), mas do delineamento geral da questão, atinente ao discurso jurídico, tomado como universo de sentido único, guardando-se outro(s) tipo(s) de reflexão, ao se tratar da interpretação em cada um dos discursos jurídicos.

Desculpe-me o leitor se venho insistindo demais! Fui testemunha sofrida da existência dessa lacuna, falha ou falta assombrosa de um "pensamento semiótico" orientador, nos vários cargos técnico-jurídicos que ocupei durante meu caminho profissional e nas controvérsias negociais de âmbito particular.

4.8 O texto jurídico como o lugar da interpretação jurídica

O texto jurídico é sempre o lugar da interpretação jurídica; o intérprete do Direito parte sempre de certa complexidade sígnica para a busca de sentido (jurídico). O que há, então, é que o *locus* da interpretação é o texto, e isso na medida em que o texto é um imperativo na circulação dos fenômenos jurídicos. Ainda, pode-se mesmo dizer, o texto é um impositivo para o intérprete jurídico à medida que a juridicidade opera sobretudo com um pré-arcabouço normativo textualizado ou textualizável. Uma pesquisa que se debruce sobre as práticas de sentido não pode negligenciar a avaliação da estrutura das três matrizes em que se produzem os textos. **Se é certo que o próprio ato do conhecimento já é um exercício da interpretação, também é certo que o conhecimento jurídico forma-se, sobretudo, *a partir de textos, com textos, sobre textos*. Todo texto é uma convergência de signos e, nessa medida, o jurista semioticista, na busca do sentido textual, vai deparar-se com a questão hermenêutica como um mister teórico.**

O que há ainda em tal processo é que a interpretação jurídica, normalmente, não é exercida despretensiosamente, mas sim a partir de uma concretude sígnica, e com vistas a fins determinados, seja qual for a finalidade de aplicação delineada: para uma exação tributária, para a resolução de uma demanda judicial, para a solução de um litígio administrativo, para a formulação de um estatuto, contrato ou ato negocial, para a resolução de questão pontual surgida no curso de um procedimento e assim por diante. Sem dúvida, o texto (e, neste ponto, o texto é tanto uma obra de arte, como uma sinfonia, uma encenação mímica, uma disposição normativa, um contexto fático, uma paisagem bucólica, um conjunto de pegadas no solo[393]) é sempre o *start*, o começo para a desembreagem da cadeia interpretativa. A interpretação surge do uso dos textos, pois a todo texto produzido (semântica gerativa; percurso de interpretação do discurso) opõe-se um uso qualquer (semântica interpretativa; percurso de interpretação do discurso), onde interagem atores textuais.

Tendo em vista essa noção de complexidade que preenche a ideia de texto, pode-se dizer do texto que se trata, minimamente, de um composto, a um só tempo sintático (interação sígnica), semântico (sentido sígnico), pragmático (uso sígnico), estético (apresentação sígnica) e verbal (expressão sígnica). Ele é, portanto, ponto de partida para que o sujeito da interpretação dele se valha para acessar determinada categoria de sentido. Mas, para que esse mesmo sujeito a acesse, inúmeras rotações de sentido tiveram que ser efetuadas, a partir de seletividades próprias – o que tudo remete

393 O significado de texto, nesta dissertação, é amplo, abrangendo as três matrizes da linguagem, embora o uso corrente seja o de considerar texto apenas o discurso e como texto jurídico apenas o discurso jurídico (matriz verbal). De qualquer forma, resultado da junção do plano do conteúdo, construído sob a forma de um percurso gerativo, com o plano da expressão, o texto é um objeto de significação e um objeto cultural de comunicação entre sujeitos" (cf. Diana Luz Pessoa de Barros, *in Teoria semiótica do texto*, p. 90).

ao universo da pragmática dos signos – até que se reifique a possibilidade de construir uma outra textualidade que explique a textualidade anterior. A atividade hermenêutica tem esta *circularidade*: é uma atividade rotativa de textos a textos. Este processo encadeado de retrocesso da superfície à profundidade de um texto e vice-versa mostra que a análise superficial é o primeiro passo para o processo da interpretação. **Mas, deve-se esclarecer que a chave para a abertura da perspectiva de profundidade reside não no texto-em-si e por si, mas na potencialidade interpretativa e no manejo que cada utente faz do texto.**

Aqui se faz explicitamente apelo a uma noção de sentido pragmático, contextualizado, histórico e intersubjetivo do texto. Não seria exagero dizer que o texto vive em dialética com seu meio. A pragmática textual simplesmente depara-se com o texto tendo-o por unidade de sentido, de onde – já que este é o *locus* da interpretação – o sujeito da interpretação retira elementos de muitas origens (circunstanciais, históricas, objetivas, subjetivas, ideológicas), para a composição do sentido. **O texto jurídico, portanto, não pode ser entendido como objeto inerte, estanque, acabado. Ele permite sentidos**.

Um texto jurídico é, a par de tudo o que já se disse, um repositório cultural, uma vez que está imerso num conjunto de práticas de sentido que o constroem, e lhe conferem vitalidade intersubjetiva, numa perspectiva não só pragmática, como também filosófica. O próprio conceito de Peirce de interpretante[394] não só comporta como também sugere a ideia de que o signo

[394] Cf. Santaella, *in Teoria geral dos signos*, p. 63: O termo ***interpretante*** tem uma função técnica, que visa a precisão e rigor, não cumprindo aí a função de um mero sofisma verbal. Nessa medida, interpretante, interpretação e intérprete não são sinônimos, devendo ser claramente distinguidos, se quisermos chegar a compreender a originalidade da noção de interpretante. O interpretante é uma propriedade objetiva que o signo possui em si mesmo, haja um ato interpretativo particular que o atualize ou não. É uma criatura do signo que não depende estritamente do modo como uma mente subjetiva, singular possa vir a compreendê-lo. Não é tampouco o produto de uma pluralidade de atos interpretativos, ou, melhor, não é uma generalização de ocorrências empíricas de interpretação, mas sim um conteúdo objetivo do próprio signo. O devir do interpretante é, pois, um efeito do signo como tal e, portanto, dependente do ser do signo e não apenas e exclusivamente de um ato de interpretação subjetivo. O nascer, para nós, não é senão chegar e encontrar o universo da linguagem coletivamente já em curso e que esse curso não depende de cada uma de nossas existências individuais. "A linguagem não está em nós. Somos nós que estamos na linguagem", diria Peirce.

constrói-se na esfera do receptor não como algo dado ou imanente tão só, mas como algo que importa em uma permuta *valorativa* entre sujeitos. Por consequência, o intérprete não é receptor de mensagens comunicativas, mas sujeito agente na construção de sentido a ser atribuído ao universo sígnico. Conclui-se que o texto jurídico é menos um corpo de sentido único, inarticulável e muito mais um projeto de sentido que, uma vez atingido pela prática interpretativa, sofre variações e recebe influxos advindos propriamente de todos os importes axiológicos que o exegeta carrega, mas não se faz ao sabor do arbítrio, posto que a interpretação é a conclusão concreta do encadeamento e da retomada do texto.

O texto possui potencialidade para significar. Ele se movimenta ao ser vivido pelo intérprete, pelo sujeito que o conhece, que com ele interage. Interpretar é fazer do texto uma vivência "pragmática" de sentido, mesmo porque os textos funcionam na medida em que são usados. Este é o sentido do texto semiótico, opondo-se à interpretação como busca do sentido imanente, próprio da Hermenêutica tradicional, para a qual o texto jurídico é visto como estrutura sólida, essencialista, dotada de um sentido imanente, e que o intérprete deve acessar por meio da descoberta. Para a Hermenêutica clássica, o sentido de um texto é um acabado metafísico ou lógico, seja quando o texto é claro (e não requer interpretação), seja quando o texto é confuso ou obscuro (quando será "consertado" pelo intérprete, cuja função é sempre um *minus* em relação à ontologia do próprio discurso e de seu sentido). Prova disso, no campo jurídico, é a presença de ilimitadas chaves de interpretação que constrangem o raciocínio jurídico a certos cânones[395], que variam de acordo com a matéria examinada.

A significação resultante do exercício exegético, numa perspectiva pragmática, não pode ser realmente algo de unívoco, dada a ampla esfera de

---

[395] *Ubi eadem ratio, idem ius; cessante ratione legis, cessat lex; ubi lex non distinguit, nec nos distinguere debemus; specialia generalibus derogant; generalia specialibus non derogant; qui dicit de uno de altero negat; actus interpretandus est potius ut valeat quam ut pereat; malitiis non est indulgendum; in dubio pro reo; actore non probante, reus absolvitur; poenalia sunt restringenda; odiosa sunt restringenda; exceptio est strictissimae interpretationis; dubia in meliorem partem interpretari debent; intelligitur confiteri crimen pasciscitur* (cf. Gérard Cornu, ***Linguistique juridique***, Paris: Éditions Montchrestien, 1990, p. 372, citado por Bittar, *ibidem*, p. 104).

participação de elementos ideológicos, axiológicos, histórico-culturais que interagem para a formação de um entendimento final acerca de uma textualidade concreta *sub judice*. Por muito tempo, os conceitos hermenêuticos foram suficientemente condescendentes com práticas jurídicas ideológicas mascaradas pela objetividade do sentido.

Embora o sujeito da interpretação seja capaz de forjar o sentido de um texto jurídico, isso não significa que a prática da significação esteja entregue à arbitrariedade. **Há limites para a significância, bem como existem parâmetros a serem minimamente observáveis para atribuição de sentido a um texto**. O texto significa o que significa porque: existe sempre uma carga de historicidade e o sujeito da interpretação está mergulhado nela. Seria uma ficção – que servia à jurisprudência tradicional para consolidar o ideal de segurança jurídica – afirmar, por exemplo, que a norma jurídica permite *uma só* interpretação.

É preciso dar à norma *todo* seu sentido e não *um* sentido, pois é dessa forma que ela retoma toda sua unidade e significação. **Abstrair a circunstancialidade da produção de um texto é a causa de sérios problemas em sede de interpretação**.

Como preleciona Ferraz Júnior[396], interpretar é selecionar possibilidades comunicativas da complexidade discursiva; e para o controle da contingência da interpretação, precisamos de códigos, isto é, seletividades fortalecidas a que ambos os comunicadores têm acesso e que podem ser fruto de convenções implícitas ou explícitas.

Resumidamente: o texto jurídico é o lugar da interpretação; a interpretação do texto escrito deve estar cercada de cuidados necessários, porque existe uma diferença entre literalidade e oralidade; a interpretação acaba sendo quase uma fonte de sentido jurídico (dada sua sede, ora doutrinária, ora jurisprudencial); as injunções sociais, históricas, econômicas, culturais, políticas, psicológicas, técnicas estão todas presentes em cada momento interpretativo; a dinâmica jurídica faz-se no acompanhamento das instâncias sociais e com a reconstrução permanente e contínua dos sentidos jurídicos.

---

[396] *In Introdução ao estudo do Direito: técnica, decisão, dominação*, p. 235 e segs.

4.9 A coerência do texto jurídico

Diante da complexidade do universo jurídico, é evidente que a questão da coerência textual há que ser um item fundamental na constituição e elaboração de textos jurídicos. Com efeito, o operador de Direito há de buscar a adequação da linguagem, em suas três matrizes básicas. **Isso quer dizer que os cuidados com a expressividade jurídica são muito maiores que em outras áreas, sendo que, por vezes, a competência profissional, o desempenho judicial, a plenitude de um cliente, são medidos a partir do desempenho de linguagem do operador do Direito.** É assim que as técnicas de linguagem são imprescindíveis para se alcançar os resultados profissionais desejados.

Coerência e coesão são duas faces sígnicas do texto: enquanto a coerência é subjacente, a coesão é superficial, explicitamente revelada através de marcas linguísticas (sujeito, verbo, predicado, ideias logicamente interligadas, pronomes, advérbios devidamente colocados e distribuídos), manifestando-se na organização sequencial e linear do texto. Mas uma não prescinde da outra.

Cada elemento do discurso deve ser capaz de significar por si só e, por sua vez, todos os elementos reunidos constituirão um grande conjunto de significações e ideias.

É assim que cabe ao jurista essa atividade de contextualizar: tecer e reunir pontos a princípio separados para a agregação de um todo unitário.

Dizer que um texto possui essa coesão de princípio, meio e fim significa dizer que houve a devida distribuição dos signos linguísticos na ordem racional e argumentativa em que devem ser dispostos.

Trata-se, no dizer da Semiótica, de uma colocação em marcha dos signos, de maneira a dispô-los numa tessitura semântica.

Em resumo, como preleciona brilhantemente E. C. B. Bittar[397]:

» somente conhecer o texto de lei não basta para manter uma linha de argumentação favorável, pois a lei pode ser considerada inválida, derrogada, revogada ou inconstitucional;

---

397 *Ibidem*, p. 350.

» somente ter bom domínio do vernáculo não basta, pois sem argumentos técnicos não se pode abalar a estrutura do discurso de um eventual contraditor;

» somente ter teses originais e notórias para a defesa de direitos não basta, pois a adequada colocação desta, assim como sua oportuna manifestação por termos convincentes, por vezes é mais importante que a própria tese ventilada e assinalada como hábil para a solução de um problema jurídico, prático ou teórico.

Desnecessário, em meu entender, reapresentar e reanalisar todos os fatores (elementos linguísticos; conhecimento partilhado; inferências; focalização das diversas matrizes; intertextualidade; intencionalidade; consistência; relevância) que determinam a coerência do texto e que o leitor, com certeza, já assimilou, no decorrer deste trabalho.

Aqui uma pausa, só para despertar a curiosidade do leitor, sobre as tais fontes e modelos do direito que acabei de expor, em pesquisas das ciências cognitivas:

Os sistemas de entrada, concebidos como sistemas modulares (modelos) correspondem aos tradicionais modos sensórios e perceptivos, ou seja, visão, audição, tato, cheiro, paladar, aos quais autores como Fodor acrescentam a linguagem, além de outros mecanismos computacionais, altamente especializados. Esses sistemas de entrada exibem as seguintes propriedades: (1) Eles se referem a domínios específicos. Quanto mais excêntrico é o domínio do estímulo, tanto mais plausível é a especulação de que ele é computado por um mecanismo com propósito especial. (2) A operação dos sistemas de entrada é obrigatória, não há como evitá-la. (3) Há apenas um acesso central limitado às representações mentais que os sistemas de entrada computam. (4) Os sistemas de entrada são rápidos. (5) Eles estão informacionalmente encapsulados, quer dizer, embora os módulos de propósitos especiais possam mandar informação para cima, isto é, para os processadores centrais, eles parecem ser relativamente imunes aos efeitos de cima para baixo. Isso ocorre porque os módulos são designados para tomar como entrada apenas classes idiossincráticas (detalhes próprios da conduta individual de cada um), muito limitadas de estímulos. Nesta última propriedade, reside a essência da modularidade dos sistemas de entrada. Howard Gardner (no mesmo ano que Fodor), defendeu a tese da modularidade da mente, um pouco diferente, embora complementar à medida que leva a questão da modularidade a níveis mais altos. Tendo como projeto encontrar evidências para a postulação de inteligência de alto nível, de domínios específicos e separados, Gardner partiu de três tipos diferentes de dados: (1) casos de perda de algumas competências mentais, como competência linguística, danos fisiológicos etc.; (2) dados sobre as habilidades de pessoas especiais como gênios na matemática e na música; (3) dados sobre tipos de inteligência que são tidos como "independentes", em diferentes culturas.

Se retornarmos à leitura de Reale (*in O direito como experiência*, p. 165) encontraremos o seguinte:

> Elaborar um *modelo jurídico* é, por conseguinte, um trabalho de aferição de dados da experiência para a determinação de um tipo de comportamento, não só possível, mas considerado necessário à convivência humana. Há, por certo, na instauração de um modelo jurídico, um ato volitivo superador dos nexos causais, para conferir *valor paradigmático* a uma dada estrutura normativa, que, desse modo, não fica jungida ao plano das relações empíricas, o que explica – tenha Hume falado em "*artifício*" e Olivecrona em "*imaginoso*" a propósito das regras jurídicas. O que há, porém, é uma *tomada de posição*, de fundo necessariamente axiológico e volitivo, perante a realidade social e em função dela, de tal modo que entre o *modelo jurídico*, preferido ou reconhecido, e a experiência deve haver uma correspondência isomórfica, como condição de seu êxito operacional, ou de sua *efetividade*. De certo modo, por presumir-se que o modelo jurídico corresponda a um conjunto motivacional fundado na análise objetiva dos fatos sociais, como *paradigma de comportamentos normalmente previsíveis*, proclama-se, entre outras razões, a obrigatoriedade universal do direito, não se admitindo, em regra, a *ignorantia juris* como excusa de seu não adimplemento.

CAPÍTULO 5

HIBRIDISMO ENTRE AS MATRIZES DA LINGUAGEM JURÍDICA

Não podemos perder de vista o quadro semiótico jurídico, com as três matrizes de linguagem jurídica, tal como o apresentei. Isto é, o modo de existir do Direito e de suas regras é uma existência natural, mas convencional, que é também o modo de existir da linguagem natural, que está subjacente à linguagem jurídica. Esta não é uma vã afirmação, tampouco uma vã coincidência, pois uma regra é uma proposição linguística. Afinal de contas, o que identifica uma regra de um âmbito ôntico-prático como o Direito é que, além de ser uma proposição linguística, ela pertence ao **sistema proposicional semioticamente construído** – que são a ***expressão*** (fontes do Direito) e o ***conteúdo*** (modelos do Direito) daquele âmbito.

Por ser o Direito – em sua matriz verbal – o resultado de uma convenção, todo o sistema proposicional que o expressa tem uma existência convencional que é, obviamente, a existência convencional de sua linguagem, cujo conjunto articulado forma o complexo das regras jurídicas. Com efeito, levando-se em conta que o sistema é o resultado da construção semiótica do material jurídico, há que se acrescentar que a existência do sistema proposicional e, portanto, das proposições linguísticas (regras) que o constituem, além de ser convencional em sua origem (texto bruto), está mediada pela construção obtida através de um *plus* interpretativo, posterior à geração do texto originário.

Portanto, pode-se dizer que a existência de uma regra é a pertinência a um sistema proposicional ôntico-prático de caráter convencional e semioticamente construído.

Aquela existência vem, assim, matizada, no sentido de ter, ao mesmo tempo, uma origem natural-convencional e uma configuração construída.

Feita esta ressalva, a questão que surge de imediato é a das *fontes e modelos do Direito* e a da *validade da ordem jurídica*, considerada em seu conjunto.

5.1 As fontes e os modelos do Direito

As *fontes do Direito,* no quadro semiótico da linguagem jurídica, identificam-se com as próprias estruturas – matriz visual, sonora e verbal – implicando, nesta última, pessoas dotadas de um poder de escolha para decidir sobre o seu conteúdo. É assim que se pode deduzir que as "fontes" do Direito são as próprias matrizes e seus elementos estruturais colocados em dinamicidade por pessoas, em tempos e espaços. E ainda mais: que as fontes do Direito podem ser materiais (matriz visual e matriz sonora) e formais (matriz verbal). **Isso equivale a dizer que as "fontes" do Direito referem-se a um dos planos da linguagem (o da "*expressão*") que suporta ou expressa o outro plano (o do "*conteúdo*"), onde surgem os "modelos" do Direito, com o qual mantêm relação de pressuposição recíproca.**

A partir da matriz verbal, existe alguém investido de um poder de optar entre várias vias normativas possíveis, elegendo aquela que é declarada obrigatória: quer *erga omnes*, como ocorre nas hipóteses das leis (fonte legal) e dos costumes (fonte consuetudinária), quer *inter partes*, como se dá no caso da jurisprudência (fonte jurisdicional) ou nos contratos (fonte negocial). Quando a lei é omissa, a jurisdição, valendo-se da analogia, dos costumes e dos princípios gerais de Direito (Lei de Introdução ao Código Civil brasileiro, art. 4º), firma decisões dotadas de certa generalidade, mas mesmo quando consubstanciadas em súmulas dos Tribunais superiores, estão sujeitas à revisão, à vista de novas razões aduzidas pelas partes, em virtude de diretrizes teóricas consagradas por novos modelos hermenêuticos. O essencial é ter presente que, sem o *poder* de decidir, não se pode falar em fonte formal de Direito (matriz verbal). É por esse motivo, também, que alguns autores (entre eles, M. Reale) não consideram a doutrina como fonte do Direito, mas, parece-me, pode vir a operar mudanças importantes.

Segundo ele, as posições teóricas, por maior que seja a força cultural de seus expositores, não dispõem *de per si* do poder de obrigar. E, assim, a doutrina não geraria modelos jurídicos propriamente ditos – que são sempre prescritivos – mas sim modelos hermenêuticos, o que em nada lhes diminui a relevância, visto que desempenham uma posição de vanguarda, esclarecendo a significação dos modelos jurídicos, através dos tempos, ou exigindo novas formas de realização do Direito, graças à edição de modelos jurídicos correspondentes aos fatos e valores supervenientes. Não se deve, porém, esquecer que, em uma dinâmica circular, própria do crescimento da linguagem do Direito, a doutrina tem, sim, o poder de reconstruir o sentido dos textos jurídicos, sem com isso, necessariamente, desmantelar o conceito do *outro* poder (o do Estado) – elemento essencial e consubstancial ao conceito de fonte formal de Direito.

Relembrando: as fontes formais do Direito consagradas pelos juristas são: a *legal*, resultante do poder estatal de legislar, editando leis e seus corolários normativos (poder legislativo); a *consuetudinária*, expressão do poder social inerente à vida coletiva e revelada através de sucessivas e constantes formas de comportamento (poder costumeiro); a *jurisdicional*, que se vincula ao Poder Judiciário, expressando-se através de sentenças de vários graus e extensão (poder jurisdicional); e, finalmente, a fonte *negocial*, ligada ao poder que tem a vontade humana de instaurar vínculos reguladores do pactuado com outrem (poder negocial). Todos esses poderes são capazes de instaurar vínculos de caráter coercitivo.

As fontes formais do Direito operam assim no quadro de validade traçado pela Constituição de cada país, e também nos limites permitidos por certos valores jurídicos transnacionais, universalmente reconhecidos como invariantes jurídico-axiológicas, como, por exemplo, a *Declaração Universal dos Direitos do Homem*.

Uma norma, para que possa ser considerada norma jurídica e, como tal, dotada de força compulsiva, precisa satisfazer ao conjunto de requisitos concernentes à sua elaboração, o que quer dizer que ela deve ser emanada por aquela fonte formal do Direito, correspondente a sua natureza e finalidade.

São a Constituição e as leis de cada país que predeterminam os requisitos caracterizadores das diversas fontes formais do Direito que, não obstante, não podem ser configuradas estaticamente e em abstrato, mas sim em razão de específicas conjunturas históricas, como o demonstra a distinção fundamental entre a nomogênese jurídica que caracteriza e distingue o *Common Law*[398] e a que é própria do *Civil Law*[399], isto é, do Direito de tradição romanística.

Quando uma lei, uma sentença, um costume ou um negócio jurídico são produzidos de acordo com os parâmetros superiores que disciplinam sua elaboração, eles adquirem juridicidade, determinando o que pode ser considerado "de direito" por seus destinatários. Nessa ordem de ideias é que devemos verificar, conforme lembra Reale[400], como e até que ponto podemos aceitar a declaração de Hans Kelsen de que o *conteúdo* das fontes do Direito é o seu "âmbito material de validez"[401]. E prossegue Reale, afirmando que, ao lado da colocação normativa, outros autores têm uma visão, por assim dizer, mais fisicalista ou sociológica das fontes do Direito, ao afirmarem que este se produz independentemente de qualquer prévio requisito normativo, obedecendo tão somente a "causas naturais" ou a diversos centros de interesse que só podem ser objeto de determinação à luz de uma análise de caráter sociológico. Desse modo, a teoria das fontes transfere-se para um outro plano, obedecendo a uma pluralidade imprevisível de focos de irradiação de regras, cuja juridicidade caberia aos juristas e juízes reconhecer e aplicar segundo critérios postos por distintas ciências sociais.

---

[398] Cf. M. H. Diniz, ***Dicionário jurídico***, v. 1, p. 685, ***Common Law***: Locução inglesa. Lei comum ou costume geral e imemorial que designa a lei não escrita ou não estatuída (***the unwritten or non statute law***), criada por decisões judiciais, contrapondo-se à escrita, emanada do Poder Legislativo (***the written or statute law***). É, portanto, o conjunto de normas consuetudinárias, baseado nos precedentes judiciários, que impera na Inglaterra e nas nações que o adotaram, por recepção, por terem sido colonizadas pelo povo inglês, como os Estados Unidos da América do Norte. Caracteriza-se por ser um direito consuetudinário jurisprudencial não escrito, que tem por base a ***case-law***, ou seja, os casos resolvidos pelas Cortes de Justiça.

[399] Cf. ***ibidem***, p. 590, ***Civil Law***. ***Locução inglesa***. Sistema jurídico latino (românico e germânico) ou, como alguns preferem, sistema continental europeu.

[400] ***In Fontes e modelos do direito***, p. 14.

[401] H. Kelsen, ***Teoría general del derecho y del Estado***, trad. de E. García Máynez, México, 1949, p. 43-45, cf. citação de Reale, ***ibidem***.

Parece-me que a simples consideração das três matrizes da linguagem e pensamento, que a Semiótica nos proporciona e que as ciências cognitivas nos confirmam, permite-nos compreender que, não obstante a natureza da linguagem do Direito ser predominantemente normativa, ela nem é exclusivamente normativa nem está desvencilhada de tudo o que não seja normativo.

Concomitantemente à decisão de poder instauradora, inerente à fonte formal do Direito, esta é inseparável de seu próprio conteúdo, como dizia Kelsen – "de seu âmbito material de validade"[402] (que nada mais é que sua matriz visual e sua matriz sonora levadas em consideração), concomitantemente à matriz verbal. Ao falar em "conteúdo" (contrapondo-o a tão apenas "expressão"), já estaremos entrando na concepção dos chamados "modelos do Direito". Cada ordenamento jurídico possui um número fechado de fontes, de tal modo que os enunciados normativos, para adquirirem validade jurídica, devem atender a determinados pressupostos, relativos seja à própria estrutura da qual promanam, seja ao processo de sua atualização.

A tese contrária, no sentido da autônoma e espontânea vigência do *ius vivens*, através de inúmeros processos, desde um jogo aberto e espontâneo de intenções e pretensões de ampla juridicidade – em função dos inúmeros fatores operantes na vida comunitaria – até a compreensão do Direito como o resultado da chamada "razão comunicativa", expressa em termos de "ação comunicativa", tal como é defendida por Jurgen Habermas, parece, ainda assim, ficar inexplicada e incompleta. Segundo esse filósofo alemão – a mais alta expressão da Escola de Frankfurt –, a razão comunicativa possibilitaria o *medium* linguístico, através do qual as interações entrelaçam-se e as formas de vida estruturam-se, logrando-se atingir espontaneamente a necessária correlação entre validade e eficácia, essencial ao Direito, numa conexão descentralizada de condições.

Para ele, a revelação das normas jurídicas, enquanto regras obrigatórias, não resultaria de sua subordinação, deontologicamente, a mandamentos morais, ou, axiologicamente, a uma constelação de valores privilegiados, ou

---

402 Cf. M. Reale, *ibidem*, p. 15.

ainda, empiricamente, à efetividade da razão comunicativa, a qual, se não é uma fonte de normas, permite que estas se formem livremente através da vida comunitária sem o "mal do normativismo" que, a seu ver, corre o risco de perder o contato com a realidade e com a vantagem de manter-se aberta a instância do juízo crítico aferidor, sem cuja atuante permanência não haveria real democracia. O pensamento de Habermas, em sua abrangência, plana numa temática teórico-sociológica que, não obstante visar superar a tensão entre validade e eficácia do Direito, não consegue convencer *in concreto* como é que as normas, formuladas segundo a "razão comunicativa" adquirem o mínimo de *certeza* e *segurança*, exigidas pela ordem jurídica positiva, se não forem expressas em termos de "ação comunicativa". É mérito de Habermas focalizar o discurso do Direito à luz da tensão *validade-eficácia*, mas ele não consegue explicar a questão nuclear da obrigatoriedade do Direito, que não pode resultar de mero fluxo do *ius vivens*[403].

Não há dúvida de que os textos jurídicos (legais, consuetudinários, jurisdicionais e negociais) não surgem como por encanto. Eles pressupõem todo um entrelaçamento complexo de interesses, pretensões e linguagens, de caráter público ou privado, que vão desde *"representações ou aspirações jurídicas"* – a expressarem a força nascente do *jus vivens* – até as *regras de Direito* que têm a virtude de obrigar.

As regras obrigam, ao serem reconhecidas como expressão heterônoma de uma objetiva forma de querer, só alcançada graças à sua tramitação, a partir dos pressupostos das respectivas matrizes da linguagem jurídica (visual, sonora e verbal). Outra questão relevante sobre as fontes formais do Direito (matriz verbal) é sobre sua natureza procedimental, já que existem condições e pressupostos que devem ser satisfeitos em termos de *processus*. É aqui que o discurso burocrático causa seus entraves.

Vejamos o que ocorre com a Lei – a fonte do Direito por excelência nos ordenamentos jurídicos de tradição romanística, como o nosso, de inspiração no *Corpus Juris Civilis*, de Justiniano.

---

403 Cf. Jurgen Habermas, Faktizität und geltung: beiträge zur diskurs theorie des rechts und des democratichen rechtsstaats, Frankfurt/M., 1992, citado por M. Reale, *in Fontes e modelos do Direito*, p. 17. Vide a tradução desta obra de Habermas, *Direito e democracia: entre facticidade e validade* (citada na Bibliografia).

Na realidade, o Direito Romano Clássico não teve a lei como fonte primordial, mas antes um trabalho combinado de doutrina e jurisdição, graças à ação conjugada dos jurisconsultos – que forneciam a *norma juris* – e dos pretores, que lhe conferiam validade, tudo com base na solução concreta dos casos, à medida que as demandas iam surgindo e as necessidades iam configurando-se.

Quando se emprega a palavra *Lei*, para caracterizar a fonte primordial do Direito pátrio, faz-se referência a todas as modalidades de revelação do Direito que compõem o processo legislativo, feliz designação introduzida em nosso Direito Constitucional, desde a Carta Magna de 1967. Nossa Assembleia Nacional Constituinte foi prudente ao conservar e consolidar esse entendimento, dedicando-lhe toda a Seção VIII (Do Processo Legislativo), do Título IV (**Da organização dos Poderes**), da Constituição de 1988, arts. 59 a 69. Por força do art. 59, o processo legislativo abrange a elaboração de emendas à Constituição, leis complementares, leis ordinárias, leis delegadas, medidas provisórias, decretos legislativos e resoluções. Esses são os processos mediante os quais se elaboram e se positivam as normas de ordem legal, isto é, a lei e as regras que a ela se equiparam.

Note-se que para cada forma de processo legislativo são indicados os seus pressupostos de validade, atendendo-se a razões de certeza e segurança. Por força dos mesmos princípios, também os demais processos jurígenos, com base nos costumes, na jurisdição e nos negócios jurídicos, estão cercados de iguais exigências, o que, observe-se, resulta do próprio texto constitucional, da construção doutrinária e do lavor jurisprudencial, revelando a amplitude que hoje tem a questão das fontes do Direito. É nesse sentido que a doutrina, embora não seja fonte formal do Direito, tem a primordial função, entre outras, de dizer quais são as condições que a legitimam, assim como, ao depois, qual o significado e alcance dos modelos jurídicos (seus conteúdos) que ela reelabora.

Mesmo aqueles autores que rejeitam o tridimensionalismo são obrigados a reconhecer que as fontes do Direito não podem ser consideradas apenas segundo critérios lógico-semânticos, por ser impossível fazer abstração de sua relação com a vida social e histórica, sobretudo quando, graças à análise da linguagem, faz-se uma aproximação entre validade, eficácia

e fundamento (valor) do Direito. A realidade social e histórica reage constantemente sobre a realidade normativa, quer através de formações espontâneas de valores, juridicamente sentidos como tais pela coletividade, quer através do resgate de princípios gerais, que as formulações legislativas constantemente obrigam a reelaborar e atualizar.

Se analisarmos o conteúdo de uma fonte do Direito, verificamos que, às vezes, ele é formado de diretrizes normativas imutáveis, válidas para qualquer tempo e circunstância, por consagrar um valor tido e havido como insusceptível de mudança. Outras vezes, porém, o conteúdo refere-se a eventos factuais ou a exigências axiológicas mutáveis, importando em interpretação diversa daquela que estava inicialmente na intenção do legislador ou dos contratantes. Pode-se dizer que um dos conteúdos de uma fonte do Direito são as regras jurídicas por ela enunciadas, a fim de determinadas formas de conduta serem declaradas obrigatórias, permitidas ou proibidas, ou serem especificados determinados âmbitos de competência, em dada conjuntura histórica.

Sob esse prisma de dinamicidade é que se pode dizer que os modelos do Direito representam uma nova linguagem (uma linguagem subsequente), expressiva do conteúdo normativo das fontes do Direito. Ou, por outras palavras, que o conteúdo normativo das fontes do Direito é melhor captado quando compreendido no sentido de modelos, os quais constituem sempre estruturas postas em razão dos fins que devem ser realizados, sendo-lhes, pois, inerente um sentido prospectivo de *dever ser* (Sollen), tal como é próprio do Direito. Não é demais afirmar que todo modelo do Direito compõe em unidade as ideias de estrutura e desenvolvimento, o que nos permite compreender as constantes integrações normativas que caracterizam a experiência jurídica, dando-lhes uma base científica.

Só a compreensão do conteúdo das fontes do Direito em termos de modelos do Direito é que tem a virtude de torná-lo susceptível de realizar-se ou efetivar-se na plenitude de sua potencial validade, não somente possibilitando que a regra jurídica seja vista como algo objetivo e válido de *per si* (independentemente da intenção originária de quem a colocou *in esse*), mas também que ela se efetive em todo o leque de suas virtualidades, até que surja imperiosa a revogação da norma vigente para dar lugar a novo processo legislativo ou a um novo paradigma.

Das fontes do Direito resulta toda uma trama ordenada de textos jurídicos que, dependendo da matriz de que se originam (matriz verbal), são dotados de garantia específica ou sanções. Opera-se, desse modo, através da história, o processo de "modelagem jurídica" das condutas humanas sociais, de acordo com qualificações valorativas dos fatos, sempre diversas e renovadas. No fundo, a história do Direito é a história de seus modelos, de seus institutos, de suas instituições e de seu sistema de normas, em função das mudanças sociais.

O conceito de modelo, em todas as ciências, está sempre ligado à ideia de projeto, de planificação lógica e à representação simbólica e antecipada dos resultados a serem alcançados por meio de uma sequência ordenada de medidas ou prescrições. Cada modelo expressa, portanto, uma ordenação lógica de meios a fins, constituindo, ao mesmo tempo, uma preordenação lógica, unitária e sintética de relações sociais. Nesse ponto, resulta que os modelos jurídicos não são meras criações da mente, mas sim o resultado da ordenação racional do conteúdo das normas reveladas ou formalizadas pelas fontes do Direito, para atender aos pressupostos de validade objetiva autônoma e de atualização prospectiva dessas mesmas normas.

Segundo Reale[404], nada deve ser mais imerso no fluxo vital da experiência do que a modelagem do Direito, muito embora a sua forma ou estrutura só seja possível com a abstração e o sacrifício do secundário e do residual, preservando-se as linhas essenciais da ação, num trabalho rigoroso de qualificação tipológica, que representa o cerne da pesquisa científica, tarefa a ser continuada pelos jovens operadores do Direito da era digital. Não há que se falar, portanto, em afastamento ou em perda do real concreto na caracterização dos modelos jurídicos, pois, se algumas vezes eles são fruto de atos arbitrários de autoridade, não é menos certo que, em tais casos, ou têm vigência formal temporária, ou não chegam a se converter em elementos operacionais, carecendo de adequada eficácia no plano da ação. As soluções normativas, não fundadas na experiência, não são modelos jurídicos, no sentido rigoroso deste termo, que implica consonância com a natureza tridimensional do Direito, a correspondente correlação entre fundamento,

---

[404] *In O direito como experiência*, p. 164-167.

vigência e eficácia (como vou expor a seguir). Além disso, quando as soluções normativas surgem divorciadas da realidade, a tendência natural do jurista, no ato de interpretá-las, é no sentido de reconduzi-las ao leito da experiência, recuperando-se, através da exegese e da aplicação prudente, os valores esquecidos de realizabilidade concreta.

Elaborar um modelo jurídico é, portanto, um trabalho de aferição de dados da experiência (e das matrizes da linguagem) para a determinação de um tipo de comportamento não só possível, mas considerado necessário à convivência humana. Há, por certo, na instauração de um modelo jurídico, um ato volitivo superador dos nexos causais, para conferir *valor paradigmático* a uma dada estrutura normativa que, dessa forma, não fica jungida ao plano das relações empíricas. Isso explicaria, segundo Reale (repete-se), por que Hume[405] tenha falado em "artifício" e Olivecrona em "imaginoso", a propósito das regras jurídicas. O que há, porém, diz ele, é uma tomada de posição, de fundo necessariamente axiológico e volitivo, perante a realidade social e em função dela, de tal modo que entre o modelo jurídico, preferido ou reconhecido, e a experiência deve haver uma correspondência isomórfica[406] (eu acrescentaria, uma correspondência entre as três matrizes) como condição de seu êxito operacional, ou de sua efetividade. De certo modo, por presumir-se que o modelo jurídico corresponda a um conjunto motivacional fundado na análise objetiva dos fatos sociais, como paradigma de comportamentos normalmente previsíveis, proclama-se entre outras razões a obrigatoriedade do Direito, não se admitindo, em regra, a *ignorantia juris*, como excusa de seu não-cumprimento.

Posto isso, se é indispensável que o paradigma normativo seja isomórfico em relação à experiência social, e que como tal se mantenha através das mudanças nela operadas, compreende-se a exigência metodológica de uma qualificação tipológica da conduta humana, segundo critérios cada vez mais objetivos e seguros.

A qualificação e a tipicidade têm sido ambas analisadas separadamente, quando, na verdade, são aspectos inseparáveis da pesquisa científica do

---

405 Cf. Reale, *ibidem*, p. 165.

406 Isomorfismo. Filosofia geral. 1. Identidade de forma ou de estrutura. 2. Igualdade estrutural, cf. M.H.Diniz, *in Dicionário jurídico*, v. 2, p. 913.

Direito. Tem-se dado mais ênfase à primeira no campo do Direito Internacional Privado, no qual as normas jurídicas em conflito figuram como dados para uma qualificação de sobredireito, o que lhes dá um cunho de metalinguagem jurídica. Em tal hipótese, com efeito, a qualificação versa sobre modelos legais de ordenamentos jurídicos distintos, modelos estes que não só surgiram em virtude de uma qualificação tipológica própria, mas também pressupõem problemas de qualificação dentro do ordenamento de um determinado país, em cotejo com a pertinente de outros ordenamentos. Da mesma forma, no domínio do Direito Penal, tem-se cuidado mais da tipicidade, no plano fático, mas ela implica necessariamente um problema de qualificação normativa, sob pena de perder-se o seu sentido concreto, o que demonstra que o processo de qualificação-tipológica é essencial à gênese e à compreensão de todo e qualquer modelo jurídico.

Se, em suma, o pesquisador do Direito não fica jungido apenas à "descritiva do fato concreto", nem por isso pode pensar-se nos modelos do Direito como algo desligado da experiência, pois consoante já foi observado, toda estrutura normativa enquanto unidade integrante e superadora de uma tensão fático-axiológica é forjada na experiência e vive em função dela. A concreção de que se fala deve ser entendida em termos de correlação dos elementos na unidade funcional da estrutura. A esta nova luz, os modelos jurídicos são "concretos" na medida e enquanto a normatividade neles abstratamente expressa se correlaciona necessariamente com fatos e valores, que são as outras duas dimensões estruturais do Direito: são, em suma, *modelos operacionais* e não meros esquemas ideais. Nada mais contrário à ideia de modelo do que a abstração à consideração da matriz visual e de sua linguagem.

É inegável que existe uma diferença essencial, ou, melhor, uma distinção vetorial de sentido próprio de cada espécie de pesquisa do Direito, conforme se trate da pesquisa de um jurista, de um sociólogo do Direito ou de um filósofo do Direito.

O jurista busca a compreensão *normativa* de fatos, em função de valores.

O sociólogo busca a compreensão *fatual* de normas, em função de valores.

E o filósofo busca a compreensão *axiológica* de fatos, em função de normas.

O jurista supera o momento descritivo dos fatos (matriz visual), por sua necessária referibilidade a um modelo posto, pelo legislador, a fim de disciplinar uma classe de ações futuras em termos do que *deve ser*. Não obstante, nem o legislador (ao propor o modelo legal, optando por uma dentre as possíveis qualificações tipológicas consentidas pelos dados de fato), nem o jurista, ao depois, no ato de interpretar e executar a lei, podem desvincular a estrutura normativa do fluxo da experiência.

Conceber os modelos jurídicos como puras abstrações, não referidas à realidade (matriz visual) que essencialmente expressam, redunda em privá-los de uma de suas qualidades principais, que consiste em correlacionar o momento abstrativo da estatuição volitiva da regra com o momento dogmático de sua compreensão, permitindo seja superado o entendimento da Dogmática Jurídica, em termos de mera aplicação prática.

O conceito de modelo implica, *de per si*, a articulação dos pressupostos teoréticos com a atualização da experiência, em termos operacionais, tão certo como estrutura e função são conceitos que necessariamente se exigem e se completam, como expus no **Capítulo 5, 2.2.**

5.2 A validade do Direito (validade empírica – fato/*eficácia social*); (validade axiológica – *valor/fundamento filosófico*); (validade normativa – *norma/vigência social*)

5.2.1 *Eficácia, fundamento e vigência*

A complementaridade necessária das pesquisas, seja do sociólogo, do filósofo ou do cientista do Direito revela-se, de maneira bem marcante, exatamente quando se estuda a questão da **"validade"** do Direito, que esvoaça, como um pássaro assustado, por todos os quadrantes do pensamento jurídico, no dizer do filósofo e jurista alemão Max Ernst Mayer[407].

Para empregar uma expressão bem popular, cheia de significado, a primeira impressão que a lei e o Direito nos dão é a de serem algo feito "para

---

[407] Cf. Reale, *in Teoria tridimensional do Direito*, p. 14-22.

valer", isto é, de uma ordem ou comando emanado de uma autoridade superior. Basta, porém, imaginar uma pessoa na posição concreta de destinatário do chamado "comando legal" para perceber-se quão complexo é o problema da validade do Direito.

Em primeiro lugar, surge a pergunta quanto à obrigatoriedade da norma jurídica para todos, em geral, e para determinada pessoa, em particular, o que se desdobra em uma série de outras perguntas sobre a competência do órgão que elaborou o modelo jurídico, sua estrutura, seu alcance e vigência. Há, ainda, uma outra ordem de dificuldades, que consiste na indagação dos títulos éticos dos imperativos jurídicos, na justiça ou injustiça do comportamento exigido do destinatário da norma, ou seja, de sua legitimidade e fundamento. Além do plano de caráter formal, surge um outro grupo de questões, quanto à conversão efetiva da regra de Direito em um momento da vida social, isto é, no tocante às condições do real cumprimento dos preceitos por parte dos destinatários, ou seja, sua eficácia. A esse propósito, trago à baila, por extremamente oportunas, as palavras do insigne Prof. Paulo de Barros Carvalho[408]:

> Desde a emissão da regra até esse ponto, estamos no universo do deôntico, na região do dever-ser. Mas, sabemos, desde **Hume**, que do hemisfério do dever-ser não passaremos ao mundo do ser, pela dinâmica da causalidade física ou natural, bem como, em sentido oposto, caminhando pelo plano do ser, jamais ingressaremos na dimensão do dever-ser. Não há ligação direta que possibilite tal relacionamento.
>
> Ora, sendo assim, composta a representação mental na cabeça do destinatário da regra jurídica, há que existir uma tomada de posição de sua parte, manifestada num ato de vontade, que pode apontar tanto para o cumprimento como para o descumprimento do que lhe foi juridicamente imputado.

E prossegue o ilustre jurista, afirmando ser desnecessário assinalar que o trajeto é cuidadosamente observado pelo legislador, no momento da edição normativa, interessado que está em obter a eficácia social do comando

---

[408] *In* "A visão semiótica na interpretação do direito", artigo publicado na ***Revista da Associação dos Pós-Graduandos da Pontifícia Universidade Católica***, ano VI, n. 3, Especial de Direito, São Paulo, 1997, p. 8 e segs.

produzido, e que sua arte consistirá em mobilizar os sentimentos e emoções do receptor, ajustando à sua ideologia os valores que **a norma necessariamente carrega como objeto cultural que é, tudo para motivar sua vontade e direcioná-la à satisfação do que foi estipulado** (grifei).

Para que se concretize a mencionada representação mental, é necessário que o destinatário compreenda a comunicação que lhe foi passada e, para que tal aconteça, nada tão preciso como aplicar as categorias semióticas e dividir, metodologicamente, a linguagem em que se dá o ato de compreensão, analisando-o nas instâncias sintática, semântica e pragmática. O sujeito destinatário será compelido, então, consciente ou inconscientemente, a promover duas operações lógicas: a) chamemos **de inclusão de classes** a primeira, ao perceber que determinado fato do mundo social se encaixa na classe dos fatos previstos na hipótese normativa; e b) **de implicação**, a segunda, ao certificar-se de que, por imposição do mandamento jurídico, sempre que ocorrer o fato previsto na hipótese ocorrerá, também, o que estiver contido no consequente; em outras palavras, **nascerá uma relação deonticamente modalizada**[409] (grifei).

Para além dessa iniciativa, ensina o Prof. Paulo de Barros Carvalho, o esforço de compreensão da norma pressupõe intenso labor semântico e pragmático. À medida que captar efetivamente a mensagem legislada, terá o receptor de conhecer os objetos a que se referem os ***signos*** empregados pelo legislador, bem como o modo como ele os utilizou ao saturar com conteúdos significativos as variáveis do esquema sintático da regra[410]. Mais tarefa para os jovens tecnicistas operadores do Direito. **Eis, prossegue o eminente jurista, a concepção semiótica pronta para descrever a incidência da norma e o surgimento da correspondente relação jurídica.**

Apresenta, também, numa percepção sumária e elementar, os três fios

---

409 Modalização: é a determinação que modifica a relação do sujeito com os valores (modalização do ser) ou que qualifica a relação do sujeito com o seu fazer (modalização do fazer): cf. Diana Luz Pessoa de Barros, *in Teoria semiótica do texto*, p. 88.

410 Observe-se a semelhança dessas operações com as duas operações, *Confluir* e *Mover*, as quais Chomsky nos aponta em seu livro *Linguagem e mente*, p. 55, quando este famoso linguista fala do procedimento computacional ótimo. Observe-se também a importância da consideração dos sintagmas, sobre o que já comentei, no decorrer deste trabalho.

principais com que se tece a textualidade da validade do Direito, em termos de *vigência* (ou obrigatoriedade formal dos preceitos jurídicos – a *validade normativa*); de *fundamento* (ou dos valores capazes de legitimá-los numa sociedade de homens livres – a *validade axiológica*); e de *eficácia* (ou efetiva correspondência social ao seu conteúdo – a *validade empírica*).

Distanciando-se um pouco deste ponto de vista, preleciona o jurista espanhol Robles Morchón[411], autor da "teoria comunicacional do Direito", ao tratar da questão da validade das regras jurídicas, que "o *normativismo* mantém um conceito que pretende ser intrínseco de validade, desligado de toda vinculação com a abordagem axiológica e empírica, de tal modo que por Direito válido haveria de entender-se nada mais que o Direito juridicamente obrigatório". O conceito empírico, diz o eminente professor espanhol, é o utilizado pelos sociólogos e por aqueles juristas que contemplam todo o fenômeno jurídico através da concepção empirista do conhecimento (sociologistas, psicologistas), para os quais Direito válido equivale a Direito efetivo, ou melhor implantado na realidade social. Quanto à terceira, diz ele, é própria de moralistas e de jusnaturalistas, que identificam o Direito válido com o Direito valioso e, portanto, a validade com o valor.

Simplificando as coisas, diz o insigne jurista, pode dizer-se que essas três concepções da validade correspondem às três dimensões que costumam assinalar-se como características do Direito; a validade normativa fixa-se na dimensão da *norma*; a empírica, no *fato* do Direito; a axiológica, na dimensão do *valor*. No entanto, Robles Morchón segue afirmando que "o tridimensionalismo não resolve nada, porque essas três concepções seriam incompatíveis entre si". E, diz ele, não é possível um conceito eclético da validade que harmonize essas três concepções, na medida em que cada uma reclama para si a pretensão absoluta de sua definição, com exclusão das demais. Segundo o jurista, isso sucede porque, no fundo, a discussão sobre a validade constitui uma derivação imediata da discussão sobre o conceito de Direito. Para Robles, na medida em que jusnaturalismo, sociologismo e normativismo, diz ele, mantêm concepções do Direito antagônicas e, portanto,

---

411 *In El Derecho como texto* (*Cuatro estudios de teoría comunicacional del Derecho*), p. 156 e segs.

irreconciliáveis, não se pode esperar que, de sua combinação, provenha a solução do problema. E, em seguida, o jurista destaca que, das três concepções, a que *aponta* na direção correta é a do normativismo da Escola de Viena, aduzindo as razões para essa sua afirmação.

Robles Morchón deixou, porém, penso eu, uma brecha, ao afirmar: e dado que o Direito manifesta-se em linguagem, sendo nesse sentido correto dizer que o *Direito é linguagem*, pode acrescentar-se que uma teoria autenticamente pura do Direito há de confrontar-se com a análise da estrutura lógico-linguística (formal) da referida linguagem e com suas diferentes formas de manifestação por meio das regras[412](!).

Em meu entender, não seria necessário, nem conveniente, como pretende o ilustre jurista espanhol, desconsiderar a aqui apregoada consistência do "tridimensionalismo". Ao contrário, o tridimensionalismo, consagrado por tantos juristas eminentes, pode continuar a ser resgatado e reconfirmado, a partir da consideração das *três matrizes da linguagem*, que permitem albergar, com nitidez e em complementaridade, todas essas correntes de pensamento. **Enunciada a questão deste modo, parecem tornar-se mais transparentes os nexos que ligam entre si os três "problemas" numa estrutura tridimensional**.

Por uma série de motivos, uns de natureza histórica, outros dependentes das inclinações intelectuais dos pesquisadores, nem sempre prevaleceu a compreensão unitária dos fatores que compõem a realidade jurídica: não raro orientaram-se os espíritos no sentido da exclusividade de uma das perspectivas acima discriminadas, surgindo assim soluções, concepções e interpretações unilaterais ou setorizadas.

Impõe-se reconhecer que houve plausíveis razões históricas para que, no século XIX, por exemplo, predominasse a matriz verbal da linguagem jurídica, privilegiando-se a certeza objetiva da lei. As estruturas jurídicas do Estado de Direito, modelado sob o influxo do individualismo liberal dominante na cultura burguesa, cujos valores impunham-se como expressão natural

---

412 Neste ponto, Robles Morchón (***ibidem***, p. 157) afirma: dar este salto foi o que tentou em sua obra *Las reglas del derecho y las reglas de los juegos* (Palma de Mallorca, 1984); é, portanto, dentro do esquema geral dessa obra onde há de se situar o problema da validade.

de toda uma época histórica, correspondiam, conforme crença generalizada, às necessidades e tendências da sociedade oitocentista. Os estatutos constitucionais vigentes nos países de maior densidade cultural, tanto na Europa como na América, bem como os códigos e os sistemas jurídicos privados, fundados nos princípios da liberdade política e da autonomia da vontade, pareciam ser a imagem fiel da realidade social a que se destinavam, muito embora nela já estivessem fermentando os motivos que iriam determinar, no século XX, o ciclo de crises de estrutura em que até hoje se debatem tanto o Direito, como o Estado.

Dominando entre os juristas a convicção de uma correspondência essencial entre a realidade socioeconômica e os modelos jurídicos consagrados nas leis, era de todo natural que o problema da validade fosse posto em termos de *validade formal* ou de *vigência*, desdobrando-se no estudo dos requisitos da obrigatoriedade dos preceitos, desde os reclamados para a constituição regular dos órgãos legiferantes, até o processo requerido para a formulação de dispositivos que, graças à certeza objetiva de seus enunciados, representassem uma garantia aos direitos fundamentais dos cidadãos. Nem se pode dizer que fosse ilusória a correspondência entre a lei e as relações sociais então disciplinadas. O culto à lei, com o apego à independência das funções legislativas e ao princípio da separação dos poderes; a redução do ato interpretativo à mera explicitação do significado imanente ao ato legislativo; a subordinação do juiz à suposta intenção do legislador; a atenção dedicada ao rigor formal dos textos, aliando-se a prudência do jurista à arte dos filólogos, tudo isto revelava o *status* de uma sociedade convicta da justeza de suas opções normativas.

No Brasil, como lá fora, lembra Reale[413], havia um verdadeiro *parnasianismo jurídico*, que transparece na excelência da linguagem verbal da Constituição de 1891, e se projeta pelo século XX adentro, até às polêmicas travadas sobre o Código Civil de 1916, quando tiveram mais repercussão as disputas dos gramáticos do que as próprias divergências dos juristas. Como se observa, prossegue Reale, a subordinação do Direito ao ângulo da vigência não nascia de um propósito abstrato, como se declara às vezes, incorrendo-se

[413] *In Teoria tridimensional do direito, situação atual*, p. 14 e segs., que aqui transcrevo.

no anacronismo de julgar-se o passado segundo a escala de valores de nosso tempo, mas estava em consonância com o espírito e os *standards* estimativos da sociedade da época. Se não fora assim, os mestres da Escola da Exegese[414] e da "Analytical School"[415], assim como do Pandectismo Alemão[416], não teriam podido elaborar, com tanta perspicácia e rigor de análise, as categorias e institutos jurídicos, que consolidaram a ciência jurídica moderna, emancipando-a do Direito Romano, sem romper as raízes que prendem a cultura ocidental ao *Corpus Juris*.

A até hoje tão criticada Jurisprudência dos Conceitos deixou-nos um legado do mais alto alcance, que é o sentido normativo e sistemático do Direito, compreendido como *lucidus ordo* (ordem lúcida). O erro foi ter-se considerado imutável e intangível um sistema jurídico-político que, como se sabe, estava prestes a ser superado, sob o impacto de profundas inovações operadas na ciência e na tecnologia, dando lugar a conhecidos conflitos sociais e ideológicos. E o erro volta a repetir-se, em nossos dias, até que se tomem iniciativas adequadas e competentes!

---

414 Cf. M. H. Diniz, *ibidem*, v. 2, p. 368, Escola da Exegese. ***Teoria geral do direito***. Doutrina do século XIX, seguida na França por Proudhon, Melville, Blondeau, Bugnet, Delvincourt, Huc, Aubry e Rau, Laurent, Marcadé, Demolombe, Troplong, Pothier, Baudry-Lacantinerie, Duranton etc., que identificava a totalidade do direito positivo com a lei escrita, entendendo que a função específica do jurista e do julgador era ater-se com rigor absoluto ao texto legal e revelar seu sentido, aplicando-o, mecanicamente, mediante a lógica dedutiva. Esta doutrina ultralegalista proclamou que a lei deve ser a única fonte das decisões jurídicas; logo, toda solução jurídica não podia ser mais do que a conclusão de um silogismo, em que a premissa maior é a lei e a menor, o enunciado de um fato concreto.

415 Cf. M. H. Diniz, *ibidem*, v. 2, p. 367, Escola Analítica. ***Filosofia do direito e teoria geral do direito***. Doutrina que influenciou os países da ***common law*** no século XIX, preconizada por Austin e Salmond, e que admitia o fetichismo do texto legal e a função mecânica da atividade do juiz, recomendando a adoção de processos lógico-analíticos na aplicação do direito consuetudinário e do direito oriundo das decisões da corte da Chancelaria. Isso porque o direito, para a ***Analytical School***, constituía-se de um conjunto de normas permanentes, as quais só podiam ser modificadas pelo legislador; consequentemente, os juízes não podiam alterá-las, mas tão somente aplicá-las.

416 Cf. M. H. Diniz, *ibidem*, v. 3, p. 501, Pandectismo. ***Filosofia do direito***. Escola que preconizou a incorporação do Direito romano à ordenação jurídica alemã, logo apenas as fontes romanas importavam. Essa escola abeberava a tradição jurídica alemã a partir das fontes romanas – cultivando a história do Direito romano e a interpretação dos textos da compilação justiniana – com o escopo de aplicá-las como fonte direta do Direito romano, desembocando num sistema rígido de fetichismo pelos textos de construção sistemática, apregoando o uso do método dedutivo, exigindo a aplicação das leis de acordo com um processo rigorosamente silogístico.

É importante enfatizar que, antes mesmo que ocorresse a ruptura das vigas mestras do Estado de Direito de tipo individualista, para a modelagem de um novo Estado de Direito fundado na justiça social, houve clara percepção, por parte dos juristas, filósofos e sociólogos, da necessidade de abandonar soluções estereotipadas, incompatíveis com uma sociedade que parecia disposta a correr o risco – risco este ainda não superado – de comprometer a liberdade individual em prol de valores mais altos, como o da igualdade e da própria sobrevivência. É claro que nessa procura de novos caminhos, visando atingir o Direito concreto, a questão da eficácia e da efetividade assumiu posição de primeiro plano, passando os juristas a se preocuparem com soluções obtidas, ao calor da experiência social, ainda que com alguns sacrifícios sobre a certeza e a segurança.

Foi essa a trajetória dramática, percorrida por Ihering, que após elevar a Jurisprudência dos Conceitos[417] a cumes jamais atingidos, proclamou corajosamente a precariedade de seus esquematismos, abrindo caminhos para a Jurisprudência dos Interesses[418]. Mas a trilha da eficácia seria difícil e perturbada pela tentação de desvios e descaminhos, dada a falta de visão

[417] Cf. M. H. Diniz, *ibidem*, v. 3, p. 28, **Jurisprudência dos Conceitos**. *Filosofia do direito*. Doutrina alemã pela qual o jurista tem a função de desvendar no sistema jurídico a solução dos problemas suscitados pelas situações fáticas, apontando as normas a elas aplicáveis.
Jurisprudência dos interesses. *Filosofia do direito*. Corrente desenvolvida na Alemanha por Heck, Max Rumelin, Paul Oertmann, Solll, Muller-Erzbach, dentre outros, que fixou princípios a serem seguidos pelos juízes na elaboração de suas decisões, e conheceu a ordem jurídica como um conjunto de leis que produzem efeitos na vida real, afetando a vida humana, que está sempre se modificando, de modo que os interesses cambiantes estão sempre em competição, apresentando demandas contraditórias. Para tornar mais compreensíveis as normas jurídicas e os interesses da vida, surge a ciência jurídica, classificando-os em conceitos gerais. Os mandamentos jurídicos resultam das necessidades práticas da vida, da variação e do ajuste dessas necessidades feito pelo legislador. A função judicial é também a de ajustar interesses, como o legislador o faria se se tivesse que legislar sobre aquele caso. Na determinação judicial do Direito devem-se proteger interesses atuais que, para sua realização, dependem do conhecimento daqueles interesses, cuja satisfação foi exigida na formulação da norma que está sendo interpretada. A jurisprudência dos interesses não confina o juiz a mera função cognoscitiva, permite que ele construa normas para situações não previstas pelo emprego da analogia, levando em conta a valoração de interesses da comunidade que inspirou aquele dispositivo.

[418] Cf. Larenz, ***Methodenlehre der rechtswissenschaft***, Berlim, 1960, Cap. III, § 2º (na tradução castelhana de Enrique Gimbernat Ordeig, Barcelona, 1966, p. 59 e segs.: apud Reale, ***ibidem***, p. 18, nota de rodapé.

da questão, em toda sua plenitude. Consequentemente, houve juristas que, desencantados das soluções de ordem intelectiva, recorreram às vias da intuição emocional, esperando captar, num ato de identificação afetiva, o *jus vivens*, descendo até às fontes primordiais de juridicidade. Em alguns autores, a predileção pelo Direito espontâneo, ainda não ordenado em fórmulas intelectuais, significou o abandono do patrimônio, mais que bimilenar, de objetividade e de prudência que é o apanágio do Direito, **como a mais antiga e madura das ciências sociais**[419].

Tal sedução pelo Direito em estado nascente, na imediaticidade incerta dos desejos e dos impulsos, significava como que uma forma de *simbolismo* jurídico, contraposto ao *parnasianismo* de alguns corifeus da Escola da Exegese, o que não deve surpreender, pois a história das ideias jurídicas, como expressão de uma das dimensões essenciais da vida humana, obedece ao ritmo da história da arte e da literatura, tendo havido juristas românticos, realistas, simbolistas e neoclássicos[420].

Em linha paralela, outra encruzilhada abriu-se àqueles que, deslumbrados com os progressos das ciências naturais, conceberam o plano de chegar à efetividade do Direito através do método indutivo, nos moldes do que ocorria na esfera das investigações físicas e biológicas. No fundo, a questão resumia-se no programa já enunciado por Augusto Comte, ao prever a substituição da "metafísica dos fazedores de leis" pela "ciência positiva dos descobridores de leis".

Foi essa a direção seguida por todas as formas de sociologismo jurídico, isto é, pelos naturalistas e realistas do Direito, que cuidaram e ainda cuidam ser possível e imprescindível formar juristas-sociólogos, destinados à análise do fenômeno jurídico, segundo seus nexos de causalidade ou de funcionalidade, numa "pura descrição dos dados jurídicos", a exemplo do que ocorre na Sociologia. **A esta luz, o Direito só pode ser o Direito em sua eficácia**

---

419 Sobre as várias formas de intuicionismo jurídico, v. Miguel Reale, *Fundamentos do Direito*, 2. ed., São Paulo, 1972, p. 23 e segs.

420 Como exemplos de pesquisas sob esse ângulo, v. Julien Bonnecase, ***Humanisme, Classicisme, Romantisme dans la vie du Droit***, Paris, 1920, e *Science du Droit et Romantisme*, Paris, 1928; Louis Bourgés, ***Le Romantisme juridique***, Paris, 1922, cf. *apud* Reale, *ibidem*, p. 18, nota de rodapé.

social, do qual as regras jurídicas seriam *signos*, como sínteses explicativas de uma classe de resultados cientificamente previsíveis.

Nem faltaram, é claro, soluções intermediárias justapondo, paradoxalmente, o intuicionismo emocional às pesquisas científico-positivas, assim como também não faltaram teorias que, após reduzirem todo o Direito aos fatos sociais, inadvertidamente apegaram-se ao fato do poder, fazendo desse modo ressurgir, embora sob a forma de um pretenso decisionismo de base científica, a "criação" do Direito que se pretendera superar. O mais grave é que, nessa conjuntura, filósofos do Direito houve e há que assumem uma atitude de abdicação ou renúncia, contentando-se com a Teoria da Justiça, isto é, com o estudo do fundamento do Direito, transferindo para o jurista a pesquisa da vigência e para o sociólogo a pesquisa da eficácia.

Pois bem, **foi nesse amplo contexto histórico que se situaram as diversas formas de tridimensionalismo jurídico, sem, entretanto, nunca haverem chegado à análise simultânea das três matrizes possíveis de linguagem jurídica.**

Em sendo assim, por causa da não-consideração das três matrizes da linguagem (jurídica) e do pensamento (semiótico jurídico), os conceitos de vigência, eficácia e fundamento permaneceram e ainda permanecem mutilados[421].

Até mesmo Kelsen, relembre-se, com seu propósito de preservar a Ciência do Direito das intromissões indevidas de sociólogos, psicólogos, biólogos, economistas e assim por diante, abriu caminho para uma nova compreensão integral do Direito, não só por ser seu normativismo – bem distinto do "legalismo" da Escola da Exegese –, mas também em virtude de haver uma tridimensionalidade implícita na colocação de sua Teoria Pura do Direito[422].

O certo é que se nota, sobretudo a partir do segundo pós-guerra, uma aspiração generalizada no sentido da compreensão global e unitária dos problemas jurídicos, abandonadas as predileções reducionistas que levam a pseudototalizações. No tocante ao assunto ora examinado, esse desejo de integração de perspectivas torna-se cada vez mais acentuado, dele com-

---

[421] Sobre a noção de estrutura e a correlação de seus elementos, v., de Reale: *O Direito como experiência*, Ensaio VII; *Lições preliminares de Direito*, Cap. XV; *Estudos de Filosofia e Ciência do Direito*, p. 26 e segs.

[422] V. Reale, *Teoria tridimensional do Direito*, p. 38.

partilhando jusfilósofos como Norberto Bobbio, que aceita a tridimensionalidade apenas com objetivos metodológicos de discriminação de campos de pesquisa. Declara o citado representante do neopositivismo jurídico ter, em geral, desconfiança das teorias reducionistas – o que, pelo menos, já é animador.

No caso particular, da questão da validade do Direito, considera que os três critérios possíveis de validez, o *material*, o *formal* e o *empírico* – expressões que, em última análise, correspondem a *fundamento*, *vigência* e *eficácia* –, muitas vezes se integram e são adotados conjuntamente, apesar de se manterem distintos e podendo ser aplicado ora um, ora outro predominantemente, conforme as diversas situações. Bobbio adverte, com razão, que o problema da validade não consiste em preferir, entre os vários critérios em contraste nas correntes de pensamento jurídico, o critério por excelência, mas sim em analisar e redefinir os critérios propostos, precisando os casos e as vicissitudes de seu emprego, total ou parcial, cumulativo ou alternativo, concorrente ou prevalecente, igual ou privilegiado[423]. Pode-se dizer que essa maneira de focalizar a questão da validade prende-se a uma concepção tridimensional genérica, a qual, por sua vez, brinda-nos apenas com uma parte da verdade.

Eficácia, fundamento e vigência são qualidades inerentes a todas as formas de **experiência jurídica** (leia-se qualidades inerentes às três matrizes da linguagem jurídica), muito embora prevaleça mais esta ou aquela, segundo as circunstâncias e as perspectivas do pesquisador, sem que se possa romper o nexo que as vincula ao todo, como é próprio da estrutura do Direito.

É, efetivamente, no concernente ao problema da validez que se opera o divórcio de pensamento das correntes tridimensionalistas, que assim como podem dar aos conceitos de fundamento, eficácia e vigência uma acepção de cunho epistemológico-operacional, à maneira de Bobbio, podem contrapô-los uns aos outros numa insuperável antinomia, consoante resulta da doutrina pioneira de Radbruch, ou discriminá-los segundo irredutíveis perspectivas, à maneira de Garcia Máinez, mas podem também – e é a via que parece

---

[423] Bobbio, em resenha à obra de Ruggero Meneghelli, *"Il problema dell'effettività nela teoria della validità giuridica"*, Padua, 1964, na ***Rivista di Diritto Civile***, 1966, n. 6, p. 588 e segs., cf. Reale, *Teoria tridimensional do direito*, p. 21, nota de rodapé.

mais aconselhável – correlacioná-las segundo **uma compreensão dialética de complementaridade**[424]**. Tudo demonstra como a pesquisa filosófico-linguística, penetrando no âmago da validade formal, anima e fecunda – dando-lhe um novo sentido de integralidade e concretude – a Ciência do Direito**[425]**, colaborando com os juristas em sua difícil e árdua tarefa de determinar e sistematizar as categorias jurídicas (leia-se categorias semióticas), reclamadas por um mundo em mudança**.

A validade (e/ou existência) da norma jurídica possui dimensão sintática (ou sintaxe), semântica e pragmática, ao ser analisada semioticamente, desde a plataforma ou percurso inicial. Como qualidade (e/ou relação) sintática, a validade refere-se à propriedade das relações entre normas, pois "o fundamento da validade de uma norma está em outra norma" [1] (leia-se signo x signo); já como qualidade (e/ou relação) semântica, validez é *tam-*

---

[424] Sobre a posição de Gustav Radbruch e de Lask, leiam-se as obras destes autores, recomendadas por Reale, *in A teoria tridimensional,* p. 22 e segs., em notas de rodapé. Radbruch: *Rechtsphilosophie*, 1. ed., 1932; 4. ed., 1950. Há tradução portuguesa deste trabalho, com uma nova edição, correspondente à última fase de Radbruch. Sobre a posição de Lask e Radbruch, na Escola sudocidental alemã, v. a exposição de suas teorias em *Filosofia do Direito*, 10. ed., p. 453 e segs., e *Fundamentos do Direito*, p. 171 e segs. Quanto a Lask, v. Tércio Sampaio Ferraz Júnior, Die zweidimensionalität des Rechts als Voraussetzung fur den Methodendualismus von Emil Lask, Meisenheim am Glass, 1970.

[425] A plurivocidade do termo *ciência* (*scientia*) atesta o estado prévio de dificuldade em que se encontram tanto o elocutor quanto o intérprete textual, ao se referirem a um conceito, no seio dos estudos jurídicos, de "Direito". Sobre a plurivocidade do termo *ciência*, consulte-se Ferraz Júnior, *A ciência do Direito*, 1980. A respeito ainda da mesma questão, consultem-se do mesmo autor: *Função social da dogmática jurídica*, 1978, e *Introdução ao estudo do Direito: técnica, decisão, dominação,* 1994. É certo que as tendências e colocações são muitas, e as que mais se destacam são as de Hans Kelsen (*Teoria pura do Direito*), H. L. A .Hart (*O conceito de Direito*), Alf Ross (*Direito e justiça*), Karl Larenz (*Metodologia da ciência do Direito*) e Norberto Bobbio (*Teoria da norma jurídica*). A própria diferenciação entre ciências do espírito e ciências naturais guarda seu conteúdo de arbitrariedade. Um discurso em ciências do espírito é um discurso coerente e sustentável, ou seja, não verificável, porém, decomponível e analisável racionalmente no contexto de todos os demais fatos brutos que se sistematizam racionalmente. O que se admite é que a não-verificabilidade das ciências do espírito, no entanto, não pode ser concebida como questão que impeça a qualificação destas em meio às ciências em geral. Ter-se-ia, nesta só hipótese de redução do conceito de ciência para o de ciência verificável, de "excluir em ampla medida as ciências sociais do campo das ciências, pois que nelas se não trata somente de explicação causal de fatos ou da sua apreensão mediante regras de probabilidade estatisticamente obtidas" (Larenz, *Metodologia da ciência do Direito*, 1989, p. 232, citado por E. C. B. Bittar, *Linguagem jurídica*, p. 314, em nota de rodapé).

bém efetividade, quando "uma norma só é válida no sistema, mas o sistema [o objeto], como um todo, só é valido se eficaz [2] (leia-se signo x objeto); e no ângulo pragmático, em que a validade da norma tem qualidade (e/ou relação) pragmática com seu editor (intérprete), ou seja, dá-se uma relação de competências jurídicas [3] (leia-se signo x usuário ou intérprete). Sendo que, observando-se as plataformas do percurso gerativo da significação do texto, ao se chegar ao prisma pragmático, a noção de validade estará em relação também com a qualidade do(s) discurso(s) jurídico(s), até os desdobramentos finais, isto é, à sua capacidade de colocarem fim aos conflitos, institucionalizando-os.

Ou seja, perante a Semiótica Jurídica, a discussão sobre a validade (ou verdade) ficaria amenizada, à medida que o Direito fosse pensado, pelo jurista atual e atuante, idealista e estrategista, *como linguagem*, com análise simultânea (conforme o *design thinking* apresentado) de sua matriz visual (fato x valor x norma), em que a eficácia, o fundamento e a vigência, cada um estivesse imbricado com os anteriores da matriz sonora (sintaxe, semântica e pragmática) e com os posteriores da matriz verbal (discurso jurídico), dirimindo-se também as concepções, até então antagônicas e irreconciliáveis, do sociologismo, do jusnaturalismo e do normativismo[426] e dos autores que vêm representando *separadamente* cada uma destas plataformas do pensamento jurídico.

---

[426] Cumpre apontar algumas distinções feitas pelos diversos autores: validade empírica, validade axiológica e validade normativa. O conceito empírico é o utilizado pelos sociólogos e por aqueles juristas que contemplam todo fenômeno jurídico através da concepção empirista do conhecimento (sociologistas), para quem Direito válido equivale a Direito efetivo, isto é, realmente implantado na realidade social, quantitativamente mensurável. O conceito axiológico é próprio dos moralistas e jusnaturalistas, que identificam o Direito válido com o Direito valioso e, portanto, a validade com o valor. Por último, o normativismo mantém um conceito que pretende ser intrínseco de validade, desligado de toda vinculação com a abordagem axiológica e a empirista, de tal modo que Direito válido teria que ser entendido como Direito juridicamente obrigatório. Cumpre ressaltar que, por vezes, os autores colocam-se em planos epistemológicos diversos e, sem se darem conta dessa questão, criticam uns aos outros, em vez de aproximarem suas abordagens e identificarem os pontos comuns.

5.3 O Direito como hipertexto

Não podemos abandonar tudo o que já foi pensado até aqui, nem desconhecer o que está acontecendo.

A *não*-perspectiva dos operadores do Direito sobre a possibilidade de hibridismo entre as matrizes da linguagem jurídica tem como consequência não esclarecer certas questões, pelas quais os estudiosos já vinham debatendo: a questão da análise do Direito, cada qual sob um prisma, ora pelo jurista, ora pelo sociólogo, ora pelo filósofo; a questão epistemológica da pesquisa do Direito; a questão das fontes (materiais e formais) do Direito e dos modelos do Direito; a questão da validade do Direito – vigência (validade normativa); eficácia (validade empírica) e fundamento (validade lógica).

Esta é uma questão que envolveria também a Filosofia da Linguagem, mas o que é importante frisar é *como* esses diversos níveis também são passíveis de serem estudados e considerados pelo jurista e serem entrecruzados ***horizontal e verticalmente*, numa possível e iminente linguagem "digital".**

Através de múltiplas maneiras de correlação entre as matrizes, entre fatos, valores e normas, surgem e se desenvolvem distintos círculos de experiência jurídica, os quais, por sua vez, influenciam-se e se interpenetram, constituindo, em cada país, uma experiência jurídica global, a qual não é só criação do Estado, embora tenha no Estado seu ponto de referência, em termos de validade (eficácia e vigência), mas dos próprios operadores do Direito.

Não obstante a importância de temas como a positividade e a objetividade do Direito, os limites do presente trabalho são para chamar a atenção sobre a experiência jurídica, do ponto de vista estrutural de sua linguagem. A experiência jurídica não pode ser plenamente entendida, se não tivermos presente a complexidade de sua estrutura linguística, que não é uma estrutura estática, mas sim, dinâmica. Por esta razão, é possível dizer, desde a análise dos princípios semióticos até a interpretação de normas particulares, que a vida do Direito desdobra-se através de suas matrizes básicas, cuja natureza e níveis são diversos, **mas todos interligados pelo propósito comum de uma objetiva conexão entre formas, meios e fins, ou seja, entre a realidade e a ideia de justiça, que nos possibilita a consideração do Direito**

como um HIPERTEXTO. Só a partir daí poder-se-á criar uma linha de pesquisa, com a colocação de megadados. Muitos desses dados já estão à espera do operador de Direito.

Numa projeção sucessiva, podem correlacionar-se e se desdobrar as três matrizes da linguagem jurídica: a matriz visual (cuja culminância é a linguagem do chamado Direito Natural); a matriz sonora (cuja linguagem dá sustentação ao Direito Positivo, como ordenamento normativo de fatos e valores, no plano experiencial); e a matriz verbal (cujo ápice é a Hermenêutica Jurídica, que, além de esclarecer o significado das regras positivas, assegura-lhes contínua atualização e operacionabilidade). Essa colocação admite que a tarefa da Teoria da Justiça está sempre em construção, pois nenhuma contribuição jurídica tem o condão de colocar fim aos renovados e perenes contrastes que, desde que a história é história, assinalam as divergências doutrinárias sobre o que é justo ou injusto, lícito ou ilícito, correto ou incorreto, falso ou verdadeiro. **Portanto, o que aparenta ser crise é, isto sim, a falta de exercício ou a falta de conhecimento das categorias semióticas, que até agora não têm sido suficientemente pensadas e desveladas, por nós, juristas, através das matrizes da linguagem**.

Reale já sinalizara:

> **1) Acomodamo-nos numa posição restrita e secundária de analistas e sistematizadores de um Direito posto por outrem (o legislador), sem situarmos a tarefa da linguagem do Direito, em função da totalidade da experiência jurídica.**
>
> **2) Afastamo-nos cada vez mais da vivência dos institutos jurídicos, só possível em correlação com a imagem de síntese integral do Direito (fato x valor x norma), em seu perene evoluir.**
>
> **3) Não nos demos conta das categorias semióticas, de modo a atender as novas exigências do mundo contemporâneo, a tal ponto que ainda insistimos em aplicar esquemas ultrapassados da Dogmática Jurídica, inspirada pelo antigo Estado liberal individualista, e incompatível com o Estado da justiça social e das tarefas culturais reclamadas pelas forças criadoras da linguagem e do pensamento.**

4) Esquecemo-nos de que o Direito surgiu e se alimenta da confiança depositada na *vontade* ordenadora, no poder de síntese superadora, inerente à própria concepção humanística do Direito.

Portanto, se "crise" do Direito existe, não é porque este venha perdendo importância; ao contrário, o que se nota é o alargamento cada vez maior do campo por ele disciplinado e nós, operadores do Direito, ainda não estamos preparados de modo suficiente e adequado. Fomos ficando cada vez mais acantonados na tarefa secundária de comentar textos legais, compondo sistemas técnico-formais sobre as bases de preceitos postos a nossa inteira revelia, recebidos como se fossem comandos, cuja linguagem não temos sido capazes de decifrar. Foi-se perdendo, assim, o sentido criador da Ciência do Direito, a cujos cultores não cabe exclusivamente a tarefa de elaborar leis, mas cuja presença deve fazer-se notar a partir de suas matrizes básicas de linguagem.

Certamente, foi o positivismo jurídico, com seu apego desmedido à letra da lei e sua acanhada compreensão da *mens legis* (identificada com a presumida "intenção do legislador") – tudo como decorrência de seu paradoxal e mutilado conceito de "realidade" –, que contribuiu, entre outros, para confinar a Jurisprudência entre os muros da Hermenêutica Jurídica, e de uma Hermenêutica subordinada a cânones de exegese verbal escrita, rompidos os laços com os conteúdos vitais da experiência humana (matriz visual e matriz sonora).

Devido à *não-familiaridade* com as matrizes básicas da linguagem jurídica e do pensamento semiótico jurídico, os positivistas foram dando corpo à profecia de Augusto Comte, que, confiante nas conquistas iluminísticas e salvadoras das ciências positivas, anunciara a morte dos "fazedores de leis", a serem substituídos, na condução dos negócios do Estado, pelos "descobridores ('terribles simplificateurs') das leis" imanentes no desenvolvimento natural das sociedades[427]. Daí o florescer da Escola da Exegese e de movimentos

[427] Sobre a repercussão desta profecia no Brasil e o conflito dos positivistas com os mestres de Direito, no século XIX, v. Miguel Reale – ***Filosofia em São Paulo***, 1962, p. 91 e segs.: cf. citação de Reale, *in* ***O direito como experiência***, p. 81, em nota de rodapé.

paralelos, confundindo-se a ciência com o código; a linguagem da ciência jurídica com a linguagem do legislador[428].

Se há algo que parece válido, quando se relembra a evolução do Direito, através dos séculos, é o esforço empreendido pelos juristas e suas Escolas, no sentido de superar o divórcio entre Filosofia do Direito e Ciência do Direito, de tal modo que os filósofos dissessem algo que tivesse significação para o jurista, e o dito pelo jurista fosse levado na devida conta pelo filósofo, e ambos pudessem significar algo para o destino dos homens! A Semiótica Jurídica poderá nos ajudar muito. As matrizes da linguagem jurídica repousam sobre um cerne de verificações, que não é o fruto de construções mirabolantes, mas refletem a realidade, a trazer consistência para o Direito – enquanto linguagem, consistência esta que assim se torna manifesta.

Confirmada, exaustivamente, a tridimensionalidade – sob qualquer dos ângulos do pensamento pelos quais se analise o Direito como linguagem –, nada estranhável que esta nossa característica seja considerada tanto pelo filósofo do Direito, como pelo téorico do Direito: de certo modo, a tridimensionalidade é o ponto comum de interseção ou de correlação existente entre as distintas indagações que tem o Direito como objeto, permitindo, pois, o superamento artificialmente levantado entre Filosofia do Direito e Teoria Geral do Direito, que devem ser distintas, sim, como esferas autônomas de pesquisa – para se completarem reciprocamente, e não para se contraporem de maneira abstrata e indesejável.

Não existe o reino das formas puras ou dos arquétipos eternos; existe, sim, algo que percebemos no processar-se da experiência, mas que, trazido à luz da consciência teorética, desde logo se põe como condição prévia, sob o ponto de vista lógico-transcendental (= ontognoseológico) da experiência

---

[428] Essa redução do papel do jurista torna-se explícita nesta assertiva de Norberto Bobbio: "Pode-se dizer que a pesquisa do jurista em sua parte fundamental e sobretudo em seu aspecto crítico se resolve numa análise da linguagem do legislador (*Teoria della Scienza Giuridica*, Turim, 1950, p. 218). Esse esvaziamento da Ciência Jurídica, reduzida à análise da linguagem do legislador, que seria o seu "objeto principal", e tudo a pretexto de só assim se poder salvar o caráter científico do Direito, corresponde bem ao espírito do neopositivismo, que se compraz em eliminar problemas como fórmula expedita de resolvê-los: cf. M. Reale, *in O Direito como experiência*, p. 82, em nota de rodapé.

mesma: em se tratando de **linguagem natural**, temos as condições lógico-transcendentais que explicam a validade das leis que expressam as relações causais ou funcionais de caráter fático; em se tratando de **linguagem jurídica**, temos as condições axiológico-transcendentais que nos dão a compreensão das conexões de sentido que constituem e nos revelam os fenômenos de ordem ética.

Quando o fenômeno jurídico (a juridicidade), cuja consistência tridimensional previamente se determinou em sede filosófica – passou a ser objeto de outra ordem de indagações, no plano empírico-positivo da Teoria Geral do Direito –, nem por isso a pesquisa deixa de ser tridimensional, pelo fato óbvio de que o objeto em estudo (o Direito) não perde, nem poderia perder, a sua essencial contextura, continuando a experiência jurídica a ser tridimensional, *em* sua linguagem e *por* sua linguagem.

Cabe salientar que, entre a Filosofia e a Ciência, opera-se um processo de progressivas e constantes objetivações, no sentido de se atingirem cada vez mais definidas particularizações do real, à medida que o pensamento desenvolve-se desde o plano das condições transcendentais[429] ou ontognoseológicas até as condições empírico-positivas (as *formais* da Lógica; e as *instrumentais*, da Metodologia). Com efeito, não há um salto do transcendental da Filosofia para o "experiencial" da ciência, exatamente porque aquele só é pensável em função da experiência possível[430].

Resumindo: o Direito, *enquanto linguagem*, apresenta-se como um *sistema comunicacional real* que regula as condutas humanas sociais e se manifesta em textos cujas matrizes são: a visual, a sonora e a verbal.

O Direito, enquanto *metalinguagem*, apresenta-se como um *processo comunicacional possível* que regula modularmente (não necessariamente

---

[429] Cf. Reale, *ibidem*, p. 83-84: "dou ao termo *transcendental* uma acepção bem mais ampla do que a de Kant, não só por abranger constitutivamente a esfera da 'experiência ética', como também por superar a concepção meramente formal das categorias esquematizadas e pré-classificadas do criticismo kantiano e neo-kantiano, reconhecendo-lhes, ao contrário, além da função gnoseológica, uma função constitutiva ou instauradora tanto no domínio teorético como no da práxis".

[430] Reale, *Filosofia do Direito*, 4. ed., p. 25 e segs. O uso do termo *experiencial* impõe-se dada a acepção correlata estrita das palavras *experimentação* e *experimental*; *experimental* está para "experiencial" como a espécie está para o gênero, cf. Reale, *in O Direito como experiência*, p. 83.

modelarmente) as condutas humanas sociais e se expressa em um hipertexto, cuja característica principal é a continuidade[431] **de sua linguagem.**

Para facilitar respostas às questões e aos desafios jurídicos que vão surgindo, optei por resumir e enfatizar o paradigma semiótico. Ao mostrar a fundação das três matrizes básicas da linguagem natural e da linguagem jurídica, sinalizei ao futuro operador de Direito, na era da Cibernética, a possibilidade de uma *categorização* dos mecanismos de busca, dada a correspondência dessas matrizes com a indexação virtual e o *modus* análogo de busca, pelo seu modo de ser e operacionalidade, sendo eles baseados em conteúdos sonoros, visuais e verbais: a sintaxe é a representação do sonoro, a forma é a representação do visual e o discurso é a represesentação do conhecimento verbal.

Se, por um lado, a Semiótica elementar, estrutural, tal como a apresentei, é uma teoria aberta, que se deixa estender, precisar e diferenciar, nada impede que seja complementada por uma Semiótica com um ponto de partida superior, isto é, mais rico, tanto na classificação dos signos, como nos processos dos signos.

Apesar de saber que a Semiótica atual (Semiótica textual ou Semiótica discursiva) já está bem distante daquela euforia que, até os anos 1960, alimentava-se do "desmascaramento ideológico", não renunciei à definição da atividade semiótica por meio de uma metodologia e de um aparato conceitual específicos. Porque, naquela época, pensava-se que a eficácia dos discursos era o resultado de sua capacidade de transmitir conteúdos supostamente ocultos, diante dos quais a audiência não podia agir criticamente. Tal concepção respaldava-se, também, na difusão de numerosos estudos sobre comunicação de massas, nos quais a onipotência dos *mass media* era mal questionada.

Daquele entusiasmo pelo desmascaramento ideológico, passou-se a uma concepção mais dinâmica dos discursos: o acento da análise veio a ser colocado sobre o *processo e as condições de produção e também recepção*

---

[431] A continuidade, ou melhor, a circularidade é um fenômeno que se produz com nítida aparência no universo jurídico como um todo, consistindo na sustentação recíproca de diversos tipos de discursos sobre premissas de outros discursos; nessa interação de discursos jurídicos, cria-se um verdadeiro mutualismo semiótico, onde um discurso se sustenta em um texto, e este, por sua vez, em outra prática textual.

dos textos. Dessa tendência ainda cabe esperar contribuições valiosas, apesar dos obstáculos que dificultam determinar, em um nível analítico, quais fatores devem ser incluídos entre as condições de produção, ou como introduzir na análise textual variáveis contextuais sumamente difusas: sociais, culturais, situacionais e assim por diante.

A aceitação ou a rejeição dos métodos e conceitos procedentes das diversas disciplinas do texto depende do rumo específico que a concepção semiótica do discurso imprimir à teoria e à prática.

A especificidade do fazer semiótico não é apenas a aplicação de uma *teoria dos signos* – importante ainda, sim –, **mas também o *exame da significação como processo que se realiza em textos e hipertextos,* de onde *emergem e onde interatuam sujeitos,*** *agora,* **com a *linguagem na era digital*** *e no ciberespaço.*

Colocando à disposição do leitor essas vias, tentei apenas esboçar as extensões possíveis e com isso considero ter "desocultado" um pouco mais o Direito, como linguagem e como metalinguagem. Preocupei-me, essencialmente, em apresentar a Semiótica, não como disciplina, porque não tenho legitimidade para tal, mas como instrumento de esclarecimento de problemas do uso ou do emprego dos signos, no campo jurídico, na atual e futura era digital.

Custa-me aceitar que a práxis da Semiótica tenha já alcançado os âmbitos da estética, da arquitetura, do *design*, da matemática, da medicina, do planejamento e outros mais e não tenha ainda alcançado o campo do Direito, quando é aqui que os signos e os sistemas de signos, pertencentes aos meios sensoriais e intersensoriais da vida humana, desempenham uma função importante de compreensão, reação e comunicação!

Creio que, proximamente, a Semiótica poderá vir a ser indispensável para todas as disciplinas. Ela não é apenas uma ciência, mas uma teoria da ciência, um instrumento para analisar tanto outras ciências quanto as atividades e condutas humanas sociais, que se baseiam em formas de expressão, informação e comunicação. Quando, nas primeiras páginas deste trabalho, apresentei a definição e a classificação dos signos, tive por escopo chamar a atenção do leitor para sua riqueza, com uma certa unidade da concepção dos mesmos, a despeito de todas as suas variações. Nos complexos e complicados sistemas sígnicos que dominam, cada vez mais, nossa vida cotidiana e científica, quero crer que, futuramente, juristas semioticistas, solidamente formados, poderão melhor produzir, projetar e realizar signos jurídicos, realmente utilizáveis e transformadores.

O que tem ocorrido é que o operador do Direito, porque não visualiza as matrizes da linguagem jurídica, ao falar o Direito e sobre o Direito, o faz confusamente, falando a partir do seu "desde-já-sempre", o "já-sempre-sabido sobre o Direito", enfim, como o Direito sempre tem sido: é como ele "é" e tem sido estudado nas faculdades, reproduzido e estandartizado nos manuais e aplicado cotidianamente. O mundo jurídico, até agora, permanece assim pré-dado (e, consequentemente, predado[432]) por esse sentido comum teórico, que vem a ser o véu do ser do Direito, porque o jurista receia operar sem segurança e eficiência.

Os males dessa ocultação – nós, operadores do Direito, o sabemos muito bem – têm sido pressentidos de vários modos, a começar pela inefetividade da própria Constituição, pela crise da justiça, pela morosidade crônica e dificuldade de acesso ao Judiciário, pelo "lento discurso dito burocrático", pela falta de implementação dos direitos sociais, pelos crimes da *internet*, bem como pela absoluta falta de função social do Direito.

Até agora, não foram criadas as condições propiciadoras da abertura necessária e suficiente para a manifestação do *ser* do Direito e de sua expressão máxima, a **Constituição**, permanecendo, de maneira crônica, os não-desdobramentos jurídico-políticos, como a igualdade, a redução da pobreza, a função social da propriedade, o direito à saúde e ao meio ambiente ecologicamente equilibrado, a moralidade administrativa, o respeito aos direitos humanos fundamentais e assim por diante.

É preciso compreender que a especificidade do campo jurídico, ou, melhor, da linguagem jurídica, implica necessariamente entender o Direito como linguagem e como mecanismo prático que provoca e pode provocar mudanças na realidade.

---

[432] Cf. feliz expressão de Lenio Luiz Streck, *in Hermenêutica e(m) crise*, p. 268.

Nós, juristas, homens de letras e de comunicações, estrategistas e jusidealistas, não temos exercido satisfatoriamente nosso papel. **Um bom começo para os estudiosos do Direito, por exemplo, seria a abertura de um processo inicial de identificação e detecção de conflito entre a linguagem dos princípios constitucionais e a linguagem de uma nova inspiração digital**.

Que se busque a implantação de novos valores, tal como a Semiótica nos aponta: mais solidariedade, e não individualismo; mais cooperação, e não egoísmo; mais tolerância; mais razoabilidade; mais coerência; mais proporcionalidade; mais inteligibilidade; mais pertinência; mais credibilidade; mais rapidez; mais moralidade e assim por diante.

Esta outra visão ampliada que a Semiótica nos ajuda a ter supera o esquema da igualdade formal, rumo à igualdade material, o que significa, já para começar, uma posição de defesa e suporte da Constituição como fundamento do ordenamento jurídico e expressão de uma ordem de convivência assentada em conteúdos materiais de vida e um projeto de superação da realidade alcançável com a integração das novas necessidades e a resolução dos conflitos alinhados com os princípios e critérios básicos de compreensão constitucionais. Não obstante nossa Constituição ser relativamente recente, "continuamos a olhar o novo, com os olhos do velho", com a agravante de que o velho ainda não ficou ainda totalmente explorado por nós, da mesma forma que o novo ainda não se tornou totalmente visível para nós. Isso porque nós, juristas, ainda trabalhamos e operamos com conceitos vindos da velha hermenêutica clássica, vista como pura técnica (ou técnica pura) de interpretação, onde a linguagem é entendida como terceira coisa que se interpõe entre sujeito cognoscente e objeto a ser conhecido/apreendido.

Existe, a sustentar essa crise, uma interpretação, uma leitura que opera o encobrimento do acontecer propriamente dito do agir humano, objetificando-o na linguagem pré-dada e impedindo que se dê em sua originalidade: suas *matrizes*.

A linguagem, como se viu, não é uma terceira coisa que se interpõe entre o sujeito e o objeto. **Antes e mais do que isso, a linguagem é condição de *ser-no-mundo*, porque já é precedida por um compreender que nasce da auto-explicitação de nosso modo-se-ser. E os desafios são muitos, diante dos avanços da tecnologia.**

O importante – aqui parafraseando Castanheira Neves[433] – não está em saber o que é o Direito em si (afinal, pretender ver o ente como o ente é, é "tarefa" da metafísica), mas sim em saber o que dizemos quando falamos do Direito, o que queremos dizer *com*, ou que significado têm as expressões linguísticas com que manifestamos e comunicamos esse dizer o Direito e sobre o Direito. Dito de outro modo, o Direito não é tão simplesmente a Constituição, as leis, a jurisprudência, a doutrina, ou qualquer outro conceito abstrato que lhe tenha sido dado pela Ciência Jurídica. Não há um Direito "primevo-fundante".

É como uma "ponte" – na feliz expressão do insigne Procurador de Justiça do Rio Grande do Sul, Prof. Dr. Lenio Luiz Streck[434] – que não existe enquanto generalidade "ponte" e que assim se expressou. E prossegue o douto jurista: A ponte não é uma construção ("coisa") isolada. Ela não só liga as margens que ali estavam desde sempre, como faz, na verdade, aparecerem as margens como margens, ou seja, especialmente, por sua presença, a ponte destaca uma margem da outra, opõe uma margem à outra. Antes da ponte, não havia um lugar. Enquanto coisa, a ponte faz aparecer um lugar. Antes, havia, ao longo do rio, uma série de espaços ocupados por uma ou outra coisa. Com o surgimento/construção da ponte, um desses espaços torna-se lugar. Não é a ponte que toma um lugar no rio, mas, antes, é da ponte que surge um lugar. Nesse sentido, o ser da coisa (ente) "ponte" funda um lugar. Mais do que isso, a própria ponte tem um sentido, que é o de fazer com que as margens do rio se comuniquem, sendo que tal comunicação permite o comércio entre os habitantes das duas margens; mas essa ponte também não existiria como ponte sem que houvesse as estradas que conduzem a ela, e nem as estradas existiriam sem aqueles que as usam e assim sucessivamente.

Embora não se saiba como será o Direito no futuro, estou quase certa de que ele possuirá essa mesma estrutura, ainda não totalmente descoberta, através da história e no presente, por nós, operadores do Direito, e que as neurociências nos ajudarão a descobrir e as ciências da informação nos possibilitarão exprimir.

---

433 *In Metodologia jurídica: problemas fundamentais*, p. 89. Coimbra: Coimbra Editores, 1993, *apud* Lenio Luiz Streck, ibidem, p. 282, cuja leitura se recomenda.

434 *Ibidem*, p. 283.

Existem no Direito, em todo Direito, elementos de caráter permanente – as matrizes de sua linguagem – que independem de tempo e lugar, e que, não obstante, modulam-se, de acordo com esse mesmo tempo e lugar. A originalidade dessa perspectiva de pesquisa residiu na reposição em evidência da isotopia das *matrizes sonora, visual* e *verbal*, no quadro do desenvolvimento semiótico.

Se o simples número de neurônios – cerca de 16 bilhões no córtex cerebral humano (e não o tamanho do cérebro) – é que possibilita a inteligência humana, isso significa que seria necessário juntar a tal potência computacional que a raça humana tem adquirido num único grande "cérebro eletrônico" para que criássemos uma forma de pensamento semiótico ou inteligência artificial ou um *Direito Digital* – como se pretende. Voltando para a inteligência artificial, a mensagem é que ter as unidades de processamento em grande número não é mais uma dificuldade, mas o que falta é **a *auto-organização* delas, que é essencial na cultura humana.**

O operador de Direito precisa ser capaz não só de resolver questões ligadas a cibercrimes, como também de prevenir, prestando consultoria, elaborando pareceres e analisando ou efetivando contratos. Muitas áreas serão abrangidas: comercial, autoral, internacional, preventivamente ou não, certas questões ou tendências associadas à tecnologia (como proteção de informação de empresas, propriedade intelectual – direito autoral, direito de propriedade industrial, utilização de *softwares*, direito ao esquecimento, vazamento de imagens e vídeos pessoais etc.).

É preciso compreeender os fenômenos que estão na base do funcionamento da mente para enxergarmos por que temos nos tornado gigantes na ciência e na tecnologia, mas pequenos no desenvolvimento das funções mais altruístas da inteligência, tais como a tolerância, a solidariedade, a capacidade de pensar, antes de reagir, de expor, e não impor as ideias.

Devemos repensar o processo de formação de pensadores e especialistas jurídicos, antes de pensar na produção da própria ciência. Devemos nos preocupar com a qualidade de inteligência desses pensadores. Os procedimentos de pesquisa transdisciplinar, desde a formulação de perguntas, dúvidas e críticas, a busca do caos intelectual e dos instrumentos empíricos ligados à análise dos processos de construção dos pensamentos e das variáveis que atuam na construção da busca de mecanismos e das cadeias de pensamentos, podem tornar-se **mecanismos** a contribuir com essa tarefa intelectual.

Até aqui cheguei. Tentei ajustar toda essa pesquisa teórico-formal e transdisciplinar num *continuum* único para ir do global ao pontual, do processo ao sistema, e vice-versa, perseguindo a orientação filosófica do saudoso Mestre Goffredo Silva Telles, que dizia a nós, seus alunos: "Existe uma ordem na desordem".

Penso ter assinalado "alguma" ordem.

5.3.1 *Mecanismos de busca: ágeis, ampliados e contínuos, nas Instituições e no Ciberespaço*

O pesquisador e operador do Direito ou mesmo o cidadão em busca de uma linguagem jurídica, nos textos e hipertextos, na atual era digital, precisa estar "convencido" de que ela – ***linguagem jurídica*** também é uma "***instituição***", que pode ser revelada e fortalecida em suas matrizes.

Essa constatação informa as alterações que se iniciaram internamente e se refletem para a sociedade, contribuindo não apenas para compreender a maneira como os magistrados realizam a jurisdição, mas também para transformá-la em vetores referenciais para medidas voltadas ao enfrentamento das *disfuncionalidades* ocasionadas no seio da sociedade.

Tratei apenas de uma contribuição teórica para a área de estudos em organização da informação e do conhecimento operada por máquinas no ciberespaço. A efetividade do sistema jurídico, se administrado de modo claro, pode ser uma esperança para que a população mantenha a confiança ativa nas instituições públicas, no governo, nos agentes públicos e eventuais agentes particulares envolvidos nesta busca. Isso significararia concretizar o princípio da confiança na vida em sociedade, talvez o maior pilar da manutenção de si própria e, essencialmente, a atividade primordial do Direito.

Só depois, com formatos das informações dispostas na *internet,* e com emprego da linguagem digital, virá a categorização de mecanismos de busca, a partir da correspondência das tais matrizes da linguagem com a indexação virtual e o *modus* análogo de busca etc., sob o critério dos paradigmas semióticos e da linguagem.

A utilização do termo *mecanismos de busca* sugere também toda a arquitetura de um *search engine*. Embora variadas, as arquiteturas contemplam três etapas principais que são a captura do conteúdo, a indexação e a própria busca.

O desafio aos mais jovens operadores do Direito aqui fica: criar uma tipologia para mecanismos de busca, visando ilustrar as múltiplas sintaxes de organização e busca do conhecimento e informação no ciberespaço. O ciberespaço é

> uma grande máquina abstrata, porque semiótica, mas também social, onde se realizam não somente trocas simbólicas, mas transações econômicas, comerciais, novas práticas comunicacionais, relações sociais, afetivas e, sobretudo, novos agenciamentos cognitivos (...) um espaço semântico semiótico, onde o signo se dá em várias semióticas, desterritorializado, nômade, em escrita espacializada e com a memória em constante modificação", como nos ensina Silvana Monteiro (2007, p. 1;12).

O ciberespaço sempre terá e trará o problema da taxonomia do conhecimento e da multiplicidade dos signos, seja em sua representação ou organização.

Pode-se vislumbrar que, à medida que as matrizes de linguagem correspondam à indexação virtual dos estoques informacionais no ciberespaço, e à medida que seu *modus* análogo de busca vise consolidar uma categorização baseada no paradigma semiótico das matrizes de linguagem, vai-se contribuir cada vez mais para uma linha de pesquisa, em nosso caso, a representação e organização do conhecimento e do pensamento jurídico, no ciberespaço, com a ajuda das Tecnologias da Informação e Comunicação (TICs).

Estão já disponíveis, em diversas áreas do conhecimento, cerca de mais de 100 (cem) *sites* indispensáveis de pesquisa científica e acadêmica, em diversas áreas *(Reserach Tools*).

A partir de sua correspondência com a fenomenologia e a semiótica das matrizes, poder-se-á selecionar, para começar, um *corpus* para investigar, por exemplo, mecanismos de busca sonoros (Musipedia, conteúdo sonoro); Retrievr, Vizseek, Google Earth (conteudo visual) e Buscapé, Google Blog e Google Scholar (conteúdo verbal), escolhidos para comprovar (ou não) as premissas sobre as matrizes da linguagem e assim autorizar (ou descartar) a categorização dos tais mecanismos, sob o critério dos paradigmas semióticos.

Esses são os mais fáceis de utilizar e poderão operar por intersemiose (híbridos), como o livesplasma.com; oskope.com; lygo.com; mnemo.org; kw-map.net, entre tantos outros, para conectar matrizes da linguagem natural com a jurídica e vice-versa.

O pesquisador observará que todas as palavras/termos/conceitos utilizados para a busca são considerados parte do todo, metonímias, ligações conceituais para os discursos de informação e de conhecimento no ciberespaço que, logicamente, representam e estão ligados a um *corpus* de conhecimento (em nosso caso, o conhecimento jurídico), mas são pontos para os quais todos os fenômenos tendem a convergir, porque **todo conhecimento se dá em signo e, principalmente, na continuidade do signo.** O signo passa a ser um existente, um registro fixado em qualquer suporte digital e acessível virtualmente por meio dos programas de computador e das conexões no ciberespaço.

Quanto ao *corpus* seria, para alguns, o conjunto de documentos tidos em conta para serem submetidos aos procedimentos analíticos. A sua constituição implica escolhas, seleções e regras. Para outros, seria uma coleção finita de materiais, determinada de antemão pelo analista, conforme certa arbitrariedade (inevitável), em torno da qual ele vai trabalhar.

Importante entender o que são os algoritmos (*Algorithms*) aplicados na Informática e telemática, inteligência artificial (*Artifical Intelligence*), aprendizado de máquina (*Machine Learning*), aprendizado profundo (*Deep Learning*), redes neurais (*Neural Networks*), Internet das coisas (*Internet of things*) e outros – que impressionam devido aos recentes avanços tecnológicos e à importância cada vez maior que passarão a ter em nossas vidas, possibilidades que irão apresentar riscos e acarretar amplos desafios técnicos e sociais.

Aliás, a sociedade deve estar ativamente envolvida na formação dos valores que estão em jogo, no uso de algoritmos e da inteligência artificial. Os conjuntos de dados geralmente irão conter traços de parcialidade. Será preciso identificar tais falhas para se atingir uma definição de matemática da justiça que viessem a mitigá-los. Visto que existiriam diferenças epistemológicas entre as ciências do espírito (onde está localizado o Direito), em relação às ciências da natureza (onde estariam a Matemática, a Lógica e, ao depois, a Informática e a telemática), será preciso compreender a significação perseguida pelos seres que agem, pensam, preveem e acreditam; ou seja, apreender, em seu interior, o significado posto pelo homem. Eis o pensamento semiótico a vir em nosso auxilio.

Por exemplo: as decisões algorítmicas que vierem a envolver os direitos e as liberdades individuais devem ser sempre desafiáveis por um acompanhamento constante. Desse modo, a importância dos direitos constitucionais de intimidade, privacidade, autodeterminação informativa – como um direito individual e uma característica de uma sociedade democrática como a nossa – deve ser cuidadosamente mantida ao longo desses desenvolvimentos tecnológicos, tendo o analista que compreender a qualidade e extensão dos dados fornecidos. Diante dessa mesma criatividade, deverá haver a transparência, lembrada no início desse trabalho. Visto que os algoritmos ainda não conseguem imitar o raciocínio lógico jurídico, mesmo auxiliando muito os advogados, juízes, promotores e outros profissionais da Justiça, não podem substituir o elemento humano na equação final. Dessa forma, a auditoria algorítmica na inteligência artificial é uma área que deverá exigir muita atenção do especialista em Direito, ética, cientistas de dados, formuladores de políticas, órgãos reguladores e assim por diante.

Será necessário, também, mais adiante e o quanto antes, contextualizar política e economicamente a formação da sociedade na era digital e isso traz dificuldades que têm que ser superadas.

Parece urgente o aprofundamento da discussão sobre formas de conciliação entre o processo jurídico e o processo político, viabilizando a utilização destes dois instrumentos democráricos, eles mesmos como mecanismos para o aperfeiçoamento efetivo das políticas públicas, superando os impasses que comprometem a própria legitimidade dos poderes e os direitos individuais e coletivos.

Pode ocorrer que o problema se insira, ao mesmo tempo, em múltiplos contextos, como: governança pública, parcerias público-privadas, Transparência administrativa, novas formas de controle da Administração, participação, pluralismo, regulações internacionais, até a sobrecarga quanto a liberdade de expressão, preservação da privacidade, interesse público, manutenção da ordem e assim por diante. E até sobre conflitos de valores: as liberdades fundamentais (comunicação, expressão) teriam que se ressignificar em nome de outras? A falta de controle quanto à observância de regras preestabelecidas para o exercício, por exemplo, da função legislativa, põe em risco a própria legitimidade dos atos normativos resultantes de uma disputa política que não encontra freios. Apesar de o "devido processo legal" ter um certo grau de indefinição quanto a seus contornos, característica que permite sua permanente atualização com o passar dos séculos, existem vetores aqui expostos que seriam fundamentais na construção de um ***desenho institucional*** adequado para a produção de boas leis para nosso sistema jurídico.

Vão se assimilar cada vez mais as referências de acordo, negociação, coordenação, colaboração, cooperação, em relações cada vez menos verticais e mais horizontais, com compartilhamento do poder, concertação e contratualização, arbitragens, conciliação e transação administrativas.

O "modelo" computadorizado de aprendizagem estatística, por exemplo, auxilia nos estudos da área do Direito. Atualmente, os pesquisadores analisam possíveis extensões para o programa, como a análise integral dos textos argumentativos utilizados na Suprema Corte dos Estados Unidos e até previsões de especialistas.

A responsabilidade do jurista é grande, talvez inédita, no quadro do Direito.

CONSIDERAÇÕES FINAIS

Nós, os mais velhos e experientes, estamos aí para passarmos a importância de fundamentos e valores aos mais jovens.

Se não ocorrer a revolução do humanismo, da cidadania, da democracia das ideias, da **arte de pensar** e, mais, uma profunda evolução no processo educacional, o século XXI não será o século da formação de pensadores, o século da preservação dos direitos humanos; ao contrário, continuará a ser o século das guerras, dos desentendimentos, do paradoxo das informações, pois haverá uma alta incorporação de informações com uma baixa capacidade de pensar criticamente.

Precisaremos de homens e juristas bem informados, grandes especialistas que navegarão cada vez mais, com mais desenvoltura, *pela internet* (enquanto ela existir como tal), que terão acesso às universidades virtuais e a uma enorme gama de informações, como nunca ocorreu anteriormente na história da humanidade, mas ao mesmo tempo homens que saibam pensar, duvidar, criticar as convenções do conhecimento, transformar o conhecimento vigente, interpretar criticamente os fenômenos, produzir ideias com originalidade, preservar os direitos humanos, repensar a si próprios, reciclar o autoritarismo, a arrogância e a rigidez intelectual.

As escolas, principalmente as universidades, e, sobretudo, as de Direito deveriam se tornar academias de formação de pensadores especializados.

Viveríamos melhor se buscássemos primeiro conhecer, para depois criticar e estar em paz.

Implementar cultura nova e mudar hábitos exigem muito "investimento". Investimento em cultura.

O digital é complexo. Requer disciplina, integração e recursos. São muitas variáveis e decisões em tempo real. **E se já não resta dúvida de que o digital funciona, isso não quer dizer que possa ser absorvido com banalidade**. É preciso empreender um esforço significativo para fazer valer e defender aquilo que John Stuart Mill definiu como "liberdade de espírito". Uma vez perdida, aqueles que crescem na era digital poderão ter dificuldade de recuperá-la. Isso pode ter, também, consequências políticas graves. Pessoas que não exerçam a liberdade de pensamento serão facilmente manipuladas.

Não se trata de ameaça para o futuro. Seria aquela área em que nunca se falou tanto do futuro, tendo que se praticar tanto o que nos ensina o passado.

Sócrates, o filósofo de Atenas, acreditava no conhecimento, sim, mas não na arrogância dos presumidos conhecedores. E hoje, onde moram os valores para nossos jovens e futuros operadores do Direito? Se Sócrates não teve um final feliz, condenado que foi à morte por "corromper" a juventude de Atenas e desrespeitar os deuses da cidade – duas acusações que são a medida de sua grandeza perante o fanatismo de seus carrascos –, ele já nos indicava *"como pensar"*. E se ainda hoje temos lido o filósofo, é porque a defesa das causas complexas é, no final das contas, a defesa das causas vencedoras.

Se é verdade que o discurso jurídico parece a todo instante contaminado por uma espécie de triplicidade, é porque ele se desenvolve sobre uma tríplice isotopia: a primeira é representada predominantemente pelo discurso normativo e pelo discurso decisório (matriz verbal) feito de enunciados prescritivos e performativos, instaurando seres e coisas, instituindo as regras de comportamento lícitos e ilícitos, ao passo que as outras duas aparecem sob a forma de um discurso referencial que, embora subentenda uma elaboração ideológica e uma cobertura narrativa do mundo (matriz sonora), apresenta-se como a representação do próprio mundo social (matriz visual), anterior à própria fala que o articula. Isso demonstra o enraizamento do jurídico no social, que pretendi deixar destacado nesta investigação. É assim que o futuro do Direito parece oscilar entre a extensão de cada matriz e a integração entre essas mesmas matrizes, através de uma linguagem, por enquanto ou em seguida, digital. Esse futuro é infinitamente exprimível no quadro de processos limitados de apreensão do universo dos signos.

O operador de Direito ou o gestor, público ou privado, ou o administrador da área técnica ou administrativa deverão estar aptos a tratar da privacidade, da liberdade de expressão, da responsabilidade civil na *interne*t, da segurança de informação, do comércio eletrônico e assim por diante, e estarão contribuindo para construir um modelo consistente para as próximas gerações.

Parece ser evidente a isotopia dos signos, em diferentes etapas e níveis do desenrolar da linguagem jurídica, em sentido amplo e abstrato, e as aparências desses processos poderão servir a numerosos domínios das ciências humanas e sociais, como já servem às ciências cognitivas, já que algumas similaridades das linguagens da mente com as três matrizes da linguagem e pensamento saltam à vista. Apesar de suas origens distintas, ambas propõem uma visão tripartite fundada no verbal ou linguístico, visual, musical ou sonoro. Diferenças entre elas, entretanto, despontam principalmente nas considerações sobre o modo como os outros sentidos ou faculdades se ligam para formar uma rede cognitiva interconectada. A grande diferença entre as teorias cognitivistas da mente modular e a teoria das três matrizes está no modo como esta conecta indissoluvelmente o pensamento ou faculdades cognitivas, não só aos sentidos, mas também, e sobretudo, aos sistemas de signos e linguagens manifestas.

Dessa ligação inextricável das três faces – pensamento (sentidos)/percepção/linguagem – resulta a consideração de apenas três das matrizes da linguagem e pensamento, muito embora, existam cinco sentidos, fora os adicionais.

Essa proposta não é uma alternativa global e repetitiva a tudo aquilo que já foi feito anteriormente por autores brilhantes, de diversas áreas, mesmo porque uma perspectiva teórica é, sobretudo, um *sistema virtual de perguntas*, ficando aqui perguntas semióticas, em condições de serem respondidas. Nem se pretende forçar uma colocação definitiva, mas sim uma *possibilidade de escolha*.

Alguns juristas (com os quais me permito concordar) defendem que não há que se falar em uma nova área do Direito, já que a Informática Jurídica está permeando praticamente todas as áreas tradicionais. Penso que não merece confundir "Direito de Informática" com "Informática Jurídica", pois enquanto esta se dedica ao estudo da tecnologia aplicada ao Direito, aquela, em verdade, busca regulamentar relações jurídicas ocorridas no âmbito ou através das tecnologias da informação e comunicação. Nem se deve confundir o Direito de Informática com o processo eletrônico, uma vez que este diz respeito ao uso da Informática no processo, enquanto aquele trata dos aspectos jurídicos referentes à Tecnologia da Informação.

Que estas reflexões e propostas *bastante* insistentes apresentem-se como uma inspiração, uma abertura de campo de pesquisas: que o operador do Direito, ao identificar as matrizes da linguagem natural e da linguagem jurídica – subjacentes ou superpostas à transformação narrativa e às grandes operações que são a conjunção e a disjunção – possa entrever a atraente diversidade dos discursos e das dissertações conjeturais, relacionais e argumentativas, das esquematizações narrativas e das programações digitais/espácio/temporais.

O futuro bate às portas e cada vez mais o cérebro humano irá inspirar novos computadores e estes se parecerão cada vez mais com o cérebro humano. Felizmente, nos últimos anos, já se vêm destacando os profissionais com visão multidisciplinar e capacidade de agir de forma preventiva, ou até estratégica. O objetivo é formar um grupo de especialistas, **arquitetos de resolução de problemas**, que busquem soluções de forma crítica, muito mais do que profissionais que apenas se atenham ao que está nos Códigos e nas Leis.

Confirmando o que eu disse, inicialmente, a respeito da importância do *pensamento* e de como trabalhar com ele, Patricia Peck (*in Direito Digital*, p. 27) afirma:

> Esta coesão de ***pensamento*** possibilita efetivamente alcançar resultados e preencher lacunas nunca antes resolvidas, tanto no âmbito real quanto no virtual, uma vez que é a manifestação de vontade humana em seus diversos formatos que une estes dois mundos dentro do contexto jurídico.

As características do "Direito Digital", como ela afirma, são as seguintes: celeridade, dinamismo, autorregulamentação, poucas leis, base legal na prática costumeira, uso da analogia e solução por arbitragem.

Os princípios do Direito continuam os mesmos, indiscriminadamente: "*suum cuique tribuere*"; "*neminem laedere*" e "*honeste vivere*" (ou seja, "dar a cada um o que é seu", "a ninguém lesar" e "viver honestamente") – que, hoje, frente à velocidade dos avanços técnicos alcançados pela humanidade, poderiam ser transcritos como: *"eficácia do provimento jurisdicional"; "proporcionalidade entre as pretensões das partes"* e *"potencial uso lícito da tecnologia"*.

E aponta e aconselha a ilustre jurista:

> Saber estabelecer estratégias jurídicas eficientes no mundo cada vez mais digital e virtual é condição de sobrevivência do profissional do Direito, uma vez que cada vez mais o tempo e a tecnologia atuam de modo a exigir celeridade e flexibilidade nas soluções jurídicas. A questão que se coloca é de eficácia. Para isso, o operador de direito tem que antever os acontecimentos, preparar contratos de modo flexível para que sobrevivam às mudanças rápidas que a sociedade atravessa. Tem de ser um *estrategista*. Dar os caminhos e as soluções viáveis, *pensados* no contexto competitivo e globalizado de um possível cliente virtual-real, convergente e multicultural. A complexidade da sociedade traz mais complexidade jurídica. Já não é mais suficiente conhecer apenas o Direito e as leis; devem-se conhecer os *modelos* que conduzem o mundo das relações entre pessoas, empresas, mercados, instituições e Estados.

Concordo plenamente com a brilhante advogada, quando diz ser este, talvez, o momento de se pensar em *como* as Faculdades de Direito devem formar operadores jurídicos, exigindo que eles tenham, além de um conhecimento técnico, uma forte base teórica sobre os princípios que regem a nova era digital e suas implicações.

Aqui deixo minha contribuição aos pensadores do Direito, aos *atuais* e *atuantes jusidealistas, jusestrategistas* e *jusespecialistas*: ter coligido e colocado à sua disposição uma súmula do pensamento semiótico jurídico, com base em autores renomados; ter chamado a atenção para a existência simultânea na mente e no ciberespaço de três matrizes virtuais de organização e busca da informação e do conhecimento; e para a necessidade de constante monitoramento técnico e intelectual, para que se acompanhe compreensivamente o avanço sociotécnico dos produtos de informação e de conhecimento, ou seja, os mecanismos de busca, pertinentes aos estudos da área da ciência da informação.

Que o leitor não veja nesta minha "tentativa de persuasão" uma explosão de irracionalidade argumentativa, pois se continuarmos com uma visão prosaica, parcial ou incompleta do fenômeno jurídico, vamos continuar incapazes de impedir momentos de grave conflagração social e continuaremos a conduzir a resultados insatisfatórios no fortalecimento de nossos laços sociais e na legitimidade de nossa organização política.

Até mesmo a almejada modernização de um setor público mais descentralizado e complexo acarreta alterações também na responsabilidade dos agentes e no controle da administração, ganhando espaços, metodologias e procedimentos utilizados no meio empresarial, tais como a gestão de riscos, a mensuração de desempenho por indicadores e atingimento de metas de acordo com os objetivos governamentais, em novas e contínuas estratégias abordadas inclusive em órgãos internacionais multilaterais.

O momento atual reflete um amplo sistema, que prescinde de uma sólida coordenação de instituições públicas, de todas as instâncias e de esferas da Administração Pública e algumas até de natureza privada, com conexões internacionais, cuja atuação fornece subsídios à atuação estatal, quer no trabalho de investigações e atividades ministeriais, quer no âmbito da atividade jurisdicional, ou seja, todos os integrantes do sistema são indispensáveis.

A participação da sociedade civil é essencial, não só pela capacidade de oferecer informações e subsídios, que escapam às vezes de sofisticados sistemas de investigação, como garantir sua legitimidade e credibilidade. O esclarecimento da sociedade, por exemplo, a respeito do combate à corrupção, é essencial para que o discurso político não fique dissociado dos princípios estruturantes aqui apontados e orientados, ainda que seja de forma simbólica, visando o sucesso do sistema como um todo.

Seja a doutrina ou discurso científico, seja a legislação ou discurso normativo precisam assimilar tais postulados oxigenadores do modo de agir do Estado, os quais se posicionam para a Administração Pública como vinculantes impositivos e internacionalmente reconhecidos e difundidos como as melhores práticas a serem adotadas pelas nações desenvolvidas, uma vez que só com ampla transparência e efetiva participação dos cidadãos os governos preocupados com a legitimidade decorrente da aprovação popular conseguirão atingir o patamar almejado pelo governo democrático, "o governo do poder público em público", como expressou Norberto Bobbio (*in O futuro da democracia: uma defesa das regras do jogo*).

Compreender esses circuitos não é calar a razão e o agir comunicativos, mas transformá-los e ampliá-los cada vez mais.

Autores de extrema relevância para a compreensão de nossa condição humana, como Pascal, Schopenhauer e Freud, e outros aqui citados, não nos deixam esquecer o mal-estar que nos habita, lembrando-nos pois que amar a existência é enfrentar intensamente tudo o que há de belo e miserável, luminoso e sombrio, nas voltas, desvios e reviravoltas da vida.

Termino com o mesmo pensamento de amor com que me dirigi, no início, aos leitores, relembrando, neste final, a frase do célebre matemático, físico, filósofo e escritor francês, Pascal, inventor de um engenho mecânico capaz de somar e subtrair números, uma máquina de calcular – base de nossos atuais computadores: "O coração tem razões que a razão desconhece"!

BIBLIOGRAFIA

ABBAGNANO, Nicola. *História da filosofia.* v. XII. Trad. Antônio Ramos Rosa, Conceição Jardim, Eduardo Lúcio Nogueira. 3. ed. Lisboa: Editorial Presença, 1985.

________. *História da filosofia.* v. X. Trad. Armando da Silva Carvalho, Antônio Ramos Rosa, 4. ed. Lisboa: Editora Presença, 1993.

________. *Dicionário de Filosofia*. Trad. Alfredo Bosi e Ivone Castilho Benedetti. São Paulo: Martins Fontes, 1998.

ABDALLA, Marcelo. *Direito tributário didático: para concursos e acadêmicos de direito*. Belo Horizonte: Inédita, 1996.

ADORNO, T. *Educação e emancipação*. Trad. Wolfang Leo Maar. Rio de Janeiro: Paz e Terra, 1995.

ALBUQUERQUE, Valéria Medeiros de. *Curso de direito tributário simplificado*. Belo Horizonte: Inédita, 1997.

ALLABY. Michael. *Ecology: the concise Oxford dictionary of. Oxford.* New York: Oxford University Press, 1994.

ALLÈGRE. Claude. *Toute verité est bonne à dire.* Paris: Laffont/Fayard, 2000.

ALMEIDA, Candido José Mendes de. *A arte é capital: visão aplicada do marketing cultural*. Rio de Janeiro: Rocco, 1993.

ALMEIDA, R. J. (Coord.) *et al. Planejamento ambiental: caminho para participação popular e gestão ambiental para nosso futuro comum, uma necessidade, um desafio*. Rio de Janeiro: THEX, 1993.

ALTMAN, Cristina. *A pesquisa linguística no Brasil* (1968-1988). São Paulo: Humanitas/FFLCH/USP, 1998.

ALTMAN, Robert, CARVER, Raymond. *Image et texte*: short cuts. Textes rassemblés par Annick Duperray, Provence: Publications de l'Úniversité, 2000.

ALVARENGA, Octavio Mello. *Direito agrário: reforma agrária, Amazônia, índios na Constituição de 1988*. Rio de Janeiro: Forense, 1992.

________. *Política e direito agroambiental: comentários à nova lei de reforma agrária (Lei nº 8.629, de 25 de fevereiro de 1993)*. Rio de Janeiro: Forense, 1995.

ALVATER, E. *O preço da riqueza: pilhagem ambiental e a nova (des)ordem mundial*. Trad. Wolfang Leo Maar. São Paulo: UNESP, 1995.

AMARO. Luciano. *Direito tributário brasileiro*. 7. ed. São Paulo: Saraiva, 2001.

ANDERSON, S. H.; BIEISWENGER, R. E.; PURDOM, P. W. *Environmental science*. 4. ed. New York: Macmillan, 1993.

ANTUNES, Paulo de Bessa. *Curso de direito ambiental*: *doutrina, legislação e jurisprudência*. 2. ed. Rio de Janeiro: Renovar, 1992.

________. *Direito ambiental*. 3. ed. rev. amp. atual. com a Lei nº 9.605, de 12 de fevereiro de 1998. Rio de Janeiro: Lumen Juris, 1999.

APEL, Karl-Otto. *Estudos de moral moderna*. Trad. Benno Dischinger. Petrópolis: Vozes, 1994.

ARAÚJO, Clarice. *Normas gerais de Direito Tributário: uma abordagem pragmática*. 1997. Dissertação (Mestrado) – Pontifícia Universidade Católica de São Paulo, São Paulo, 1997.

ARAUJO, Clariece von Oertzen. *Semiótica do Direito*. São Paulo: Quartier Latin, 2005.

ARISTÓTELES. *Ética a Nicômaco*. Tradução do grego, Introdução e Notas de Mário Gama Kury (Coleção Biblioteca Clássica UnB, 9). Brasília: Editora Universidade de Brasília, 1985.

ARMS, K. *Environmental science*. 2. ed. New York: Saunders College Publishing, 1994.

ARMSTRONG, Karen. 12 *Passos para uma vida de compaixão*. Trad. Hildegard Feist. São Paulo: Paralela, 2012.

ASSIS BRASIL. *Vocabulário de ecologia: mistérios e sabedoria da natureza.* Rio de Janeiro: Ediouro, 1992.

ATALIBA, Geraldo. *Hipótese de incidência tributária*. 6. ed. São Paulo: Malheiros Editores, 2001.

ATLAN, H. *Entre o cristal e a fumaça: ensaio sobre a organização do ser vivo*. Trad. Vera Ribeiro. Rio de Janeiro: Jorge Zahar, 1992.

AUGÉ, Marc. *Por uma antropologia dos mundos contemporâneos*. Trad. Clarisse Meireles e Leneide Duarte.

AUGER, P.; BAUDRY, J.; FOURNIER, F. (dir.) *et al. Hierarchies et échelles en écologie*. Paris: SCOPE/Naturalia Publications, 1992.

AUROUX, Sylvain. *La philosophie du langage*. Paris: PUF, 1996.

AUTHIER-REVUZ, Jacqueline. *Palavras incertas*: *as não-coincidências do dizer*. Trad. Claúdia R. Castellanos e outros. Campinas: Editora da UNICAMP, 1998.

AUTHIER, Michel; LÉVY, Pierre. *Les arbres des connaissances.* Paris: La Découverte, 1993.

AZEVEDO, Israel Belo de. *O prazer da produção científica; diretrizes para a elaboração de trabalhos acadêmicos.* 8. ed. São Paulo: Editora Prazer de Ler, 2000.

AZEVÊDO, Jackson Chaves de. (Coord.). *Curso de direito do trabalho*. São Paulo: LTr, 2001.

BAKER M^C^KENZIE. *Environmental law and policy in Latin America.* Federico M. Ruanova, 1998.

BANDEIRA DE MELLO, Celso Antônio. *O conteúdo jurídico do princípio da igualdade*. 3. ed. São Paulo: Malheiros Editores, 1999.

________. *Curso de direito administrativo*. 13. ed. revista, atualizada, ampliada. São Paulo: Malheiros Editores, 2000.

BAPTISTA, Joaquim de Almeida. *Código do consumidor interpretado*. São Paulo: Iglu, 1997.

BARACHO JÚNIOR, José Alfredo de Oliveira. *Responsabilidade civil por dano ao meio ambiente*. Belo Horizonte: Del Rey, 2000.

BARBAULT, R. *Écologie des peuplements: structure et dynamique de la biodiversité*. 2. ed. Paris: Masson, 1995.

BARBI, Celso Agrícola. *Do mandado de segurança*. 5. ed. Ed. revista e aumentada. Rio de Janeiro: Forense, 1998.

BARBOSA, Rubens Antonio. *América Latina em perspectiva: a integração regional da retórica à realidade*. São Paulo: Aduaneira, 1991.

BARRÈRE, M. (dir.) *et al. Terre patrimoine commun*. Paris: La Découverte, 1992.

BARROS, Diana Luz Pessoa de. *Teoria semiótica do texto*. 4. ed. São Paulo: ABDR, 2001.

BARROS Filho, Clóvis de; MEUCCI, Arthur. *A vida que vale a pena ser vivida*. 6. ed. Petrópolis: Vozes, 2013.

BARROSO, Luís Roberto. *Interpretação e aplicação da Constituição: fundamentos de uma dogmática constitucional transformadora*. 3. ed. ver. e atual. São Paulo: Saraiva, 1999.

BARTHES, Roland. *Aula: aula inaugural da cadeira de Semiologia Literária do Colégio de França, pronunciada em 7 de janeiro de 1977*. 8. ed. Trad. e posfácio de Leyla Perrone-Moysés. São Paulo: Cultrix, 1977.

BASTOS, Celso Ribeiro. *Curso de direito administrativo*. 2. ed. São Paulo: Saraiva, 1996.

BAUDRILLARD, Jean. *Cool Memories II: crônicas 1987-1990*. Trad. Angel Bojadsen. São Paulo: Estação Liberdade, 1996.

BÉAUD, Michael et Calliope; BOUGUERRA, M. L. *L'État de l'environnement*. Paris: La Découverte/FHP, 1993.

BEEBY, Alan. *Applying ecology*. London: Chapman & Hall, 1993.

BENJAMIN, Antonio Herman V. *Dano ambiental: prevenção, reparação e repressão*. São Paulo: Editora Revista dos Tribunais, 1993.

BERMAN, Marshall. *Tudo o que é sólido desmancha no ar: a aventura da modernidade*. Trad. Carlos Felipe Moisés e Ana Maria L. Ioriatti. São Paulo: Companhia das Letras, 1986.

BESSON, J.L. (Org.). *A ilusão das estatísticas*. Trad. Emir Sader. São Paulo: UNESP, 1995.

BIDET, Jacques. *John Rawls et la théorie de la justice.* Paris: PUF, 1995.

BITTAR, Carlos Alberto. *Direitos do consumidor: Código de Defesa do Consumidor (Lei 8.078 de 11 de setembro de 1990)*. Rio de Janeiro: Forense Universitária, 1991.

BITTAR, Carlos Alberto; BITTAR, Carlos Alberto Filho. *Tutela dos direitos da personalidade e dos direitos autorais nas atividades empresariais.* São Paulo: Editora Revista dos Tribunais, 1995.

BITTAR, Eduardo C. B. *Linguagem jurídica*. São Paulo: Saraiva, 2001.

_____. *Linguagem jurídica: semiótica, discurso e Direito*. 7. ed. São Paulo: Saraiva, 2017. Att. leitor: verificar a numeração citada nos rodapés, dependendo da ed. do autor a ser consultada.

BONDER, Nilton. *A alma imoral: traição e tradição através dos tempos*. Rio de Janeiro: Rocco, 1998.

BONNEFOI, Christine-Marie (Org.). *Droit européen de l'environnement: enciclopédie Delmas por la vie des affaires*. Collection Europe. Paris: Belfond, 1993.

BORNHEIM, Gerd *et al. Tradição-contradição*. Rio de Janeiro: Jorge Zahar, 1987.

BOSI, A. *Didática da colonização.* São Paulo: Companhia das Letras, 1992.

BOTKIN, D. B. *Discordant harmonies: a new ecology for the twenty-first century*. New York: Oxford University Press, 1990.

BOUQUET, Simon. *Introdução à leitura de Saussure*. Trad. Carlos A. L. Salum e Ana Lúcia Franco. São Paulo: Cultrix, 2000.

BOUTAUD, Jean-Jacques. *Sémiotique et communication*: *du signe au sens*. Paris: L'Harmattan, 1998.

BRAILE, Pedro Márcio. *Dicionário inglês-português de termos técnicos de ciências ambientais*. Rio de Janeiro: SESI, 1992.

BRAITHWAITE, R. B. *Theory of games, as a tool for the moral hilosopher*. Bristol (England): Thoemmes Press, 1994.

BRONOWSKI, J. *A escalada do homem.* Trad. Nubio Negrão. 3. ed. São Paulo: Martins Fontes, 1992.

BROWN, Lester R. *A construção da sociedade auto-sustentável.* 2. ed. São Paulo: Imprensa Metodista, [ca.1990].

BULOS, Uadi Lamêgo. *Mandado de segurança coletivo: em defesa de partidos políticos, associações, sindicatos, entidade de classe (doutrina, jurisprudência e legislação).* São Paulo: Editora Revista dos Tribunais, 1996.

BURDEAU, Georges; HAMON, Francis; TROPER, Michel. *Droit constitutionnel.* 26. ed. Paris: LGDJ, 1999.

BUSER, Pierre. *Cerveau de soi, cerveau de l'autre*: *neurobiologie, conscience et inconsciente*. Paris: Odile Jacob, 1998.

BUZAID, Aidê. *Introdução à Lógica Jurídica – fundamentos filosóficos*. 2. ed. São Paulo: LTr, 2010.

Alaôr. *Lógica: pensamento formal e argumentação: elementos para o discurso jurídico*. São Paulo: Quartier Latin, 2002.

CAHALI, Yussef Said (Org.). *Constituição Federal, Código Civil, Código de Processo Civil*, 2. ed. atualizada até 31-12-1999. São Paulo: Revista dos Tribunais (RT mini códigos).

CALDAS, Gilberto. *Novo dicionário de Latim Forense: Latim-Português e Português-Latim*. 4. ed. São Paulo: Editora Jalovi, 1990.

CALVET, Louis-Jean. *Roland Barthes*: *um olhar político sobre o signo*. Tradução do francês de Adriano D. Rodrigues. Coleção Perfis. Lisboa: Vega.

CAMPOS, Norma Discini. *Intertextualidade e o conto maravilhoso*. Tese apresentada na USP, 1995.

CANEVACCI, Mássimo. *Sincretismos: uma exploração das hibridações culturais*. Trad. Roberta Bami. São Paulo: Studio Nobel: Instituto Cultural Ítalo-Brasileiro-Istituto Italiano di Cultura, 1996.

CAPPELLETTI, Mauro; GARTH, Bryant. *El acceso a la justicia*: *la tendência en el movimiento para hacer efectivos los derechos.* Trad. Mónica Miranda. México: Fondo de Cultura Económica, 1996.

CAPRA, Fritjof. *O ponto de mutação.* Trad. Álvaro Cabral. São Paulo: Cultrix, 1982.

________. *Sabedoria incomum*. Trad. Carlos Afonso Malferrari. São Paulo: Cultrix, 1988.

________. *A teia da vida: uma nova compreensão científica dos sistemas vivos*. Trad. Newton Roberval Eichemberg. São Paulo: Cultrix, 1997.

CARDOSO, Sérgio *et al. Os sentidos da paixão* (Curso promovido pelo Núcleo de Estudos e Pesquisas da Fundação Nacional de Arte – FUNARTE, em 1986). São Paulo: Companhia das Letras, 1987.

CARRAZZA, Roque Antonio. *Curso de direito constitucional tributário*. 16. ed. revista, ampliada e atualizada até a emenda constitucional n. 31/2000. São Paulo: Malheiros Editores, 2001.

CARVALHO, Carlos Gomes de. *Introdução ao Direito Ambiental*. 2. ed. São Paulo: Editora Letras e Letras, 1991.

CARVALHO FILHO, José dos Santos. *Manual de direito administrativo*. 2. ed. Rio de Janeiro: Lumen Juris, 1998.

CARVALHO FILHO, Luís Francisco. *Nada mais foi dito nem perguntado*. São Paulo: Editora 34, 2001.

CARVALHO, Paulo de Barros. *Semiótica e textos jurídico-positivos*. Artigo publicado na *Revista da Associação dos Pós-Graduandos da PUC/SP*, n. 1, 1997.

________. *A visão semiótica na interpretação do direito*. Artigo publicado na *Revista da Associação dos Pós-Graduandos da PUC/SP*, ano VI, n. 3, Especial de Direito, 1997

________. *Teoria da norma tributária*. São Paulo: Max Limonad, 1998.

________. *Direito tributário: fundamentos jurídicos da incidência*. 2. ed. ver. São Paulo: Saraiva, 1999.

________. *Curso de Direito Tributário*. 16. ed. São Paulo: Saraiva, 2004.

CASSONE, Vittorio. *Direito tributário: fundamentos constitucionais da tributação, classificação dos tributos, interpretação da legislação tributária, doutrina, prática e jurisprudência*. 13 ed. São Paulo: Atlas, 2001.

CASSOU, Bernard; BOSQUILLON, Marie-Christine (Coord.). *Les risques du travail*. Paris: Éditions La Découverte, 1985.

CASTI, J. L.; KARLQVIST, A. (ed.). *Cooperation and conflict in general evolutionary processes*. New York: John Wiley, 1994.

CEPAL & UNESCO. *Educação e conhecimento: eixo da transformação produtiva com equidade*. Brasília: IPEA/CEPAL/INPE, 1995.

CHALITA, G. B. I. *A sedução no discurso: o poder da linguagem nos tribunais de júri*. São Paulo: Max Limonad, 1998.

________. *O poder*. São Paulo: Saraiva, 1998.

CHANGEUX, Jean-Pierre; CONNES, Alain. *Matière à pensée*. Paris: Éditions Odile Jacob, 1992.

CHANGEUX, Jean Pierre; RICOEUR, Paulo. *La nature et la règle*. Paris: Éditions Odile Jacob, 1998.

CHOMSKY, Noam. *Le langage et la pensée*. Traduit de l'américan, Langage and Mind, par Louis-Jean Calvet. Paris: Petite Bibliothèque Payot, 1969.

________. *Linguagem e mente: pensamentos atuais sobre antigos problemas*. Trad. de Lúcia Lobato. Brasília: Editora Universidade de Brasília, 1998.

________. *Segredos, mentiras e democracia*. Trad. Alberigo Loutron. Brasília: Editora Universidade de Brasília, 1999.

________. *New horizons in the study of language and mind*. Cambridge: University Press, 2000.

COELHO, Fábio Ulhoa. *Roteiro de Lógica Jurídica*. 3. ed. São Paulo: Max Lionad, 2000.

COMITÊ DE COOPERAÇÃO EMPRESARIAL – CENTRO DE ECONOMIA MUNDIAL. *A nova América Latina: ajustamento e modernização*. Coordenação de Carlos Geraldo Langoni. Rio de Janeiro: FGV, 1996.

CONFERÊNCIA DAS NAÇÕES UNIDAS SOBRE MEIO AMBIENTE E DESENVOLVIMENTO. *Agenda 21*. Série ação parlamentar. Brasília: Câmara dos Deputados, Coordenação de Publicações, 1995.

CORDON, Juan Manuel Navarro; MARTINEZ, Tomás Calvo. *História da filosofia*. Filosofia contemporânea. Trad. da língua espanhola de Armindo Rodrigues. Lisboa: Edições 70. v. 3.

COSTANTINI, Michel; DARRAULT-HARRIS, Ivan (Org.). *Sémiotique, phénoménoligie, discours: du corps présent au sujet énonçant*. Paris: L'Harmattan, 1996.

COSTA do Marfim: o balé das meninas-serpentes. *Revista Geográfica Universal*. Rio de Janeiro: Bloch Editores, n. 252, janeiro/1996, p. 78-83.

COSTA, Jurandir Freire. *A ética e o espelho da cultura*. Rio de Janeiro: Rocco, 1994.

COSTA, Regina Helena. *Imunidades tributárias: teoria e análise da jurisprudência do STF*. São Paulo: Malheiros Editores, 2001.

COSTANZA, R. (Coord.) *et al. EcoLógical economics: the science and management of sustainability*. New York: Columbia Press University, 1991.

COURTÉS, Joseph. *Analyse sémiotique du discours: de l'énoncé à l'énonciation*. Paris: Hachette Supérieur, 1991.

________. *Du lisible au visible: analyse sémiotique d'une nouvelle de Maupassant, d'une bande dessinée de B. Rabier*. Paris: De Boeck Université, 1995.

CUNHA, José Auri. *Filosofia*: *iniciação à investigação filosófica*. São Paulo: Atual, 1992.

DAHRENDORF, Ralf. *A lei e a ordem*. Trad. Tamara D. Barile. Rio de Janeiro: Instituto Liberal, 1997.

DALLE NOGARE, Pedro. *Humanismos e anti-humanismos: introdução à antropologia filosófica*. 13. ed. Petrópolis: Vozes, 1994.

D'AMARAL, M. Tavares. *O homem sem fundamentos: sobre linguagem, sujeito e tempo*. Rio de Janeiro: UFRJ, Tempo Brasileiro, 1995.

________. (Org.). *Contemporaneidade e novas tecnologias*. Rio de Janeiro: Sette Letras, 1996.

DAMASCENO, Leslie Hawkins. *Espaço cultural e convenções teatrais na obra de Oduvaldo Vianna Filho*. Trad. Iná Camargo Costa. Campinas: Editora da UNICAMP, 1994.

DAMASIO, Antônio R. *O erro de Descartes*: *emoção, razão e o cérebro humano.* Trad. Dora Vicente, Georgina Segurado. São Paulo: Companhia das Letras, 1996.

________. *O mistério da consciência: do corpo e das emoções ao conhecimento de si*. Trad. Laura Teixeira Motta. São Paulo: Companhia das Letras, 2000.

________. *A estranha ordem das coisas: as origens biológicas dos sentimentos e cultura.* Tradução: Laura Teixeira Motta. São Paulo: Companhia das Letras, 2018.

DaMATTA, Roberto. *O que faz o brasil, Brasil?* 8. ed. Rio de Janeiro: Rocco, 1997.

DAVIS, Morton D. *Introducción a la teoría de los juegos*. Madrid: Alianza Editorial, 1986.

DAWKINS, Richard. *Desvendando o arco-íris: ciência, ilusão e encantamento.* Trad. Rosaura Eichenberg. São Paulo: Companhia das Letras, 2000.

DEBRAY Régis; ZIEGLER, Jean. *Trata-se de não entregar os pontos* (conversas radiofônicas). Trad. Emir Sader. São Paulo: Paz e Terra, 1995.

DEJOURS, Christophe. *A loucura do trabalho: estudo de psicopatologia do trabalho*. Trad. Ana Isabel Paraguay; Lúcia Leal Ferreira. São Paulo: Oboré Editorial, 1987.

DELEUZE, Gilles; GUATTARI, Felix. *L'Anti-Oedipe: capitalisme et schizophrénie, nouvelle édition augmentée.* Collection "Critique". Paris: Éditions de Minuit, 1972/1973.

DEL NERO, Henrique Schutzer. *O sítio da mente: pensamento, emoção e vontade no cérebro humano*. São Paulo: Collegium Cognitio, 1997.

________. *O equilíbrio necessário*. São Paulo: Collegium Cognitio, 1998.

DEL RIO, Vicente; OLIVEIRA, Lívia de (Org.). *Percepção ambiental: a experiência brasileira.* 2. ed. São Paulo: Studio Nobel, 1999.

DERANI, Cristiane. *Direito ambiental econômico*. São Paulo: Max Limonad, 1997.

DERRIDA, Jacques. *O olho da Universidade.* Trad. Ricardo I. Canko e Ignacio A Neis. Estação Liberdade, 2001.

D'ESPAGNAT, Bernard. *Penser la science ou les enjeux du savoir*. Paris: Dunod Bordas, 1990.

DES JARDINS, Joseph R. *Éthique de l'environnement: une introduction à la philosophie environnmentale*. Québec: Presses de l'Université du Québec, 1995.

DE VARINE, Hugues. *O tempo social: o desenvolvimento comunitário de todos é do interesse de cada um*. Tradução e coordenação Fernanda de Camargo-Moro; Lourdes Rego Novaes. Rio de Janeiro: Livraria Eça Editora, 1987.

DIAFERIA, Adriana. *Novas dimensões dos direitos: direito à proteção do patrimônio genético humano, análise da clonagem humana e seus aspectos jurídi-*

cos, bioéticos e científicos. 1998. Dissertação (Mestrado) – Pontifícia Universidade Católica de São Paulo, São Paulo, 1998.

DIAS, Maria Clara. *Kant e Wittgenstein: os limites da linguagem*. Rio de Janeiro: Relume Dumará, 2000.

DINIZ, Maria Helena. *Curso de direito civil brasileiro*. 10. ed. São Paulo: Saraiva, 1994. v. 1.

________. *As lacunas no direito*. 4. ed. São Paulo: Saraiva, 1997.

________. *Dicionário jurídico*. São Paulo: Saraiva, 1998.

________. *Compêndio de introdução à Ciência do Direito*. 20. ed. São Paulo: Saraiva, 2009.

DOUGLAS, William. *Como passar em provas e concursos*. 28. ed. Niteroi: Impetus, 2013 (Capítulo 18).

DOWNS, Anthony. *Uma teoria econômica da democracia*. Trad. Sandra Guardini Teixeira Vasconcelos. São Paulo: EDUSP, 1999.

DUBOUCHET, Paul. *Sémiotique juridique: introduction à une science du droit*. Paris: PUF, 1990.

DUCROS, Albert; DUCROS, Jacqueline; JOULIAN Frédéric. *La culture est-elle naturelle? Histoire, épistémologie et applications recentes du concept de culture*. Collection des Hesperides. Paris: Éditions Errance, 1998.

DUNKER, Christian et all. Ética e pós-verdade. Porto Alegre: Dublinense, 2017.

DUPAS, Gilberto. *Ética e poder na sociedade de informação*: *de como a autonomia das novas tecnologias obriga a rever o mito do progresso*. São Paulo: Editora UNESP, 2000.

DURAND, G. *Las estructuras antropológicas del imaginário: introducción a la arquetipología general* (versão castelhana de Mauro Armiño). Madrid: Taurus, 1991.

DWORKIN, Ronald. *O império do Direito*. Trad. Jefferson Luiz Camargo. São Paulo: Martins Fontes, 1999.

DYSON, J. Freeman. *Mundos imaginados*: *conferências Jerusalém-Harvard*. Trad. Claúdio Weber Abramo. São Paulo: Companhia das Letras, 1998.

ECO, Umberto. *Sémiotique et philosophie du langage*. Trad. française de Semiótica e filosofia del linguaggio. Paris: PUF, 1988.

_________. *A estrutura ausente*. São Paulo: Perspectiva, 1997.

EHRENFELD, David. *A arrogância do humanismo*. Trad. Álvaro Cabral. Rio de Janeiro: Campus, 1992.

ELSTER, J. *Peças e engrenagens das ciências sociais*. Trad. Antonio Trânsito. Rio de Janeiro: Relume-Dumara, 1994.

EMERICK, Maria Celeste; CARNEIRO, Fernanda (Org.). *Recursos genéticos humanos: limites ao acesso: debate interdisciplinar sobre a regulamentação do acesso e do uso do genoma humano no Brasil*. Rio de Janeiro: FIOCRUZ, 1997.

EVERAERT-DESMEDT, Nicole. *Le processus interprétatif: introduction à la sémiotique de Ch. S. Peirce*. Paris: Pierre Mardaga, 1990.

EVERDELL, William R. *Os primeiros modernos*. Trad. Cynthia Cortes e Paulo Soares. Rio de Janeiro: Record, 2000.

FAÉ, Ana de Brito. *Vocabulário de Latim Forense*. São Paulo: Editora Affonso, 1978.

FARIA, José Eduardo. *O direito na economia globalizada*. São Paulo: Malheiros, 2000.

FARIA, Hamilton José Barreto de; SOUZA, Valmir de (Org.). *Projeto cultural para um governo sustentável*. São Paulo: Pólis, 1994.

FARIAS, Paulo José Leite. *Competência federativa e proteção ambiental*. Porto Alegre: Sérgio Antonio Fabris, 1999.

FEATHERSTONE, Mike. *O desmanche da cultura: globalização, pós-modernismo e identidade*. (Coleção megalópolis). Trad. Carlos Eugênio Marcondes de Moura. São Paulo: Studio Nobel: SESC, 1997.

FERNÁNDEZ-ARMESTO, Felipe. *Verdade*: *uma história*. Trad. Beatriz Vieira. Rio de Janeiro: Record, 2000.

FERRARA, Lucrécia D'Alessio. *A estratégia dos signos*: *linguagem/espaço/ambiente urbano*. São Paulo: Perspectiva, [s.d.].

________. *Olhar periférico: informação, linguagem, percepção ambiental.* 2. ed. São Paulo: EDUSP, 1999.

FERRAZ JR., Tércio Sampaio. *Introdução ao estudo do direito: técnica, decisão, dominação*. 2. ed. São Paulo: Atlas, 1994.

________. *Direito, retórica e comunicação: subsídios para uma pragmática do discurso jurídico*. 2. ed. São Paulo: Saraiva, 1997.

________. *Função social da pragmática jurídica*. São Paulo: Max Limonad, 1998.

FERRY, L. *A nova ordem ecológica: a árvore, o animal, o homem*. Trad. Álvaro Cabral. São Paulo: Ensaio, 1994.

FIEDLER FERRARA, N.; CINTRA DO PRADO, C. P. *Caos: uma introdução*. São Paulo: Edgard Blucher, 1994.

FIGUEIREDO, Lúcia Vale. *Disciplina urbanística da propriedade.* São Paulo: Revista dos Tribunais, 1980.

________. (Coord.). *Devido processo legal na administração pública.* Coleção Oswaldo Aranha Bandeira de Mello de Direito Administrativo. São Paulo: Max Limonad, 2000.

________. (Coord.). *Ato administrativo e devido processo legal*. Coleção Oswaldo Aranha Bandeira de Mello de Direito Administrativo. São Paulo: Max Limonad, 2000.

________. *Curso de Direito Administrativo*. 5. ed. revista, atualizada e ampliada. São Paulo: Malheiros: 2001.

FILHO, Alexandre Jorge Carneiro da Cunha; OLIVEIRA, André Tito da Motta; ISSA, Rafael Hamze; SCHWIND, Rafael Wallbach (Coord.). *Direito, instituições e políticas públicas – O papel do jusidealista na formação do Estado* – São Paulo: Quartier Latin, 2017.

FIORILLO, Celso Antonio Pacheco. *Os sindicatos e a defesa dos interesses difusos no direito processual civil brasileiro.* Tese de Doutorado. v. 31. (Coleção Estudos de Direito de Processo Enrico Tullio Liebman.) São Paulo: Revista dos Tribunais, 1995, v. 31.

________. *Patrimônio genético e direito ambiental*. Belo Horizonte: Del Rey, 1996.

FIORILLO, C. A. P.; RODRIGUES M. A.; NÉRY, R. M. A. *Direito processual ambiental*. Belo Horizonte: Del Rey, 1996.

FIORILLO, C. A. P.; RODRIGUES M. A. *Manual de direito ambiental e legislação aplicável*. São Paulo: Max Limonad, 1997.

FIORILLO, C. A. P., DIAFÉRIA, A. *A biodiversidade e patrimônio genético no direito ambiental brasileiro*. São Paulo: Max Limonad, 1999.

FIORILLO, C. A. P. *O direito de antena em face do direito ambiental no Brasil*. São Paulo: Saraiva, 2000.

________. *Curso de direito ambiental brasileiro*. São Paulo: Saraiva, 2000.

________. *O marco civil na internet e o meio ambiente digital na sociedade da informação*: *Comentários à Lei n. 12.965/2014*. São Paulo: Saraiva, 2015.

FIORIN, José Luiz. *Elementos de análise do discurso*. 10. ed. São Paulo: Contexto, 2001. (Repensando a Língua Portuguesa).

________. *Linguagem e ideologia*. 7. ed. 3. impr. São Paulo: Ática, 2001. (Série Princípios.)

________. *As astúcias da enunciação: as categorias de pessoa, espaço e tempo*. São Paulo: Ática, 2001.

FIORIN, José Luiz (Org.). *Introdução à Linguística: I – Objetos teóricos*. São Paulo: Contexto, 2002.

FLECHA DE LIMA, Paulo Tarso. *Caminhos diplomáticos: 10 anos de agenda internacional (1985-1995)*. PAROLA, Alexandre Guido Lopes (Org.). Rio de Janeiro: Francisco Alves, 1997.

FLOCH, Jean-Marie. *Sémiotique, marketing et communication: sous les signes, les stratégies*. 2. ed. Paris: PUF, 1995.

FILHO, Alexandre Jorge Carneiro da Cunha; OLIVEIRA, André Tito da Motta; ISSA, Rafael Hamze; SCHWIND, Rafael Wallbach (Coord.). *Direito, instituições e políticas públicas: o papel do jusidealista na formação do Estado*. São Paulo: Quartier Latin, 2017.

FLORESCANO, Enrique (compilador). *El patrimonio cultural de México*. México: Fondo de Cultura Económica, 1993.

________. (Coord.) *El patrimonio nacional de México I e II*. Serie História y antropología. México: Consejo Nacional para la Cultura y las Artes. Fondo de Cultura Económica, 1997.

FONTANILLE, Jacques (Dir.). *Le devenir: actes du colloque* "LINGUISTIQUE ET SÉMIOTIQUE III, tenu à l'Université de Limoges, les 2-3-4 décembre 1993. Limoges: PULIM, 1993. (Collection Nouveaux Actes Sémiotiques.)

________. *Sémiotique du visible: des mondes de lumière (Formes sémiotiques).* Paris: PUF, 1995.

FOUCAULT, Michel. *A verdade e as formas jurídicas.* Trad. Roberto Cabral de Melo Machado e Eduardo Jardim Morais. 2. ed. Rio de Janeiro: Nau, 1999.

FREEDMAN, B. *Environmental ecology: the ecoLógical effects of pollution, disturbance and other stresses*. 2. ed. San Diego: Academic Press, 1995.

FREITAS, Vladimir Passos de. *Direito administrativo e meio ambiente*. Curitiba: Juruá, 1995.

________. *A Constituição Federal e a efetividade das normas ambientais.* 2. ed. São Paulo: Revista dos Tribunais, 2002.

________. (Org.). *Direito ambiental em evolução*. 2. ed. Curitiba: Juruá, 2002. v. 1.

FREITAS, Vladimir Passos de; FREITAS, Gilberto Passos de. *Crimes contra a natureza*. 6. ed. São Paulo: Revista dos Tribunais, 2000.

FRONTIER, S.; PICHOD-VIALLE, D. *Écosystèmes: structure, fonctionnement, évolution.* 2. ed. Paris: Masson, 1993.

FUNDAÇÃO NACIONAL DE ARTE – FUNARTE. *Tradição/contradição*. Adauto Novaes (Coord.). Rio de Janeiro: Jorge Zahar, 1997.

GADAMER, Hans-Georg. *Verdade e método: traços fundamentais de uma hermenêutica filosófica*. Trad. Flávio Paulo Meurer. Petrópolis: Vozes, 1997.

________. Hermenéutica. *In: Diccionario de Hermenéutica. Una obra interdisciplinar para las ciências humanas*. Dirigido por Ortyz-Osés y P. Lanceros. Bilbao, Universidade de Desuto, 1997.

GARDNER, Howard. *Estruturas da mente: a teoria das inteligências múltiplas*. Trad. Sandra Costa. Porto Alegre: Artes Médicas Sul, 1994.

GARRETT, L. *A próxima peste: novas doenças num mundo em desequilíbrio*. Trad. Margarida Dorfman Black, Sonia Siessere e Marina Appenzeller. Rio de Janeiro: Nova Fronteira, 1995.

GEISLER, Norman L.; FEINBERG, Paul D. *Introdução à filosofia: uma perspectiva cristã*. Trad. do original. 2. ed. São Paulo: Edições Vida Nova, 1996.

GERT, Bernard. *Morality: its nature and justification*. New York: Oxford University Press, 1998.

GIANNETTI, Eduardo. *Auto-engano*. São Paulo: Companhia das Letras, 1997.

GILMORE, Robert. *Alice no país do quantum: a física quântica ao alcance de todos*. Trad. André Penido. ver. técnica: Ildeu de Castro Moreira. Rio de Janeiro: Jorge Zahar, 1999.

GINZBURG, Carlo. *Olhos de madeira: nove reflexões sobre distância.* Trad. Eduardo Brandão. São Paulo: Companhia das Letras, 2001.

GIUSSANI, Luigi. *O senso de Deus e o homem moderno: a questão humana e a novidade do cristianismo*. Trad. Durval Cordas, Paulo Afonso E. de Oliveira. Rio de Janeiro: Nova Fronteira, 1997.

GLEICK, J. *Caos: a criação de uma nova ciência*. Trad. Waltensir Dutra. 4. ed. Rio de Janeiro: Campus, 1991.

GLEISER, Marcelo. *A dança do universo: dos mitos de Criação ao Big Bang*. São Paulo: Companhia das Letras, 1997.

________. *Retalhos cósmicos: ensaios breves sobre o mundo da ciência e a ciência do mundo*. São Paulo: Companhia das Letras, 1999.

GOMES, Celeste Leite dos Santos Pereira. *Responsabilidade e sanção penal nos crimes contra o meio ambiente.* São Paulo: Editora Oliveira Mendes, 1998.

GONÇALVES, Aroldo Plínio (Coord.). *Mandado de segurança*. Belo Horizonte: Del Rey, 1996.

GOTTLIEB, Otto R.; KAPLAN, Maria Auxiliadora C.; BORIN, Maria Renata de M. B. *Biodiversidade: um enfoque químico-biológico.* Rio de Janeiro: Editora UFRJ, 1996.

GOYARD-FABRE, Simone. *Os princípios filosóficos do direito político moderno.* Trad. Irene A. Paternot. São Paulo: Martins Fontes, 1999.

GRECO, Marco Aurélio. *Direito e Internet.* São Paulo: Dialética, 2000.

GREENBLAT, C. S.; DUKE, R. D. *Gaming-simulation: rationale, design and applications*. New York-London-Sidney-Toronto: Sage Publications John Wiley & Sons, 1965.

GREGOLIN, M. do Rosario; BARONAS, Roberto. *Análise do discurso: as materialidades do sentido*. São Paulo: Editora Clara Luz, 2001. (Coleção Olhares Oblíquos.)

GREIMAS, Algirdas J.; FONTANILLE, Jacques. *Sémiotique des passions: des états de choses aux états d'âme*. Paris: Seuil, 1991.

GRINOVER, Ada Pellegrini *et al. Código brasileiro de defesa do consumidor: comentado pelos autores do anteprojeto*. Rio de Janeiro: Forense Universitária, 1998.

GROUP DE VEZELAY: Michel et Calliope Beaud e Mohamed Larbi Bouguerra (Org.). *L'état de l'environnement dans le monde.* Paris: Éditions la Découverte, fondation pour le progrès de l'homme, 1993.

GUERRA, A, J. T.; CUNHA, S.B. da (Org.) *Geomorfologia: uma atualização de bases e conceitos*. Rio de Janeiro: Bertrand Brasil, 1994.

GUERRA, Isabella Franco. *Ação civil pública e meio ambiente*. Rio de Janeiro: Forense, 2000.

HABERMAS, Jürgen. *Técnica e ciência como "ideologia"*. Lisboa: Edições 70, 1968.

________. *Conhecimento e interesse*. Trad. José N. Heck. Rio de Janeiro: Guanabara, 1987.

________. *Consciência moral e agir comunicativo*. Trad. Guido A. de Almeida. Rio de Janeiro: Tempo Brasileiro, 1989.

________. *Direito e democracia: entre facticidade e validade*. Trad. Flávio Beno Siebeneichler. Rio de Janeiro: Tempo brasileiro, 1997. v. II.

________. *The inclusion of the other: studies in political theory*. Cambridge, Massachusetts: The MIT Press, 1998.

HAMBURGER, Jean. (Org.) *et al. L'avenir de la science.* Paris: Dunod, 1991.

HASLAM, S. M. *River pollution and ecological perspective.* London: Belhaven Press/Pinter Publishers, 1992.

HAWKING, S. W. *Uma breve história do tempo: do big bang aos buracos negros*. 27. ed. Trad. Maria Helena Torres. Rio de Janeiro: Rocco, 1988.

HELLER, Agnes. *Além da justiça*. Trad. Savannah Hartmann. Rio de Janeiro: Civilização Brasileira, 1988.

HELLER, Hermann. *La soberanía: contribución a la teoría del derecho estatal y del derecho internacional*. Trad. Mario de la Cueva. 2. ed. México:

La Fundación, Escuela Nacional de Jurisprudência, A. C., Fondo de Cultura Económica, 1995.

HÉNAULT, Anne. *Histoire de la sémiotique*. 2. ed. Paris: PUF, 1997.

HERCULANO-HOUZEL, Suzana. *A vantagem humana: como nosso cérebro se tornou superpoderoso*. Trad. Laura Teixeira Motta. São Paulo: Companhia das Letras, 2017.

HILL, Christopher. *O mundo de ponta-cabeça: idéias radicais durante a Revolução Inglesa de 1640*. Trad. Renato Janine Ribeiro. São Paulo: Companhia das Letras, 1987.

HOBSBAWN, Eric. *A era dos extremos: o breve séc. XX – 1914-1991*. Trad. Marcos Santarrita. São Paulo: Companhia das Letras, 1995.

HOFFMANN, Susy Gomes. *Teoria da prova no direito tributário.* Campinas: Copola Editora, 1999.

HUHNE, Leda Miranda (Org.) *et al. Fazer filosofia.* Rio de Janeiro: UAPÊ, 1994.

ICET – Revista do Instituto Cearense de Estudos Tributários. Vários Autores. Fortaleza: ABC Fortaleza, 2000.

INSTITUTO DE ESTUDOS AVANÇADOS – IEA – UNIVERSIDADE DE SÃO PAULO. Coleção Documentos. Série: Educação para a cidadania, n. 9. *Conhecimento como rede: a metáfora como paradigma e como processo*. Nilson José Machado, março/94.

________. Série: Ciência Cognitiva, n. 26. *Tempo e espaço: um enfoque sobre hipocampo e cognição ambiental*. Henrique S. Del Nero, Carlos Leite de Souza, Gilberto Fernando Xavier e Vicente Del Rio, dezembro/96.

________. Série: Colóquio17.89 – Sombras e Luzes. *Nos limites do direito, nas armadilhas da tradição: a revolução descolonizadora na América Latina*. Sérgio Adorno, novembro/89.

________. Série: Assuntos internacionais, n. 7, *Empresas Brasileiras na década de 90: o desafio da internacionalização*. Carlos César Souza, novembro/89.

________. Série: Assuntos internacionais, n. 12. *A inserção internacional desejada e a possível para o Brasil.* Rubens Ricupero, março/91.

________. Série: Estudos sobre o tempo, n. 4. Luiz Bernardo Clauzet, José Antônio de Freitas Pacheco, Francisco Miraglia e Erasmo Garcia Mendes. *O tempo nas ciências naturais e exatas*, setembro/91.

________. Série especial – Teoria Política –1. *As transformações do Estado no fim do século*. Célia N. Galvão Quirino e Oliveiros S. Ferreira, junho/92.

________. Série: Assuntos internacionais, n. 25. *The crisis of the development state and the new international system*. Hartmut Elsennhans, junho/92.

________. Série: Ciências ambientais. *Conservação, preservação e desenvolvimento – propostas integradas.* Paulo Roberto Haddad, março/92.

________. Série: Ciência cognitiva, n. 17. *Modos de pensar e sistemas de controle* – um ponto de vista na história. Jocelyn Freitas Bennaton, março/94.

________. Série: Ciências Ambientais, n. 20. *Mudanças globais e desenvolvimento sustentável*. Ivano G. R. Gutz (Org.), novembro/94.

________. Série: Ciências Ambientais, n. 22. *Redução de desastres ambientais*. Umberto G. Cordani, maio/96.

________. Série: Assuntos internacionais, n. 34. *Inserção estrangeira do Brasil no cenário internacional.* Ronaldo Mota Sardenberg, Bem., março/95.

________. Série: História Cultural, n. 5. *Modos culturais pós-modernos: cultura, globalização e capacidade de regime, uma questão de objeto e duas de método*. Teixeira Coelho, novembro/96.

INAE – Instituto Nacional de Altos Estudos. João Paulo dos Reis Veloso (Org.). *A ecologia e o novo padrão de desenvolvimento no Brasil*. São Paulo: Nobel, 1992.

________. João Paulo dos Reis Veloso e Luciano Martins (Coord.) *A nova ordem mundial em questão*. Rio de Janeiro: José Olympio, 1993.

INDURSKY, Freda; CAMPOS, Maria do Carmo (Org.). *Discurso, memória e identidade*. Porto Alegre: Sagra Luzzatto, 2000.

INSTITUTO ÍTALO LATINO AMERICANO. "Memórias del Seminario Taller" (10-14 jan./1994. Artigo: *El catálogo como instrumento de conocimiento: experiências de trabajo del Ministerio de los Bienes Culturales y Ambientales italiano e de las superintendências dependentes de aquel – Maria Luisa Polichetti*. Roma, 1994.

IPEA – Instituto de Pesquisa Econômica Aplicada. *Planejamento e políticas públicas*, n. 7/junho de 1992. Brasília: IPEA, 1992.

________. *O Brasil no fim do século: desafios e propostas para a ação governamental*. Rio de Janeiro: IPEA, 1994.

________. *Estratégia macroeconômica.* Jorge Vianna Monteiro, n. 26. Série PNPE, 1994.

________. *Planejamento e políticas públicas,* n. 11, junho/dezembro/94. Brasília/IPEA, 1995.

________. *Gestão educacional*: *experiências inovadoras*. n. 147. Antonio Carlos da R. Xavier, Guiomar Namo de Mello, José Amaral Sobrinho, Rose Neubauer da Silva. Brasília: IPEA, 1995.

________. *A economia brasileira em perspectiva*. 2 volumes, 1996.

________. *Meio ambiente*: *aspectos técnicos e econômicos*. Sérgio Margulis, editor, 2. ed. Brasília: IPEA, 1996.

________. *O Brasil na virada do milênio*. Trajetória do crescimento e desafios do desenvolvimento (2 volumes). Brasília: IPEA, 1997.

JAKOBSON, Roman. *Linguística e comunicação*. São Paulo: Cultrix, [s.d.].

JERPHAGNON, Lucien. *História dos grandes filósofos.* Trad. Luís Eduardo de Lima Brandão. São Paulo: Martins Fontes, 1992 (Coleção Ensino Superior).

JOHNSON, George. *Fogo na mente*: *ciência, fé e a busca da ordem*. Trad. Ronaldo Sergio de Biasi. Rio de Janeiro: Campus, 1997.

JONAS, Hans. *Le principe responsabilité: une éthique pour la civilisation technologique, 1979*. Traduit de l'allemand par Jean Greish. Paris: Flammarion, 3. Ed. Éditions du Cerf, 1995.

KADE, Gerhard *et al. O homem e seu ambiente*. Trad. Gastão Jacinto Gomes. Rio de Janeiro: FGV, 1970.

KALINOWSKI, Georges. *Sémiotique et philosophie*. Paris-Amsterdam: Éditions Hadès-Benjmains,

KALOGEROPOULOS, D. (Org.). *Regards sur la complexité sociale et l'ordre légal à la fin du XX siècle*. Bruxelas: Bruylant, 1996.

KAPLAN, Robert. *O nada que existe: uma história natural do zero*. Trad. Laura Neves. Rio de Janeiro: Rocco, 2001.

KAUFFMAN, Stuart A. *The origins of order: self organization and selection in evolution*. Oxford: University Press, 1993.

KEHL, Maria Rita (Org.). *Função fraterna*. Rio de Janeiro: Relume Dumará, 2000.

KIERKEGAARD, Soren. *Ponto de vista explicativo da minha obra como escritor.* Trad. João Gama, a partir da tradução francesa de Paul-Henri Tissean. Lisboa: Edições 70 (Textos Filosóficos), 1986.

________. *Diário de um sedutor.* Trad. Carlos Grifo, Maria José Marinho, Adolfo Casais Monteiro. 3. ed. São Paulo: Nova Cultural, 1998. (Os pensadores.)

________. *Temor e tremor*. Trad. Carlos Grifo, Maria José Marinho, Adolfo Casais Monteiro. 3. ed. São Paulo: Nova Cultural, 1998. (Os pensadores.)

________. *O desespero humano*. Trad. Carlos Grifo, Maria José Marinho, Adolfo Casais Monteiro. 3. ed. São Paulo: Nova Cultural, 1998. (Os pensadores.)

KLINK, Amyr. *Mar sem fim: 360º ao redor da Antártica.* São Paulo: Companhia das Letras, 2000.

KLINKENBERG, Jean Marie. *Précis de sémiotique générale.* Paris: De Boeck & Larcier, 1996. (Essais, Série Sciences Humaines.)

LANGONI, Carlos Geraldo (Coord.). *A nova América Latina: ajustamento e modernização*. Rio de Janeiro: FGV, 1996.

LARAIA, Roque de Barros. *Cultura: um conceito antropológico*. 10. ed. Rio de Janeiro: Jorge Zahar, 1995.

LATOUR, Bruno. *Jamais fomos modernos: ensaio de antropologia simétrica.* Trad. Carlos Irineu da Costa. São Paulo: Editora 34, 1994.

LEITE, José Rubens Morato. *Dano ambiental: do individual ao coletivo, extrapatrimonial*. São Paulo: Editora Revista dos Tribunais, 2000.

LEME MACHADO, Paulo Affonso. *Direito ambiental brasileiro*. 6. ed. São Paulo: Malheiros Editores, 1995.

LEPAGE, Corinne. *"On ne peut rien faire Madame le Ministre..."* Paris: Éditions albin Michel, 1998.

LÉVI-STRAUSS, C. *História de Lince*. Trad. Beatriz Perrone-Moisés. São Paulo: Companhia das Letras, 1993.

LÉVY, Pierre. *O que é virtual?* Trad. Paulo Neves. São Paulo: Editora 34, 1996.

________. *A inteligência coletiva: por uma antropologia do ciberespaço*. Trad.: Luiz Paulo Rouanet. Paris: Éditions La Découverte, 1994.

LEWIN, Roger. *Complexidade: a vida no limite do caos*. Trad. Rodolfo Schmidt. Rio de Janeiro: Rocco, 1994.

LIMA LOPES, José Reinaldo. *O Direito na História – lições introdutórias*. São Paulo: Max Limonad, 2000.

LITKA, Michael P.; BLODGETT, Mark S. *International dimensions of the legal environment of business*. Cincinatti, Ohio: South-Western College Publishing, 1995.

LOPES DOS SANTOS, L. H. *A harmonia essencial* (trab. apresentado durante Simpósio: a crise da razão, promovido pelo MEC/ABL). Rio de Janeiro, 1995.

LOTUFO, Renan. Coord. *Cadernos de Teoria Geral do Direito*. São Paulo: Juruá, 2017.

LOZANO, Jorge; Peña-Marín Cristina; ABRIL, Gonzalo. *Análise do discurso: por uma Semiótica da Interação Textual*. Trad. Gustavo Laranja e Denise Radanovic Vieira. São Paulo: Littera Mundi, 2002.

LUHMANN, Niklas. *Sociologia do Direito I*. Trad. Gustavo Bayer. Rio de Janeiro: Edições Tempo Brasileiro, 1983.

________. *Sociologia do Direito II*. Trad. Gustavo Bayer. Rio de Janeiro: Edições Tempo Brasileiro, 1983.

MACHADO, Arlindo. *Máquina e imaginário: o desafio das poéticas tecnológicas*. São Paulo: Editora da Universidade de São Paulo, 1993.

MADDOX, John. *O que falta descobrir: explorando os segredos do universo, as origens da vida e o futuro da espécie humana*. Trad. Ronaldo de Biasi. Rio de Janeiro: Campus, 1999.

MAFFESOLI, Michel. *No fundo das aparências*. Trad. Bertha Halpern Gurovitz. Petrópolis: Vozes, 1996.

MAFFESOLI, Michel. *A transfiguração do político: a tribalização do mundo.* Trad. Juremir Machado da Silva. Porto Alegre: Sulina, 1997.

________. *Elogio da razão sensível*. Trad. Albert Christophe Migueis Stuckenbruck. Petrópolis: Vozes, 1998.

MAGALHÃES, Juliana Neuenschwander. O uso criativo dos paradoxos do Direito. *In: Paradoxos da auto-observação.* Leonel Severo Rocha (Org.). Curitiba: JM Editora, 1996, p. 270-271.

MAGGIE, Yvonne. *Medo de feitiço: relações entre magia e poder no Brasil.* (Prêmio Arquivo Nacional, órgão do Ministério da Justiça). Rio de Janeiro: Arquivo Nacional, 1992.

MAINGUENEAU, Dominique. *Pragmática para o discurso literário.* Trad. Marina Appenzeller. São Paulo: Martins Fontes, 1996. (Coleção Leitura e Crítica.)

MAIO, Marcos Chor (Org.). *Raça, ciência e sociedade*. Rio de Janeiro: FIOCRUZ.CCBB, 1996.

MANCUSO, Rodolfo de Camargo. *Interesses difusos: conceito e legitimação para agir.* 2. ed. São Paulo: Revista dos Tribunais, 1988.

MARCO, N. *O que é darwinismo.* 3. ed. São Paulo: Brasiliense, 1993.

MARGALEF, R. *La biosfera: entre la termodinámica y el juego*. Barcelona: Omega, 1980.

________. *Teoría de los sistemas ecológicos.* 2. ed. Madrid: Universitat de Barcelona, 1993.

MARGULIS, Lynn; SCHWARTZ, Karlene. *Cinco reinos.* Trad. Cecília Bueno. Rio de Janeiro: Editora Guanabara Koogan, 2001.

MARGUTTI, Paulo Roberto Pinto *et al.* (Orgs.). *Filosofia analítica, pragmatismo e ciência*. Belo Horizonte: Editora UFMG, 1998.

MARINONI, Luiz Guilherme. *Antecipação da tutela.* 3. ed. São Paulo: Malheiros Editores, 1997.

MARMOR, Andrei. *Direito e interpretação: ensaios de Filosofia do Direito.* Trad. Luís Carlos Borges. São Paulo: Martins Fontes, 2000. (Justiça e Direito.)

MARTIN-BARBERO, Jesús. *Dos meios às mediações: comunicação, cultura e hegemonia*. Trad. Ronald Polito e Sérgio Alcides. Rio de Janeiro: UFRJ, 1997.

MATOS, Olgária. *Vestígios: escritos de filosofia e crítica social*. São Paulo: Palas Athena, 1998.

MAZZILLI, Hugo Nigri. *A defesa dos interesses difusos em juízo: meio ambiente, consumidor e outros interesses difusos e coletivos*. 9. ed. ver. e atual. São Paulo: Saraiva, 1997.

MEIRELLES, Hely Lopes. *Direito administrativo brasileiro*. 22. ed. São Paulo: Malheiros Editores, 1997.

________. *Direito municipal brasileiro*. 9. ed. São Paulo: Malheiros Editores, 1997.

________. *Mandado de Segurança, Ação Popular, Ação Civil Pública, Mandado de Injunção, "Habeas Data"*. 18. ed. São Paulo: Malheiros Editores, 1998.

MENEZES, José Eugênio de. *ONGs: as organizações não-governamentais e seus sistemas de simbologia política*. 1995. Dissertação (Mestrado) – Pontifícia Universidade Católica de São Paulo, São Paulo, 1995.

MESNARD, Pierre. *Kierkegard.* Trad. Rosa Carreira, a partir da tradução francesa. Lisboa: Edições 70, 1953.

MILARÉ, Édis. *Direito do ambiente: doutrina – prática – jurisprudência – glossário*. São Paulo: Editora Revista dos Tribunais, 2000.

MILNER, Peter. *Donald Hebb, un pionnier des neurosciences.* Pour la Science (édition française de Scientific American). Paris: PUBLICITÉ France, n. 185, mars 1993.

MINISTÉRIO DO MEIO AMBIENTE – MMA, SECRETARIA DE RECURSOS HÍDRICOS – SRH. *Interfaces da gestão de recursos hídricos:* desafios da lei de águas de 1997. 2. ed. Héctor Raúl Muñoz (Org.). Maio 2000.

MIRANDA A. Gursen De (Coord.). *O direito e o índio*. Belém: CEJUP, 1994.

MIRCEA, Elíade. *Mito e realidade*. Trad. Pola Civel. São Paulo: Perspectiva, 1963.

MOLES. Abraham. *Rumos de uma cultura tecnológica*. São Paulo: Perspectiva, 1973.

MORAES, João Quartim de. *A tutela militar*. São Paulo: Editora Vértice, 1987.

MORAIS, Regis de. *Ética da compaixão*. Campinas, SP: Editora Alinea, 2012.

MORAN, Emílio. F. *Adaptabilidade humana: uma introdução à antropologia ecológica*. Trad. Carlos E. A. Coimbra Jr.; Marcelo Soares Brandão. São Paulo: EDUSP, 1994.

MORIN, E. *Science avec conscience*. Paris: Éditions Seuil, 1990.

________. *Mes Démons*. Paris: Éditions Seuil, 1994.

MORIZOT, Jacques. *Sur le problème de Borges: sémiotique, ontologie, signature*. Paris: Kimé, 1999.

MOSCOVICI. S. *La societé contre nature.* Paris: Seuil, 1994.

MUKAI, Toshio. *Direito ambiental sistematizado*. 2. ed. Rio de Janeiro: Forense Universitária, 1994.

MULLER-PLANTENBERG, Clarita; AB'SABER, Aziz Nacib (Orgs.): *Previsão de impactos: o Estudo de Impacto Ambiental no Leste, Oeste e Sul. Experiências no Brasil, na Rússia e na Alemanha*. São Paulo: EDUSP, 1994.

MURPHY, Michael P.; O'NEILL Luke A. J. (Org.). *"O que é a vida?" 50 anos depois, especulações sobre o futuro da biologia*. Trad. Laura Cardellini Barbosa de Oliveira. São Paulo: UNESP, 1997.

MUYLAERT, Roberto. *Marketing cultural & comunicação dirigida*. 4. ed. São Paulo: Globo, 1995.

NASCIMENTO E SILVA, G. E. *Direito ambiental Internacional: meio ambiente, desenvolvimento sustentável e os desafios da nova ordem mundial.* Rio de Janeiro: Thex., 1995.

NAUGHTON, S.J.; WOLF, L. L. *Ecología general.* Barcelona: Omega, 1984.

NEVES, Marcelo. *A constitucionalização simbólica*. São Paulo: Editora Acadêmica, 1994.

NOBRE, Marcos; REGO, José Márcio (Org.). *Conversas com filósofos brasileiros*. São Paulo: Editora 34, 2000.

NÓBREGA, Clemente. *Em busca da empresa quântica: analogias entre o mundo da ciência e o mundo dos negócios*. Rio de Janeiro: Ediouro, 1996.

NOGARE, Pedro Dalle. *Humanismos e anti-humanismos: introdução à antropologia filosófica*. 13. ed. Pretrópolis: Vozes, 1994.

NOGUEIRA, Alécio Silveira. *Direito e linguagem: o processo interpretativo jurídico sob uma perspectiva semiótica.* Curitiba: Juruá, 2013.

NÖTH, Winfried. *Panorama da semiótica: de Platão a Peirce*. São Paulo: Annablume, 1995. (Coleção E3.)

NOVAES, Adauto *et al*. *O olhar*. São Paulo: Companhia das Letras, 1988.

NOVAES, Adauto (Org.). *Tempo e história*. São Paulo: Companhia das Letras: Secretaria Municipal da Cultura, 1992.

NUNES, Benedito. *Crivo de papel.* Série Temas. 2. ed. São Paulo: ABDR, 1998.

OLIVEIRA, Admardo S. de. *et al. Introdução ao pensamento filosófico.* São Paulo: Edições Loyola, 1993.

OLIVEIRA, Thiago Mathias de; BASSOLI Marlene Kempfer. *Semiótica e interpretação do Direito*. Ensaio como referência de trabalho de Conclusão de Curso na Universidade Estadual de Londrina, de autoria do primeiro sob orientação da segunda, *Revista de Direito Público*, Londrina, v. 1, n. 2. p. 179-208, maio/ago. 2006.

OLIVEIRA, Valdevino Soares de. *Poesia e pintura: um diálogo em três dimensões*. São Paulo: Fundação Editora da UNESP (FEU), 1999. (Prismas.)

OLIVEIRA, Vicente Kleber de Melo. *Direito tributário: sistema tributário nacional*: *teoria e prática*. Belo Horizonte: Del Rey, 2001.

OLSON, Mancur. *A lógica da ação coletiva: os benefícios públicos e uma teoria dos grupos sociais*. Trad. Fabio Fernandez. São Paulo: Editora da Universidade de São Paulo, Clássicos; 16, 1999.

________. *Interpretação*: *autoria, leitura e efeitos do trabalho simbólico.* 3. ed. Petrópolis: Vozes, 1997.

ORTIZ, Renato. *Cultura brasileira & identidade nacional.* 5. ed. São Paulo: Brasiliense, 1994.

PAGELS, Heinz R. *The cosmic code: quantum physics as the language of nature*. England: Penguin Books, 1994.

PAPADOPOULOU, Rébecca-Emmanuèla. *Principes généraux du droit et droit communautaire: origines et concrétisation*. Atenas: Sakkoulas. Bruxelas: Bruylant, 1996.

PARRET, Herman. *A estética da comunicação: além da pragmática.* Trad. Roberta Pires de Oliveira. Coleção Repertórios. Campinas: Editora da UNICAMP, 1997.

PEIRCE, Charles Sanders. *Semiótica*. Trad. J. Teixeira Coelho Neto. 3. ed. São Paulo: Perspectiva, 1999.

PELLEGRINI GRINOVER, Ada *et al. Código Brasileiro de Defesa do Consumidor: comentado pelos autores do anteprojeto*. 5. ed. Rio de Janeiro: Forense, 1998.

PELT, J. M. *A natureza reencontrada*. Trad. Henrique de Barros. Lisboa: Gradiva, 1991.

PENROSE, R. *A mente nova do rei: computadores, mentes e as leis da física*. Trad. Waltensir Dutra. Rio de Janeiro: Campus, 1993.

PENZO, Giorgio; GIBELLINI, Rosino (Org.). *Deus na filosofia do século XX*. Trad. Roberto Leal Ferreira. São Paulo: Edições Loyola, 1998.

PEREIRA, Nilton Salgado. *Terra planeta poluído*. 2 volumes. Porto Alegre: Sagra, [s.d.]. 2. v. (Engenharia Ambiental.)

PERELMAN, Chaïm; OLBRECHTS-TYTECA, Lucie. *Tratado da argumentação: a nova retórica*. Trad. Maria Ermantina Galvão G. Pereira. São Paulo: Martins Fontes, 1996.

PESSIS-PASTERNAK, Guitta (Org.). *Do caos à inteligência artificial.* Trad. Luiz Paulo Rouanet. São Paulo: UNESP, 1993.

PETERS, R. H. *A critique for ecology.* Cambridge: University Press, 1991.

PEYTARD, Jean. *Syntagmes 4: de l'évaluation et de l'altération des discours – sémiotique didactique informatique*. Paris: Annales Littéraires de l'Université de Besançon, Diffusion Les Belles Lettres, 1992.

PIGNATARI, Décio. *Informação, linguagem, comunicação.* São Paulo: Perspectiva, [s.d.].

PINHEIRO, Patricia Peck. *Direito digital*. São Paulo: Saraiva, 2002 e edições sucessivas.

PINHEIRO, Patricia Peck. (Coord.). *Direito digital aplicado 2.0.* 2. ed. ver., atual. e ampl. São Paulo: Revista dos Tribunais, 2016. Vários autores.

PINHEIRO, Patricia Peck. *Direito digital*. 6. ed. ver. atual. e ampl. São Paulo: Saraiva, 2016.

PINKER, Steven. *O instinto da linguagem*: *como a mente cria a linguagem*. Trad. Claudia Berliner. São Paulo: Martins Fontes, 2002.

________. *Guia de escrita*: como conceber um texto com clareza, precisão e elegância. Trad. Rodolfo Ilari. São Paulo: Contexto, 2016.

PIVA, Rui Carvalho. *Bem ambiental*. São Paulo: Max Limonad, 2000.

POSTIGLIONE, Amedeo. *The global village without regulations: ethical, economical, social and legal motivations for an international court of the environment*. Firenze: GIUNTI Grupo Editoriale, 1992.

PRIEUR, Michel; LAMBRECHTS, Claude (Org.). *Les hommes et l'environnement: quels droits pour le vingt-et-unième siècle?* (Études en hommage à Alexandre Kiss). Paris: Éditions Frisson-Roche, 1998.

PRIGOGINE, Ilya; STENGERS, I. *La nouvelle alliance*. Paris: Gallimard, 1986.

________. *Entre o tempo e a eternidade*. Trad. Roberto Leal Ferreira. São Paulo: Companhia das Letras, 1992.

________. *O fim das certezas: tempo, caos e as leis da natureza*. Trad. Roberto Leal Ferreira. São Paulo: UNESP, 1996.

RAWLS, J. *Libéralisme politique*. Trad. de l'américain par Catherine Audar. Paris: PUF, 1995.

REAL, Leslie A. (Ed.). *EcoLógical genetics.* Princeton: University Press, 1994.

REALE, Miguel. *Lições preliminares de direito*. 22. ed. São Paulo: Saraiva, 1995.

________. *O direito como experiência: introdução à epistemologia jurídica.*2. ed. São Paulo: Saraiva, 1992.

________. *Fontes e modelos do direito: para um novo paradigma hermenêutico*. São Paulo: Saraiva, 1994.

________. *Teoria tridimensional do Direito*. 5. ed. rev. e reestruturada. São Paulo: Saraiva, 2000.

________. *Cinco temas do culturalismo*. São Paulo: Saraiva, 2000.

REEVE, R.N. *Environmental analysis*. New York: John Wiley, 1994.

REIS FRIEDE (Coord.). *1000 perguntas de direito tributario*. 3. ed. Rio de Janeiro: Thex Ed.: Biblioteca da Universidade Estácio de Sá, 2000.

RÉMOND-GOUILLOUD, M. *Du droit de détruire* [s.l]: PUF, 1989.

REY-DEBOVE, Josette. *La linguistique du signe: une approche sémiotique du langage*. Paris: Armand Colin, 1998.

RIBEIRO, Berta G. *Os índios das águas pretas: modo de produção e equipamento produtivo*. São Paulo: Companhia das Letras: Editora da Universidade de São Paulo, 1995.

RIBEIRO, Darcy. *O povo brasileiro: a formação e o sentido do Brasil*. São Paulo: Companhia das Letras, 1995.

RIBEIRO, Renato Janine. *A sociedade contra o social: o alto custo da vida pública no Brasil*. São Paulo: Companhia das Letras, 2000.

RICOEUR, Paul. *Vivo até a morte*. São Paulo: Editora WMF Martins Fontes, 2012.

RIZZATTO NUNES, Luiz Antonio. *A lei, o poder e os regimes democráticos*. São Paulo: Revista dos Tribunais, 1991.

________. *Liberdade: norma, consciência, existência*. São Paulo: Revista dos Tribunais, 1995.

________. *A intuição e o direito*. Belo Horizonte: Inédita, 1997.

________. *Manual da monografia jurídica*. São Paulo: Saraiva, 1997.

________. *O código de defesa do consumidor e sua interpretação jurisprudencial*. São Paulo: Saraiva, 1997.

________. *Manual de introdução ao estudo do direito*. 2. ed. ver., atualiz., amp. São Paulo: Saraiva, 1999.

________. *Comentários ao Código de Defesa do Consumidor*. Direito Matérial. Do art. 1º ao 54. São Paulo: Saraiva, 2000.

ROBLES, Gregorio Morchón. *Teoría del Derecho: fundamentos de teoria comunicacional del derecho*. Madrid: Editorial Civitas, 1998. v. 1.

________. *El Derecho como texto* (Cuatro estudios de Teoría Comunicacional del Derecho. Cuadernos Civitas. Madrid: Editorial Civitas, 1998.

ROCHA, Júlio César da. *Direito ambiental e meio ambiente do trabalho: dano, prevenção e proteção jurídica*. São Paulo: LTr, 1997.

ROCHA, Leonel Severo. *Epistemologia jurídica e democracia*. São Leopoldo, Unisinos, 1998.

ROMANOVSKY V.; FRANCIS-BOEUF C.; BOURCART, J. *El mar.* 3. ed. Barcelona: Editorial Labor, 1968.

ROSA, Josimar Santos. *Relações de consumo: a defesa dos interesses de consumidores e fornecedores*. São Paulo: Atlas, 1995.

ROSA JÚNIOR, Luiz Emygdio Franco da. *Manual de direito financeiro & direito tributário*. 15. ed. atual. Com as alterações no CTN e ampl. Rio de Janeiro: Renovar, 2001.

ROSENFIELD, Denis L. *Lições de filosofia política: o estatal, o público e o privado*. Porto Alegre: L&PM, 1996.

ROSS, Alf. *O Direito e a Justiça*. Trad. Edson Bini. São Paulo: EDIPRO, 2000.

ROSSET, C. *Lógica do pior.* Trad. Fernando J. F. Ribeiro e Ivana Bentes. Rio de Janeiro: Espaço e Tempo, 1989.

ROUANET, S. P. *As razões do iluminismo*. São Paulo: Companhia das Letras, 1987.

________. *Mal-estar na modernidade.* São Paulo: Companhia das Letras, 1993.

________. *A razão nômade: Walter Benjamin e outros viajantes*. Rio de Janeiro: Editora UFRJ, 1993.

RUFIN, Jean-Christophe. *O império e os novos bárbaros*. Trad. André Amado. Rio de Janeiro: Record, 1991.

RUTHEN, Russel. *Complexité et organization: pour la science* (édition française de Scientific America). Paris: PUBLICITÉ France, n. 185, mars 1993.

SAAD, Eduardo Gabriel. *Comentários ao Código de Defesa do Consumidor: Lei n. 8078, de 11.9.90*. 3. ed. São Paulo: LTr, 1998.

SAGAN, Carl. *Bilhões e bilhões: reflexões sobre vida e morte na virada do milênio.* Trad. Rosaura Eichemberg. São Paulo: Companhia das Letras, 1998.

SAHTOURIS, Elizabet. *Do caos ao cosmos*. São Paulo: Interação, 1993.

SAMPAIO, Francisco José Marques. *Meio ambiente no Direito brasileiro atual*. Curitiba: Juruá, 1993.

________. *Responsabilidade civil e reparação de danos ao meio ambiente*. Rio de Janeiro: Lumen Juris, 1998.

SANTAELLA, Lucia. *A assinatura das coisas: Peirce e a literatura*. Rio de Janeiro: Imago, 1992.

________. *A teoria geral dos signos: semiose e autogeração*. São Paulo: Ática, 1995.

SANTAELLA, Lucia; NÖTH, Winfried. *Imagem: cognição, semiótica, mídia*. São Paulo: Iluminuras, 1998.

SANTAELLA, Lucia. *A percepção, uma teoria semiótica*. 2. ed. São Paulo: Experimento, 1998.

________. *O que é semiótica*. São Paulo: Brasiliense, 1983 (Coleção Primeiros Passos: 103.), 16ª reimpressão, 1999.

________. *A teoria geral dos signos: como as linguagens significam as coisas*. São Paulo: Pioneira, 2001.

________. *Comunicação e pesquisa: projetos para mestrado e doutorado*. São Paulo: Hacker Editores, 2001.

________. *Matrizes da linguagem e pensamento: sonora, visual, verbal*. São Paulo: Iluminuras, 2001; 2005.

SANTI, Eurico Marcos Diniz. *Decadência e prescrição no Direito Tributário*. 2. ed. revista e ampliada. São Paulo: Max Linomnad, 2001.

SANTOS, Milton. *A natureza do espaço: técnica e tempo. Razão e emoção*. 2. ed. São Paulo: Hucitec, 1997.

SCARPINELLA, Bueno Cassio. *O poder público em juízo: as (constantes) alterações impostas pela Medida Provisória n. 1984 no processo civil*. São Paulo: Max Limonad, 2000.

SCHAMA, S. *Landscape and memory*. New York: Alfred A. Knopf, 1995.

SCHWARTSMAN, Hélio. *Pensando bem*. São Paulo: Contexto, 2016.

SEARLE, John R. *O mistério da consciência*. Trad. André Yuji Pinheiro Uema e Vladimir Safatle. São Paulo: Paz e Terra, 1998.

SEN, Amartya. *Sobre ética e economia*. Trad. Laura Teixeira Motta. São Paulo: Companhia das Letras, 1999.

SERRES, Michel. *O contrato natural*. Trad. Beatriz Sidoux. Rio de Janeiro: Nova Fronteira, 1991.

________. *et al. Élements d'histoire des sciences*. Paris: Bordas, 1989.

________. *Luzes, cinco entrevistas com Bruno Latour*. Trad. Luiz Paulo Rouanet. São Paulo: UNIMARCO, 1999.

SEWELL, G.H. *Administração e controle da qualidade ambiental*. Trad. Gildo Magalhães dos Santos Filho. São Paulo: EPU, Editora Pedagógica e Universitária, CETESB, 1978.

SHRADER-FRECHETTE, K. S.; McCOY, E. D. *Method in ecology: strategies for conservation*. Cambridge: University Press, 1993.

SHORE, William H. (Org.) *et al. Mistérios da vida e do universo*. Trad. Waltensir Dutra. Rio de Janeiro: Campus, 1994.

SIEBENEICHLER, F. B. *Jurgen Habermas, razão comunicativa e emancipação*. Rio de Janeiro: Tempo Brasileiro, 1989.

SIDOU, J. M. Othon. *Habeas corpus, mandado de segurança, mandado de injunção, habeas data, ação popular: as garantias ativas dos direitos coletivos*. 5. ed. Rio de Janeiro: Forense, 1998.

SIGMAN, Mariano. *A vida secreta da mente*: *o que acontece com o nosso cérebro quando decidimos, sentimos e pensamos*. Trad. Joana Angélica d'Ávila Melo – Rio de Janeiro: Objetiva, 2017.

SILVA, Jorge Xavier da.; LOPES DE SOUZA, M. J. *Análise ambiental*. Rio de Janeiro: UFRJ, 1987.

SILVA, José Afonso da. *Direito ambiental constitucional*. São Paulo: Malheiros Editores, 1994.

________. *Direito urbanístico brasileiro.* 2. ed. São Paulo: Malheiros Editores, 1995.

SILVEIRA A. M. da; MOREIRA, I. de Castro; MARTINS, R. C., FUKS, S. (Org.) *et al. Caos, acaso e determinismo.* Rio de Janeiro: UFRJ, 1995.

SIMMEL. Georg. *Sociologie: études sur les formes de la socialisation*. Trad. (do alemão) Liliane Deroche-Gurcel et Sibylle Muller. Paris: PUF, 1999.

SINGER, P. *Ética prática.* Trad. Jefferson Luiz Camargo. São Paulo: Martins Fontes, 1994.

SMITH, J. M. *Evolution and the theory of games*. Cambridge: University Press, 1982.

SOKAL, Alan; BRICMONT, Jean. *Impostures intelectuelles*. Paris: Éditions Odile Jacob, 1997.

SOULÉ, M. E.; WILCOX, B. A (Ed.). *Biologia de conservação: uma perspectiva ecológico-revolucionária* (tradução resumida). Rio de Janeiro: FIRJAN-SEBRAE-SENAI, 1995.

SOUZA, Luiz A. C. "A importância da conservação preventiva". *Revista da Biblioteca Mário de Andrade.* (p. 87-93).

STILING, P. D. *Introductory Ecology*. New Jersey: Prentice Hall, 1992.

STRAUSS, Anselmo L. *Espelhos e mágicas*. EDUSP, 1999.

STRECK, Lenio Luiz. *Hermenêutica Jurídica e(m) crise: uma exploração hermenêutica da construção do Direito*. 2. ed. ver. e amp. Porto Alegre: Editora Livraria do Advogado, 2000.

________. *Jurisdição constitucional e hermenêutica: uma nova crítica do Direito*. Porto Alegre: Livraria do Advogado, 2002.

SUNDFELD, Carlos Ari; VIEIRA, Oscar Vilhena (Coord.). *Direito global.* São Paulo: Max Limonad, 1999.

TATIT, Luiz. *Análise semiótica através das letras.* São Paulo: Ateliê Editorial, 2001.

TAUSSIG, M. *Xamanismo, colonialismo e o homem selvagem: um estudo sobre o terror e a cura*. Trad. Carlos Eugênio Marcondes de Moura. Rio de Janeiro: Paz e Terra, 1993.

TEIXEIRA COELHO. *O que é indústria cultural*. 16. reimpressão. São Paulo: Brasiliense, 1996.

________. *Dicionário crítico de política cultural*: *cultura e imaginário*. São Paulo: Iluminuras, 1997.

________. *As fúrias da mente*. São Paulo: Iluminuras, 1998.

TEIXEIRA COELHO NETTO, J. *Semiótica, informação e comunicação: diagrama da Teoria do Signo*. 5. ed. São Paulo: Perspectiva, 1999.

TELLES JÚNIOR, Goffredo. *O direito quântico: ensaio sobre o fundamento da ordem jurídica*. 5. ed. São Paulo: Max Limonad, 1980.

________. *Direito quântico: ensaio sobre o fundamento da ordem jurídica*. 9. ed. São Paulo: Saraiva, 2014.

________. *Ética: do mundo da célula ao mundo da cultura*. Rio de Janeiro: Forense, 1988.

________. *A folha dobrada: lembranças de um estudante*. Rio de Janeiro: Nova Fronteira, 1999.

THAGARD, Paul. *Mente*: *introdução à ciência cognitiva*. Trad. Mari Arita Hofmeister. Porto Alegre: ArtMed, 1998.

THE GLOBAL TOMORROW COALITION. *Manual global de Ecologia: o que você pode fazer a respeito da crise do meio ambiente*. São Paulo: Augustus, 1993.

THUAN, Trinh Xuan. *La mélodie secrète: et l'homme créa l'univers*. Paris: Gallimard, 1991.

TIGER, L. *À la recherche des plaisirs*. Paris: Dunod, 1992.

TOLEDO, Benedito Lima de. "Preservação de bens culturais". *Revista da Biblioteca Mário de Andrade*. FAU/USP, p. 81-85.

TOLEDO. Maria Angela Russo Abud de. *Teoria geral do direito integrativa e as tendências contemporâneas da semiótica jurídica*: *reflexões sobre uma Epistemologia complexa*: Teoria do Direito, Semiótica Jurídica, Linguística Jurídica, Hermenêutica e Filosofia do Direito *In: Direito e perspectivas jurídicas* n. 1. São Paulo: Saraiva-FAPESP, 1996, p. 91-100.

TOURAINE, A. *Crítica da modernidade*. Trad. Elia Ferreira Edel. Petrópolis: Vozes, 1994.

TREFIL, James. *Somos diferentes? – um cientista explora a inteligência ímpar da mente humana*. Trad. Alexandre Tort. Rio de Janeiro: Rocco, 1999.

TYLER MILLER, G. Jr. *Ecologia y medio ambiente*. México: Grupo Editorial Iberamerica, 1994.

ULLMO, J. *La pensée scientifique*. Paris: Flammarion, 1969.

ULRICH, H.; PROBST G. J. B. *Self-organization and management of social systems: insigths, promises, doubts and questions*. Berlin-Heidelberg-New York-Tokio, 1984.

US. ENVIRONMENTAL PROTECTION AGENCY – EPA, *Principles of Environmental Enforcement,* February, 19, 1992.

VANCIM, Adriano Roberto; NEVES, Fernando Frachone. *Marco civil da Internet*: *Anotações à Lei nº 12.965/2014*. 2. ed. Leme/SP: Mundo Jurídico, 2015.

VARELLA, Marcelo Dias; BORGES, Roxana. *O novo em Direito Ambiental*. Belo Horizonte: Del Rey. , [s.d.].

VASCONCELLOS, M. José Esteves de. *Pensamento sistêmico: o novo paradigma da ciência*. Campinas: Papirus, 2006.

VAZ, Henrique C. de Lima. "Situação da linguagem". *In: Ética e Razão.* Belo Horizonte: Síntese Nova Fase, v. 22, n. 68, 1995.

VERMEIJ, G. J. *Evolution & escalation*: *an ecoLógical history of life*. Princeton: University Press, 1987.

VIEIRA, Jorge de Albuquerque. *Semiótica, sistemas e sinais.* 1994. Tese (Doutorado) – Pontifícia Universidade Católica de São Paulo, São Paulo, 1994.

VIEIRA, José Ribas. *Teoria do Estado*. Rio de Janeiro: Lumen Juris, 1995.

VIEIRA, Paulo Freire *et. al.* (Orgs.). *Desenvolvimento e meio ambiente no Brasil: a contribuição de Ignacy Sachs*. Porto Alegre: Pallotti, Florianópolis: APED, 1998.

VIEIRA, Regina Melim Cunha. *A experiência ambiental de Hélio Oiticica.* 1995. Dissertação (Mestrado) – Pontifícia Universidade Católica de São Paulo, São Paulo, 1995.

VILANOVA, Lorival. *As estruturas lógicas e o sistema do direito positivo*. São Paulo: Max Limonad, 1997.

VIRILIO, Paul. *O espaço crítico.* Trad. Paulo Roberto Pires. Rio de Janeiro: Editora 34, 1993.

VON NEUMANN, J.; MORGENSTERN, O. *Theory of games and economic behaviour*, 5. ed. New Jersey: Princeton University, 1972.

XAVIER, Alberto. *Do lançamento: teoria geral do ato, do procedimento e do processo tributário*. 2. ed. totalmente reformulada e atualizada. Rio de Janeiro: Forense, 2001.

WAHL, Jean. *Introducción a la filosofia.* Trad. do original, de 1948. 9. ed. México: Ponto de Cultura Económica, 1993.

WALLACE, R.A. *Sociobiologia, o fator genético: as realidades biológicas da condição humana*. Trad. Aydano Arruda. São Paulo: IBRASA, 1985.

WALTER-BENSE, Elizabeth. *A teoria geral dos signos*. São Paulo: Perspectiva, 2000.

WALZER. Michael. *Da tolerância*. Trad. Almiro Pisetta. São Paulo: Martins Fontes, 1999.

WARAT, Luis Alberto. *O direito e sua linguagem.* 2. ed. aum. Porto Alegre: Sergio Antonio Fabris, 1995.

WATZLAWICK, Paul; BEAVIN, Janet Helmick; JACKSON, Don D. *Pragmática da comunicação humana*: *um estudo sobre padrões, patologias e paradoxos da interação (1967).* Trad. Álvaro Cabral. São Paulo: Cultrix, 1997.

WATZLAWICK, Paul, KRIEG, Peter (Orgs.). *O olhar do observador: contribuições para uma teoria do conhecimento construtivista,* 1991. Trad. Helga Madjderey. Campinas: Editorial Psy II, 1995.

WRANGHAN, Richard; PETERSON, Dale. *O macho demoníaco: as origens da agressividade humana*. Trad. M. H. C. Côrtes. Rio de Janeiro: Objetiva, 1998.

WEINBERG, S. *Sonhos de uma teoria final: a busca de leis fundamentais da natureza*. Trad. Carlos Irineu da Costa. Rio de Janeiro: Rocco, 1996.

WEINER, J. *Os próximos cem anos.* Trad. Maria Inês Rolim. Rio de Janeiro: Campus, 1992.

WEISSER, Marc. *Pour une pédagogie de l'ouverture: approche sémiotique de l'acte d'apprendre*. Paris: PUF, 1997.

WEYL, Hermann. *Simetria*. Trad. Victor Baranauskas. São Paulo: Edusp, 1997.

WILSON, Edward O. *Consilience*. Rio de Janeiro: Editora Campus, 1998.

WOLTON. Dominique. *Penser la communication*. Paris: Flammarion, 1997.

XAVIER, Antonio Carlos da Ressurreição *et al.* (Org.). *Gestão educacional: experiências inovadoras*. Brasília: IPEA, 1995.

ZACCAÏ-REYNERS, Nathalie. *Le monde de la vie III: après le tournant sémiotique*. Paris: Les Éditions du CERF, 1996.

ZAKHEM, Renata. *Norte urgente*. Rio de Janeiro: Quântica, 2011.

LEITURA COMPLEMENTAR SUGERIDA

ABREU, J. G.; MONTEIRO, Silvana Drumond. Artigo: *Matrizes da linguagem e a organização virtual do conhecimento,* 2010.

BARROSO, Luís Roberto. *A Judicialização da vida: e o papel do Supremo Tribunal Federal.* Belo Horizonte: Editora Forum, 2018.

CARREIRA DAS NEVES, M. Amelia. *Semiótica linguística e hermenêutica do texto jurídico*. Instituto Piaget, [s.d.].

CHRISTIAN, Brian; GRIFFITHS, Tom. *Algoritmos para viver*. São Paulo: Companhia das Letras.

CRAIUTU, Aurelian. *Faces of moderation: the art of balance in age of extremes*. University of Pennsylvania Press. 2017; em E.Book; Amazon.com

CURY, Augusto Jorge. *Inteligência multifocal: análise da construção dos pensamentos e da formação de pensadores*. 8. ed. rev. São Paulo: Cultrix, 2006.

DESSAUNE, Marco. *Desvio produtivo do consumidor: o prejuízo do tempo desperdiçado.* São Paulo: Revista dos Tribunais, 2011.

ELIAS, Paulo Sá. *Algoritmos, inteligência artificial e o Direito*. Disponível em: <www.direitodainformatica.com.br>.

GANDINI, João Agnaldo Donizeti; SALOMÃO, Diana Paola da Silva; JACOB Cristiane. *A validade jurídica dos documentos digitais.* Disponível em: <www.ambito-jurídico.com.br>.

GRACIOTTI, José Paulo. *Desmistificando a inteligência artificial para o meio jurídico (artigo).*

GRANDGUILLAUME, Nicolas. *Théorie génerale de la bureaucratie*. Paris: Economica, 1996.

HERCULANO-HOUZEL, Suzana. *The human advantage*. Amazon.com

KEEN, Andrew. *How to fix the future*. Ed. Atlantic Monthly Press.

________. *O Culto do Amador.*

Lei do Marco Civil da Internet – Lei n. 12.965/2014; Nova Lei de Arbitragem – Lei n. 13.129/2015 e outras: Lei n. 13.105 – Novo Código de Processo Civil; Lei n. 12.865/2013 – Lei dos Arranjos de Pagamento; Lei n. 12.850/2013 – Lei da Organização Criminosa; Lei n. 12.846/2013 – Lei Anticorrupção; Decreto n. 7.962 – Lei do Comércio Eletrônico; Resolução INPI n. 107/2013 – Marcas de Alto Renome.

MERCIER e SPERBER. *The enigma of reason*. Harvard, University Press, em E.Book.

MONTEIRO, Silvana Drumond. *A organização virtual do conhecimento no ciberespaço*. DataGramaZEro. *Revista de Ciência da Informação*, v. 4, n. 6, dez. 2003.

MONTEIRO, Silvana Drumond. *Semiótica peirceana e a questão da informação e do conhecimento*. Enc. Bibli: R. Eletr.Bibliotecon. Ci. Inf., Florianópolis, 2º número esp., 2º sem., 2006.

MONTEIRO, Silvana Drumond. *As múltiplas sintaxes dos mecanismos de busca no ciberespaço*. Inf.Inf., Londrina, v. 14, n. esp, p. 68-102, 2009.

MONTEIRO, Silvana Drumond; ABREU, J. G. *O pós-moderno e a organização do conhecimento no ciberespaço: agenciamentos maquínicos*. DataGramaZero – *Revista de Ciência da Informação*, v. 10, n. 6, dez. 2009.

NEVES, M. Amelia Carreira. *Semiotica linguistica e hermenêutica do texto jurídico*. Instituto Piaget.

NICHOLS, Thomas. *The death of expertise*. Oxford University Press, em E.Book.

NÖTH, Winfried. A semiótica no século XX. São Paulo: Annablume, [s.d.]

QUADROS, Clovis Airton de; BURNAT, Fabio Antonio; MARTINS, Simone de Jesus. Semiótica Jurídica: "O direito além das palavras", *Revista de Ciências Jurídicas*, Ponta Grossa, 3 (1): 21-38, 2011.

RIBEIRO, Rick; MIRABAI, Gisele. *Movido pela mente*. Publicação Independente, 2018.

ROCHA, Leonel Severo. *Teoria do Direito no século XXI: da Semiótica à Autopoiese*. Doi:10.5007/2177-7055:2011. v. 32, n. 62, 2011.

SALMORIA, Claudia Maria Lucena; SALMORIA, Flavia Lucena; ZUBKO, Suzana Maria Borges de Macedo. *Análise crítica da Lei do Marco Civil da Internet* (Lei n. 12.965/2014).

SCHWARTZ, Germano (Org.). *Juridicização das esferas socais e fragmentação do Direito na sociedade contemporânea*. Porto Alegre: Livraria do Advogado, 2012.

STEVEN, Sloman; FERNBACH, Philip. *The knowledge illusion*. Pan Macmillan, em E-Book.

VALENTINI, Carla Beatriz; BISOL, Claudia Alquati. "Análise dos processos cognitivos e autopoiéticos em um ambiente virtual de aprendizagem". *Educar*, Curitiba: Editora UFPR, n. 32, p. 181-197, 2008.

Post Scriptum

O campo das investigações semióticas sobre o Direito parece ser particularmente vasto. O fundamento de uma nova "Teoria" acerca do Direito, que viesse a assimilar as ideias de importantes juristas, aqui expostas, sob a ótica de um nível de conhecimento diferente, perceptível e concreto, em uma outra dimensão, poderia se inspirar, em primeiro termo, na linguagem, em sua tríade (as três matrizes: sonora, visual e verbal). Depois, na lógica do Direito. E, por último, na sistemática de cada instituição jurídica em particular. Estes três elementos, vinculados entre si, conformariam uma espinha dorsal ou uma ordem estrutural, em que seus componentes se encontrassem em inter-relação; isto é, a linguagem seria a infraestrutura do sistema; a lógica, sua própria estrutura; e as conexões de sentido, em que as normas jurídicas e regulações particulares encontram-se entre si, com os princípios diretivos da ordem jurídica, a metaestrutura (normas e instituições). Outras teorias e estudos complementares – aqui sugeridos, entre os quais os de natureza cognitiva, possibilitariam, por sua vez, aos estudiosos do Direito, com a ajuda da Ciência e da Tecnologia da Informação, fazer evoluir, em outras dimensões, a "pirâmide", já traçada por Kelsen, e o *"design thinking", da* pag. 109, vindo a oferecer, em outras e novas dimensões, um sistema complexo, consistente e decidível e, sobretudo, possível, baseado na experiência interdisciplinar dos pesquisadores e no evoluir da consciência coletiva - como algo imagético.

Se o avanço digital parece inevitável, importantes também são os alertas referentes aos riscos e perdas que essa situação pode trazer para cada país, em diferentes graus e intensidades. Os riscos incluem invasão de privacidade por governos ou empresas, desinformação, discriminação com base em dados pessoais, decisões automáticas enviesadas por algoritmos, manipulação da sociedade pelas mídias sociais, concentração de poder de monopólio das grandes empresas de tecnologia. Dados e algoritmos estão no centro das tecnologias digitais que moldam a sociedade e mudam a forma de comportamento de governos, empresas e pessoas. Ou seja, é preciso ter algum controle da sociedade sobre o avanço da tecnologia que prevalece e evolui cada vez mais. Chegar a soluções jurídicas exigirá ações coletivas e capacidade para definir políticas, tendo em vista a necessidade do envolvimento e participação efetiva da sociedade civil, empresas, organizações internacionais e governos. O mundo digital precisa ficar próximo dessa visão semiótica (ou imagética) – que aqui se propõe. O caráter disruptivo das inovações digitais veio mudando os diversos significados e a natureza da organização do conhecimento humano. Vale observar, já que temos falado de "linguagem", de que modo a linguagem da inovação vem modificando o significado de alguns conceitos fundamentais para a humanidade.

Por outro lado, o sistema do mundo digital, aqui proposto, para ser absorvido pelo Direito, através da Semiótica, está sujeito a diversas formas de mau uso e exploração aleatória. Plataformas globais atraem maus atores – pessoas e organizações que buscam seus interesses próprios, com total descaso aos direitos e interesses alheios. Por outro lado, cada pesquisador em seu tempo encontrará o que necessita compreender e decodificar.

Lançado esse desafio e escolhido um "design", a questão será, ao depois, como estabelecer "governança" (isto é, uma solução institucional para problemas coletivos e direitos universais), dentro do mundo digital futuro, a ser complementado, mais adiante, com um círculo. As tecnologias digitais deverão ser administradas de modo a promoverem o envolvimento dos governos, empresas e sociedade civil, em fóruns nacionais, regionais e internacionais, para fazer do mundo digital um empreendimento ético comum, desenhado de forma inclusiva, alinhado aos direitos e deveres de todos e, o mais possível, democrático e justo, absorvendo o que de melhor já existe no conhecimento humano, como signos e formas de expressão.

A Autora